한경MOOK

한경MOOK는 빠르게 변화하는 사회 흐름에 발맞춰 시시각각 현상을 분석하고 새로운 대안과 인사이트를 제시하기 위한 무크 형태 단행본을 발행하는 한국경제신문사의 브랜드입니다.

한경MOOK
CES 2026
한국경제신문 × TheMiilk
CES
CONVENTION CENTER
LAS VEGAS

한경무크 〈CES 2026〉과 함께 '피지컬 AI 시대'를 맞이하시기 바랍니다

젠슨 황 엔비디아 최고경영자(CEO)가 '피지컬 AI(physical AI) 시대의 도래'를 예견한 것은 2025년 CES에서였습니다. 불과 1년 만에 '피지컬 AI 시대'가 성큼 다가왔습니다.

2026년 1월 6일부터 9일까지 미국 라스베이거스에서 열린 세계 최대 IT·가전 박람회인 'CES 2026'의 주인공은 피지컬 AI였습니다. CES 주제인 'Innovators Show Up'에 걸맞게 우리 앞으로 눈 깜짝할 사이에 다가왔습니다.

피지컬 AI를 대표한 것은 단연 휴머노이드 로봇이었습니다. 사람과 생김새는 물론 걸음걸이까지 똑같은 로봇이 AI를 장착하고 생산 및 물류 현장은 물론 가정까지 투입될 준비를 마쳤다는걸 보여줬습니다. CES 2026에서 최고의 로봇으로 선정된 현대자동차의 '아틀라스'가 대표적으로 조만간 생산현장에 투입됩니다.

휴머노이드 로봇만이 아닙니다. 피지컬 AI는 자율주행차, 산업용 디지털 트윈, 상황 인지 스마트홈, 웨어러블 헬스케어 기기, 정밀 농업 시스템 등의 형태로 다가왔습니다. AI가 물리적 세계를 보고 상황을 판단해 직접 실행에 옮기는 시대가 왔다는 의미입니다.

AI는 산업에도 큰 변화를 가져오고 있습니다. 모빌리티, 헬스케어, 가전, 제조 등 산업 플랫폼과

by_**하영춘** 한경매거진앤북 대표

결합하면서 산업간 영역을 허물며 무한 확장에 나섰습니다. 자동차와 결합해 모빌리티의 개념을 바꾸고 있습니다. 헬스케어와 결합하면서 삶의 질 향상과 건강한 장수(longevity)에도 기여할 채비를 마쳤습니다. 'AI 컨버전스'가 당분간 산업과 생활의 화두가 될 게 분명해 보입니다.

'AI Everywhere!'라고 선언하는 것 같았다는 CES 2026. 여기에는 160여 개국 4100여 개 기업이 참여했습니다. 14만8000여 명이 참관해 최대를 기록했습니다. 한국경제신문은 2021년부터 매년 CES를 신속하게 분석한 한경무크 〈CES〉 시리즈를 내고 있습니다. 한경무크 〈CES 2026〉에서도 올해의 키워드와 이슈, 트렌드를 정리했습니다. CES 2026 현장을 취재한 실리콘밸리 혁신미디어 '더밀크(The Miilk)' 취재팀과 전문가들이 필진으로 참여해 현장성과 전문성을 더했습니다.

한경무크 〈CES 2026〉은 크게 4개 섹션으로 구성됐습니다. 첫 번째 섹션에서는 올 CES가 던진 7가지 시시점을 분석했습니다. 두 번째 섹션에선 기술별 주요 이슈를 짚었습니다. 세 번째 섹션을 통해선 삼성전자, 현대자동차, LG전자 등 주요 참여기업을 들여다봤습니다. 마지막에는 주요 기조연설자의 연설을 요약했습니다.

'CES 2026'에 휴머노이드 로봇만 보이더라고요? 로봇과 함께 닥쳐올 변화도 보였다고 합니다. AI가 가져올 변화, 한경무크 〈CES 2026〉에서 함께 하시기 바랍니다.

CES 2026 Contents

004 PROLOGUE
한경무크 《CES 2026》과 함께
'피지컬 AI 시대'를 맞이하시기 바랍니다

012 SCENE
1년 만의 변화

020 CES HISTORY
AI 컨버전스, 눈 앞에 펼쳐진 미래

022 CES KEYWORD
물리적 실체로 진화한 AI,
산업의 지형도를 바꾸다

024 CES KEY PLAYERS
CES 2026 미래를 선점하는
21개 기업

028 SECTION 1
Key Insight 6

030 WHAT & WHY
AI로 혁신하지 않으면 사라진다!
CES 2026 핵심 키워드 7

036
NVIDIA
엔비디아의 AI 지배 이어질 세 가지 이유

038
SPECIALIST VIEW **프라스 벨라가푸디**
'노동력 부족 × 피지컬 AI'
휴머노이드 로봇 상용화를 위한 길

040
ROBOTICS
휴머노이드 로봇,
산업 전체를 흔들고 있다

042
SPECIALIST VIEW **앤디 정**
실수를 스스로 수정하는 로봇,
마법 같은 일이 일어난다

046
SPECIALIST VIEW **주영섭**
생존 경쟁이 시작됐다! 미래 선두 기업이
되기 위해 꼭 알아야 할 것들

052
HEALTHCARE
롱제비티 레볼루션 7

058
SPECIALIST VIEW **최형욱**
CES2026에서 드러난 중국의 무서운 혁신

064
MOBILITY
도로 위를 달리는 거대 AI 시스템

066
SPECIALIST VIEW **정구민**
자율주행부터 SDV까지
분야 넓히는 '모빌리티'

072
SUSTAINABILITY
'친환경' 시대는 끝났다…
다시 쓰는 기술 경쟁 공식

074
SPECIALIST VIEW **정지훈**
더 이상 칩만 팔지 않는다
엔비디아의 '물리적 AI' OS 전략

080
BEAUTY TECH
기술은 외모도 바꾼다!
뷰티 테크의 진화

082
SPECIALIST VIEW **전진수**
공간 컴퓨팅과 피지컬 AI,
컴퓨팅의 중심이 이동하다

064

046

CES 2026
Contents

088 SECTION 2
Tech View

090
AI
'진짜' AI 시대가 열린다

098
ROBOTICS
진격의 로보틱스

106
DIGITAL HEALTHCARE
디지털 헬스케어의 파괴적 혁신,
휴머니티 프리미엄이 필요한 시대

112
MOBILITY
모빌리티의 또 다른 이름, 피지컬 AI

120
ENERGY
전력 패권 시대 열린다

126
SMART LIFE
상상으로만 가능했던 '스마트 라이프'

132
QUANTUM TECHNOLOGY
CES 2026 콘퍼런스에서 목격한
양자 혁명의 서막

090

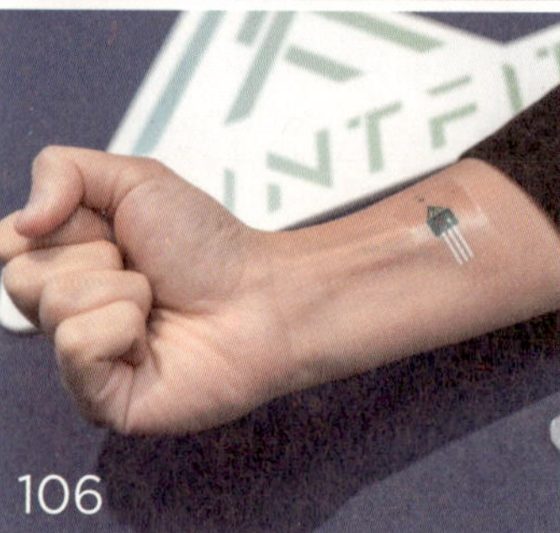
106

120

112

132

138 SECTION 3
Leading Company

140
2026 STORY
'중국의 시간'이 시작됐다!
AI 패권 시프트

144
OUTLOOK
한국 성장하려면 기술만으로는 부족,
산업 생태계 움직이는 공공 협력 필요

148
삼성전자
초연결 넘어선 'AI 라이프 컴패니언'

154
현대차그룹
로봇大計, 현대차의 무서운 혁신

160
LG전자
클로이드가 필수 가전이 되는 시대!

166
두산그룹
미리 가본 미래 건설 현장

170
중견 대기업
산업의 정의를 다시 쓰다
혁신을 거듭하는 CES 우등생 3인방

CES 2026

Contents

176
GLOBAL COMPANY
미래는 만들어지고 있다!
세계 주요 테크 기업 20

192
INNOVATION TREND
현실세계로 걸어들어온 AI,
CES 2026 혁신상으로 본 기술트렌드

196
INNOVATION AWARD
주목할 만한 CES 2026
최고혁신상 수상 기업

204 SECTION 4
Keynote Speech

206
①젠슨 황 엔비디아 CEO
"인간 수준 로봇 올해 등장…
알파마요, 테슬라와 다르다"

212
②리사 수 AMD CEO
칩 전쟁 시대는 잊어라
"이제 AI 인프라 전쟁 시대"

214
③조 크리드 캐터필러 CEO
포크레인 회사가 왜 CES에?
'보이지 않는 레이어'를 주목하라

216
④롤랜드 부시 지멘스 CEO
"7년 내 산업 AI 판도 뒤집을 것"
AI 산업화에 올인하라

218
⑤양 위안칭 레노버 CEO
클라우드 시대 끝,
추론·엣지 AI 시대 열린다

220
⑥ALL-IN 팟캐스트
AI 시대, 새로운 플레이북을 논할 때

222
⑦야닉 볼로레 하바스 CEO
AI 전환기,
광고 회사 하바스의 극단적 실험

224
SUPPLEMENT
CES 2026 INNOVATION AWARDS
Honorees

236
〈CES 2026〉을 만든 스페셜리스트

212

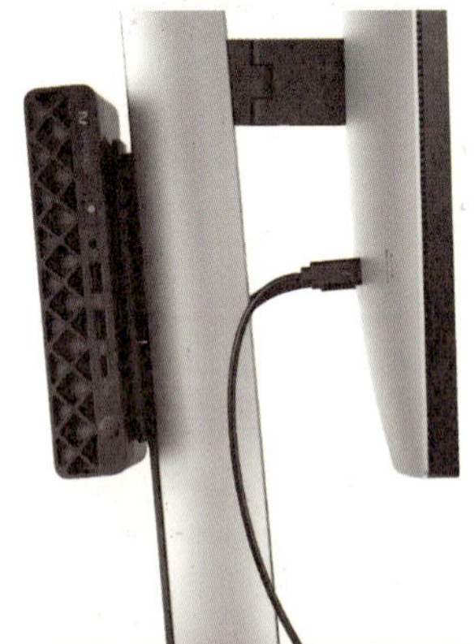

192

1년 만의 변화

지난 CES 2025에서 피지컬 AI 시대가 올 것이라던 전망이 현실이 됐다.

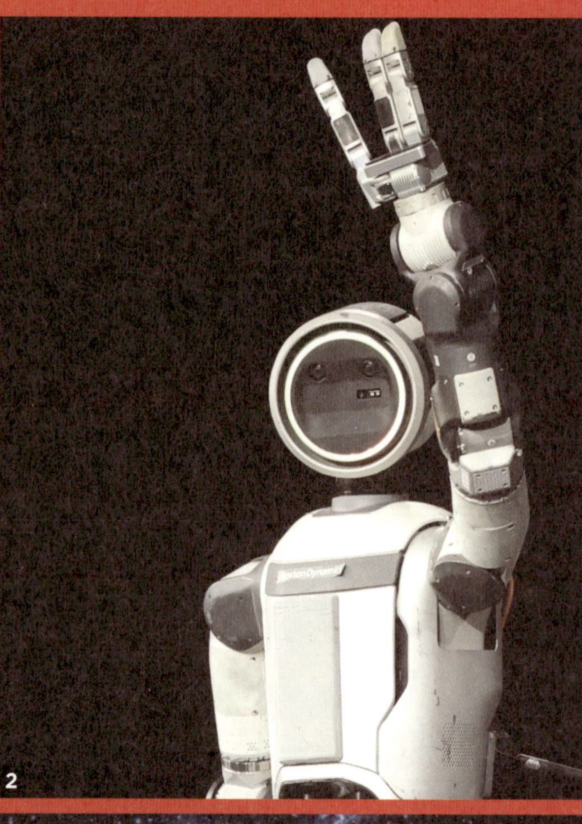

산업 현장의 든든한 파트너

현대차그룹의 로봇 계열사 보스턴다이내믹스가 선보인 로봇들이 CES 2026을 찾은 관람객들을 사로잡았다. 그중 가장 주목받은 로봇은 신형 휴머노이드 로봇 '아틀라스(Atlas)'다. 프레스 콘퍼런스에 등장해 손을 번쩍 들며 자신을 소개한 아틀라스는 이번 CES에서 56개의 관절과 촉각 센서가 장착된 손을 통해 정교한 작업 능력을 증명했다. 특히 산업 현장 등에서 인간이 쉽게 들기 어려운 최대 50kg의 물체를 2.3m 높이까지 들어 올리는 강력한 퍼포먼스를 보여준다.

1, 2.
현대차그룹 프레스 콘퍼런스에 등장한 아틀라스.

3, 4.
4족 보행 로봇 '스팟(Spot)'은 몸에 관성계측장치와 역각센서가 부착돼 있다. 이를 통해 얻은 데이터를 분석해 스스로 균형을 잡을 수 있어 울퉁불퉁한 지형도 쉽게 통과할 수 있다.

5, 6.
소형 모빌리티 플랫폼 '모베드(MobED)'는 엑센트릭 휠(Eccentric Wheel) 매커니즘을 기반으로 하며, 소형 물류 배송 또는 1인용 모빌리티에 최적화돼 있다.

7.
현대차그룹 부품 계열사 현대위아 제조 · 물류 로봇 브랜드 'H-모션(H-Motion)'의 주차 로봇 EV6 주차를 시연하고 있다.

8.
'H-모션' 물류 로봇의 시연을 보고 있는 CES 2026 관람객들.

집안일도 알아서 척척

LG전자의 차세대 홈 로봇 '클로이드(CLOiD)'가 CES 2026에서 베일을 벗었다. 상체는 인간의 형상을 닮았지만, 하체에는 바퀴를 달아 문턱 등 집안의 장애물을 매끄럽게 피하도록 설계됐다. 음성 기반 생성형 AI를 탑재해 인간의 언어와 표정을 읽으며 소통하는 것이 특징이다. 세탁기에 빨래를 넣고, 건조가 끝나면 직접 개는 등 가사 노동의 자동화를 보여준다. 다만, 냉장고에서 우유를 꺼내 식탁에 놓는 데 40초 이상 소요되는 등 속도 면에서는 아직 과제가 남았다.

1

2

3

4

5

6

1.
"안녕하세요, 클로이드입니다.
우리 집에 오신 걸 환영해요."

2.
"어머, 일거리가 생겼네요.
수건을 개야겠어요."

3.
"수건을 넓게 펴서
반으로 접고!"

4.
"다시 반을 접고
또 접으면 돼요."

5.
"집안일을 할 때 저를
언제든지 불러주세요."

6.
"제 마음을 받아주실 거죠?"

인간에게 즐거움을 주는 동료

화려한 역동성으로 무장한 휴머노이드 로봇들도 관람객의 발길을 붙잡았다. 함께 춤을 추고, 게임을 하고, 사진을 찍는 인간과 로봇. CES 2026은 기술의 진보가 로봇을 단순한 도구를 넘어 인간과 즐거움을 나누는 동료의 영역으로 확장하고 있음을 증명한 현장이었다.

1

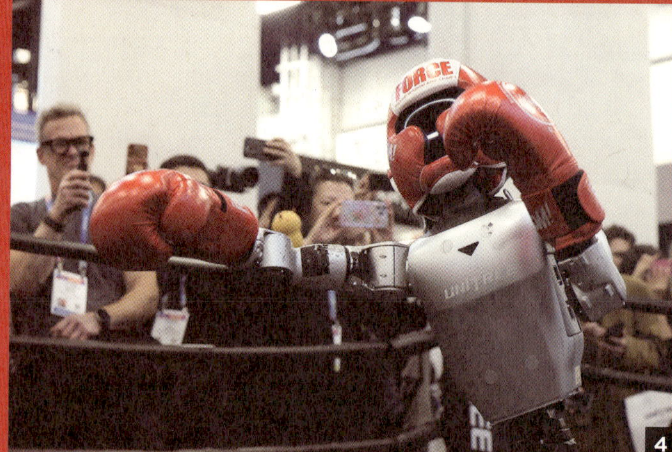

4

6

1, 2, 3.
싱가포르 기업 샤르파 로보틱스의 '샤르파 휴머노이드'는 카메라 셔터를 눌러 사진을 찍는 것은 물론, 종이접기나 바닥에 놓인 얇은 카드를 집어 올리는 동작까지 해낸다.

4.
유니트리의 'G1'은 실제 링 위에서 인간과 복싱 시연을 펼쳐 감탄을 자아냈다.

5.
중국 엔진AI의 'SE01'은 체조와 격투기 등 다이내믹한 움직임을 선보였다.

6.
센스로봇의 '체스 로봇'은 AI가 적용된 눈으로 체스판 위의 상황을 0.01초 만에 인식하고 로봇 팔을 제어한다.

7.
하이센스의 '하이 로봇'은 무술 동작과 댄스 퍼포먼스로 전시장 분위기를 주도했다.

8.
퀄컴의 차세대 AP '드래곤윙'을 탑재한 휴머노이드가 댄스를 선보이고 있다.

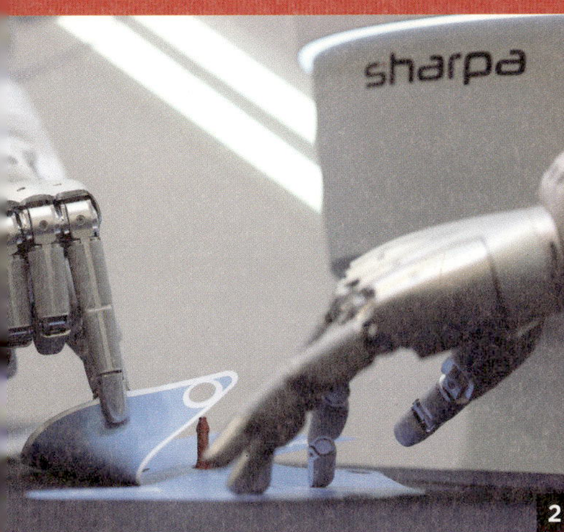
sharpa
2

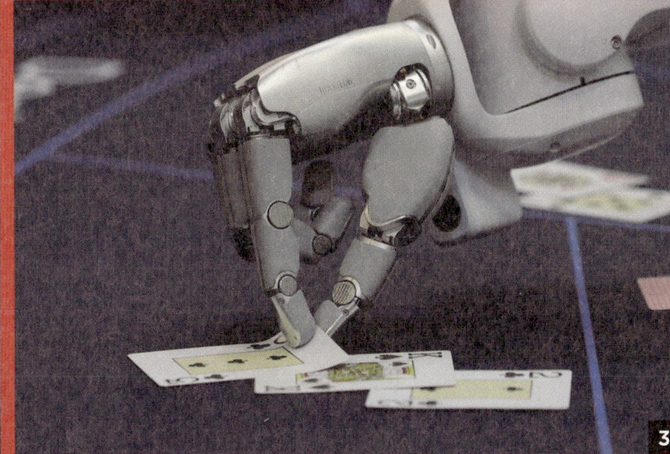
3

Hisense
7

ENGINEAI
Shenzhen Zhongqing Robotics Technology Co., Ltd.
5

Qualcomm
Dragonwing
8

1

때로는 귀여운 존재로

인간과 외형이 닮은 휴머노이드 로봇이 아니어도 친근감이 드는 로봇들이 있다. 작고 귀여운 아기 같은 로봇도 있고, 애완동물을 닮은 로봇도 있다. 곁에 있으면 외롭지 않을 로봇들이 CES 2026 현장에서 관람객들의 이목을 사로잡았다.

2

1, 2.
중국 전자제품 회사 TCL의
컴패니언 로봇 '에이미(AiMe)'.

3.
미국 로보틱스 기업 셀로보틱스가
제작한 AI 동반자 로봇 '모모봇(Momobot)'.

4.
한 관람객이 중국 로봇 기업
헹봇(Hengbot) 부스에서 로봇 개
'시리우스(Sirius)'와 악수를 나누고 있다.

5.
엔비디아의 로봇 '리치 미니(Reachy Mini)'가
사진 촬영 후 AI를 통해 편집 이미지를 보여주고 있다.

6.
CES 2026 개최를 앞두고 열린
'CES 2026 언베일드'에 전시된 AI 구조용 로봇.

AI 컨버전스, 눈 앞에 펼쳐진 미래

CES 2026은 단순한 장치 발표를 넘어 AI가 산업과 생활 환경에 어떻게 적용될지 보여주는 무대였다.

CES 2026의 중심에는 여전히 인공지능(AI)이 있었다. 특히 '피지컬 AI(Physical AI)'를 통해 AI가 화면 속에서 벗어나 실제 물리적 공간과 로봇·기계에 직접 적용되는 모습이 강조됐다. 거의 모든 기술 분야에서 AI가 중심 역할을 하는 AI 컨버전스·자율주행 기술과 로보택시 등 모빌리티 혁신이 크게 부각됐다. 로봇 분야에서는 휴머노이드부터 여러 분야에 실제 사용 가능한 로봇 시스템이 관람객의 관심을 끌었다. 반도체 기업은 AI 기반 컴퓨팅 성능과 엣지 AI 구현을 경쟁하며, 현장 처리 지능 강화가 핵심 트렌드로 자리 잡았다.

2014년	2015년	2016년	2017년	2018년	2019년	2020년
					5G	5G
				스마트 시티	스마트 시티	스마트 시티
				로봇	로봇	로봇
			인공지능	인공지능	인공지능	인공지능
	드론	드론	드론	드론	드론	드론
웨어러블 기기	웨어러블 기기	웨어러블 기기	웨어러블 기기	웨어러블 기기	웨어러블 기기	웨어러블 기기
가상현실	가상현실	AR/VR	AR/VR	AR/VR	AR/VR/MR	XR
무인자동차	스마트 카	스마트 카	자율주행	자율주행	자율주행	차세대 교통
4K TV	4K TV	4K TV	4K TV	4K TV	8K TV	8K TV
스마트 홈	스마트 홈	스마트 홈	스마트 홈	스마트 홈	스마트 홈	스마트 홈
3D프린팅	3D프린팅	3D프린팅			지속가능성	지속가능성
						푸드테크

- 2014년: 자동차 전시 확산
- 2015~2016년: Consumer Technology Association / 가전에서 기술로 CEA→CTA로 명칭 변경 / 서비스·콘텐츠 생태계 강조
- 2016~2017년: AI 등장
- 2018년: ·독일 CeBIT (IT 전시회) 개최 중단
- 2019년: 5G 본격 등장
- 2020년: 코로나19 팬데믹 확산 / 온라인·비대면 기술 강조
  · 디지털 기술, 치료까지 확장
  · 델타항공, 비테크 기업 최초 기조연설

온·오프라인 하이브리드
코로나19와 기술의 발전
챗GPT 3.5 시대 개막(11월)

피지컬 AI 시대 예고
8년 만에 젠슨 황 엔비디아 CEO 기조연설 복귀

모빌리티·자동차 기술의 확장
로보틱스 중심의 피지컬 AI
AI가 전 기술의 중심

2021년	2022년	2023년	2024년	2025년	2026년
		인간안보	인간안보	인간안보	
5G	5G	5G	5G	5G	5G
스마트 시티	스마트 시티	스마트 시티	스마트 시티	스마트 시티	스마트 시티
로봇	로봇	로봇	로봇	로봇	로봇
인공지능	인공지능	인공지능	생성형 AI	인공지능	인공지능
드론	드론	드론	드론	드론	드론
웨어러블 기기	디지털 헬스	디지털 헬스	디지털 헬스	디지털 헬스	디지털 헬스
XR	메타버스	메타버스	메타버스	메타버스	메타버스
차세대 교통	차세대 교통	모빌리티	모빌리티	모빌리티	모빌리티
8K TV	디스플레이	디스플레이	디스플레이	디스플레이	디스플레이
스마트 홈	스마트 홈	스마트 홈	스마트 홈	스마트 홈	스마트 홈
ESG	지속가능성	지속가능성	지속가능성	지속가능성	지속가능성
푸드테크	푸드테크	푸드테크	푸드테크	푸드테크	푸드테크
	NFT	웹 3.0	웹 3.0		뷰티&웰니스
	우주기술				AI 컨버전스
	· ESG, 쇼의 전면에 최초 부각 · 하이브리드 진행	· 웹 3.0과 메타버스 주제 신설 · 모빌리티의 진화 · 지속가능성 강조	· AI가 쇼를 지배 · 에어 모빌리티 주요 테마로	· 생성형 AI가 산업 전반 혁신 리딩 · 피지컬 AI 등장 주목	· AI의 상용화와 로봇의 범용화 · AI, 블록체인, 양자 기술을 더한 융합 플랫폼 시대

물리적 실체로 진화한 AI, 산업의 지형도를 바꾸다

1

이젠 실행하는 피지컬 AI로

CES 2026 현장에서 피지컬 AI는 피해 갈 수 없는 존재였다. AI는 이제 말하는 기술이 아니라, 움직이는 기술이 되고 있다. 로봇·차량·산업 장비를 통해 기계에서 '행동하는 법'을 가르치는 단계다. 휴머노이드가 빨래를 개고, 로봇청소기는 계단을 오르내린다. 파일럿에서 양산 단계로 이동하고 있다.

PHYSICAL AI

2

차이나 쇼크 2.0이 시작됐다

CES 2026 휴머노이드 전시업체 38개 중 21개인 55%가 중국 기업이었다. 지난 5년간 중국의 휴머노이드 특허 출원은 7705건으로 미국 1561건에 비해 5배가량 많다. 양보다 질로 경쟁하며 하이센스 기술력을 선보였다.

CHINA

3

'손과 제어' 경쟁의 핵심은

CES 2026에서 로봇은 더 이상 미래 콘셉트가 아니다. TV와 가전, 전기차가 전면에 섰던 과거와 달리, 올해 CES의 중심에는 명확하게 로봇이 자리한다. 유니트리, 엔진AI 등 중국 업체들은 복싱과 탁구 시연으로 이목을 끌었다. 로봇이 미래에서 현재로 이동하는 순간이다.

ROBOT

4

풀스택 AI 총력전

이번 행사에서 드러난 가장 큰 핵심 변화는 경쟁의 축이 '풀스택 인프라'로 이동했다는 점이다. '어떤 모델을 쓰느냐'가 아닌, 'AI를 얼마나 안정적으로, 대규모로 돌릴 수 있느냐'로의 축이 옮겨갔다. AI 작동에 필요한 모든 기술과 인프라, 운영 레이어를 하나의 단일 시스템으로 통합해 바라보는 것이다.

FULLSTACK

CES 2026은 AI가 화면 속 대화를 넘어 로봇과 모빌리티라는 실체를 입고 현실을 움직이는 '피지컬 AI'의 시대임을 선포했다. 이제 경쟁의 축은 단순한 모델 성능을 넘어 대규모 인프라를 통합 관리하는 '풀스택' 역량과 인간의 공간 및 수명을 관리하는 지능형 시스템으로 옮겨갔다. 하드웨어와 소프트웨어가 완벽히 결합해 AI가 우리 삶의 물리적 현장에 깊숙이 개입하기 시작한 거대한 전환점을 짚어본다.

5

AI 컴퓨팅 플랫폼이 되는 모빌리티

자동차는 기술에서 여전히 중요한 카테고리였다. 화려한 신차 공개나 EV 스펙 경쟁이 아닌, '자동차가 무엇이 되느냐'가 핵심 질문이 되었다. 전통 완성차 업체들은 대규모 전기차 라인업 발표를 줄이고, 대신 자율주행, AI, 소프트웨어, 컴퓨터 아키텍처에 집중하는 흐름이 뚜렷해졌다. 자동차는 이제 도로 위를 움직이는 AI 컴퓨팅 플랫폼이 됐다.

MOBILITY

6

기억 보조장치로서의 웨어러블

웨어러블 AI의 또 다른 방향은 기억과 맥락 보조였다. 사용자의 대화와 상황을 기록하고, AI가 이를 요약, 정리해주는 방식이다. 스마트폰처럼 주의를 요구하지 않으면서도, 개인의 하루를 이해하는 AI 인터페이스로 작동한다.

WEARABLE

7

스마트 홈, 공간의 '상황'을 이해하다

스마트 홈은 기기를 제어하는 시스템이 아니라, 집이라는 공간의 '상황을 이해하는 AI 시스템'으로 재정의되고 있다. '어떤 기기를 연결할 것인가'가 과거의 고민이었다면 지금은 '이 공간에서 지금 무슨 일이 벌어지고 있는가'가 핵심이다. AI가 이제 그 상황에 어떻게 개입하는가가 스마트홈의 가장 큰 혁신이다.

SMART HOME

8

롱제비티의 본격 등장

헬스케어를 관통한 핵심 키워드는 롱제비티다. 단순히 오래 사는 문제가 아니라, 얼마나 오랫동안 건강한 상태로 살아갈 수 있는가다. 병원이나 제약 중심의 연구 주제에서 AI와 소비자 가전을 통해 일상에서 설계되는 목표로 진화했다. '상시 모니터링 AI'가 있다. 신체의 지속 가능성 지표로 개인의 삶 전체를 하나의 건강 곡선으로 해석하고 있다.

LONGEVITY

CES 2026
미래를 선점하는 21개 기업

올해 가장 많이 듣게 될 용어는 어쩌면 피지컬 AI 일지도 모르겠다.
가상 세계에 머물던 AI는 '피지컬 AI'라는 이름으로 로봇, 가전, 모빌리티, 그리고 중장비에 이르기까지
그 영역을 확장해 올해 눈에 띄게 우리 일상에서 존재를 과시할 전망이다.

1 엔비디아
피지컬 AI 시대의 설계자

젠슨 황 엔비디아 CEO는 CES 2026에서 '피지컬 AI' 시대의 개막을 선언했다. 엔비디아는 가상에서 로봇을 학습시키고 현실에 배포하는 E2E(End-to-End) 전략으로 산업 혁신을 가속하며 산업용 AI 표준을 장악하고 있다.

2 AMD
AI 컴퓨팅의 민주화

AMD

리사 수 AMD CEO는 CES 2026 기조연설을 통해 클라우드, 엣지, 디바이스를 아우르는 AI 솔루션 비전을 발표했다. AMD의 고성능 컴퓨팅과 AI 기술 융합을 통한 산업 운영 방식 혁신 가속화가 중점이다.

QUALCOMM

3 퀄컴
엣지 AI 인프라의 절대 강자

퀄컴은 모바일 칩 제조사를 넘어 '피지컬 AI 인프라 기업'으로의 도약을 선언했다. CES 최고 혁신상을 받은 '스냅드래곤 W5+ Gen 2'는 세계 최초 위성 통신(NB-NTN)을 통합해 웨어러블의 기기 독립성을 극대화했다.

Lenovo

4 레노버
모두를 위한 하이브리드 AI

양 위안칭 레노버 CEO는 개인·기업·공공 데이터를 아우르는 '하이브리드 AI' 비전을 통해 클라우드와 온디바이스를 유기적으로 잇는 AI 경험을 제안했다. 개인용 슈퍼 AI 에이전트 '키라(Qira)'를 공개하며, '하나의 AI, 다양한 기기' 생태계 전략을 구체화했다.

SAMSUNG

5 삼성전자
AI 일상 동반자의 실체화

삼성전자는 구글 제미나이 기반의 AI Vision 기술을 냉장고·세탁기·건조기 등 가전 생태계에 전격 통합했다. 이는 단순 기능을 넘어 사용자의 상황을 실시간으로 인지하고 대처하는 초개인화 경험을 제공한다.

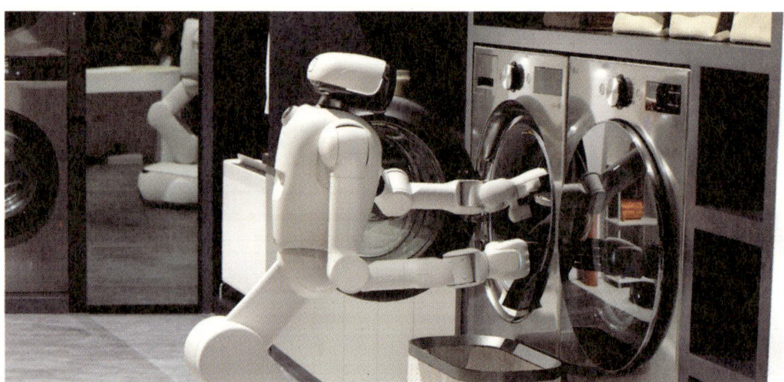

6 LG전자
공감 지능과 가사 노동의 종말

LG전자는 '공감 지능(Affectionate Intelligence)'을 통해 가전이 삶을 향상하는 비전을 제시했다. 가사 노동 제로를 목표로 하는 지능형 로봇 클로이드가 그 중심에 있다.

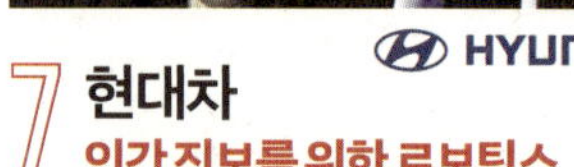

7 현대차
인간 진보를 위한 로보틱스

현대자동차는 그룹사의 역량을 집결해 로봇 상용화에 가속도를 냈다. CES 2026 하이라이트 중 하나였던 보스턴 다이내믹스 HD 아틀라스를 통해 차세대 로보틱스 기술을 선보였다.

8 두산
DOOSAN
AI 시대의 몸과 심장 동시에 설계

두산은 AI를 물리적으로 구현하는 '로봇(육체)'과 이를 구동할 '에너지(심장)'를 동시에 제공하는 통합 비전을 선보였다. 두산밥캣의 건설 로봇과 두산에너지빌리티의 SMR(소형모듈원전) 파운드리가 핵심축이다.

9 소니혼다모빌리티
움직이는 엔터테인먼트 플랫폼 'AFEELA'

소니혼다모빌리티는 자동차를 '기계'가 아닌 소프트웨어와 콘텐츠가 흐르는, 움직이는 엔터테인먼트 플랫폼으로 정의했다. 소니의 콘텐츠 자산과 혼다의 제조 역량을 결합한 3A(자율·증강·친화) 전략이 핵심이다.

10 웨이모
WAYMO
로보택시 상용화의 표준

웨이모는 자율 주행 시스템인 '웨이모 드라이버' 파운데이션 모델을 탑재해 주행 안정성을 끌어올렸다. 해당 모델은 구글 제미나이와 같은 거대 언어 모델(LLM)을 기반으로 한다. 웨이모는 미국 샌프란시스코 등 주요 도시 10곳에서 로보택시 1500여 대를 운영 중이며, 올해 20곳 이상 사업을 확대할 예정이다.

11 파나소닉
Panasonic
지속 가능한 AI 인프라와 에너지의 조화

파나소닉은 AI 기술 기반의 B2B 솔루션과 지속 가능성에 초점을 맞춘 사회적 가치 창출에 집중하고 있다. AI 수요에 대응하기 위해 AI 인프라 솔루션을 전면에 내세우는 동시에, 태양전지 등 친환경 에너지 기술을 통해 제시하고 있다.

12 Zoox
ZOOX
승객 중심 모빌리티 솔루션

Zoox는 CES 2026에서 사용자 중심으로 설계된 완전 자율주행 로보택시를 선보였다. 운전자가 필요 없는 환경에서 승객이 어떤 경험을 할 것인가에 집중했으며 휴식, 업무 등 로보택시 내부 공간을 다양한 용도로 설계했다.

13 지멘스

SIEMENS

산업 AI 혁명 선도

롤랜드 부시 지멘스 CEO는 CES 2026에서 기조연설을 통해 산업 AI 혁명 비전을 제시했다. 실제 세계와 디지털 세계를 결합하는 '디지털 트윈 솔루션'과 '지능형 인프라'를 통해 공장이 스스로 오류를 수정하고 최적화하는 스마트팩토리의 청사진을 제시했다.

14 세그웨이

압도적 기술로 진화한 모빌리티

세그웨이가 전기 모빌리티에 대한 새로운 비전을 제시했다. 단순한 이동 수단을 넘어 AI와 센싱 기술이 결합한 지능형 모빌리티를 지향한다. 자이로 센서 기반의 안정성 제어로 초보자도 안전하게 주행할 수 있다.

SEGWAY

15 가민

GARMIN

기술의 깊이와 시장의 넓이를 동시에 확보한 선두 주자

가민은 차세대 Micro LED 디스플레이를 탑재해 스마트워치의 '기술 초격차'를 확보했다. 또한 센서 기술의 적용 대상을 동물(말)과 해양(다이버)으로 확장해 경쟁사가 진입하기 어려운 특수 시장을 선점하는 전략을 보였다.

16 존디어

JOHN DEERE

농업의 정밀화와 자율화

존디어는 완전 자율주행 기술 상용화를 발표했다. 360도 카메라와 AI 기반 장애물 인식 기능을 갖춘 완전 자율주행 트랙터를 통해 농업 생산성을 극대화하고 정밀 농업기술 고도화를 진행할 예정이다.

17 TCL

TCL

미래형 첨단 디스플레이 및 AI 기반 제품군

TCL은 CES 2026에서 고급 시각 혁신 기술을 선보였다. 1만 니트의 극도로 밝은 화면과 120Hz 고주사율로 생생하고 부드러운 시각 경험 제공했다.

18 캐터필러

CAT

하이테크 산업 플랫폼으로 전환

CES 2026에서 캐터필러가 '전통 중장비 제조사'에서 '하이테크 산업 플랫폼'으로의 전환을 전면에 내세웠다. 핵심 공개 포인트는 AI·머신러닝·자율 기능의 최신 개발이며, 이를 통해 자율 운영 솔루션을 출시한다고 밝혔다.

19 유니트리

UNITREE

가격은 반으로, 성능은 두 배로

유니트리 G1은 상당한 기술력을 선보임과 동시에 타제품의 절반 수준의 가격을 내세웠다. AI 기반의 고난도 손 조작 기술을 가진 G1으로 가사·교육용 시장을 공략하는 동시에, H2라는 고성능 대형 모델을 통해 산업시장까지 아우르는 투 트랙 전략을 구사하고 있다.

20 오시코시

차세대 스마트 산업 차량

오시코시는 자동화·AI·전기화 기술을 통합한 차세대 산업 차량 기술을 선보였다. 특히 로봇 조작 기술과 AI를 결합해 건설·소방·환경미화 등 특수 산업 현장의 비전을 구체적으로 구현해 스마트 산업용 차량 생태계를 선도한다.

21 보쉬

BOSCH

센서와 AI의 결합을 통해 혁신적 라이프스타일 제시

보쉬는 센서 기술과 AI를 결합해 사용자 상황을 능동적으로 파악하는 '인텔리전트 AI'가전을 선보였다. 조리 상태에 따라 레시피를 실시간 조정하는 '보쉬 쿡 AI'와 흡입력을 조절하는 청소기 등은 센서와 AI의 결합을 통해 사용자 의도를 먼저 읽고 행동하는 혁신적인 라이프스타일을 제시한다.

미래가 시작되는 곳 CES

55%

실질적 비즈니스의 장
행사장은 'C-레벨'의 각축장이었다. 전체 참가자의 절반 이상이 기업의 임원급으로 구성되어, 현장에서 글로벌 비즈니스가 완성됐다.

4100여 개

글로벌 테크의 집결
올해 참가 기업은 4100여 곳을 넘어섰다. 이 중 스타트업은 약 1200개 사다.

206개 사

K-테크의 압도적 성취

전체 혁신상 수상 기업 347개 중 무려 206개가 한국 기업으로 채워졌다. 대한민국이 명실상부한 글로벌 혁신 강국임을 재확인했다.

NO. 3

기술 강국으로 거듭나는 대한민국

4100여 개 기업이 참가한 CES 2026에서 한국은 853개 기업이 참가해 참가 규모 순위에서 3위를 차지했다.

14.8만 명

더해가는 열기

지난해 13만5000명을 훌쩍 넘어 14만8000만 명에 달하는 인파가 몰리며 라스베이거스를 혁신의 열기로 가득 채웠다.

29%↑

산업의 패러다임을 바꾼 AI의 진격

혁신상 출품작 중 AI 부문 접수가 전년 대비 29%나 급증했다. 'AI 열풍'은 모든 산업을 관통했다.

AI로 혁신하지 않으면 사라진다!
CES 2026 핵심 키워드 7

AI 컨버전스 시대, 모든 산업의 지도가 바뀐다. 인간은 실행자에서 감독자로 변한다. 피지컬 AI가 로봇만을 의미한다는 것은 착각이다. AI는 마케팅 수사가 아니라 진짜 실용적 도구가 됐다. 앞으로 모르면 곤란한 AI 핵심 키워드 7가지를 정리했다.

CES 2026 LG전자 전시장. AI 컨버전스 시대의 한 단면을 보여주는 듯 실제 사람과 디스플레이 속 사람의 경계가 뒤섞였다.

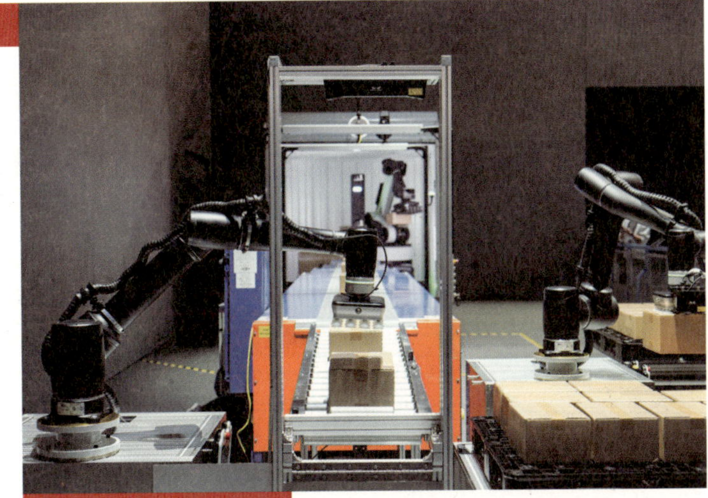
현대차그룹이 AI 로보틱스 생태계를 선도할 핵심 기술을 소개하는 전시장에서 로봇이 물류 작업을 시연하고 있다.

CES 2026은 단순한 기술 전시회가 아니었다. 4100개 이상 기업과 14만8000명 관람객이 모인 이 거대한 무대는 2030년까지 글로벌 산업을 관통할 'AI 컨버전스'의 압축판이었다.

가장 중요한 변화는 AI가 더 이상 '옵션'이 아니라 모든 산업의 기본 전제가 되었다는 점이다. 지난해까지 AI는 개별 카테고리의 차별화 요소였지만 올해는 헬스케어, 자동차, 에너지, 제조 등 모든 산업이 AI를 깔고 그 위에서 무엇을 할 것인가를 이야기했다. 산업별 전시의 겉모습은 달랐지만 그 밑바탕에는 동일한 아키텍처가 깔려 있었다. 이것이 AI 컨버전스의 실체다. CES 2026 현장에서 확인한 이 거대한 변화를 7개의 핵심 트렌드로 정리했다. 이는 2030년까지 글로벌 산업 지형을 재편할 구조적 변화의 신호탄이며 한국 기업과 정책 입안자들이 반드시 주목해야 할 전략적 이정표다.

AI 컨버전스

AI가 기술 레이어를 넘어 산업 간 경계를 해체하고 물리, 디지털, 조직, 자본 구조를 동시에 재편하는 현상을 말한다.

① AI 컨버전스 시대

AI 컨버전스란 무엇일까? 디지털 컨버전스와의 결정적 차이는 무엇일까? AI 컨버전스는 단순히 AI 기술을 여러 산업에 적용하는 수준을 넘어 AI가 산업, 조직, 인프라, 비즈니스 모델을 하나의 운영체계처럼 관통하며 재조합하는 구조적 전환을 뜻한다. 한 문장으로 요약하면 'AI가 기술 레이어를 넘어 산업 간 경계를 해체하고, 물리, 디지털, 조직, 자본 구조를 동시에 재편되는 현상'이다.

이것이 과거의 디지털 컨버전스와 어떻게 다른지를 이해하는 것이 중요하다. 디지털 컨버전스의 본질은 '물리적 통합'이었다. IT, 인터넷, 모바일, 클라우드가 결합하면서 기업 내부에서는 프로세스 전산화, 채널 통합, ERP와 CRM의 고도화가 일어났다. 그러나 핵심 구조는 변하지 않았다. 인간이 설계하고 시스템이 실행했다. 사람은 그대로였고 도구만 좋아졌다.

AI 컨버전스는 다르다. 본질은 '주체의 재편'이다. AI가 판단하고, 학습하고, 최적화를 수행한다. 인간은 실행자에서 설계자와 감독자로 이동한다. 사람이 하던 의사결정의 상당 부분이 자동화되고 부서 간 경계가 붕괴하며 제품보다 운영 시스템이 경쟁력의 핵심이 된다. 도구가 아니라 '조직의 일부'가 바뀌는 것이다.

CES 2026이 끝난 이후 본격적으로 펼쳐질 AI 컨버전스는 크게 네 가지 축에서 전개될 것이다. 첫째는 기술 컨버전스다. 생성형 AI, 로보틱스, 센서, 디지털 트윈이 결합해 피지컬 AI로 진화하고 있다. AI가 '생각'만 하는 것이 아니라 보고 움직이고 결정한다. 둘째는 산업 컨버전스다. 제조와 소프트웨어가 결합하고 자동차와 AI 플랫폼이 융합하며 에너지와 데이터센터가 하나의 시스템으로 묶이고 있다. 업종 구분 자체가 무의미해지는 현상이다. 셋째는 비즈니스 컨버전스다. 제품 판매 중심에서 운영, 서비스, 데이터 수익 모델로 전환이 일어나고 있다. 넷째는 조직 및 노동 컨버전스다. 인간, AI 에이전트, 로봇이 혼합된 조직이 등장하고 있다. 직무 단위가 아닌 역할 단위로 재편이 일어나며 AI 오퍼레이터, 로봇 플릿 매니저, 산업 AI 트레이너 같은 새로운 역할이 계속 만들어지고 있다.

1. CES 2026 기조연설에서 AI 칩을 들어 보이는 리사 수 AMD CEO.

2. LG전자가 공개한 가정용 휴머노이드 로봇 '클로이드(CLOiD)'가 세밀한 손동작으로 수건을 개고 있다.

3. CES 2026 개막 후 라스베이거스 시내에서 자율주행 중인 로봇택시 '죽스(Zoox)'.

② 피지컬 AI의 캄브리안 모멘트

AI가 육체를 얻었다. CES 2026에서 가장 뚜렷하게 부각된 키워드는 피지컬 AI였다. 젠슨 황 엔비디아 CEO는 기조연설에서 "피지컬 AI가 챗GPT 모멘트에 접근하고 있다"고 선언했다.

피지컬 AI는 인공지능이 디지털 세계를 넘어 물리적 세계와 상호작용하는 모든 형태의 기술을 의미한다. 기존의 AI가 텍스트를 생성하고 이미지를 만들고 코드를 작성하는 '화면 속' 존재였다면, 피지컬 AI는 실제 공간에서 사물을 인식하고 움직이고 조작하는 '육체를 가진' AI다. 중요한 것은 피지컬 AI가 로봇만을 의미하지 않는다는 점이다. 자율주행차, 산업용 디지털 트윈, 상황 인지 스마트 홈, 웨어러블 헬스케어 기기, 정밀 농업 시스템 모두가 피지컬 AI다. 공통점은 AI가 센서를 통해 물리적 세계를 '보고', 알고리즘으로 상황을 '판단'하며, 액추에이터나 제어 시스템을 통해 물리적 세계에 '개입'한다는 것이다.

CES 2026이 '캄브리안 모멘트'로 불리는 이유는 5억 년 전 지구에서 벌어진 것과 같은 현상이 일어나고 있기 때문이다. 캄브리아기에 생명체가 '눈'을 얻으면서 폭발적으로 다양한 형태로 진화했듯 AI가 센서와 액추에이터를 얻으면서 다양한 형태의 지능형 기계가 한꺼번에 쏟아져 나오기 시작했다.

그렇다면 왜 피지컬 AI가 CES 2026에서 주류로 부상했을까? 우선 기술적 성숙 단계에 도달했기 때문이다. 센서, 엣지 컴퓨팅, 로보틱스, 배터리, 에너지 효율 기술이 동시에 성숙기에 진입했다.

또 생성 AI의 한계가 명확해졌다. 챗봇은 고객 서비스를 개선했지만, 공장에서 불량품을 골라내거나 물류 창고에서 상품을 분류하는 일은 하지 못했다. 이런 영역에서 필요한 것은 콘텐츠 생성이 아니라 물리적 작업의 자동화다. 마지막으로 시장 규모와 투자 논리가 명확해졌다. 생성 AI 시장은 이미 빅테크가 장악했지만, 피지컬 AI는 전 세계 수십억대의 자동차, 가전제품, 산업 기계, 의료 기기에 AI를 배포하는 완전히 새로운 시장이다.

③ 본격 검증대에 오른 휴머노이드 로봇

휴머노이드 로봇은 이제 쇼케이스를 끝내고 검증대에 올랐다. CES 2026에서 로봇은 더 이상 미래 콘셉트가 아니었다.

CES 2026에서 달라진 점은 '무엇을 보여줬는가'가 아니라

3

'무엇을 반복할 수 있는가'였다. 자율 이동, 물체 인식, 정렬, 조작, 오류 복구까지 포함한 일련의 작업 흐름을 얼마나 안정적으로 수행하느냐가 로봇의 가치를 결정한다. 로봇의 가치는 더 이상 기술적 가능성이 아니라 현장 가동률과 신뢰성으로 재정의되고 있다.

현대차그룹 보스턴 다이내믹스의 아틀라스는 가장 상징적인 사례였다. 56개 자유도, 2.3m 도달 거리, 50kg 적재 능력을 갖춘 전기 구동 양산형 모델이 2026년 조지아 메타플랜트에 실제 투입된다. 구글 딥마인드의 제미나이 로보틱스(Gemini Robotics) AI 통합도 발표됐다. 아틀라스의 진짜 의미는 성능이 아니라 운영 목적의 명확성에 있다.

로보틱스 분야에서 중국 기업들의 존재감도 압도적이었다. CTA에 따르면 38개 휴머노이드 로봇 업체 중 약 55~58%인 21개 기업이 중국 업체였다. 아지봇, 유니트리, 엔진 AI, 포리어 로보틱스 등이 복싱과 탁구 시연으로 이목을 끌었다. 그러나 중국 휴머노이드의 진짜 강점은 화려한 시연이 아니라 구조적 완성도와 상용화 전략에 있다. 최고 성능이 아니라 가성비, 공급망, 확장성을 먼저 고려한 접근이다.

하지만 전문가들의 평가는 냉정했다. 댄 갤브스 모빌아이 CCO는 "백플립이나 쿵푸를 하는 로봇에는 관심 없다"고 일축했다. 프라스 벨라가푸디 애질리티 로보틱스 CTO는 "로봇에 99.999%의 신뢰성을 구축하지 않는다면 본질적으로 데모용을 만드는 것일 뿐"이라고 말했다. 휴머노이드 경쟁의 핵심은 AI 알고리즘이 아니라 손의 정밀 제어, 고성능 모터, NdFeB 자석, 센서 융합 같은 '몸'에 있다. 결국 부품, 소재, 제조 역량의 문제로 귀결되고 있다.

④ AI 인프라 패권 전쟁

CES 2026에서 가장 중요한 변화는 AI 경쟁의 본질 자체가 바뀌었다는 점이다. 2025년까지 AI 업계의 핵심 질문은 '어떤 모델을 쓰느냐'였다. 그러나 2026년부터 질문이 완전히 달라졌다. 'AI를 얼마나 안정적으로, 대규모로, 오랫동안 돌릴 수 있느냐'가 핵심이 됐다. 경쟁의 축이 알고리즘에서 인프라와 운영으로 이동한 것이다.

데이터센터, 에너지, 냉각 기술이 CES 2026의 주연으로 등장한 건 우연이 아니다. AI 확산의 병목이 이미 알고리즘에서 물리적 제약으로 옮겨갔기 때문이다. 더 똑똑한 AI를 만드는 것보다 지금의 AI를 멈추지 않고 돌리는 것이 더 어렵고 중요한 문제가 됐다.

젠슨 황은 CES 2026 사전 기조연설에서 차세대 GPU 및 CPU 제품군인 베라 루빈을 공개했다. 72개 GPU까지 확장할 수 있는 랙과 수십 개 랙을 포함하는 포드 구성을 상세히 설명하며 'AI 팩토리' 규모의 솔루션을 제시했다. 블랙웰 칩 대비 학습 속도 3.5배, 추론 속도 5배 향상을 달성했다.

리사 수 AMD CEO는 기조연설에서 '요타 스케일 컴퓨팅'을 선언했다. 10 요타플롭스는 인간 1조 명이 수천억 년간 계산할 일을 1초에 처리하는 규모인데 향후 5년간 전 세계가 이 수준의 컴퓨팅 용량을 갖춰야 한다는 의미다. 인텔은 팬서 레이크로 반격에 나섰고 퀄컴은 로보틱스용 드래곤윙 IQ10을 발표했다.

2025년의 전력 부족 우려가 2026년에는 구체적 솔루션으로 진화했다. 소형 모듈형 원자로(SMR)와 수소 연료전지 같은 무탄소 현장 발전이 표준화되고 있으며 액체 냉각 방식이 데이터센터에 채택되기 시작했다. 이 변화는 AI 산업의 권력 구조도 바꾸고 있다. 과거에는 모델을 만드는 기업들이 가장 큰 권력을 가졌지만 이제는 인프라를 제공하는 기업들의 권력이 커지고 있다.

⑤ AI 컴퓨팅 플랫폼이 된 모빌리티 재정의

CES 2026 모빌리티 전시장에서 가장 인상적이었던 것은 오히려 '보이지 않는 것'이었다. 화려한 신차 공개도, 전기차 스펙 경쟁도 전면에 나서지 않았다. 대신 모든 완성차 업체가 한목소리로 말한 것은 자율주행, AI, 소프트웨어, 컴퓨팅 아키텍처였다. 웨스트홀 전체가 소프트웨어 정의 차량(SDV)을 기본 전제로 삼은 쇼는 이번이 처음이다.

경쟁의 단위가 완전히 달라졌다. 과거에는 차를 얼마나 잘 만들었나가 핵심이었다. 그러나 이제는 차량이 데이터를 어떻게 수집하고 처리하고 활용하는가가 핵심이 됐다. 차량은 하드웨어 판매 중심의 제품이 아니라 센서, 컴퓨팅, AI, 연결성이 결합한 플랫폼이다.

가장 중요한 발표를 한 기업은 기존 OEM 완성차 회사가 아니라 엔비디아였다. 엔비디아는 차세대 AI 컴퓨팅 모델 알파마요를 통해 레벨4 자율주행의 표준 AI 스택을 제시했다. 자동차 산업의 주도권이 더 이상 완성차 업체만의 것이 아니라 컴퓨팅 플랫폼을 쥔 기업으로 이동하고 있다는 신호다.

CES 2026에서 로보택시 영역의 극적인 변화도 확인할 수 있었다. 웨이모와 죽스는 더 이상 자율주행이 가능한가를 증명하는 대신 얼마나 안정적으로 운영할 수 있는지를 보여줬다. 로보택시 경쟁은 이제 자율주행 기술의 문제가 아니라 차량 플랫폼, 소프트웨어, 호출 및 운영 플랫폼, 정비와 충전 인프라가 결합한 종합 생태계의 문제다. 향후 관전 포인트는 로보택시가 도시 확장을 반복할 수 있게 만드는 운영 체계를 누가 먼저 표준화하느냐로 정리된다.

1. 가구 제조 기업 이케아가 CES 2026에서 전등, 스피커 등 스마트 홈 제품을 선보였다.

2. 관람객이 MIT와 아모레퍼시픽이 함께 제작한 '스킨사이트'를 체험하고 있다. 이 제품은 피부 노화 원인을 실시간으로 분석하고 개인 맞춤 솔루션을 제시하는 것이 특징이다.

⑥ 기기 제어에서 상황 인지 AI로 진화한 스마트 홈

CES 2026에서 스마트홈은 더 이상 개별 기기의 집합이 아니었다. 조명, 스피커, 보안 카메라, 가전제품을 연결하는 수준의 스마트홈은 이미 한계에 도달했다. 스마트 홈은 기기를 제어하는 시스템이 아니라 집이라는 공간의 '상황을 이해하는 AI 시스템'으로 재정의되고 있었다.

반복적으로 등장한 개념은 콘텍스트 인지(Context Awareness), 행동 예측, 환경 적응이었다. 삼성전자의 AI 홈은 카메라와 각종 연결 기기에서 수집한 데이터를 분석하되 민감한 정보를 클라우드로 전송하지 않고 기기 내에서 처리한다. 유리 깨지는 소리, 물 흐르는 소리, 지속적인 기침 소리 등 12가지 이상의 소리를 구분해 감지하고 상황에 따라 긴급 대응 서비스를 자동으로 연결한다. LG전자의 AI 홈 로봇은 싱큐(ThinQ) 플랫폼에 연결돼 일상 가사를 처리한다.

CES 2026에서 가장 의미 있는 변화는 AI가 마케팅 수사에서 실용적 도구로 전환되고 있다는 점이다. 사용자에게 새로운 앱을 설치하거나 복잡한 설정을 요구하는 대신 AI가 백그라운드에서 조용히 작동하는 방식이 주류가 됐다. 기술 업계가 중요한 사실을 깨달았다는 신호다. 사람들은 집이 과학 실험실처럼 되는 것을 원하지 않는다.

⑦ 롱제비티 혁명

이제 헬스케어가 병원에서 일상으로 이동한다. CES 2026에서 헬스케어를 관통한 핵심 키워드는 롱제비티(Longevity)였다. CTA는 이를 올해의 3대 메가트렌드 중 하나로 선정했고 CES 역사상 처음으로 미국 은퇴자협회(AARP)와 협력해 에이지테크(AgeTech) 전용 부스를 마련했다.

롱제비티는 단순히 오래 사는 문제가 아니다. 얼마나 오래 건강하고 독립적인 상태로 살 수 있는가에 대한 질문이다. 롱제비티는 더 이상 병원이나 제약 중심의 연구 주제가 아니라 AI와 소비자 가전을 통해 일상에서 설계되는 목표로 이동하고 있다. 이 전환의 중심에는 '상시 모니터링 AI'가 있다. 과거 헬스케어 기술은 치료 이후를 다루는 사후적 시스템이었다. 그러나 CES 2026에서 헬스케어 기술은 몸의 변화를 지속해서 관찰하고 미세한 이상 신호를 조기에 포착하는 생활 인프라로 제시됐다.

엘리마인드(Elemind) 헤드밴드는 뇌파를 실시간으로 읽고 정밀하게 조율한 음향 펄스로 수면을 유도한다. 누라로직(NuraLogix)의 롱제비티 미러(Longevity Mirror)는 셀카 한 장으로 얼굴의 혈류 패턴을 분석해 심장 건강, 정신적 스트레스, 심혈관 질환 위험, 생물학적 나이를 점수로 보여준다. 비부(Vivoo), 보보(Vovo) 등 여러 회사가 소변과 대변을 분석하는 스마트 변기를 선보였다. 화장실이 진단실이 되는 시대가 열리고 있다.

한국에 열린 기회는?

CES 2026은 우리에게 근본적 질문을 던진다. AI를 도입할 것인가가 아니다. AI를 전제로 한 세계에서 어떤 위치에 설 것인가의 문제다. 헬스케어는 제조와 만나고 자동차는 에너지와 데이터센터와 결합하며 소비자 기술은 공공 인프라로 확장되고 있다. 이 거대한 수렴의 흐름 속에서 국가, 기업, 개인 모두는 선택을 강요받고 있다.

한국에게 이 질문은 특히 절박하다. 거대언어모델(LLM) 스케일 경쟁에서 미국과 중국을 따라잡기는 이미 어렵다. 게다가 CES 2026에서 중국 기업들은 가격이 아닌 품질을 내세우며 글로벌 경쟁력을 과시했다. 로보틱스, 전기차, 스마트 디바이스 전 영역에서 중국은 더 이상 저가 추격자가 아니라 기술 완성도로 경쟁하는 플레이어로 등장했다. 그럼에도 기회의 문은 여전히 열려 있다. CES 2026이 보여준 것은 AI 로보틱스, 스마트 제조, 자율주행 시스템처럼 하드웨어, 소프트웨어, 제조 역량이 동시에 결합해야 하는 영역에서는 아직 승자가 결정되지 않았다는 점이다. 한국이 수십 년간 축적해온 반도체, 디스플레이, 배터리, 정밀 제조의 역량은 바로 이 피지컬 AI 경쟁에서 결정적 자산이 될 수 있다.

한국에게 필요한 것은 모방이 아닌 창조의 자세다. 한국만의 강점, 즉 제조 현장의 방대한 데이터, 좁은 국토에 집중된 고밀도 인프라, 세계 최고 수준의 인터넷 속도, 빠른 의사결정과 실행력을 바탕으로 한국형 AI 생태계를 설계해야 한다. 데이터를 국가 자산으로 재정의하고 개별 기업 경쟁에서 생태계 협력으로 전환하며 단기 성과보다 10년 후를 보는 장기 투자가 필요하다.

한국이 AI 컨버전스 시대에 주변부로 밀려날 것인가, 아니면 핵심 플레이어로 도약할 것인가는 지금 순간의 결심과 선택에 달려 있다.

엔비디아의 AI 지배 이어질 세 가지 이유

젠슨 황 엔비디아 CEO가 새해 벽두부터 전 세계 기술 업계에 강력한 메시지를 던졌다. 엔비디아는 이제 단순한 부품 기업이 아니다.

POINT

① 물리적 세계 복잡함 해결할 엔비디아의 '코스모스'
② '생각의 사슬' 추론 능력 가진 '알파마요'
③ 블랙웰 대비 추론 토큰 비용 최대 10배 절감 '베라 루빈'

"피지컬 AI의 챗GPT 모멘트가 도래했습니다." 젠슨 황 엔비디아 CEO가 2026년 1월 5일(현지시간) CES 2026 개막을 앞두고 라스베이거스에서 퐁텐블로 호텔에서 열린 콘퍼런스에서 엔비디아의 비전을 선포했다. 2022년 말 챗GPT의 등장으로 폭발적으로 성장한 생성형 AI처럼 2026년은 물리적 세계를 이해하는 피지컬 AI가 급성장할 것이란 게 핵심이다. 젠슨 황은 "AI 중 가장 크고, 중요한 건 피지컬 AI다. 피지컬 AI는 자연의 법칙을 이해하는 AI"라며 이를 구현하기 위해 훈련용(training), 추론용(inference), 시뮬레이션용 세 가지 컴퓨터가 필요하다고 설명했다.

"AI는 풀스택(full-stack, 모든 기술)"이라며 "우리는 칩부터 인프라, 모델, 애플리케이션에 이르기까지 모든 영역에서 AI를 재창조하고 있다"고 강력한 자신감을 드러냈다. 엔비디아를 '모든 AI를 위한 하나의 플랫폼'으로 규정, 칩 제조사를 넘어 산업 인프라를 재편하는 '플랫폼 기업'으로 완전히 탈바꿈했음을 선포했다.

엔디비아의 비전을 실현하기 위한 새로운 세 가지 핵심 자산도 공개했다. 첫째는 로봇·피지컬 AI 구축을 위한 시뮬레이션 플랫폼과 새로운 AI 모델, 둘째는 인간처럼 사고하고 추론하는 자율주행용 오픈소스 모델 '알파마요(Alpamayo)', 셋째는 이 모든 거대 연산을 처리할 차세대 AI 슈퍼컴퓨팅 플랫폼 '베라 루빈(Vera Rubin)'이다.

월드 모델, 시뮬레이션으로 혁신하라

지금까지의 로보틱스 분야의 AI는 반사 신경에 가까웠다. 센서가 장애물을 감지하면 사전에 프로그래밍한 규칙이나 학습된 패턴에 따라 멈추거나 피하는 방식이었다. 문제는 디지털 세계와 달리 물리적 세계는 중력, 마찰, 관성 등 복잡한 물리 법칙이 지배하며 예측 불가능한 변수들이 무한대로 존재한다는 점이다.

젠슨 황은 "물리적 세계는 다양하고 예측 불가능하다. 실제 세계에서 훈련 데이터를 수집하려면 시간이 오래 걸리고, 비용이 많이 들며 데이터도 충분하지 않다. 이 문제를 해결할 해답은 합성 데이터"라고 강조했다.

휴머노이드 로봇을 훈련하기 위해 비싸고 위험하며 시간이 오래 걸리는 실제 세계 데이터를 학습할 것이 아니라 엔비디아의 '코스모스' 같은 월드 파운데이션 모델, 가상 환경인 옴니버스를 도입해 로봇과 AI 에이전트가 물리 환경을 보다 쉽게 학습하고 예측할 수 있도록 지원할 수 있다는 것이다.

단일 이미지에서 사실적인 동영상을 생성하고, 물리적 추론 및 궤적 예측을 수행할 수 있는 식이다. 결과를 시뮬레이션하는 능력은 인간의 개입 없이 스스로 행동하는 에이전틱 시스템의 필수 기능이기도 하다. 이런 방식

으로 로봇에게 'A에서 B로 가는 길에 장애물이 있다면, 그 장애물의 물성을 파악하고 우회할지 제거할지 판단하라'고 지시할 수 있다.

1.
CES 2026 콘퍼런스에서 연설 중인 젠슨 황 엔비디아 CEO.

2.
엔비디아는 산업 인프라를 재편하는 '플랫폼 기업'으로 바뀌고 있다.

자율주행 상용화 걸림돌 해결할 '알파마요'

젠슨 황이 이날 공개한 자율주행용 오픈소스 모델 알파마요도 눈길을 끌었다. 자율주행 상용화의 최대 걸림돌은 통계적으로 드물게 발생하지만 치명적인 사고로 이어질 수 있는 '롱테일' 시나리오였다. 예를 들어, 고속도로에 역주행 차량이 나타나는 등의 상황은 기존 데이터 기반 학습만으로는 대처가 불가능했다.

알파마요는 이러한 문제를 해결하기 위해 설계된 비전-언어-행동(VLA) 모델로 가장 큰 특징은 '생각의 사슬(Chain of Thought)' 추론 능력이다. 젠슨 황은 이에 대해 "마치 인간 운전자가 '도로에 공이 있으니 아이가 따라 나올지도 모른다'고 생각하는 것처럼 알파마요는 궤적 생성과 함께 논리적 추론 과정을 생성한다"며 "이는 규제 당국과 개발자가 자율주행차를 이해하는 데 결정적인 투명성을 제공한다"고 했다.

젠슨 황은 알파마요 기반 자율주행 차량이 혼잡한 샌프란시스코 교통 속에서 부드럽게 주행하는 시연 영상도 공유했다. 그는 "알파마요 모델을 오픈소스화할 뿐만 아니라 모델 훈련에 사용된 데이터까지 오픈소스화한다"며 "모델이 어떻게 생성됐는지 사람들이 신뢰할 수 있기 때문"이라고 밝혔다.

이는 구글 웨이모나 테슬라처럼 독자적인 폐쇄형 생태계를 구축한 선두 주자들을 견제하고, 후발 주자인 재규어 랜드로버(JLR), 루시드(Lucid), 메르세데스-벤츠 등 전통적 자동차 제조사들을 엔비디아 진영으로 결집시키려는 고도의 전략이기도 하다.

$2조5278억

글로벌 시장조사업체 가트너에 따르면 2026년 전 세계 AI 지출 규모는 전년 대비 44% 증가한 2조5278억 달러(약 3736조 원)에 달할 것으로 예상된다.

차세대 괴물 칩 '베라 루빈' 양산 돌입

엔비디아가 공개한 마지막 핵심 자산은 차세대 AI GPU '베라 루빈'의 양산 발표였다. 이전 세대 GPU인 블랙웰 칩이 발열 문제 등으로 양산 지연 이슈를 겪었던 탓에 후속 모델 진행 상황에 대한 우려가 있었으나 이날 발표로 시장의 의구심을 지운 셈이다.

베라 루빈은 6개의 칩이 하나로 작동하도록 설계된 시스템이다. 젠슨 황은 "극단적 코디자인(Codesign, 협력적 설계)으로 트랜지스터 수가 전작 대비 1.6배 늘어나는 동안 성능이 획기적으로 향상됐다"고 강조했다.

루빈은 블랙웰 대비 추론 토큰 비용을 최대 10배 절감하고, 전문가 혼합(MoE) 모델 훈련에 필요한 GPU 수를 4분의 1로 줄일 수 있다. 이는 AI 모델 비용에 허덕이는 마이크로소프트, AWS, 구글 등 하이퍼스케일러들에게 거부할 수 없는 제안이 될 수 있다. 그는 "루빈은 훈련과 추론 수요가 폭발하는 지금, 정확한 타이밍에 도착했다"고 했다.

엔비디아의 이러한 행보는 경쟁사들을 곤혹스럽게 만들 전망이다.

경쟁사들이 엔비디아의 현세대 제품에 대항하는 칩을 출시할 즈음 엔비디아는 이미 다음 세대를 양산하며 성능 격차를 벌릴 수 있기 때문이다.

SPECIALIST VIEW

프라스 벨라가푸디 어질리티 로보틱스 CTO

카네기멜론대학교(CMU)에서 로봇 공학 박사 학위를 받았다. 다중 로봇 계획, 제어 및 시뮬레이션 분야 연구 경력을 보유하고 있다. 어질리티 로보틱스 핵심 기술인 이족 보행 및 휴머노이드 플랫폼 개발을 주도했으며, 현재 로봇을 실제 산업 현장에서 사용할 수 있는 피지컬 AI와 상용화 전략을 총괄하고 있다.

'노동력 부족 × 피지컬 AI' 휴머노이드 로봇 상용화를 위한 길

휴머노이드 로봇 상용화는 곧 현실이 될까? 이를 위해 해결할 과제는 '신뢰성'과 '안전'이다.

어질리티 로보틱스(Agility Robotics, Inc.)의 프라스 벨라가푸디 CTO(최고기술책임자)는 더밀크와의 단독 인터뷰에서 "실제 로봇이 배치된 생산 환경에서는 다양한 특수 사례들이 존재한다"고 강조했다. 휴머노이드 로봇 '디짓(Digit)'을 아마존, GXO의 대형 물류 창고 등 실제 현장에서 운영해보니 신뢰성과 안전이 가장 중요했다는 설명이다.

어질리티 로보틱스는 세계 최초로 휴머노이드 로봇을 산업 현장에 투입했다. 디짓은 이미 10만 개 이상의 토트(Tote, 물류용 박스)를 옮기며 많은 데이터를 축적했다. 더밀크가 CES 2026을 맞아 1월 7일(현지시간) 라스베이거스에서 개최한 'K-이노베이션 나이트'의 기조연설에서 프라스 벨라가푸디는 현재 휴머노이드 로봇 열풍이 노동 시장의 압박, 하드웨어의 비약적 발전, 피지컬 AI의 혁명이 맞물린 결과라고 분석했다.

노동력 부족과 피지컬 AI 기술의 융합

프라스 벨라가푸디에 따르면 미국 내 육체노동 분야 미충원 일자리는 2016년 60만 개에서 2023년 100만 개로 급증했다. 아마존이 로봇 도입을 60만 대에서 100만 대 이상으로 늘리는 등 자동화 노력을 기울였음에도 인력 부족 현상은 심화하고 있다. 프라스 벨라가푸디는 "로봇이 일자리를 대체하고 있다는 것은 사실이 아니다"라며 "오히려 로봇은 일자리를 변형시키고, 채워지지 않은 포지션을 인간이 시간을 투자해야 할 분야로 이동시키는 역할을 한다"고 강조했다.

이러한 수요를 뒷받침한 것은 기술이다. 엔비디아의 AI 가속기, 자율주행 기술로 저렴해진 센서, 전기차로 발전한 배터리 기술, 그리고 더욱 강력해진 모터 기술 등이 현대형 휴머노이드 로봇의 등장을 가

1. 미국 시애틀 아마존 물류 창고에서 작업 중인 '디짓'.
2. 휴머노이드 로봇 적용 확대 과제 중 하나는 인간과 함께 작업할 수 있는 안전성 확보다.

능케 했다는 설명이다. 여기에 물리 법칙을 이해하며 현실 세계에서 스스로 판단하고 행동할 수 있는 피지컬 AI 기술이 결합해, 휴머노이드 로봇은 보다 복잡한 작업을 수행할 수 있게 됐다.

아마존과 GXO는 왜 '디짓'을 주목했나

디짓은 이미 아마존, 물류기업 GXO 등 실제 물류 현장에서 활약하고 있다. 프라스 벨라가푸디가 꼽은 디짓의 핵심 경쟁력은 이동성(Mobility), 유연성(Flexibility), 동적 안정성(Dynamic Stability)이다. 특히 GXO의 현장 사례는 디짓이 왜 가장 먼저 상용화에 성공한 휴머노이드 로봇인지 잘 보여준다. 미국 여성 브랜드 스팬크스(Spanx)의 주문 처리 과정에서 디짓은 자율이동 로봇(AMR)과 컨베이어 벨트 사이를 오가며 물품이 담긴 토트 박스를 옮길 수 있는 이동성과 유연성, 동적 안정성을 증명했다.

그는 "컨베이어에 실을 수 없을 만큼 토트가 많을 경우 디짓은 옆에 스택을 쌓은 후 나중에 다시 컨베이어로 이동시킨다"며 "동일한 로봇이 상황에 따라 두 가지 다른 작업을 수행하며 유연성을 발휘하는 것"이라고 설명했다. 볼 베어링 열처리 공정과 같이 바닥이 평평하지 않고 배수구가 있는 복잡한 제조 환경에서도 디짓은 장애물을 넘어 다니며 기계에 부품을 적재할 수 있다. 이처럼 인간 중심 환경에서 인간과 비슷한 구조를 가진 휴머노이드 로봇의 가치가 가장 극대화된다는 게 그의 주장이다.

화려한 데모 뒤에 가려진 신뢰성과 안전

물론 상용화의 길은 멀고 험하다. 프라스 벨라가푸디는 대부분의 경우 98% 이상의 신뢰성을 요구받으며, 어질리티 로보틱스는 99.99% 수준을 목표로 한다"고 밝혔다.
그는 실제 현장에서 겪은 '납땜 파열' 사례를 소개했다. 로봇이 500시간을 걸은 후에 웅크리는 동작에서만 발생하는 오류가 발견된 것이다. 이는 테스트나 초기 배포 단계에서는 나타나지 않았던 문제였다. 안전 문제 역시 까다롭다. 자율주행차나 드론은 주변 사물이나 사람에 닿지 않는 것이 안전의 핵심이지만, 휴머노이드 로봇은 작업을 위해 인간과 함께 일하며 인간의 작업 환경과 접촉해야만 한다. 프라스 벨라가푸디는 "단순히 로봇을 멈추는 것을 넘어선 고차원적인 안전 설계와 추론 능력이 필요하다"고 했다.

CES 2026 'K-이노베이션 나이트' 기조연설 중인 프라스 벨라가푸디.

피지컬 AI 시대 전략, AI·데이터가 핵심

어질리티 로보틱스는 피지컬 AI를 통해 로봇에게 복잡한 기술을 가르치고 있다. 예를 들어 토트 박스를 적재할 때 정확한 정렬을 맞추는 것은 코딩으로 구현하기 매우 어렵기 때문에 인간이 원격으로 시범을 보이고 이를 학습시키는 방식을 통해 해결하는 식이다.
프라스 벨라가푸디는 "기술은 갖춰졌고, 시장도 변화를 파악했으며 관심도 높다"며 "우리는 휴머노이드 로봇 시대에 접어들었다"고 자신감을 내비쳤다.
젠슨 황 엔비디아 CEO를 비롯한 업계 전문가들은 더 발전된 피지컬 AI, 실제 현장 및 가상 환경에서 획득하는 데이터, 액추에이터를 비롯한 기계 분야 기술력이 이 분야에서 경쟁력을 갖추기 위한 핵심 조건이라고 입을 모은다. 원격 시범, 시뮬레이션을 동원해 빠르고 저렴한 비용으로 로봇을 훈련하는 것도 전략적으로 더 중요해질 전망이다.

휴머노이드 로봇, 산업 전체를 흔들고 있다

휴머노이드 로봇이 일상에 자리 잡을 것이라는 말, 올해 내내 지겹도록 듣게 될 것이다.

POINT

① 피지컬 AI의 가장 상징적인 존재, 휴머노이드 로봇
② 휴머노이드 로봇의 경쟁력은 화려함보다 노동 능력
③ 중국, 강한 존재감에도 드러난 한계

'로봇'이 등장하는 할리우드 영화들이 있다. 〈엑스 마키나〉(2015)에 등장하는 휴머노이드 로봇 '에이바'는 인간 여성의 외모를 닮았으며 스스로 감정을 느낀다. 2035년을 배경으로 한 〈아이, 로봇〉(2004)에서는 인간이 편리한 생활을 할 수 있게 도와주는 휴머노이드 로봇과 함께 살아간다. 먼 미래의 이야기 같았던 할리우드 영화 속 로봇을 곧 현실에서 마주할 수 있다면 어떨까. CES 2026은 인간과 로봇이 같이 사는 날이 얼마 남지 않았음을 보여줬다.

인사이트 1 AI 컨버전스: 피지컬 AI 시대 개막

CES 2026을 관통한 핵심 키워드 중 하나는 단연 피지컬 AI였다. 피지컬 AI는 텍스트, 이미지, 음성과 같은 디지털 정보 처리에 강점을 보여왔던 기존 AI가, 이제는 실제 물리적 공간에서 보고, 판단하고, 움직이며, 조작하는 '몸을 가진 AI'로 진화했음을 의미한다. 다시 말해, 인식(perception), 추론(reasoning), 행동(action)이 하나의 시스템으로 통합되면서 AI가 물리 세계에 직접 개입하는 단계에 진입한 것이다. 가장 상징적인 존재는 단연 휴머노이드 로봇이었다. 현대차그룹 산하 보스턴다이내믹스는 신형 '아틀라스(Atlas)'를 공개하며, 휴머노이드 로봇이 연구용 데모를 넘어 실제 산업 현장에 투입될 준비 단계에 들어섰음을 보여줬다. 이외에도 물류 자동화 기업들, 그리고 가정과 일상 공간을 겨냥한 서비스형 로봇들이 대거 등장하며, 피지컬 AI가 산업 전반으로 확산하고 있음을 분명히 했다.

이러한 흐름은 피지컬 AI가 더 이상 실험적 기술이 아니라, 현실의 생산성과 안전, 노동 구조를 재편할 수 있는 '운영 기술'로 이동하고 있음을 의미한다. 과거에는 "AI가 언젠가 로봇을 움직일 수 있을까?"라는 질문이 중심이었다면, 이제는 "AI가 어떤 환경에서, 어떤 역할로, 얼마나 안정적으로 작동할 수 있는가?"가 핵심 질문이다.

인사이트 2 휴머노이드 로봇, 실제 산업 침투

휴머노이드 로봇은 더 이상 미래를 상징하는 전시물이 아니라 실제 현장에 투입되는 운영 기술로 자리 잡았다. 이전에는 로봇이 무엇을 보여줄 수 있는지가 중요했다면, 이제는 무엇을 얼마나 안정적으로 반복할 수 있는지가 핵심이다. 자율 이동, 물체 인식, 조작, 오류

Atlas prototype

현대차그룹 콘퍼런스에 등장한 차세대 전동식 아틀라스 시제품.

1.
LG전자 부스에서 관람객들이 클로이드 시연을 지켜보고 있다.

2.
중국 엔진AI의 휴머노이드 로봇이 관람객 앞에서 격투 포즈를 하고 있다.

$5조

글로벌 투자은행 모건스탠리에 따르면 전 세계 휴머노이드 로봇 시장은 2050년까지 5조 달러(약 7300조 원) 규모로 성장할 전망이다.

복구까지 포함한 전체 작업 흐름을 실제 환경에서 지속해서 수행할 수 있는지가 로봇의 가치를 정한다. 로봇은 더 이상 고정된 위치에서 같은 동작만 반복하는 장비가 아니라, 이동과 작업을 결합한 현장형 플랫폼으로 진화하고 있으며, 경쟁력의 기준도 단일 작업 성능이 아니라 운영의 유연성과 확장성으로 이동하고 있다.

아틀라스는 이러한 변화를 상징적으로 보여준다. 아틀라스는 2026년 조지아 공장에 실제 투입될 예정인 공장 인력으로 설계된 휴머노이드 로봇이다. 전기 구동 방식, 높은 자유도와 적재 능력, 구글 딥마인드의 로보틱스 AI와의 결합을 통해 환경 인식부터 판단, 동작까지 이어지는 피지컬 AI 플랫폼으로 발전하고 있다. 공장 내 반복 작업을 실제로 수행하기 위한 목적이 분명한 휴머노이드 로봇이라는 점이 핵심이다.

LG전자의 가정용 로봇 '클로이드(CLOiD)'는 일상적인 작업을 수행하며, LG전자의 스마트 홈 생태계와 연결된 '움직이는 허브'로 기능한다. 이는 스마트 홈이 단순한 기기 제어를 넘어 상황을 이해하는 AI로 발전하면서, 로봇이 그 AI를 실제 행동으로 옮기는 존재임을 의미한다. 화려한 기술보다 일상의 물리적 노동을 대신하는 능력이 휴머노이드 로봇의 새로운 경쟁력이다.

인사이트 3 중국 휴머노이드 로봇 부상

CES 2026에서 가장 두드러진 변화 중 하나는 중국 휴머노이드 로봇 기업들의 강한 존재감이었다. 전체 휴머노이드 로봇 참가 기업 중 절반 이상이 중국 업체로, 수적 우위뿐 아니라 전시 규모와 다양성 면에서도 눈에 띄었다. 여러 중국 기업들은 복싱이나 탁구 같은 동작 시연으로 관람객의 시선을 끌었고, 일부 업체는 역동적인 퍼포먼스로 큰 주목을 받았다. 하지만 중국 휴머노이드 로봇의 진짜 경쟁력은 상용화를 염두에 둔 구조적 완성도에 있다. 다시 말해, 기술의 극대화보다 가격, 공급망, 확장성을 우선하는 전략이 중국식 접근의 핵심이다.

이러한 경쟁력의 배경에는 중국이 구축해 온 산업 구조가 있다. 희토류 채굴에서 자석 제조까지 이어지는 소재 공급망, 국가 차원의 산업 정책, 그리고 군사·제조·물류 등 다양한 분야에서의 대규모 수요가 맞물리면서, 휴머노이드 로봇이 단기간에 '양산할 수 있는 제품' 단계에 근접할 수 있었다.

다만 전문가들의 시선은 냉정하다. 실제 현장에 투입되기 위해서는 거의 완벽에 가까운 신뢰성이 필요하다는 것이다. 여러 글로벌 로봇 기업 관계자들은 '묘기'보다는 안정성과 비용 효율, 유지관리 가능성을 더 강조한다. 실제로 현장에서 진행된 생활 작업 테스트에서는 많은 휴머노이드 로봇이 여러 단계가 결합한 복합 작업에서 아직 한계를 드러냈다.

중국은 구조와 속도로 앞서 나가고 있지만, 진짜 승부는 화려함이 아니라 얼마나 안정적으로 실제 일을 해낼 수 있느냐에서 갈리게 될 것이다.

앤디 정 제너럴리스트 공동창업자

제너럴리스트(Generalist AI)의 공동 창립자이자 수석 과학자다. UC 버클리에서 컴퓨터 과학과 수학을 전공하고 프린스턴 대학교에서 컴퓨터 과학 박사 학위를 받았다. 박사 과정 당시 '아마존 피킹 챌린지(Amazon Picking Challenge 2017)'에서 MIT-프린스턴 연합팀을 이끌며 우승을 차지한 바 있다. 이후 구글 딥마인드의 연구 과학자 및 테크 리드로 재직하며 물체의 물리학을 학습해 던지는 '토싱봇(TossingBot)' 개발, 로봇이 스스로 코드를 작성하게 하는 '코드 애즈 폴리시(Code as Policies)' 연구를 주도했다.

실수를 스스로 수정하는 로봇, 마법 같은 일이 일어난다

피지컬 AI의 최전선에서 활동하는 앤디 정 제너럴리스트 공동창업자는 엔비디아와 아마존의 제프 베저스로부터 투자받은 라이징 AI 스타트업을 이끄는 인물이다. 로봇 분야에서 세계적으로 주목받는 앤디 정이 바라보는 미래 세계는 비현실적이다.

2022년 11월 30일, 오픈AI가 챗 GPT를 공개했을 때 전 세계는 대규모 언어 모델(LLM)이 보여준 유창함과 추론 능력에 압도됐다. AI가 시를 쓰고, 코딩하며 인간의 언어로 복잡한 철학적 난제를 논할 수 있게 됐기 때문이다. '지식'의 영역에서 AI는 인간을 넘어서거나 대등한 수준에 도달한 것처럼 보였다. 그러나 디지털 세계를 벗어나면 여전히 풀리지 않는 문제가 자리 잡고 있었다. '물리적 현실 세계(Physical World)'라는 장벽이었다.

디지털 세계에서 마치 천재처럼 보이는 AI가 왜 현실 세계에서는 어린아이보다 못한 존재가 되는 걸까. 수천억 개의 파라미터를 가진 언어 모델이 식기세척기에 그릇을 넣거나 흐트러진 빨래를 개는 단순한 작업을 제대로 수행하지 못하는 이유는 뭘까. 이 오래된 난제, 즉 '모라벡의 역설(Moravec's paradox)'은 로봇 공학이 수십 년간 넘지 못한 거대한 산이었다. 텍스트와 이미지 데이터는 인터넷상에 무한히 존재하지만, 로봇이 현실과 부딪히며 배우는 '행동 데이터'가 턱없이 부족하기 때문이라는 게 전문가들의 진단이다.

이러한 상황에서 2024년 샌프란시스코에 설립된 로봇 AI 스타트업 '제너럴리스트 AI(Generalist AI, Inc.)'가 새로운 돌파구를 마련, 업계의 주목을 받고 있다. 언어 모델을 넘어 물리 법칙을 이해하며 현실 세계에서 스스로 판단하고 행동할 수 있는 '피지컬 AI(Physical AI, 물리적 AI)' 특화 파운데이션(foundation, 기초) 모델 'GEN-0'를 선보인 것이다. 일찌감치 피지컬 AI의 가능성을 알아본 엔비디아와 제프 베저스 아마존 창업자의 투자 회사 베저스 익스페디션(Bezos Expeditions) 등이 제너럴리스트의 초기 투자자로 참여해 이들의 혁신을 지원하고 있다. 제너럴리스트 공동창업자이자 최고 과학책임자(Chief Scientist)인 앤디 정(Andy Zeng)은 기존의 로봇 공학이 간과해왔던 미지의 영역에 답이 있다고 주장한다. 로봇이 통제된 실험실을 벗어나 실제 현실 세계에서 가치를 창출하려면 단순한 지능을 넘어 인간이 본능적으로 지닌 '물리적 상식(Physical Commonsense)'을 갖춰야 한다는 것이다.

더밀크가 CES 2026을 맞아 1월 7일(현지시간) 라스베이거스에서 개최한 'K-이노베이션 나이트'에 기조연설로 참여한 앤디 정은 "우리 모두 물리적 상식이 존재해야 한다는 건 알지만 정확히 규명하기 어렵다. 인간에게는 너무나 쉽지만 기계에는 지극히 어렵다"며 물리적 상식을 로봇 지능(Embodied Intelligence)의 '암흑 물질(Dark Matter)'에 비유했다. 우주 암흑 물질처럼 정확히 규명하기는 어렵지만, 피지컬 AI 분야에 꼭 필요한 게 물리적 상식이라는 설명이다. 이를 위해 제너럴리스트는 인터넷 텍스트가 아닌 실제 물리적 세계의 경험 데이터를 대규모로 학습시키는 파격적인 전략을 전개하고 있다.

‘프로그램된 완벽함’의 허상과 인간의 ‘직관적 물리학’

앤디 정은 오늘날 산업 현장의 로봇들이 의존하는 방식을 “프로그램된 완벽함(programmed perfection)”이라고 꼬집었다. 미리 입력된 좌표와 동작을 기계적으로 반복하는 기존 로봇은 환경이 조금만 바뀌어도 무기력해질 수밖에 없다. 그는 독일의 한 핫도그 제조 로봇을 예로 들며 기존 시스템의 취약성을 지적했다. 그는 “로봇은 빵이 없는데도 핫도그 소시지를 허공에 놓으려 하고, 이미 실패했음에도 마치 빵이 있는 것처럼 포장지를 씌우는 동작을 맹목적으로 반복한다”며 “결국 그 로봇이 얻은 것은 덩그러니 놓인 핫도그 소시지뿐이었다”고 했다.

반면 인간은 다르다. 인간은 꽉 찬 선반에서 물건을 꺼낼 때 엄지로 옆 물건을 살짝 밀어 공간을 확보하는 ‘직관’을 가지고 있다. 어린 시절부터 컵에서 물을 붓거나 쏟으며 경험을 통해 유체의 움직임을 피부로 느끼고 체득하고 있는 것도 같은 맥락이다. 앤디 정은 이러한 인간의 능력을 ‘직관적 물리학(Intuitive Physics)’, ‘물리적 상식’으로 정의하며 이것이야말로 피지컬 AI 시대 로봇이 갖춰야 할 핵심 능력이라고 강조했다.

챗GPT와 같은 LLM이 방대한 지식은 갖췄을지 몰라도 물리적 상식은 제대로 갖추지 못했다는 게 그의 진단이다. 정 공동창업자는 “(피지컬 AI 분야에 LLM을 활용하는 건) 마치 캘리포니아 DMV(차량관리국) 핸드북(운전면허 시험 준비용 안내서)만 달달 외우고 운전면허 실기 시험을 보러 가는 것과 같다”며 “텍스트 데이터만으로는 찰나의 반응 속도나 타인의 의도 파악이 중요한 현실 세계의 물리적 상호작용을 해낼 수 없다”고 했다.

27만 시간, 46년의 경험···
‘스케일링 법칙’을 로봇에 적용하다

제너럴리스트의 해법은 명확하다. LLM이 인터넷 텍스트로 지식을 배웠듯이 로봇에게도 대규모 물리적 경험 데이터를 학습시키는 것이다.

1.
앤디 정 제너럴리스트 공동창업자가 기조연설을 하고 있다.

2.
제너럴리스트의 GEN-0 모델 기반 로봇이 스스로 상황을 인지하고, 인간처럼 추론을 거쳐 적절하게 작업을 수행하는 장면.

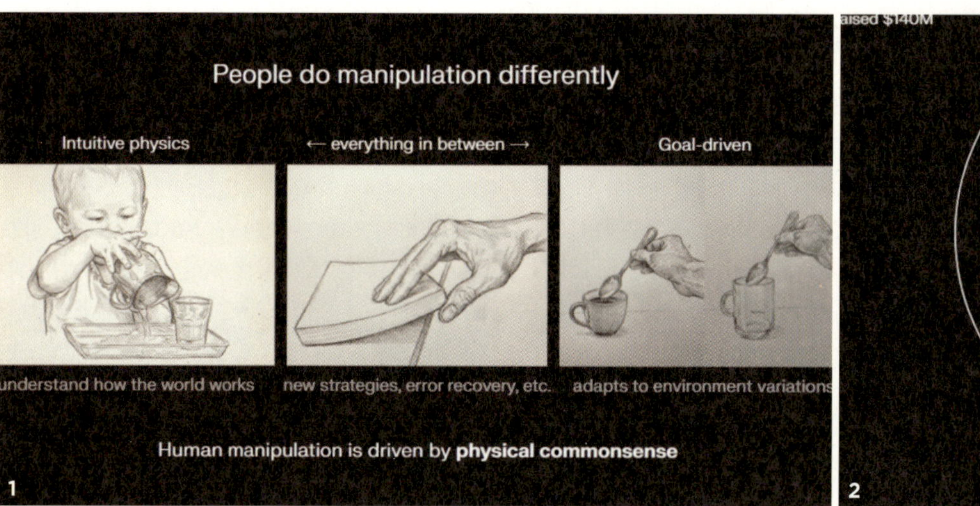

앤디 정 공동창업자는 "충분히 큰 모델을 물리적 경험 데이터로 훈련하면 물리적 상식을 얻을 수 있다는 가설"을 증명하기 위해 구글 딥마인드를 떠나 회사를 창업했다고 밝혔다.

이를 위해 제너럴리스트는 전 세계에 수천 개의 데이터 수집용 핸드헬드 그리퍼(Handheld Gripper)를 배포했다. 사람들이 뜨개질부터 오렌지 썰기, 주방 요리까지 다양한 작업을 직접 수행하며 생성한 데이터를 모으기 위해서다.

그 결과 2025년 11월 기준으로 제너럴리스트는 역대 최대 규모인 '27만 시간 분량의 실제 조작 데이터'를 확보했다. 이는 인간이 깨어있는 시간으로 환산하면 약 46.2년에 해당하며 역사상 만들어진 모든 영화의 영상 길이를 합친 것보다 방대한 양이다.

이 데이터를 바탕으로 개발된 제너럴리스트의 파운데이션 모델 'GEN-0'은 100억(10B) 파라미터 규모로, 시각 정보와 감각 입력을 처리해 실시간으로 행동을 생성한다. 앤디 정 공동창업자는 "로봇 공학에서 최초로 스케일링 법칙(Scaling Laws)을 확인했다"고 강조했다.

10억 파라미터 수준의 상대적으로 작은 모델은 데이터가 많아지면 오히려 성능이 정체되는 '경화(ossification)' 현상을 보였지만, 70억 파라미터 이상의 모델부터는 방대한 데이터를 흡수하며 지능의 '위상 전이(phase transition)'를 일으켜 성능이 비약적으로 향상됨을 입증했다는 설명이다.

실수를 스스로 수정하는 로봇…"마법 같은 일"

이렇게 학습된 로봇은 단순한 반복 작업을 넘어 상황에 맞춰 유연하게 대처하는 놀라운 적응력을 보여준다. 앤디 정 공동창업자는 제너럴리스트의 파운데이션 모델 기반 로봇이 물리적 상식을 학습했다는 걸 보여주는 구

2050년까지 보급 예상되는 휴머노이드 로봇 규모

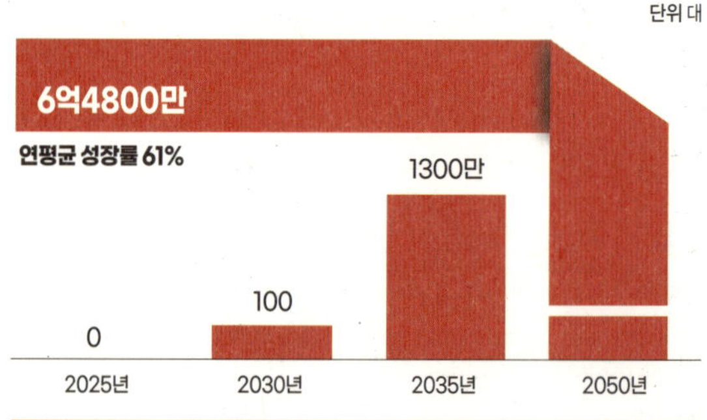

자료 시티그룹

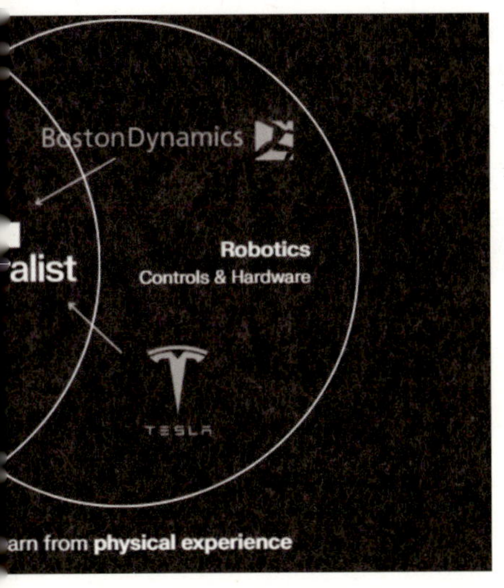

1. 인간의 직관과 물리적 상식 사례.

2. 제너럴리스트가 다루는 피지컬 AI 영역.

체적인 사례들을 공개했다.

첫 번째는 이더넷 케이블을 정교하게 연결한 사례다. 앤디 정 공동창업자가 공개한 영상에서 로봇 팔은 이더넷 케이블을 포트에 꽂는 작업에서 단순히 좌표로 이동하는 것이 아니라 인간처럼 딸깍 소리가 날 때까지 '포트를 비틀어 맞추는(twist until it hears a click)' 미세한 조작 능력을 보여줬다. 이는 시각 정보뿐만 아니라 물리적 피드백을 이해하고 있음을 시사한다.

두 번째는 얇은 물체를 전략적으로 집는 사례다. 바닥에 밀착된 얇은 물체는 틈이 없어 집기가 쉽지 않다. 로봇은 이를 억지로 집으려 하지 않고 해당 물체를 벽면이나 구석으로 밀어 잡을 수 있는 공간을 만든 뒤 집어 올렸다. 이는 인간이 본능적으로 사용하는 방식과 동일하다.

세 번째는 미끄러짐 방지 및 회복 탄력성에 관한 것이었다. 무거운 클립 상자를 들어 올리다 미끄러질 뻔하여지자, 로봇은 당황하지 않고 상자를 작업 도중 내려놓고 다시 단단히 잡는(regaining grip) 모습을 보여줬다. 또한 사람이 작업 중인 상자 덮개를 강제로 눌러 방해해도, 로봇은 상황을 인식하고 다시 시도해 결국 상자를 닫는 데 성공했다.

복합적인 과제도 해결할 수 있다. 카메라를 포장하는 작업에서 로봇은 단순히 물건을 옮기는 걸 넘어 인간처럼 작업할 수 있었다. 청소용 천을 상자에 넣고, 골판지 상자를 접은 후 카메라를 집어 비닐봉지에서 꺼낸 후 카메라를 상자에 넣고, 상자를 닫은(작은 덮개를 끼운) 다음 비닐봉지를 쓰레기통에 버리는 일련의 과정을 매끄럽게 수행했다. 정 공동창업자는 "매일 사무실에서 물리적 상식이 구현되는 경이로운 순간들을 목격할 수 있다는 건 행운이자 마법 같은 일"이라며 "로봇이 작업을 수행하는 모습을 지켜보다가 '와'하고 감탄하는 순간이 수없이 많았다"고 했다.

I·N·S·I·G·H·T 더밀크의 시각

원샷 어셈블리… 피지컬 AI 혁신 온다

가장 압권은 '원샷 어셈블리(One-shot assembly)'라 불리는 레고 조립 시연이었다. 앤디 정은 "지금까지 본 로봇의 손재주와 조작 능력 중 가장 인상적인 성과"라고 자평했다. 로봇은 레고 블록을 조립할 때 홈이 맞지 않음을 감지하자 무작정 누르지 않고 '살짝 밀어 넣은 다음(nudge it in) 눌러 붙이는' 미세 조정을 수행했다. 더 놀라운 것은 로봇이 완성해야 할 목표 형태를 인지하고, 필요한 부품(빨간색 블록 등)을 찾아 주변을 탐색하며 계획을 세운다는 점이었다. 이는 직관적인 반사신경(시스템 1)과 고차원적인 계획(시스템 2) 능력이 하나의 모델 안에서 통합돼 작동함을 의미한다.

앤디 정 공동창업자는 "진정한 범용 지능은 오직 물리적 경험을 통해서만 탄생할 수 있다"며 "미래에는 농업, 건설, 물류 등 삶의 모든 영역에서 로봇이 인간을 돕는 세상이 올 것이다. 우리가 만든 모델이 그 기반이 될 것"이라고 했다.

SPECIALIST VIEW

주영섭 서울대학교 공학전문대학원 특임교수

현대오토넷 CEO를 역임했고 국가과학기술심의회 미래성장동력 특별위원회 위원 및 중소기업청장 등을 지내며 산업 현장과 정책 분야를 아우르는 전문가다.

생존 경쟁이 시작됐다! 미래 선두 기업이 되기 위해 꼭 알아야 할 것들

놀라운 기술 발전에 놀라고만 있을 때가 아니다. 지금 펼쳐지는 새로운 비즈니스 시장에서 선두에 서려면 국가도, 기업도 과거에 안주할 수 없다는 신호를 읽어야 한다.

우리는 과학기술이 국가와 기업의 미래를 결정하는 기술 패권 시대에 살고 있다. 미래 기술 트렌드에 대한 이해 없이 국가와 기업의 미래 전략을 만들기 어렵다는 면에서 CES의 중요성은 아무리 강조해도 지나치지 않다. 올해 CES 2026도 우리 정부와 기업에 던진 많은 중요 시사점과 전략적 방향을 제시했다.

CES 2026을 분석해 보면 다음 네 가지 키워드가 전체를 관통하는 핵심 메시지다. AI를 중심으로 한 기술 트렌드는 물론 기술의 궁극적 목적을 추구하는 패러다임 혁명, 미·중 기술 패권 전쟁을 둘러싼 지정학적 이슈, 가속되고 있는 협력 확대의 네 가지 키워드가 서로 연계돼 있어 이에 대한 입체적 대응 전략이 중요하다. 혼자 잘 해보겠다는 기업은 오히려 빠른 변화 속에 도태될 수밖에 없다.

KEYWORD 01

AI 대전환의 확산

이제 AI가 전 산업, 제품 및 서비스의 중심이라는 것이다. CES는 이미 2025년부터 'AI 일상화'를 핵심 메시지로 제시했고 올해는 사실상 전 제품 및 솔루션에 AI가 기본 기술로 내재화되고 있음을 보여줬다. AI 대전환은 기본적으로 생산성 혁신을 추구하는 '에이전트 AI'와 제품 혁신을 추구하는 '피지컬 AI'의 양대 축으로 진전되고 있는데, CES 2026의 하이라이트는 제품에 AI를 적용해 혁신적 기능과 성능을 구현하는 지능형 시스템인 '피지컬 AI'였다. 로봇, 자동차, 건설·농기계, 드론 등 다양한 제품을 통해 '움직이는 AI', '행동하는 AI'를 구현했다. CES가 성격상 제품 중심으로 보여주는 기술 박람회여서 눈에 보이지 않는 '에이전트 AI'보다 눈에 보이는 '피지컬 AI'가 주목을 받는 것은 자연스러운 일이라 할 수 있다. 엔비디아, AMD, 지멘스, 레노버, 캐터필러 등 많은 기조연설과 다양한 제품 전시를 통해 피지컬 AI 생태계의 향후 전개 방향이 제시됐다.

그중에서도 미래 산업의 게임 체인저로 주목받고 있는 휴머노이드 로봇에 대한 관심이 뜨거웠다. 유니트리, 애지봇 등 중국 휴머노이드 기업이 노스홀을 가득 메운 가운데 킥복싱, 탁구 시연 등을 통해 많은 참관객의 이목을 끌었지만, 올해 최고의 백미는 현대차그룹이 5년 전 인수한 보스턴다이내믹스 '완전 전동식' 차세대 아틀라스였다. 업계 최고인 56 자유도로 사람처럼 자연스러운 동작으로 이동하고 작업하는 장면을 세계 최초로 시연하며 과거 대비 진일보한 기술을 선보여 모두의 관심을 집중시켰다. 현대차그룹은 2028년 미국 조지아주 신공장(HMGMA)의 부품 핸들링 및 물류 공정, 2030년에 조립 공정에 투입하고 그 이후 전 공장에 확대할 계획임을 밝혔다. 현대차그룹은 CES 2026에서 차세대 아틀라스를 전면에 내세우며 기존의 자동차 회사에서 휴머노이드 중심의 피지컬 AI 기업으로 진화하고 있음을 천명했다. 이 전략은 적중해 주가를 일거에 60% 이상 끌어올리는 괄목할만한 성과를 내고 있다.

현대차그룹의 차세대 아틀라스 사례는 우리나라 휴머노이드 전략은 물론 피지컬 AI 전략에 중요한 시사점을 주고 있다. 휴머노이드 및 피지컬 AI는 크게 보면 범용과 특화로 나뉘는데, 시장 상황과 우리의 강약점을 고려할 때 범용보다는 제조, 의료 등 산업 특화 휴머노이드 및 피지컬 AI에 집중해야 승산이 있다는 사실이다. 범용 휴머노이드는 기술을 주도하는 미국, 가격 경쟁력을 주도하는 중국 사이에 낀 '넛크래커' 국면이고 이 상황에 변화를 만들기가 현실적으로 지극히 어려워 사실상 승산을 기대하기 어렵다. 이와 반면에 제조 특화 휴머노이드는 가

1.
CES 2026이 열린 미국 네바다주 라이베이거스 컨벤션센터(LVCC).

2.
보스턴다이내믹스는 1월 5일 미국 라스베이거스에서 열린 세계 최대 IT·가전 전시회 CES 2026에서 신형 아틀라스를 공개했다.

공, 조립, 이동, 물류 등 기능별 및 제품별 요구사항이 다르고 정밀도와 내구성이 필요하며 특화 기능만으로도 ROI(투자수익률)를 맞출 수 있어 제조업에 강한 우리나라로서 충분한 승산을 가지고 집중해야 할 분야다. 제조 휴머노이드의 경쟁력은 로봇 기술만이 아니라 적용 대상이나 공정에 대한 데이터와 도메인 노하우가 중요해 우리가 미국과 중국 대비 우위를 만들 수 있기 때문이다. 미국의 AI 및 휴머노이드 로봇 기술이 아무리 우수해도 제조 공정에 대한 데이터와 전문적 도메인 노하우 없이는 현장에 적용할 수 있는 휴머노이드 개발에는 한계가 있다. 중국은 다양한 제조 기반을 가지고 있고 AI는 물론 휴머노이드 기술에서도 세계 수준이나 제조 공정에 대한 오랜 기간 축적된 전문적 도메인 노하우 면에서는 우리가 아직 우위를 확보할 수 있다. 아틀라스가 단기간에 세계가 주목하는 기술적 발전을 보인 것도 보스턴다이내믹스의 휴머노이드 로봇 기술과 현대차 그룹의 제조 기술 및 데이터·노하우가 융합돼 산업 특화에 집중했기 때문이다.

이 전략은 양대 AI 발전 방향인 '에이전트 AI'에도 동일하게 적용된다. 여기서 짚고 넘어가야 할 점은 CES 2026의 하이라이트가 피지컬 AI인 것은 CES의 성격상 제품 중심 기술 박람회이기 때문이지 에이전트 AI의 중요도나 우선순위가 떨어진 것으로 오판해서는 절대 안 된다는 것이다.

에이전트 AI와 피지컬 AI는 젠슨 황 엔비디아 CEO가 작년 CES의 기조 발표에서 제시한 AI 발전단계처럼 에이전트 AI가 3단계, 피지컬 AI가 4단계의 단계적 발전이 아니라 사실상 동시에 진화 발전하고 있다고 봐야 한다. 올해와 내년 세계적으로 가장 중요한 화두는 피지컬 AI 못지않게 에이전트 AI가 될 전망이다. 에이전트 AI도 오픈AI의 챗GPT, 구글의 제미나이와 같이 모든 분야를 다루는 범용은 승산이 희박하고 산업별 데이터 및 노하우를 활용한 산업 특화가 우리의 살길이다.

1.
삼성전자 'AI 뷰티 미러'로 아모레퍼시픽과 협업 기술을 선보였다.

KEYWORD 02

대전환 시대에 따른 패러다임 혁명 심화

과거 혁신 기술에만 몰입하던 CES는 코로나 팬데믹 직후 열린 2023년에 '모두를 위한 인류 안보(Human Security for All)'라는 핵심 슬로건을 제시하며 기술 중심에서 기술의 목적 중심으로 전환하기 시작했다. 모든 기술 혁신은 사람을 위한 기술이어야 한다는 패러다임 전환이다. 즉, 인류의 지속가능성 및 공영·행복 실현을 궁극적 목적으로 삼고 이의 수단으로 기술 혁신이 이뤄져야 한다는 의미다. CES 2026에서도 심화하고 있는 시대정신이자 패러다임인 '인류 안보'는 인류의 생명과 지속가능성을 위협하는 환경, 식량, 보건·의료, 경제, 개인 안전·이동, 공동체 안전, 정치적 자유, 첨단 기술 등 8가지 분야에서의 위험에서 인류를 안전하게 보호해야 한다는 의미다. 인류가 직면하고 있는 거대 위험에서 인류를 구해 세계인의 일부가 아닌 '모두를 위한 인류 안보'를 실현하는 목적에 AI 대전환이 가장 중요하고 유력한 수단으로 대두되고 있다. 이 개념이 바로 이 시대를 관통하는 시대정신으로서 AI 대전환을 위시한 기술 혁신의 목적이 되고 있다.

이 패러다임 혁명의 심화는 우리 정부와 기업에 매우 중요한 시사점을 제시하고 있다. 과거 대한민국의 성공 방정식이던 '빠른 추격자(Fast Follower)' 전략은 원가, 품질, 납기 등 효율성을 바탕으로 한 기술 및 제품 중심이었다. 그러나 효율성의 퇴조로 이제 혁신을 기반으로 하는 '퍼스트 무버'가 돼야 살 수 있는데, 이를 위해서는 목적을 선도해야 가능하다. 세계인의 마음을 사로잡을 수 있는 인류의 새로운 목적 및 미션을 제시하고 이를 가능하게 하는 수단으로 새로운 기술 및 제품을 제시하는 혁신이 '퍼스트 무버'의 조건이다. 우리 기업과 정부가 CES 2026에서 배워야 할 핵심적 시사점이다.

CES 2026이 제시하는 AI 대전환도 기술 중심이 아니라 인류의 지적·물리적 역량을 확장해 인류의 궁극적 목적을 실현하는 수단으로 보는 목적 중심으로 가고 있다. AI 대전환이 추구하는 궁극적 목적으로서 인류의 난제를 해결하고 인류의 지속가능성을 실현해 인류의 비전과 인류 공영 및 행복을 실현하는 구체적 청사진을 제시하는 나라가 돼야 한다.

이러한 맥락에서 AI 모델 개발, GPU 등 컴퓨팅 인프라 확충도 중요하나 AI 대전환의 목적을 선도적으로 발굴해 세계인의 마음을 잡을 수 있어야 진정한 AI 강국이 될 수 있음을 유념해야 한다.

올해 CES에서 장수 및 건강, 행복을 키워드로 제시하며 노화 관련 에이지테크(AgeTech), 수면 기술(SleepTech), 뷰티기술(Beauty Tech) 등 헬스케어 분야가 주역으로 급부상하고 있는 것도 목적 중심 추세와 일맥상통한다. 과거 CES에서 비중이 급성장하던 모빌리티 분야는 웨스트홀을 모두 차지하며 여전히 주역으로 자리 잡고 있으나 성장세는 꺾인 상황이다. 대신 바이오 헬스케어 분야가 노스홀의 주역으로 급성장하고 있는 것은 세계인이 건강과 장수 등 인류의 본원적 비전이 중요한 목적으로 자리 잡는 패러다임 혁명과 직결된다. 목적 중심의 패러다임 혁명이 코로나 팬데믹의 여파로 급부상하고 있는 인류의 건강 및 장수 분야를 새로운 목적의 대표 분야로 부각하고 있는 것이라 할 수 있다. 건강 분야와 함께 에너지 및 환경 기술 개발을 통한 탄소중립 등 기후변화 대응 분야, 자연재해, 미세먼지, 미세 플라스틱 등 점증하고 있는 안전 문제 등이 새로운 목적으로 부상할 것으로 전망된다. 우리나라가 향후 국가적 역량을 집중해서 주도해야 할 분야다.

KEYWORD 03

미·중 패권 전쟁, 그리고 중국의 약진

이번 CES에서도 세계 기술 패권을 건 첨단기술 분야의 미·중 경쟁이 심화하고 있음을 쉽게 볼 수 있었다. ICT 기업인 화웨이, ZTE, 반도체 기업인 SMIC, YMTC, 드론 기업인 DJI 등 많은 중국 기업이 제재 대상 기업으로 CES 2026에 참가하지 못했고 많은 중국 기업인이 비자 거부로 입국

2.
대화가 가능한 중국 TCL 로봇 에이미. 라스베이거스 컨벤션센터(LVCC)에 마련된 TCL 부스가 관람객들로 붐비고 있다.

자체가 안 되는 사례가 많았다. 그 결과로 중국 참가 기업은 2025년 1339개에서 올해 942개로 30% 감소했다. 그런데도 올해 중국 기업의 약진은 괄목할 만했다. 이제 양적 성장에서 질적 성장으로 전환된 느낌이다. 센트럴홀의 터줏대감인 삼성전자가 윈호텔의 특설 전시장으로 나오고 그 자리에 중국 가전 기업 TCL이 들어섰다는 것이 시사하는 상징성이 크다. 이제 센트럴홀을 점령한 TCL, 하이센스, 창훙 등 가전 기업, 노스홀을 점령한 휴머노이드 로봇 기업을 위시한 중국 기업은 과거 가성비 중심의 중저가 시장 전략에서 탈피해 이제 세계 수준의 기술력을 기반으로 중저가는 물론 프리미엄 시장까지 잠식하고 있다. 아울러 특기할만한 사실은 미·중 패권 전쟁에 따른 미국의 견제에 대항하는 중국 기업의 우회 전략이다. CES 2026의 전시업체 중 싱가포르, 홍콩은 물론 미국 기업으로 분류된 상당수의 기업은 미국 견제를 우회하기 위해 본사나 판매회사를 이전한 사실상 중국 기업이다. 이러한 무늬는 미국, 싱가포르, 홍콩 기업이나 실제는 중국 기업인 전시업체를 포함하면 전년 수준에 근접할 수도 있을 것으로 보인다. 같은 목적으로 많은 한국 기업 인수에 나서고 있다는 사실도 유념해 대응해야 할 것이다.

미국과 중국의 세계 패권전쟁 속에서 우리가 취해야 할 지정학적 전략은 우리나라의 미래 명운을 좌우할 중차대한 이슈로 CES 2026의 시사점을 잘 참고할 필요가 있다. 무엇보다도 상대를 알고 나를 아는 '지피지기'가 우선이다. 우리나라에 중국을 제대로 이해하고 있는 전문가가 부족하다는 건 매우 위험한 사실로 전문가 양성이 시급하다. 코로나 팬데믹과 한중관계 단절로 우리 기업 및 정부의 중국에 대한 이해도가 과거에 머물러 있기에 십상이다.

중국이 최근 상전벽해의 엄청난 기술적 발전을 했음에도 아직도 5년 전, 10년 전 시각으로 중국을 바라보는 건 차라리 모르는 것보다 더 위험한 경계 대상이다. 중국은 더 이상 우리의 추격자가 아니다. 이미 많은 산업 및 기술 분야에서 우리를 추월했기에 양국의 강점 및 약점에 대한 면밀한 분석으로 협력과 경쟁을 병행해야 한다. 같은 논리로 미국과의 협력과 경쟁 전략도 수립해 미국과 중국에 공통으로 필요한 '길목 기술'이라 불리는 전략 기술 개발에 국가적 역량을 집중해야 한다.

향후 피지컬 AI의 승부처가 될 초저전력 AI 반도체가 좋은 예다. AI 반도체는 CES 2026에서도 엔비디아, AMD, 퀄컴 등 AI 반도체 회사가 주역이 됐고 한국의 딥엑스 등 토종 기업의 도전도 주목해야 할 대목이다. 엔비디아가 절대적 지배력을 가지고 있는 AI 데이터센터 및 클라우드 기반의 에이전트 AI에서는 리벨리온, 퓨리오사 등 한국 AI 반도체 회사의 도전이 시작되고 있으나 워낙 지배력이 공고해 그리 전망이 밝지 않다. 반면에 이제 시작하는 피지컬 AI에서는 상황이 아주 다르다. 전력 소모가 결정적 성공 요소인 피지컬 AI에서는 구조적으로 전력 소모가 큰 GPU보다 초저전력 AI 반도체가 훨씬 유리하다. 퀄컴이 저전력 반도체 분야를 선도하고 있으나 우리 기업들이 충분히 따라잡을 수 있다. 우리가 초저전력 AI 반도체 개발에 성공하면 거대한 글로벌 피지컬 AI 시장에서 미국과 중국의 러브콜을 동시에 받는 이상적 상황이 가능해질 것이다. 전형적 전략 기술이자 길목 기술을 확보해 지정학적 이슈에 대응하는 대표적 전략이 될 수 있다. 이러한 전략을 많이 만드는 것이 중요한 지정학적 전략의 요체다.

KEYWORD 04
기업 간 협력의 확대

올해도 CES에서의 기업 간 협력은 더욱 확대됐다. 대부분의 기조연설이나 전시가 여러 협력 파트너 기업과 협력을 통해 이루어지는 것은 일상이다. CES 2025에서는 마이크로소프트가 월마트, 소니혼다모빌리티, 삼성전자 등 많은 기조연설의 단골 초청자로 주목받았다. '소프트웨어 기업'이라는 기존의 제품 및 기술 중심의 업의 정의를 '개인이든 기업이든 고객의 가치를 올려주는 기업'이

CES 2026에서는 엔비디아와 젠슨 황 CEO가 새로운 협력의 아이콘으로 주목받았다.

라는 목적 및 미션 중심으로 바꾸면서 협력의 아이콘으로 부상했다. CES 2026에서는 엔비디아와 젠슨 황 CEO가 새로운 협력의 아이콘으로 주목받았다. 협력은 앞서 말 한 세 가지 시사점에 공통으로 필요한 필요충분 조건이다. 기술 혁신이 광속으로 진행되고 있어 한 국가나 기업이 혼자 대응이 불가능해지고 있다. 지정학적 전략도 미국과 중국, 제3세계와의 협력을 통한 글로벌 공급망 및 기술 네트워크의 새판 짜기 차원에서 중차대한 시점이다. 기술 중심에서 목적 중심으로의 패러다임 전환도 인류의 미래를 결정하는 다원적 전략이어서 협력이 핵심이다.

협력 확대가 중요한 핵심 성공 요소로 부각되면서 우리 기업과 정부의 대응 전략도 매우 시급해졌다. 과거 기술 및 제품 중심 패러다임에서는 협력이 선택의 대상일 수 있었으나 이제 목적 및 미션 중심 패러다임에서는 기업 간 협력은 필수다. 우리 기업이 과거 기술 및 제품 중심의 '빠른 추격자' 시절을 겪으며 협력에 취약해져 협력 확대는 우리 기업의 중대한 당면 과제가 됐다. 기업 간 자발적 협력에 약한 우리나라가 협력을 잘하는 나라가 되기 위한 범국가적 노력이 시급하다. 국내 협력은 기본이고 글로벌 협력이 필수적이어서 이를 위한 정부의 역할이 더욱 중요해지고 있다. 우리 기업 간 협력을 촉진하는 방향으로 각종 법·제도, 정책을 개선해 나아가야 한다.

CES 무대가 바로 우리 글로벌 협력의 플랫폼이 되도록 활용해야 한다. 참가 기업 수가 2025년 1031개로 역대 최고를 기록한 후 올해 853개로 17% 감소하며 2년 연속 미국, 중국에 이어 세 번째로 참가 기업 수가 많다. 일각의 CES 무용론을 뒤로 하고 CES에 우리 기업이 더 많이 나가야 하는 것은 시장이 미국을 위시한 글로벌 시장이기 때문이다. 우리 기업과 정부 기관이 CES를 제대로 이해하고 활용 전략을 고도화해야 하는 이유다.

이상의 네 가지 키워드 및 시사점은 개별적으로는 물론 상호 연계적이고 입체적으로 정확히 분석해 우리 기업 및 정부의 대응 전략을 만들 때다.

롱제비티 레볼루션 7

단순한 수명연장이 아니라 건강을 유지하며 노화 속도를 줄이는 '롱제비티(Longevity)'는 글로벌 헬스케어 시장을 관통하는 주요 트렌드였다. AI가 구현할 롱제비티 헬스케어 시장 트렌드 7가지를 소개한다.

CES 2026에서 헬스케어를 관통한 핵심 키워드 중 하나는 '롱제비티'였다. 과거 '디지털 헬스', '헬스케어', '스마트 헬스' 등의 산업 분류가 롱제비티란 키워드로 융합(컨버전스) 됐다. CTA는 이를 올해의 3대 메가트렌드 중 하나로 선정했고, CES 역사상 처음으로 미국은퇴자협회(AARP)와 협력해 '에이지테크(AgeTech)' 전용 부스를 마련했다. 롱제비티가 더 이상 의료계의 연구 주제가 아니라 소비자 기술 산업의 핵심 시장으로 부상했다는 신호다.

POINT

① 헬스케어의 중심은 병원에서 집과 사무실로
② 롱제비티, '삶의 리듬'을 관리하라
③ AI 헬스테크의 시장 진입과 혁신 속도 가속

롱제비티는 단순히 오래 사는 문제가 아니다. 얼마나 오랫동안 건강하고 독립적인 상태로 살아갈 수 있는가에 대한 질문이다. CES 2026에서 드러난 변화는 분명했다. 롱제비티는 더 이상 병원이나 제약 중심의 연구 주제가 아니라, AI와 소비자 가전을 통해 일상에서 설계되는 목표로 이동하고 있다.

롱제비티 AI: 진단에서 삶의 리듬 설계로

CES 2026의 헬스케어 기술들이 보여주는 공통점은 분명하다. 롱제비티는 이제 의료적 개입이 아닌 '생활 선택의 총합'으로 인식된다. 상시 모니터링 AI는 단순 진단 경고 대신, "오늘은 회복이 필요한 날"과 같은 행동 중심의 조정 신호를 제공한다. 이는 헬스케어가 진단에서 삶의 리듬을 설계하는 코칭 시스템으로 이동했음을 의미한다.

CES 2026은 AI처럼 헬스테크도 우리 삶의 모든 측면에 침투하려 한다는 것을 증명했다. 손목에, 식탁에, 밤에 잠자리에, 그리고 이제 화장실에도. 당신이 있는 곳에 헬스테크도 있고 싶어 한다.

이 기기 중 일부는 우리 삶에 긍정적 영향을 미칠 수 있지만, 프라이버시와 정확성에 대한 질문, 건강 불안을 유발하거나 더 이상 의사와 상담할 필요가 없다고 믿게 할 우려도 남긴다. 시간과 실제 테스트만이 이 헬스테크 제품들이 불필요한 침입자인지 삶을 바꾸는 혁신인지 밝혀줄 것이다.

이 전환의 중심에는 '상시 모니터링 AI'가 있다. CES 2026에서 헬스케어 기술은 몸의 변화를 지속해서 관찰하고 미세한 이상 신호를 조기에 포착하는 생활 인프라로 제시됐다. 웨어러블, 수면 센서, 가정용 기기 등은 더 이상 단순한 측정 도구가 아니라 롱제비티를 위한 데이터 수집의 통로다.

이렇게 롱제비티 관점에서 헬스케어의 정의가 근본적으로 달라지고 있다. 핵심은 '질병의 유무'가 아니라, 회복력(resilience), 생체 리듬의 안정성, 스트레스 누적 패턴, 수면과 활동, 영양의 균형 같은 신체의 지속 가능성 지표다. CES 2026에서 등장한 헬스케어 AI들은 이 지표들을 상시로 추적하며, 개인의 삶 전체를 하나의 건강 곡선으로 해석하고 있다.

CES 2026 베네치안 엑스포 2층 미국은퇴자협회(AARP)와 마련한 '에이지테크' 부스.

독일 스타트업 딥케어(Deep Care)의 아이사(Isa)는 이 방향성을 보여주는 대표적 제품이다. '세계 최초의 앰비언트 AI 회복력 코치'를 표방하는 이 책상 위 동반자는 자세, 움직임, 집중도, 호흡 같은 미묘한 신호를 감지해 사용자의 업무 리듬과 일상의 도전을 이해한다. 스트레스가 쌓이기 전에 미리 개입하는 것이 목표다. 앉아서 일하는 시간이 늘어나면서 심장병, 당뇨병 등 만성 질환 위험이 높아지는 현대인에게 예방적 개입을 제공하려는 시도다. MIT에서 개발한 엘리마인드(Elemind) 헤드밴드는 수면 기술의 새로운 가능성을 보여줬다. 뇌파를 실시간으로 읽고, 정밀하게 타이밍 된 음향 펄스로 수면을 유도한다.

이 변화는 의료의 시간 축 자체를 바꾸고 있다. 현존 의료는 '현재 상태'를 진단했다. 혈압이 높은가, 혈당이 정상인가를 측정했다. 그러나 롱제비티 AI는 장기 추세를 본다. 지난 3개월간 수면의 질이 점진적으로 나빠지고 있는가? 스트레스 회복 시간이 길어지고 있는가? 이런 미세한 변화는 사람이 인지하기 어렵지만, AI는 정교하게 포착할 수 있다. 이는 질병이 발현되기 전에 개입할 수 있는 골든타임을 만들어준다.

위딩스(Withings)의 바디스캔2(Body Scan 2) 스마트 체중계는 심장과 세포 건강을 포함한 60개 이상의 바이오마커를 측정하고, 이상이 감지되면 알림을 보낸다. 문제가 더 심각해지기 전에 변화를 줄 수 있도록 하는 것이 목표다. 울트라휴먼(Ultrahuman)은 CES 2026에서 대사, 심장 건강, 신장 기능, 면역 반응을 포함한 25개 임상 마커를 무료로 검사해주는 서비스(First Blood On Us)를 출시했다. AI 서머리(Clinician Summary)는 검사 결과를 수면, 활동, 회복, 혈당 패턴과 연결해 평이한 언어로 설명해준다.

위 제품들이 실제로 유효한 결과를

$6000억

2034년 AI 헬스케어 시장 추정치. 바이오스페이스는 AI 헬스케어 시장이 현재 370억 달러에서 2034년 6000억 달러까지 성장할 것으로 예상했다.

내놓을지는 미지수다. 기술적 허풍(하이프)일 가능성도 높다. 하지만 방향성을 보여준다는 측면에서는 눈여겨볼 필요가 있다.

화장실, 진단실이 되다

또 다른 주목할 만한 점은 화장실의 의료화다. 미국의 주방·욕실 설비 제조 대기업 콜러(Kohler) 및 화장실 관련 기업(Throne, Vivoo, Vovo) 등은 소변과 대변을 분석하는 스마트 변기를 선보였다. 비부(Vivoo)의 스마트 토일렛(Smart Toilet)은 변기에 부착하는 형태로, 소변 샘플을 수집해 수분 상태를 모니터링하고 앱에 업로드한다. 최대 1000회 테스트가 가능하다.

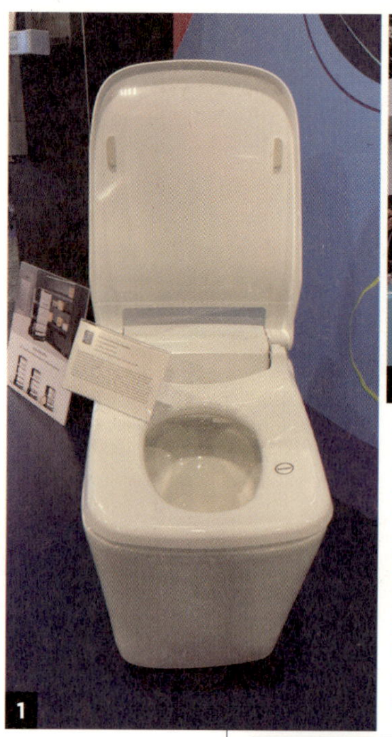

1.
보보의 스마트 토일렛. 소변을 분석해 건강 상태를 모니터에 표시해주고, 일정 시간 변기 사용이 없으면 등록된 가족에게 안부 확인을 해주는 기능까지 있다.

2.
CES 2026 베네치안 엑스포 2층의 비부 부스. 다양한 헬스케어 기기로 관심을 모았다.

3.
마티 마카리 FDA 국장은 CES 2026에서 '디지털 헬스의 새로운 시대'를 주제로 기조연설을 하며 대폭 규제 완화를 발표했다.

미국 회사 토이 랩스(Toy Labs)의 트루 루(True Lu) 스마트 변기 커버는 레이저로 소변과 대변을 분석해 노인의 건강 상태를 모니터링하고, 이상이 감지되면 보호자나 의료진에게 알린다. 550만 건 이상의 사례로 학습됐다. 예를 들어 소변이 붉거나 설사가 지속되면 건강 문제를 식별할 수 있다.

보보(Vovo)의 스마트 토일렛은 내장 소변 센서로 소변을 분석하고 결과를 욕실 벽에 장착된 모니터에 표시한다. 흥미로운 것은 '진돗개' 옵션이다. 스마트 변기가 8~10시간 동안 사용되지 않으면, 등록된 가족에게 안부 확인을 요청하는 알림이 전송된다. 독거노인 돌봄을 위한 기능이다.

여성 건강과 정밀 의료의 부상

역사적으로 의료 연구에서 과소 대표됐던 여성 건강이

CES 2026에서 주목받았다. 비부(Vivoo)의 플로패드(FlowPad)는 생리혈을 사용해 난소 건강, 가임력, 호르몬을 검사하는 생리대다. 특히 폐경이나 폐경 전후를 겪는 사람들에게 유용하다. 패드 하단에 있는 테스트를 스캔하면 결과가 앱에 업로드된다.

옴바디(OhmBody)는 신경 자극 기술로 생리통을 완화하는 귀걸이 형태의 기기다. 생리 주기에 영향을 미치는 삼차신경과 미주신경을 자극한다. Peri 웨어러블은 폐경 전후를 겪는 사람들을 위해 설계됐다. 몸통에 부착해

레트리버를 닮은 외양으로 눈길을 끈 반려봇 '제니'.

야간 발한, 불안, 열감 등의 증상을 감지하고 앱에 기록한다. AI가 분석을 제공해 자가 보고를 대체한다.

환자들은 점점 더 자신에게 맞춤화된 의료 옵션을 찾고 있다. 과거 헬스테크는 '모두에게 맞는 하나의 사이즈' 산업이었다.

이제 기업들은 AI 기반 분석을 사용해 각 개인 사용자에 맞게 제품을 조정하고 있다. AI와 분석은 의사와 환자가 미래의 건강 위험을 예측하고 이러한 위험이 발생하기 전에 개입을 맞춤화하는 데 도움을 주고 있다.

감정 돌봄과 로봇 반려동물

CES 2026에서 감정 돌봄 기술도 주목받았다. 미국 회사 톰봇(TomBot)은 큰 주목을 받았다. 이 회사의 제니(Jennie)는 어린 레트리버를 닮은 로봇 강아지로, 반려동물 돌봄이 어려운 노인과 치매 환자에게 감정적 지원을 제공하도록 설계됐다. 짐 헨슨의 크리처 샵(Creature Shop)과 협력해 개발됐으며, 쓰다듬으면 꼬리를 흔들고 눈을 마주친다. 진짜 개처럼 100가지 이상의 소리를 낸다. 창업자이자 CEO인 톰 스티븐스(Tom Stevens)는 치매에 걸린 어머니를 위해 이 제품을 만들었다고 밝혔다. 어머니는 개를 좋아했지만, 먹이 주는 것을 기억하지 못했다.

그는 "로봇에 데이터가 저장되지 않고, WiFi나 셀룰러 연결도 없다"며 프라이버시와 AI 윤리도 고려했다고 설명했다. 10만 대 이상이 사전 주문됐다. 때로는 가장 강력한 헬스케어 혁신이 치료가 아니라 위안을 위해 설계된다.

$390억

스태티팩츠에 따르면 글로벌 의료 로봇 시장은 2025년 130억달러 규모에서 2034년 390억달러를 돌파할 것으로 전망된다.

바라코다(Baracoda)의 AI 칫솔은 또 다른 흥미로운 접근이다. 양치 품질을 추적하고, 욕실 전체의 데이터를 집계한다. 콜게이트와의 파트너십은 구강 건강을 심혈관 질환과 당뇨병 마커에 연결하고 있다.

의료 인프라의 혁신: 원격 수술에서 위조 약 추적까지

하플리 로보틱스(Haply Robotics)는 원격 의료의 근본적 한계를 해결하는 기술을 선보였다. 로봇 수술의 문제는 외과의가 볼 수는 있지만 느낄 수 없다는 것이다. 원격 시술 중 조직 저항을 느낄 수 있게 해준다. 공동 창업자들은 "디지털 트윈과 AI 시뮬레이션을 결합해 완전한 감각 루프를 만들고 있다"며 "외과의가 로봇을 제어하는 것만이 아니라 로봇이 느끼는 것을 느낀다"고 설명했다.

헬스테크 산업의 게임 체인저, FDA '비 의료등급' 기기 규제 면제

CES 2026에서 가장 주목받은 발표 중 하나는 규제 당국에서 나왔다. 마티 마카리 미국식품의약국(FDA) 국장이 저위험 건강 및 웰니스 웨어러블, 소프트웨어, 기타 비 의료등급 기기에 대한 규제 요건을 완화하겠다고 발표한 것이다. 마카리 국장은 "FDA가 실리콘밸리의 속도로 움직여야 한다"고 말했다.

이 발표는 CES 2026에서 쏟아진 헬스테크 혁신들과 맞물려 특별한 의미를 갖는다. 전시장에는 뇌파를 읽어 수면을 유도하는 헤드밴드, 소변을 분석하는 스마트 변기, 얼굴 혈류로 생물학적 나이를 측정하는 거울이 넘쳐났다. 그러나 이 모든 혁신이 시장에 도달하려면 규제라는 관문을 통과해야 한다. FDA의 이번 발표는 그 관문의 높이를 상당히 낮추겠다는 선언이다.

규제 면제는 심박수 모니터 같은 저위험 기기와 일반적인 건강 지표를 추적하는 웨어러블에 적용된다. 핵심 구분은 '정보 제공'과 '의료적 진단 및 치료' 사이에 있다. 마카리 국장은 CES 2026 기간 중 폭스(Fox Business)와의 인터뷰에서 "기기나 소프트웨어가 단순히 정보를 제공하는 것이라면, FDA 규제 없이 그렇게 할 수 있다는 것을 기업들에게 매우 명확한 지침으로 알리고 싶다"고 설명했다. 단, 마카리 국장은 "의료등급이라고 주장하는 경우 예를 들어 임상적으로 적절한 임상 등급 혈압 측정 같은 것은 예외"라고 덧붙였다. 특정 의료 상태의 진단이나 치료에 사용되는 기기는 기존의 시판 전 승인 요건을 그대로 적용받는다. AI를 사용하는 건강 및 웰니스 기기에도 완화된 규제가 적용된다.

실사용 증거 확대

FDA는 2025년 12월 또 다른 중요한 변화를 단행했다. 의료기기 제출에 실사용 증거(Real-World Evidence, RWE) 사용에 대한 제한을 제거한 것이다. 이에 따라 비식별화된 데이터를 의료기기 승인 신청에 사용할 길이 열렸다. 마카리 국장은 이 조치가 "환자들에게 삶을 바꾸는 치료를 더 빨리" 전달할 것으로 기대한다고 밝혔다.

RWE 제한 완화는 실제 사용 환경에서 수집된 데이터, 예를 들어 웨어러블 기기가 수집한 수백만 사용자의 데이터를

한국이 취해야 할 전략 4

현재의 이런 트렌드는 세계 최고 수준의 의료기술과 IT 인프라를 보유한 한국에겐 큰 기회다. 이 기회를 잡기 위해 필요한 전략적 접근법은.

① 병원-가정 연속 케어 모델 구축

한국은 국민건강보험이 있어 통합 모델 구축 유리

② K바이오와 AI 결합

AI는 바이오 제약 강국 타이틀에 날개 달아줄 것

③개인정보보호와 의료 데이터 간 활용 균형 찾기

신뢰 기반 거버넌스 구축 필요

④헬스케어를 수출산업으로

시스템 수출로 이어져 장기적 수익 창출 가능

⑤규제 당국의 전향적 태도

FDA의 파격적 규제 완화 발표 고려 필요

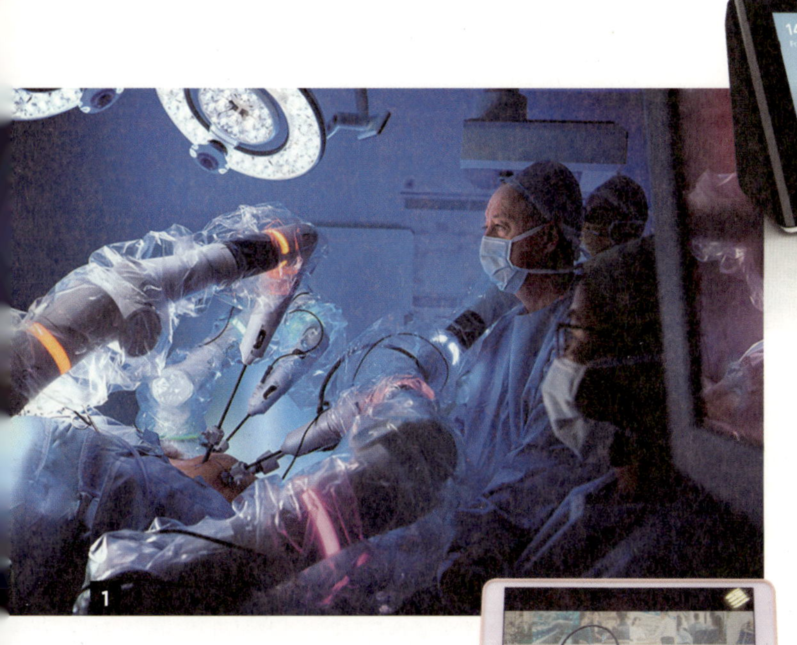

1.
원격 의료의 근본적 한계를 해결해주는 로봇 수술 기술도 등장했다.

2.
낙상 위험을 1분 안에 정밀 측정해주는 일본 언트랙트의 'StA²BLE 2.0'은 혁신상을 받았다.

3.
딥케어의 아이사. 스트레스가 쌓이기 전에 사용자의 상태를 미리 파악, 적절한 조치를 취할 수 있게 돕는 회복력 코치를 표방한다.

승인 근거로 활용할 수 있게 한다. 이는 특히 AI 기반 헬스테크 기업들에게 유리하다. 이들은 이미 방대한 실사용 데이터를 보유하고 있기 때문이다.

FDA의 발표 시점은 우연이 아니다. CES 2026에서 롱제비티를 3대 메가트렌드 중 하나로 선정했고, 전시장은 건강 모니터링 기기로 넘쳐났다.

이번 발표가 헬스테크 산업에 미치는 영향은 상당하다. 가장 중요한 것은 시장 진입 속도가 빨라진다는 점이다. 저위험 웰니스 기기 제조사들은 복잡한 FDA 승인 절차 없이 제품을 출시할 수 있다. 이는 스타트업에 특히 유리하다. 기존에는 FDA 승인 비용과 시간이 소규모 기업에게 진입 장벽이었다. '의료등급' 주장을 하지 않는 한 규제를 피할 수 있다면 기업은 진단보다 '정보 제공'과 '웰니스 모니터링'에 초점을 맞출 유인이 생긴다. CES 2026에서 이미 이 트렌드가 보였다. 많은 기기가 "이것은 진단이 아니라 정보입니다"라는 면책 조항을 달고 있었다.

이번 CES에서 목격한 것은 산업 간 경계의 붕괴다. 헬스케어는 스마트홈과 만나고, 자동차는 에너지 인프라와 데이터센터와 결합하며, 소비자 가전은 공공 안전 시스템으로 확장되고 있다. 엔비디아가 자동차 기조연설의 주인공이 되고, 지멘스가 AI를 공장의 운영체제로 정의하며, FDA가 "실리콘밸리의 속도"를 언급하는 것은 모두 같은 현상의 다른 얼굴이다. 모든 것이 AI를 매개로 하나의 거대한 시스템으로 수렴하고 있다. 이 흐름 속에서 국가, 기업, 개인 모두가 선택을 강요받고 있다.

CES 2026에서 확인한 한국의 남은 숙제

CES 2026에서 확인한 것은 AI 컨버전스 시대의 경쟁 단위가 개별 기업이 아니라 생태계라는 점이다. 그러나 한국은 어떤가. 삼성의 스마트씽스와 LG의 싱큐(ThinQ)는 여전히 호환하지 않는다. 네이버와 카카오 플랫폼이 각자도생하는 상황에서는 글로벌 경쟁에서 이길 수 없다. 기업 간 '단일 생태계' 구축은 주요한 과제다. AI 컨버전스는 1~2년 안에 결론 나는 게임이 아니다. CES 2026에서 발표된 기술이 실제로 일상에 스며드는 데는 5년에서 10년이 걸릴 것이다. 분기별 실적에 쫓기며 단기 성과를 내야 하는 한국 기업의 구조적 한계를 극복하는 것은 중요한 과제다.

SPECIALIST VIEW

최형욱 Innovation Catalyst · 퓨처디자이너스 대표

USC(서던캘리포니아대학)에서 전자공학과 컴퓨터 네트워크를 공부한 후 삼성전자에서 이미징 테크와 모바일 디바이스를 연구·개발했다. 사물인터넷 기업 매직에코 대표를 거쳐 혁신기획사 라이프스퀘어에서 기업의 전략 수립과 혁신을 도우며 세상을 바꿀 다양한 프로젝트를 기획 및 실행하고 있다.

CES 2026에서 드러난 중국의 무서운 혁신

CES 2026에서 가장 눈에 띄는 변화 중 하나는 중국발 혁신의 부상이다. 물량 공세보다는 더 파괴적이고 더 빠른 움직임으로 기술 혁신이 이미 작동하고 있다는 '증거'를 곳곳에서 보여줬다.

1

대표적인 시그널은 메인 스폰서십의 변화다. CES에 등록하면 받게 되는 개인별 배지의 후면에는 이미 몇 년 전부터 TCL 로고가 큼직하게 들어가 있었는데, 올해는 수년간 전시장 곳곳에서 보이던 일본 Nikon 브랜드의 노란색 프로모션 토트백이 세계 360도 카메라 시장 점유율 1위인 중국 Insta360으로 바뀌었다. 첫날 CES 전시장은 노란색 Insta360 로고 백으로 가득했고, 이것만으로도 중국의 기세가 달라졌음을 체감하기에 충분했다.

중국 혁신의 원심력, 글로벌에서의 혁신 가속

CES 2026에서 중국 기업들의 전시 규모와 기술 전시 밀도는 내수 중심의 기술력을 넘어 국제적 경쟁력의 발현을 보여줬다. 특히 센트럴에 자리 잡은 TCL은 약 245m² 규모의 전시 부스에 프린티드 OLED, SQD Mini LED TV, AR 글라스, 반려로봇 등 차세대 디스플레이 제품군을 집중적으로 선보였다. 부스 위치는 작년까지 삼성이 전시하던 센트럴의 중심인데, 삼성이 윈 호텔로 전시장을 옮기면서 이 자리를 중국 기업이 차지한 것이다. 옆으로는 하이센스와 창홍, 그리고 드리미의 거대한 부스들이 함께 배치되면서, 가전의 혁신을 상징하던 센트럴 메인 공간의 주인공이 중국 기업들로 채워지기 시작했다.

단순히 자리만 차지한 것은 물론 아니다. 삼성이나 LG가 주도해 온 디스플레이, 스마트가전, TV 분야에서 일반인의 눈에는 기술적 차이를 선명하게 구분하기 어려울 정도로 빠르게 추격했으며 가격이나 기능 면에서는 오히려 더 큰 경쟁력을 보여주기도 했다. 눈에 보이는 하드웨어 측면에서 더 이상 기술 우위와 경쟁 우위를 유지하는 일이 쉽지 않다는 사실을 확인한 셈이다. 약 900여 개에 달하는 중국 기업이 참가해 작년 1300여 개보다 수는 줄었지만 오히려 질적, 기술적 수준은 더. 높아진 느낌이고 그 증거는 전시장 곳곳에서 어렵지 않게 찾을 수 있었다.

1.
가전의 혁신을 상징하는 센트럴 홀 중심의 메인 공간에 약 2453㎡ 규모의 부스를 차린 TCL.

2.
두 개의 다리로 오르내리며 계단까지 알아서 청소해주는 로봇청소기를 선보인 로보락.

3.
드리미의 로봇청소기는 가변형 무한궤도를 장착해 문턱은 물론 20cm가 넘는 계단을 오르내리며 다른 층까지 청소한다.

AI의 급격한 발전을 기회로 삼아 중국 가전 기업들은 CES 2026에서 가전을 '사용자 인터페이스를 가진 로봇'으로 재정의했다. 냉장고, 세탁기, 에어컨은 더 이상 명령을 기다리지 않는다. 사용자의 패턴을 학습하고 스스로 최적의 동작을 선택한다. 동시에 가전은 단일 제품이 아니라 주거 데이터 허브가 된다. AI 스피커, 센서, 에너지 관리 시스템과 결합하며 고객 편의성은 물론 플랫폼 록인(lock-in) 효과를 만든다. 이는 한국 가전 기업들이 오래전부터 주창하고 선보였던 전략이지만, 지금은 오히려 중국 기업들의 부스에서 더 자연스럽게 구현되고 동작하며 확장되는 느낌을 준다. 보여주기식 기술 과시가 아니라, 실제 고객의 삶에서 구체적 니즈에 부합하는 기능을 더 설득력 있게 보여주고 있기 때문이다.

드리미(Dreame Technology)와 로보락(Roborock) 같은 스마트 로봇청소기 업체의 부스만 봐도 이를 확연히 느낄 수 있다. 작년에 삼성전자의 로봇청소기가 장애물이나 작은 물체를 빠르게 인식해 적절히 회피하며 청소를 잘하는 로봇을 선보였을 때, 중국 로보락은 청소기에 내장된 로봇팔로 물체를 집어 지정된 곳에 치우는 방식으로 고객 니즈에 한 발 더 다가서는 모습을 보여줬다. 올해는 드리미까지 로봇팔이 장착된 청소기를 선보였다. 삼성전자는 이번 CES에서 4cm 문턱을 넘어 청소할 수 있는 새로운 제품을 공개했는데, 놀랍게도 드리미는 가변형 무한궤도를 장착해 문턱은 물론 20cm가 넘는 계단을 오르내리며 1층뿐 아니라 다른 층까지 한 번에 청소할 수 있는 제품을 선보였다. 로보락은 한술 더 떠 두 개의 다리로 계단을 오르내릴 뿐 아니라, 계단 하나하나를 함께 청소할 수 있는 로봇청소기를 발표했다. 이것만 봐도 중국 혁신이 얼마나 빠르고 고객지향적인지 알 수 있다. 수많은 중국 기업 중 일부만 참가했지만, 그 안에서 우리는 이미 진화한 로봇 청소 솔루션을 통해 가전의 자율화라는 중국의 큰 방향성을 확인할 수 있었다.

이러한 중국의 혁신은 갑자기 나타난 것이 아니다. 미·중

무역전쟁 기간에도 중국의 혁신은 중국 내에서 치열한 경쟁과 속도전 속에서 진화하고 있었다. 다만 중국 정부의 구심력이 커서 외부로 드러나는 것이 많지 않았을 뿐이다. 이제는 혁신의 원심력이 구심력보다 커지기 시작하면서 밖으로, 글로벌로 쏟아져 나오기 시작한 것이다. 내수를 넘어 글로벌 무대로 임계속도를 넘어 가속되기 시작한 혁신이 이것이 전부일 리 없다. 이제 겨우 시작일 뿐이다.

산업 특화 AI 적용 전쟁의 서막

CES 2026에서 중국 AI 기업들의 공통점은 제조, 물류, 모빌리티, 가전 등 산업별 특화 모델을 강조했다는 것이다. 이는 ROI 중심의 실용주의 문화와도 맞닿아 있다. 중국 AI의 경쟁력은 소프트웨어에만 있지 않다. AI 가속기, 센서, 엣지 컴퓨팅 모듈이 통합 패키지로 제시된다. 이는 단순히 AI를 탑재한 제품이 아니라, AI가 전제된 생태계로의 이동을 의미한다. 동시에 Physical AI의 대표 주자인 로보틱스와 자율주행 자동차 영역에서도 혁신의 다양한 스펙트럼이 전개되고 있었다.

특히 스피어에서 열린 레노버(Lenovo) 키노트에서는 하이브리드 AI(Hybrid AI) 전략과 통합 컴퓨팅 플랫폼을 발표하며 AI 소프트웨어, 하드웨어 통합 방향을 제시했다. AI PC(디바이스) + 개인 AI 에이전트(소프트웨어) + 멀티 디바이스 오케스트레이션(생태계) + 엔터프라이즈 추론 인프라(서버/엣지)를 하나의 하이브리드 AI로 묶는 전략을 선언하며, 단순히 AI 기능이 들어간 노트북이 아니라 개인-조직-엣지-클라우드까지 이어지는 구조 혁신을 시도하고 있다. 이를 위해 상업용 ThinkPad/ThinkCentre 중심의 업무형 AI PC 군을 발표했고 문서, 데이터, 개발 생산성 중심의 엔터프라이즈 UX를 강하게 어필했다. 동시에 컨슈머향 Yoga/IdeaPad 크리에이터 및 일상형 AI 제품들을 선보이며 개인용 입력장치, 폼팩터 혁신을 AI 생산성과 창의성 트렌드를 주도하는 UX 전략으로 드러냈다. 게다가 게이밍을 위한 리전(Legion)의 AI와 함께 롤러블, 스트레처블 등의 실험적 폼팩터를 AI 시대의 새로운 사용성(멀티태스킹, 창작, 게임)과 결합해 차별화하려는 시도도 놓치지 않았다. 더 나아가 레노버는 키라(Qira)라는 개인 앰비언트 인텔리전스(Ambient Intelligence) 성격의 멀티 디바이스 AI를 슈퍼 에이전트의 미래로 제시했다. 노트북(레노버)-스마트폰(모토로라)-웨어러블(Project Maxwell) 간을 오가며 작업을 조율하고, 챗GPT/구글 제미나이 같은 외부 모델과도 연동되며, 기기 간 심리스한 연속성 오케스트레이션이 가능한 스마트 커넥트를 "더 연결된 생태계"의 핵심으로 삼았다. AI 시대에 하드웨어 기업을 넘어 소프트웨어와 결합한 리더 기업으로 발돋움하려는 야심을 드러낸 것이다.

1.
휴머노이드, 사족보행 로봇 등 다양한 형태의 로봇을 전시한 유니트리.

2.
복잡한 도심 및 고속도로에서도 높은 신뢰성의 주행 판단과 반응이 가능한 AI 기반 G-ASD 지능형 주행 시스템을 선보인 지리 자동차.

AI 글라스를 비롯한 공간컴퓨팅 영역도 마찬가지다. XReal, Rokid, Even Realities 등 오랫동안 AR 및 스마트글라스를 만들어오던 플레이어들이 AI 기술 발전을 원동력으로 AI 글라스 및 XR 산업의 부흥을 꿈꾸고 있다. 이 영역은 상대적으로 우리 기업들의 도전과 리더십

이 부족한 반면, 중국 기업들은 다양한 AR/AI 스마트 글라스 제품군을 전시하며 AI의 실사용 인터페이스 확장을 시연했다. 공간컴퓨팅 시대의 도래를 인내 있게 기다리며 꾸준히 혁신을 지속하고 있다.

TCL 또한 AI 스마트 글라스 부문을 분사해 본격적으로 다가올 기회를 노리며 연구개발을 지속하고 있고, 동시에 '에이미(AiMe)'라는 인간의 삶 속에서 함께하는 모듈형 AI 동반자 로봇을 선보였다. AiMe는 단순한 로봇 장난감이나 기능 중심 장치가 아니라, 가정환경에서의 정서적 상호작용과 실생활 도움이 가능한 AI 동반자로 설계됐다. 필요에 따라 스킨과 이동 캡슐을 교체하거나 확장할 수 있도록 디자인돼 사용자 집 환경과 역할에 맞춘 커스터마이즈가 가능하다. 인간적인 표정, 감정 인식, 사용자 반응 기반 행동 설계 등 친근한 상호작용을 목표로 하며, 단순 명령 수행을 넘어 사용자와 감정적 유대 형성도 지향한다. 이동하며 사람을 따라다니거나 아이를 인식해 반응하는 등 상황 인식 기반 기능도 갖췄다. 더 나아가 에어컨, 냉장고, 스마트록, 에너지 솔루션과 연계되는 스마트 홈 AI 에코시스템과 결합해 집 전체의 AI 중개자 역할을 하는 허브가 될 가능성도 있다.

CES 2026 전시에 참가한 중국 휴머노이드 기업 수. 전체 38개 참가사 중 절반이 넘는 규모다.

'완전 자율'이 아닌 '현실 자율'

중국 기업들은 레벨 4, 5라는 추상적 지표에 집착하지 않는다. 대신 도심 배송, 공장 내부 물류, 제한 구역 주행 등 규정된 환경에서의 확실한 자율을 제시한다. 이는 규제, 책임, 비용 등 현실성과 실용성을 동시에 고려한 전략이다. 이를 위해 중국 EV 기업들은 차량을 소프트웨어 정의 플랫폼으로 재정의하고, 배터리, 전력반도체, NPU, OS, OTA를 하나의 아키텍처로 통합하려 한다. 이미 중국에서는 수많은 자율주행 서비스가 실제로 운용되고 있고, 수많은 EV는 자율주행 기능이 거의 기본 탑재에 가까운 수용성을 보여주고 있다. CES에 중국 기업이 많이 참가하지 않아 규모가 작아 보인다는 착시에 빠지지 않으려면, 우리는 그 기저에 연결된 변화를 읽어야 한다.

중국 베이징에 본사를 둔 자율주행 물류 전문 기업 네오릭스 테크놀로지스(Neolix Technologies)는 레벨 4(L4)의 자율주행 배송 로보밴을 선보였는데, 2018년 설립 이후 이미 1만 대 이상 L4 로보밴을 실제 운행하는 등 자율 배송 상용화 측면에서 세계적인 실적을 보유하고 있다. 또한 대표적인 라이다(LiDAR) 기업인 허사이(Hesai)나 로보센스(RoboSense)만 보더라도 이미 100만 대가 넘는 센서를 생산해 실제 자동차에 적용했고, 가장 많은 실증 데이터를 보유하고 있다. 중국 자율주행 생태계가 가진 힘은 테슬라, 웨이모, Zoox 등이 활약하는 미국 다음으로 강력한 잠재성을 가지고 있음을 누구도 부인하기 어려운 수준이다.

지리(Geely)자동차는 대규모 실주행 데이터와 연산 능력, 센싱, 컴퓨팅 하드웨어를 결합해 복잡한 도심 및 고속도로 주행 환경에서도 높은 신뢰성의 주행 판단과 반응을 가능하게 하는 AI 기반 G-ASD 지능형 주행 시스템을 선보였다. 다수의 센서와 고성능 컴퓨팅 유닛이 결합해 차량 주변 환경 인식 수준을 높이고, AI 모델이 실시간으로 데이터를 처리해 주행 의사결정에 반영한다. 또한 월드 액션 모델(World Action Model)을 기반으로 사회적 상식에 기반한

주행 판단을 시도해 차량이 사람처럼 주행 환경을 해석하고 대응할 수 있도록 한다. 이는 자율주행 기술을 단순한 보조 시스템이 아니라 차량 전체 운행 시스템의 핵심 지능 구조로 재정의한 것이며, 지금까지의 ADAS 독립 운영과 달리 AI 기반 차량 운영의 통합 플랫폼을 표방한다고 볼 수 있다.

'차력 쇼'에서 '실제 현장'으로

CES 2026에서 가장 뚜렷하게 감지된 변화 중 하나는 중국 휴머노이드 로봇 기업들의 방향성이었다. 과거 CES에서 휴머노이드는 주로 균형 잡기, 걷기, 춤추기 같은 시연 중심 전시물에 가까웠다. "보스턴다이내믹스의 아틀라스는 일하고 중국의 로봇은 춤이나 격투기 같은 쓸모없는 일을 보여주는 데 급급했다"는 기사도 있지만, 실상은 달랐다. 사람들의 이목을 끄는 차력 쇼는 물론, 동시에 로봇들이 어디에, 언제, 어떻게, 얼마에 투입될 수 있는가를 다양한 방식으로 보여줬다. 게다가 휴머노이드 참가 기업 40여 개 중 21개가 중국 기업으로, 규모 자체도 상당했다. 이는 중국 휴머노이드 기술이 연구, 시연 단계에서 산업 적용 단계로 넘어가고 있음을 보여주는 명확한 신호다.

이번 CES에서 중국 휴머노이드 기업들이 공통으로 강조한 키워드는 범용성, 비용, 반복성이었다. 인간과 최대한 닮은 외형을 구현하기보다 산업 현장에서 실제로 요구되는 기능을 우선 설계했다는 점이 특징이다. 유니트리는 CES 2026에서 휴머노이드와 사족보행 로봇을 동시에 전시하며, 휴머노이드는 공장과 물류 현장에 투입되는 또 하나의 로봇 폼팩터라는 메시지를 분명히 했다. 유니트리의 휴머노이드는 고가의 연구용 플랫폼이 아니라 제한된 작업을 안정적으로 반복 수행할 수 있는 구조를 지향한다. 고성능 센서와 제어 알고리즘을 사용하면서도 가격을 낮춘 점은 휴머노이드를 구매할 수 있는 장비로 인식하게 만드는 중요한 전환점이다.

대기업뿐 아니라 중국 휴머노이드 스타트업의 존재감도 두드러졌다. 아지봇(Agibot)은 서비스, 물류 환경을 전제로 한 휴머노이드 플랫폼을 선보이며 단순 데모가 아닌 현장 투입 시나리오 중심의 전시를 진행했다. 로봇의 자유도나 외형보다 작업 성공률과 유지보수 용이성을 강조한 점이 인상적이었다. 또 다른 기업인 엔진AI(EngineAI)는 AI 기반 인식, 행동 제어 기술을 휴머노이드에 적용해 복잡한 환경에서도 사람과 함께 일할 수 있는 협업 로봇이라는 포지션을 제시했다. 이들은 휴머노이드를 완전한 대체 인력으로 설명하지 않는다. 대신 기존 자동화 설비가 커버하지 못하는 빈틈을 메우는 존재로 정의한다. 이는 휴머노이드를 둘러싼 산업적 기대를 한층 현실적인 수준으로 끌어내린 접근이다.

1.
TCL이 선보인 동반자 로봇 '에이미'.

2.
엔진AI(EngineAI)가 선보인 협업 로봇. 기존 자동화 설비가 커버하지 못하는 빈틈을 메우는 존재로, 휴머노이드를 둘러싼 산업적 기대를 한층 현실적인 수준으로 끌어내렸다는 평가다.

중국 휴머노이드의 기술적 공통점은 AI 기반 제어와 제조 효율성의 결합이다. 대규모 언어 모델이나 범용 인공지능을 전면에 내세우기보다 시각 인식, 행동 계획, 균형 제어 등 현장에 바로 필요한 AI 기능을 집중적으로 최적화했다. 또 하나 주목할 점은 중국의 강력한 제조 생태계다. 휴머노이드에 필요한 모터, 감속기, 센서, 배터리의 상당 부분을 자국 내에서 생산, 조달, 개선할 수 있다는 점은 가격 경쟁력과 양산 가능성을 동시에 높인다. 이는 미국, 유럽의 휴머노이드 기업들이 아직 넘기 어려운 장벽이다.

CES 2026에서 확인된 중국 휴머노이드의 혁신은 단순한 기술 발전이 아닌 관점의 변화다. 중국 기업들은 휴머노이드를 미래의 상징이 아니라 현재의 산업 도구로 정의하고 있다. 이 변화는 글로벌 로봇 산업 전반에 중요한 질문을 던진다. 휴머노이드는 언제 상용화될 것인가가 아니라, 누가 먼저 대량으로 배치하고 학습시키며 비용 구조를 장악할 것인가의 문제로 논의의 초점이 이동하고 있다. CES 2026은 그 경쟁에서 중국이 이미 한발 앞서 나가고 있음을 확인하게 한 무대였다.

2

중국 혁신, '현상'이 아닌 '구조'로 읽어야 하는 이유

CES 2026에서 확인된 중국 혁신의 모습은 단순한 기술 트렌드나 일시적 부상이 아니다. 그것은 속도, 밀도, 방향성이 동시에 맞물린 구조적 변화다. 우리는 흔히 중국의 혁신을 양과 속도의 문제로 설명해 왔다. 그러나 이번 CES에서 드러난 중국의 움직임은 그 단계를 이미 넘어섰다. 이제 중국은 어떤 기술을 얼마나 빨리 만들 수 있는가의 문제가 아니라, 기술을 어디에 어떤 구조로, 어떤 비용 곡선 위에서 배치하는가의 문제를 풀고 있다.

중국 혁신의 가속도는 더 이상 내수 시장이라는 구심력에만 의존하지 않는다. 오히려 그 반대다. 오랜 시간 중국 내부에서 축적된 치열한 경쟁, 극단적인 속도전, 그리고 실증 중심의 진화가 이제 임계점을 넘어 원심력으로 전환되고 있다. 그 결과가 CES 2026이라는 글로벌 무대에서 한꺼번에 분출된 것이다. 이는 중국 혁신의 무게중심이 바뀌고 있다는 구조적 신호로 읽어야 한다.

특히 주목해야 할 점은 중국이 미래를 약속하는 대신 이미 작동하는 현재를 제시한다는 사실이다. 그들은 '언젠가 가능하다'는 메시지 대신 '이미 작동하고 있다'는 증거를 내놓는다. 이는 기술 성숙도의 차이기도 하지만, 더 본질적으로는 혁신을 바라보는 관점의 차이다. 중국 기업에 혁신은 비전이 아니라 운영 능력이다. 인공지능, 자율주행, 전기차, 휴머노이드, 스마트 가전을 관통하는 공통점은 하나다. '혁신은 가속 중이고, 중요한 것은 현실 속 확산뿐이다.'

이 지점에서 한국 기업과 정책, 그리고 혁신 생태계는 불편한 질문을 마주하게 된다. 우리는 여전히 기술의 선진성, 완성도, 정교함에 관해 이야기하고 있는가? 아니면 기술을 산업으로 전환하는 속도와 구조에 대해 고민하고 있는가? 메시지는 명확하다. 이제 경쟁의 기준은 '누가 더 잘 만들었는가'가 아니라 '누가 더 빨리 확산시키고, 더 많이 학습하며, 더 경쟁력 있는 비용 구조를 확보했는가'로 이동하고 있다.

중국이 가진 혁신의 문화는 AI 시대에 더욱 유의미하다. 하루가 다르게 발전하는 기술을 이용해 현실에 필요한 무언가를 만들 때는 완성도보다 빠른 실험과 개선이 중요하다. 이런 관점에서 중국은 빠르게 베끼고, 빠르게 만들고, 빠르게 공개한다. 고객이 무엇을 원하는지, 시장이 어떻게 반응하는지 보면서 진화하는 기술에 맞춰 제품과 서비스를 개선해 나간다. 그래서 지금은 어설프고 부족한 제품들이 몇 년 뒤 세계를 주도하는 제품과 서비스가 되어 있을 가능성이 크다.

CES 2026은 전시회를 넘어 하나의 거대한 경고장이었다. 혁신의 시대는 느린 완성도를 기다려주지 않는다. 빠르게 만들고, 빠르게 배치하고, 빠르게 실패하며 학습하는 구조만이 다음 단계로 갈 수 있다. 중국 혁신의 가속도와 원심력은 그 구조가 이미 작동하기 시작했음을 보여준다.

도로 위를 달리는 거대 AI 시스템

이제 자동차산업의 핵심 동력이 소프트웨어, AI, 사용자 경험이라는 것을 보여준 네 가지 변화의 키워드를 모았다.

POINT

① 소니혼다·BMW, 자동차의 콘텐츠 플랫폼화 보여줘
② L4~5수준의 로보택시 상용화 코앞, 핵심은 엔비디아
③ 자동차, 완제품이 아닌 지속해서 업데이트 및 학습하는 거대 AI 시스템으로 진화 중

CES 2026에서 가장 눈에 띄는 점은 자동차가 더 이상 하드웨어 중심의 제품이 아니라는 점이다. 전기차 시장의 성숙과 함께 'EV 네이티브' 사고방식이 확산하면서, 자동차는 '바퀴 달린 스마트폰'을 넘어 '움직이는 AI 컴퓨팅 플랫폼'으로 재정의되고 있다. 이는 단순히 인포테인먼트 시스템을 강화하는 수준을 넘어, 차량의 모든 기능과 사용자 경험이 AI와 소프트웨어를 통해 제어되고 확장됨을 의미한다.

소니혼다모빌리티가 선보인 '아필라(Afeela)' 프로토타입은 이러한 변화를 상징적으로 보여준다. 아필라는 차량의 내외부에 45개의 카메라와 센서를 탑재하고, 이를 통해 수집한 방대한 데이터를 AI가 실시간으로 분석해 운전자에게 최적의 주행 환경과 엔터테인먼트 콘텐츠를 제공한다. 이는 자동차가 단순한 이동 수단을 넘어, 사용자와 상호작용하고 개인화된 경험을 제공하는 '콘텐츠 플랫폼'으로 진화하고 있음을 보여준다.

BMW 역시 '노이에 클라세(Neue Klasse)' 플랫폼을 통해 AI 기반의 지능형 퍼스널 어시스턴트를 전면에 내세웠다. 차량 제어, 인포테인먼트, 사용자 인터페이스를 하나의 AI 인터페이스로 통합해 운전자는 차량과 자연스럽게 소통하고 상호작용할 수 있다. 사용자 경험과 소프트웨어가 브랜드 차별화의 중심이 될 것임을 예고한다.

로보택시의 부상과 엔비디아의 역할

한때 먼 미래의 이야기로 여겨졌던 레벨 4~5 수준의 완전 자율주행 기술이 로보택시의 형태로 우리 눈앞에 다가왔다. CES 2026에서는 루시드 모터스(Lucid Motors), 뉴로(Nuro) 등 다수의 기업이 로보택시 시범 주행 단계를 넘어 상용화와 서비스 설계를 구체화하는 모습을 보여줬다.

이러한 흐름의 중심에는 단연 엔비디아(NVIDIA)가 있다. 엔비디아는 CES 2026에서 차세대 AI 컴퓨팅 칩과 플랫폼을 선보이며, 자율주행 기술의 핵심인 '두뇌'를 공급하는 역할을 더욱 공고히 했다.

자동차 제조사들은 더 이상 자체적인 AI 시스템 개발에 막대한 자원을 쏟기보다, 엔비디아와 같은 기술 기업의 검증된 플랫폼을 도입해 자율주행 기술을 구현하는 방향으로 나아가고 있다. 이는 자동차 산업의 주도권이 전통적인 제조 기업에서 AI 기술을 보유한 빅테크 기업으로 넘어가고 있음을 시사하는 중요한 변화다.

배터리와 충전 생태계의 변화

전기차의 핵심인 배터리와 충전 기술 역시 중요한 변곡점을 맞이하고 있다. 과거에는 '주행거리'와 '효율'이 가장 중요한 가치였다면, 이제는 '비용'과 '속도'가 새로운 경쟁의 축으로 부상했다. 이는 배터리 기술이 상향 평준

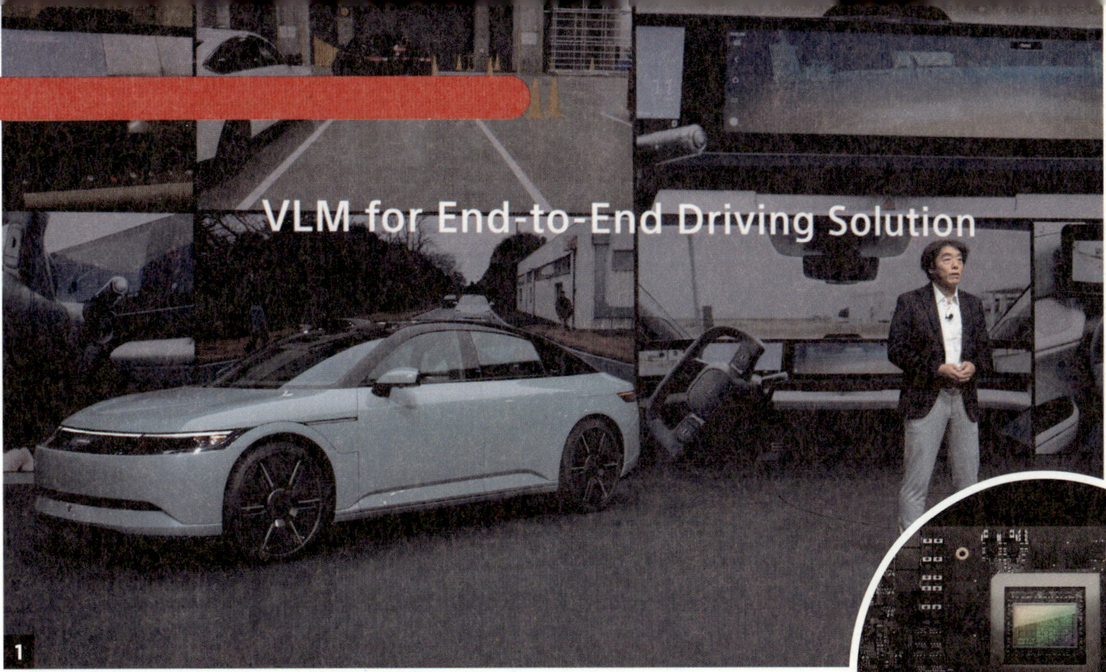

화되고, 충전 인프라가 확충되면서 나타난 자연스러운 변화다.

LG에너지솔루션은 '베터리(Better Re)' 서비스를 통해 배터리 자체 기술을 넘어, 수집된 데이터를 분석해 배터리 수명을 예측하고 관리하는 소프트웨어 솔루션을 제시했다.

중국의 오텔에너지(Autel Energy)는 자율주행차와 연동해 스스로 충전하고 주차하는 AI 기반 충전 로봇을 선보이며 충전 과정의 완전한 자동화를 예고했다. 도넛랩(Donut Lab)과 프롤로지움(Prologium)은 각각 전고체 배터리의 스케일업 이슈와 양산성 문제를 해결하기 위한 새로운 접근법을 제시하며, 하드웨어 혁신만으로는 더 이상 자동차 경쟁력을 설명할 수 없음을 분명히 했다.

자동차의 재정의: 하드웨어 시대의 종언

결론적으로 CES 2026은 자동차가 '소프트웨어 정의 자동차(Software Defined Vehicle, SDV)'로 완전히 전환됐음을 선언한 자리였다. OTA(Over-The-Air)를 통한 상시적인 기능 업데이트는 기본이고, 충전은 AI가 최적화하는 운영의 영역으로 편입됐다. 핵심 부품은 하드웨어에서 소프트웨어 레이어로 통합되면서 자동차는 더 이상 완성된 제품이 아닌, 지속해서 업데이트되고 학습하는 AI 시스템으로 진화하고 있다.

자동차 OTA 시장은 2023년부터 2032년까지 연평균 17%씩 성장, 2032년에 154억 달러(약 22조7000억 원)에 달할 것으로 예상된다.

자료 더밀크

1.
소니혼다모빌리티가 선보인 '아필라(Afeela)' 프로토타입. AI가 실시간으로 운전자에게 최적의 주행 환경과 엔터테인먼트 요소를 제공한다.

2.
자율주행의 핵심이자 차량의 중앙 컴퓨터로 '두뇌' 역할을 하는 엔비디아의 최신 AI 칩 '드라이브 토르'.

이제 경쟁의 본질은 '누가 더 좋은 차를 만드느냐'가 아니라, '누가 더 오래, 똑똑하게, 효율적으로 AI 시스템을 운영하느냐'로 바뀌었다.

CES 2026은 이러한 거대한 전환이 이미 되돌릴 수 없는 국면에 진입했음을 증명한 무대였다. 미래의 모빌리티 시장에서 살아남기 위한 기업의 치열한 고민과 혁신적인 시도들은 이제 막 시작되었을 뿐이다.

정구민 국민대학교 전자공학부 교수

국내 대표 미래 모빌리티 및 IT 자동차 융합 전문가. 현대자동차 생산기술 개발센터, LG전자 CTO, 삼성전자 소프트웨어센터, 네이버 네이버랩스 자문 교수로 활동했다. 현재 SDV표준화협의체 운영위원장, 한국모빌리티학회 회장, 한국ITS학회 부회장, 한국자동차공학회 전기전자부문회 이사 등으로 활동하고 있다.

자율주행부터 SDV까지 분야 넓히는 '모빌리티'

관세 이슈 등 불확실성이 사라졌지만, 2026년에도 자동차 시장 전망은 밝지 않다. 하지만 CES 2026에서 다양한 분야로 발을 넓히는 자동차 업계의 모습을 확인할 수 있었다.

모빌리티는 AI, 로봇, 디지털 헬스와 함께 CES 2026 전시의 핵심이었다. 현대, BMW, 소니혼다모빌리티, 지리자동차, 장성자동차 등 여러 자동차사가 전시에 참여했으며, 엔비디아는 전시장에 메르세데스-벤츠와 협력한 차량을 전시했다. HL만도, LG이노텍, 현대모비스 등 주요 부품사들의 전시도 있었으며 자율주행, 소프트웨어 중심 차량(SDV), 실내 사용성, 친환경을 중심으로 다양한 차량 부품 및 SW 전시업체들의 전시가 이어졌다. 또한 건설 기계, 중장비, 농기계, 선박 등의 주요 회사 전시에서도 AI 및 자동화 기반 지능형 전환의 모습도 찾을 수 있었다.

CES 2026을 관통하는 로봇 트렌드도 모빌리티 전시에서 드러났다. 현대자동차를 비롯해 많은 업체가 로봇 산업 확장을 선언하면서 2026년 모빌리티 산업에서 로봇 연계가 중요한 이슈로 떠오를 전망이다. 기술적으로는 자율주행, SDV, 실내 사용성, 로봇 확장, 이동기기 확장 등이 주요 이슈였다. 다만, 미국과 유럽의 친환경 자동차 정책 후퇴 움직임과 함께 친환경 자동차 관련 기술 전시가 다소 줄었다.

CES 2026, 2025년 모빌리티 산업 변화를 체감하다

2024년 중국 시장에서 중국 토종 자동차사가 65%의 점유율을 차지했고, 독일과 일본의 자동차사들이 큰 어려움을 겪어 CES 2025에 주요 자동차사들이 대거 불참했다. CES 2026에서도 비슷한 흐름이 이어졌다. 다만, 현대자동차가 2026년에는 다시 참가해 로봇과 제조를 중심으로 큰 전시를 선보인 점이 특징이다.

2023년 독일 뮌헨에서 열린 세계 최대 모토쇼 'IAA 모빌리티'에서 독일 3사가 목표로 했던 '테슬라를 넘는 전기차-자율주행-SDV 차량' 출시 목표가 늦어지고 있다. 2024년 말 목표로 했던 메르세데스-벤츠 'CLA 클래스'는 다소 늦은 2025년 3월에 출시했다. 신형 'CLA 클래스'는 엔비디아 오린 프로세서 장착, MMA 아키텍처 적용, MB.OS 2.0 기반의 SDV

링 3개(2250 TOPS)가 들어있다.

루미나를 대신해 미국의 아에바가 기존 자동차사들의 새로운 라이다 공급처로 떠오르고 있다. LG이노텍은 2025년 미국 라이다 회사 아에바(6%)와 우리나라 4D 이미징 레이더 업체 스마트레이더시스템(4.9%)에 각각 투자했다. CES 2026에서는 엔비디아의 새로운 자율주행 오픈소스 '알파마요'의 발표와 메르세데스-벤츠 탑재 계획 발표가 큰 이슈였다. 아에바는 CES 2026에서 엔비디아의 주요 파트너사로 선정됐으며, 아에바 라이다를 장착한 메르세데스-벤츠 차량을 전시하면서 CES 2026 기간에 주가가 50% 정도 상승하기도 했다.

2025년 3분기 실적은 현재 주요 자동차사가 겪고 있는 상황을 단적으로 보여준다. 영업이익에서 토요타와 현대차가 각각 53억 달러(전년 동기 대비 -27%)와 38억6000만 달러(-38%)로 1, 2위를 기록했다. BMW만 24억8000만 달러(+33.3%)로 선방했으며, 그 외의 독일과 일본 자동차사들은 큰 어려움을 겪고 있다. 폭스바겐은 14억6000달러 손실을 기록했으며 메르세데스-벤츠는 무려 70% 하락한 8억1000만 달러를 기록했다.

현대자동차는 로봇을 주제로 휴머노이드, 배송 로봇, 산업용 로봇, 4족 보행 로봇, 웨어러블 로봇 등 다양한 로봇들을 신보였다. 이들을 향후 스마트팩토리 등 제조에 활용하겠다는 전략이다. 특히 미국에 설립될 로봇 메타플랜트 응용 센터(RMAC)는 로봇 학습을 위한 데이터를 모으고, 이를 로봇 훈련에 이용할 예정이다. BMW는 IAA 모빌리티 2025에서 발표한 'iX3'를 전시했다. 다만, 예년과 달리 기술 전시장을 없애고 'iX3'만 가져다

플랫폼 등을 탑재했다. 라이다(LiDAR) 측면에서 기대했던 루미나 라이다 탑재가 늦어지면서, 결국 루미나의 파산으로 이어졌다. BMW는 IAA 모빌리티 2025를 통해서 새로운 전기차 플랫폼 '노이에 클라쎄(Neue Klasse·뉴 클래스)'를 장착한 'iX3'를 발표했지만, 자율주행 관련 계획은 지연되고 있다. 폭스바겐의 당초 목표는 2026년이지만 크게 늦어질 전망이다. 2025년에 미국 관세 이슈가 새로운 부담으로 떠올랐다. 현대차그룹도 우리나라의 관세 타결이 유럽과 일본에 비해 다소 늦어지면서 큰 어려움을 겪었다. 다만 2025년 11월부터 관세가 15%로 낮아지면서 2026년 실적을 기대하게 한다.

중국 자동차사들은 상하이모터쇼 2025를 통해서 전기차-자율주행-SDV-제조 측면의 성장을 과시했다. 한편, 수출 규제, 내수 부진과 경쟁 심화에 따른 어려움도 함께 겪고 있다. 상하이모터쇼를 대표했던 지커 '9X'와 샤오펑 'X9'에는 각각 엔비디아 토르 2개(1400 TOPS)와 샤오펑 튜

1.
웨이모의 6세대 자율주행 기술 '웨이모 드라이버'를 적용한 현대 '아이오닉 5' 자율주행차.

2.
IAA 모빌리티 2025에서 공개된 노이어 클라쎄 장착 'iX3'.

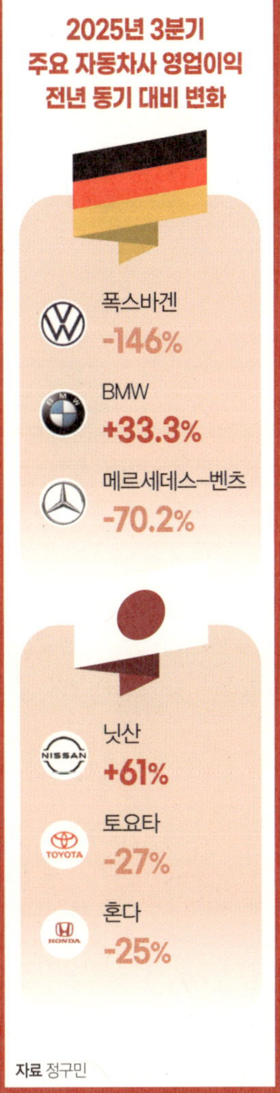

두며 전시 규모를 많이 축소했다. 중국의 지리자동차와 장성자동차도 전시에 참여했다. 지리자동차는 프레스 콘퍼런스를 통해서 비전-언어-행동(VLA) 기반의 자율주행 기술을 발표했다. 전시에서는 지커 '9X' 등 3대의 프리미엄 다목적 차량(MPV)을 전시했다. 장성자동차도 차량 전시와 함께 자율주행 및 스마트 콕핏 기술을 강조했다.

모빌리티 키워드 ① 자율주행과 SDV

CES 2026 모빌리티 전시 주요 키워드 중 하나는 '자율주행'이었다. 엔비디아는 CES 2026을 통해서 VLA 기반의 '알파마요' 패밀리 오픈소스를 발표했다. 2025년 12월 발표했던 알파마요 오픈소스에는 전체 데이터 세트를 다 공개하지는 않았지만, CES 2026에는 알파마요 패밀리 전체를 공개해 소스 코드를 돌려 볼 수 있게 했다. 엔비디아는 메르세데스-벤츠와 협력해 1분기 중에 미국 시범 주행을 시작하고, 2026년 내로 미국 상용화할 계획이라고 밝혔다.

이는 테슬라 'FSD 14.2'에 대한 평가가 좋은 상황에서, 주요 자동차사들에 자율주행 솔루션을 확산하려는 의도로 보인다. 주요 언론에서는 아이폰-안드로이드폰의 구도처럼 테슬라-엔비디아 자율주행차의 구도로도 분석하고 있다. AI 기술과 자율주행이 빠르게 융합되는 상황에서 많은 투자가 어려운 자동차사들을 엔비디아 생태계로 끌어들이면서, 로봇과 자율주행차 생태계를 동시에 키워가려는 노력으로 볼 수 있다.

미국의 자율주행 기술 개발 기업 웨이모는 5세대 재규어 자율주행차와 함께 6세대 자율주행차인 현대 '아이오닉 5', 지커 'RT' 등 자율주행차 3대를 전시했다. 웨이모는 미국 주요 도시를 중심으로 자율주행을 확대해 나가는 동시에 영국, 일본 등으로도 확장하고 있다. 참고로 미중 무역 분쟁 상황으로 지커 'RT'의 상용 서비스 투입이 중단되고, 시범 서비스에만 사용 중이다. 현대 '아이오닉 5'의 경우 지커 'RT'에 비해서 투입이 늦었지만 시범 서비스 후에 상용 서비스에 투입될 것으로 예상한다. 텐서는 예전 중국계 미국 자율주행 회사인 오토X를 계승한 회사다. 오토X 폐업 이후 미국 회사로 재창업했으며, 50여 개의 많은 센서와 엔비디아 토르 8개 등을 기반으로 프리미엄 자율주행차를 지향하고 있다.

또 하나의 키워드인 SDV의 진화는 자율주행 진화에서 필수적이다. 최근 주요 자동차사들은 대개 어댑티브 오토사(자율주행 및 OTA)-안드로이드 오토모티브(인포테인먼트)-클래식 오토사(차량 제어)의 SDV 플랫폼 구조를 상용화하고 있다. 현재의 SDV 플랫폼은 복잡하고, 구동 속도가 느리고, 가격이 비싼 측면이 있어 이를 해결하기 위한 노력이 계속되고 있다. CES 2026에서는 이클립스

1.
투명 디스플레이로 미래 자율주행차 공간을 꾸민 LG전자.

2.
중국 지리자동차의 프리미엄 전기차 브랜드 '지커'.

'S-CORE', QNX와 벡터의 '얼로이 코어(Alloy Kore)', Apex.AI의 'Apex.OS', 인피니언의 차량용 마이컴 'TC4' 시리즈 등에서 관련 진화 방향을 엿볼 수 있었다. 'S-CORE'는 향후 어댑티브 오토사를 대체할 수 있는 오픈소스 플랫폼이다. 다만, 오픈소스 표준 플랫폼의 성격으로 시장에 나올 때까지는 시간이 조금 걸릴 것으로 보인다. '얼로이 코어'는 유료 플랫폼으로, 자동차사의 SDV 플랫폼 구현을 쉽게 하기 위한 것이다. Apex.OS는 로봇에 사용되는 ROS2 플랫폼을 차량용으로 개조해 기능 안전성을 만족하게 했다. 인피니언의 'TC4'는 하위 제어기의 마이컴 기능을 중위 제어기의 소프트웨어 모듈로 바꿀 수 있어 하위 제어기의 마이컴 수를 줄이는 효과가 있다.

모빌리티 키워드 ②

전동화·실내 사용성·로봇 확장·산업 응용 확장

'전동화' 측면에서도 다양한 전시가 있었다. 대만의 프롤로지움은 전고체 배터리 시장에서 경쟁력을 인정받고 있는 업체로, CES 2026에서 335Wh/kg 양산형 전고체 배터리를 전시했다. 신생 업체인 핀란드의 도넛랩도 400Wh/kg 정도의 양산형 전고체 배터리를 개발해 전시했다고 밝혔지만, 자세한 기술을 공개하지 않았다. 전고체 배터리는 전기차의 안전성을 높이고 주행거리를 늘리는 효과가 있는 동시에 로봇, 선박, 도심항공교통(UAM) 등 연계 산업을 성장시킬 수 있는 중요한 기술이다. 우리나라의 LG에너지솔루션과 삼성SDI는 배터리

진단 기술과 열 폭주 방지 기술로 혁신상을 받았다. '실내 사용성'은 자율주행 진화와 맞물려 있다. 운전 공간에서 생활 공간으로 진화해 나가면서 다양한 기술들이 쓰인다. LG전자는 투명 윈도 디스플레이를 통해 멀티미디어 콘텐츠를 재생하고, 창문에 디스플레이하는 미래 자율주행차 공간을 전시했다. 중국의 BOE도 창문과 책상 디스플레이를 통한 공간을 선보였다. 차량 디자인 업체인 플라이트(Pliyt)는 자율주행차 실내 공간을 게임, 업무 등을 위한 1인용 맞춤형으로 재구성한 차량을 전시했다. 돌비는 많은 스피커로 입체 음향을 내는 시연을, QNX는 적은 수의 스피커를 이용해 소프트웨어로 입체 음향을 구현하는 오디오 기술을 선보였다.

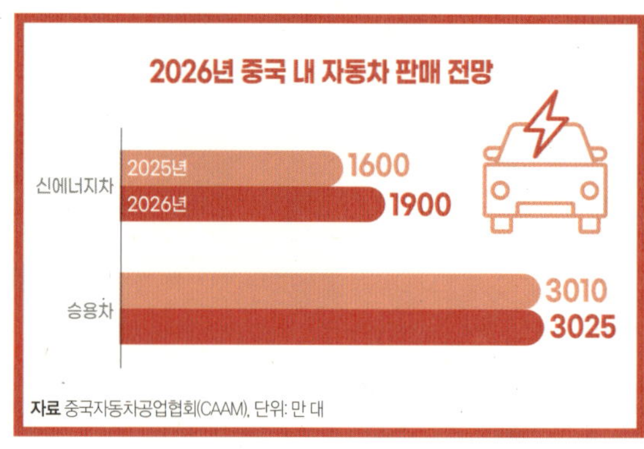

2026년 중국 내 자동차 판매 전망

구분	2025년	2026년
신에너지차	1600	1900
승용차	3010	3025

자료 중국자동차공업협회(CAAM), 단위: 만 대

CES 2026의 핵심 이슈인 로봇 트렌드에 따라 많은 업체가 로봇 관련 전시를 선보였다. 현대차그룹은 현대자동차, 보스턴다이내믹스의 전시와 함께 현대위아의 제조 공정용 로봇을 전시했다. 현대자동차의 모베드는 로봇 분야 최고 혁신상을 받았으며, HL로보틱스는 배송용 로봇 캐리로 혁신상을 받았다. HL만도는 기존 차량용 액추에이터를 로봇 시장으로 공급할 계획을 발표했다. 로봇 시장에 진출한 센서 업체들도 있었다. 중국의 대표적인 라이다 업체인 허사이와 로보센스도 배송용 로봇, 휴머노이드 등 로봇 관련 전시를 진행했다. 우리나라 라이다 업체인 에스오에스랩도 차량 부품 업체인 에스엘과 협력한 배송용 로봇을, 4D 이미징 레이더 업체인 스마트레이더시스템은 안티 드론용 레이더 시스템을 전시했다.

산업 응용 확장도 이슈였다. 두산, 존 디어, 캐터필러, 오시코시, 쿠보타, 브런즈윅 등 건설 기계, 중장비, 농기계, 선박 등의 주요 회사들의 전시에서 AI 및 자동화 기반 지능형 전환의 모습을 찾아볼 수 있었다. 우리나라의 삼보모터스를 비롯해 미국의 에어, 레오플라이트 등의 UAM도 전시했다. 중장비, 건설 기계, 농기계 측면에서는 자율주행과 AI 에이전트 도입을 통한 자동화가 주요 이슈였다. 인구 감소 및 작업 기피로, 숙련된 작업자가 줄어드는 상황을 대비하기 위해서 자율주행과 함께 손쉬운 작업을 도와주는 AI 기능을 추가했다.

韓 모빌리티 기업들, 산업 트렌드 주목해야

이번 모빌리티 전시는 2025년 자동차 시장의 어려움에도 불구하고, CES 2025와 비교해 다소 활기찬 모습을 보였다. 미국 자동차 관세 이슈 등 불확실성이 사라진 점은 자동차 시장에 긍정적이다. 하지만, 포화한 자동차 시장에 중국 자동차사의 밀어내기 수출은 2026년 자동차 시장의 부담으로 작용할 수 있다.

현대 HMG 경영연구원은 2026년 자동차 시장이 0.2%

1

성장에 그치는 '어려운 시장'으로 예상했다. 2026년에는 토요타, 현대차, BMW 등의 자동차 시장 주도권 경쟁이 계속되고, 전기차와 자율주행을 바탕으로 한 테슬라의 경쟁력과 중국 자동차사의 수출이 변수가 될 수 있다. 현대차·기아는 2025년 어려움을 겪었지만, 그해 11월부터 15% 관세가 반영되면서 2026년 실적은 좋아질 것으로 보인다.

제조 기술도 핵심 키워드였다. 자동차 시장에는 차량 설계와 차량 제조의 융합을 통한 가격 절감도 중요한 이슈다. 이 때문에 주요 자동차사들은 스마트팩토리와 함께 휴머노이드 기술 개발에도 노력하고 있다. CES 2026에서는 로봇으로 확장하는 자동차 업계의 모습도 확인할 수 있었다.

다양한 모빌리티 산업이 성장해 가는 점은 기존 자동차 관련 업체들에 좋은 기회가 될 수 있다. 배터리, 전기차, 수소차, 자율주행 등 기존 자동차 기술은 로봇, 친환경 건설 기계, 친환경 선박, UAM 등의 핵심 기술이다. 우리나라 회사들도 관련 트렌드를 주목해야 한다.

CES 2026에서 우리나라 주요 자동차 부품사들이 대거 참여했다. 또한, 모트렉스, 에스오에스랩, 스마트레이더시스템, 채비, 오토엘, 넥스트칩, 뷰런 등 우리나라의 스타트업과 중소·중견기업들도 좋은 전시를 선보였다. 앞으로 많은 발전이 예상되는 모빌리티 시장에서 우리나라 관련 기업들의 좋은 성과를 기대해 본다.

1. 현대차그룹 부스를 찾은 관람객들이 '모베드'를 살펴보고 있다.

2. 미래 모빌리티 혁신 솔루션을 공개한 LG이노텍.

3. 삼보모터스의 도심항공교통(UAM) 기체.

'친환경' 시대는 끝났다… 다시 쓰는 기술 경쟁 공식

'지속가능성'은 이제 기술 완성의 기본 조건이 됐다.
이는 CES 2026 지속가능성 및 에너지 전환 부문에 참가한 혁신 기업을 관통하는 핵심 트렌드다.

POINT

① 지속가능성, '친환경 옵션' 아니라 '기본 조건'
② 에너지·순환경제에서 '제품 성능'→'시스템 설계'로 경쟁
③ 재활용 아닌 재설계가 기업 경쟁력 좌우하는 新 산업 공식 대세

불과 몇 해 전까지만 해도 친환경 기술은 언제나 대신 치러야 할 대가를 전제로 했다.

하지만 에너지 효율을 높인 구조일수록 시스템은 더 안정적이었고, 자원 사용을 줄인 설계일수록 유지 비용과 운영 리스크는 오히려 낮아지고 있다. 지속가능성은 더 이상 '착한 선택'의 문제가 아닌 기술 경쟁력을 좌우하는 구조적 조건이다.

이 변화가 가장 두드러진 분야는 배터리와 에너지 저장장치(ESS)다.

인사이트 1 에너지는 더 작아지고, 더 가까워졌다

CES 2026에서 확인한 첫 번째 변화는 에너지 저장장치가 점차 작아지고, 사용자와 가까워지고 있다는 점이다. 필라(Pila)의 플러그앤플레이 방식 모듈형 배터리는 콘센트에 꽂는 것만으로 설치가 끝난다. 별도의 전기 공사 없이 필요하면 레고 블록처럼 모듈을 계속 추가하면 된다. 건물 전체를 분산형 저장 네트워크로 바꾸는 일이 더 이상 설비 투자가 아니라, 가전제품을 하나 더 사는 것과 비슷하다.

에코플로(EcoFlow)의 '델타 프로 울트라(Delta Pro Ultra)'는 태양광, 전력망, 발전기를 하나의 플랫폼으로 묶으면서도, 설치 기간은 획기적으로 줄였다. 하이랩(Hi Lab)의 '하이디(HYDEE)'는 배터리 충전 대기 시간을 수소 연료전지로 대체했다. 산업 현장과 재난 대응, 장거리 작업 환경에서 전력 운용 방식 자체를 바꾸는 접근이다.

AI 인프라에서도 이런 현상을 확인할 수 있었다. 리벨리온(Rebellions)과 스탠더드에너지(Standard Energy)가 제시한 '도파민(Dopamine) 시스템'은 전력 변동을 억제하면서 연산 성능을 유지하는 구조를 택했다. 엣지 환경에서도 고성능 AI를 돌릴 수 있는 조건을 만들겠다는 시도다.

인사이트 2 AI는 안정성을 만든다

에너지 전환에 있어 AI의 역할은 '사고가 나지 않게 만드는 기술'로 이동하고 있다. CES에서 처음 무대에 오른 한국전력(KEPCO)의 '트랜스가드-MX(TransGuard-MX)'는 초고압 변압기 부싱에서 발생하는 미세 전기 신호를 분석해 설비 열화와 고장 가능성을 최대 1년 전에 예측한다. AI 데이터센터 확산으로 전력 부하가 급증하는 상황에서 이 기술은 전력망의 '안정성'을 지킨다.

한국전력의 AI 기반 '변전설비 예방진단 솔루션(SEDA)'은 변압기와 개폐장치에 부착한 센서들이 온도, 진동, 전기 신호를 실시간으로 수집하고 AI가 이를 과거 데이터와 결합해 상시 분석한다. 점검 주기 사이에 숨어 있던

SolreBorn

85%

원광S&T의 '솔리본'은 하루 2.5톤의 패널을 처리하고 시간당 35kWh 전력을 사용하며, 태양광발전소로 직접 이동해 운송량·비용·탄소 배출량을 85% 절감한다.

1\. 자율주행 및 태양 추적 기능을 갖춘 잭커리의 지능형 태양광 저장 및 충전 로봇 'Solar Mars Bot'.

2\. CES 2026 노스홀에 대형 거북선을 띄운 한국전력의 전시 부스.

3\. 이동형 태양광 패널 기술을 적용해 CES 2026 혁신상을 받은 원광S&T의 '솔리본'.

미세 결함을 미리 잡아내는 구조다. 유지보수는 더 이상 고장 난 뒤 고치는 일이 아니라, '고장이 나지 않게 만드는 설계'로 바뀌는 것이다.

성과도 숫자로 나타났다. 한전에 따르면 SEDA는 2025년 상반기에만 초고압 설비 고장 10건을 사전에 막아 약 2400만 달러의 손실을 줄였다. AI가 '운영 효율화 도구'를 넘어 리스크 관리 인프라로 작동하고 있다는 증거다.

인사이트 3 순환경제는 재활용이 아니라 '재설계'

세 번째 변화는 순환경제에 대한 접근 방식의 전환이다. 이번에 주목받은 기술들은 재활용을 기존처럼 '사용 이후의 처리 과정'으로 다루지 않고 처음부터 다시 쓸 것을 전제로 한 제품 구조와 공정 설계의 문제로 접근한다.

혁신상을 받은 원광S&T의 '솔리본(SolreBorn)'은 태양광 패널을 발전소 현장에서 직접 분해·재활용하는 이동형 시스템을 제시한다. 파쇄를 전제로 한 기존 방식과 달리 유리를 깨지지 않은 상태로 분리해 고부가 자원으로 회수함으로써 운송과 매립 비용을 동시에 줄인다.

삼성전자의 'T7 리서렉티드(T7 Resurrected)'는 폐스마트폰 알루미늄을 외장 소재로 활용한다. 이들 사례는 공통적으로 순환경제를 제품 경쟁력을 좌우하는 핵심 설계 요소로 끌어올리고 있다.

인사이트 4 지속가능성은 '보여질 때' 확산한다

그동안 지속가능성은 주로 보고서와 지표로만 존재해 왔다. 그러나 CES 2026에서 확인된 기술들은 이를 사용자가 직접 인식하고 체감할 수 있는 영역으로 끌어내리고 있다.

혁신상 수상 기업인 한국의 포네이처스(FORNATURES)의 '힐림(HEALIM)'은 미생물이 이산화탄소(CO_2)를 흡수하고 산소를 생성하는 과정을 실시간으로 시각화했다. 공기 정화와 탄소 저감이 어떻게 이뤄지는지를 눈앞에서 보여준다.

지오윈드(GeoWind)는 도시 곳곳에 설치된 소형 풍력 설비를 기후 데이터 수집 노드로 활용해 전력 생산과 환경 모니터링을 하나의 시스템으로 통합하는 기술로 주목받았다.

CES 2026에 등장한 혁신들은 지속가능성이 '구조적 최적화'의 결과로 자리매김 하고 있다는 것을 시사한다. 에너지는 더 분산되고, 기술은 더 단순해지며, 시스템은 더 예측 가능해지고 있다. 이제 지속가능성을 제품과 시스템에 어떻게 설계하느냐의 문제로 접근해야 한다.

정지훈 디지스트(DGIST) 겸임교수 및 Asia2G Capital 제너럴 파트너

한양대학교 의학 박사, 서던캘리포니아대학교 대학원에서 의공학 박사 학위를 받았다. 국내 최고의 IT 융합 전문가로, 국내 유수 기업, 기관 등에서 미래 트렌드 및 전략 자문가로 활동했고, 전 세계 최신 IT 트렌드에 대한 강연과 칼럼을 제공하고 있다. <거의 모든 인터넷의 역사> <거의 모든 IT의 역사> <미래자동차, 모빌리티 혁명> 등을 저술했다.

더 이상 칩만 팔지 않는다 엔비디아의 '물리적 AI' OS 전략

엔비디아는 단순히 칩 회사가 아니다.
운영체제(OS)와 개발 생태계를 퍼뜨려 AI 시대의 표준을
손에 쥐려는 이들의 꿈이 CES 2026에서 드러났다.

우리는 여전히 엔비디아를 'GPU 회사'라고 부른다. 하지만 CES 2026 키노트를 자세히 보면, 젠슨 황이 칩 이야기에 쓴 시간은 전체의 20%도 되지 않는다. 그렇다면 나머지 시간에는 어떤 이야기를 했을까? 아래 내용들이 핵심이 됐다.

▶ Cosmos: 세계를 이해하는 파운데이션 모델
▶ GR00T: 로봇을 움직이는 모델
▶ Earth-2: 지구를 연구할 수 있게 하는 모델
▶ Alpamayo: 자율주행을 위한 시각-언어 모델(VLM)

이건 전통적인 '칩 회사'의 발표라기 보다 'AI 시대의 OS'를 발표하는 느낌에 가까웠다. CES 미디어 Q&A에서 젠슨 황은 피지컬 AI를 설명하며 흥미로운 비유를 들었다.
"차 운전석에 앉으면 차가 몸의 일부처럼 느껴지죠. 마치 나의 연장선인 것처럼 차를 조종할 수 있습니다."
테니스 라켓을 생각해보자. 처음엔 어색하지만, 숙달되면 라켓이 팔의 연장처럼 느껴진다. 공이 어디로 올지, 어떻게 받아칠지 직관적으로 몸이 알게 된다. 젠슨 황은 "AI가 다중 구현체(multi-embodiment)가 될 수 있다"고 예측했다. 하나의 AI가 자율주행차도 되고, 로봇 팔도 되고, 휴머노이드도 될 수 있다는 뜻이다.

투자자의 눈을 사로잡은 숫자, '토큰당 비용 1/10'

엔비디아 키노트에서 젠슨 황이 이야기한 것 중 유독 눈에 들어오는 숫자가 있었다. 차세대 AI 슈퍼컴퓨터 '베라 루빈(Vera Rubin)'을 발표하면서 2024년 공개한 차세대 GPU 아키텍처인 블랙웰(Blackwell) 대비 성능은 5배, 토큰당 비용은 1/10이라고 한 부분이다. 과거라면 성능 5배에 눈이 갔겠지만, 지금은 토큰당 비용 1/10이 더 중요해 보인다. 향후 피지컬 AI 경쟁이 결국 비용 경쟁으로 흘러갈 가능성이 높기 때문이다. 텍스트 중심 워크로드

젠슨 황 엔비디아 CEO가 AI 가속기 '베라 루빈'을 소개하고 있다.

에 비해 피지컬 AI는 차원이 다르다. 로봇이 현실 세계를 이해하려면 카메라 영상을 실시간으로 처리하고 3D 공간을 인식하며 물리 법칙을 시뮬레이션하고 수십 개의 관절을 동시에 제어해야 한다. 이를 위해서 LLM 중심의 서비스 대비 10배, 어쩌면 100배 이상의 컴퓨팅이 필요해질 수도 있다.

그렇기 때문에 지금까지 피지컬 AI는 '연구실의 장난감'에 가까운 사례가 많았다. 보스턴다이내믹스가 로봇을 만들어도 한 대당 수십만 달러 수준이었고, 당분간은 그 정도 가격에 팔 수밖에 없을 것이다. 아직 대량생산까지는 시간이 걸릴 가능성이 높다. 지금까지는 대당 처리해야 하는 토큰 비용이 높아도 결정적 문제가 아니었지만 로봇·차량이 대규모로 보급되기 시작하면 게임의 규칙이 바뀐다.

'토큰당 비용 1/10'에는 '메모리 장벽(Memory Wall)'이라는 고질적 문제가 숨어 있다. 프로세서가 아무리 빨라도 메모리가 데이터를 공급하지 못하면 무용지물이다. 하이퍼스케일러들의 대규모 클라우드 환경에서는 HBM(High Bandwidth Memory)이 효율적일 수 있다. 하지만 로봇과 자율주행차 같은 엣지(Edge) 환경에서도 HBM을 그대로 쓰기는 어렵다. 전력 소모와 발열, 비용이 부담되기 때문이다. 그래서 나온 것이 엔비디아의 젯슨 토르(Jetson Thor) 같은 엣지 AI 반도체다. 그리고 이 영역에서는 LPDDR 기반의 효율적인 추론 아키텍처가 점점 더 중요해진다. 엔비디아는 이 병목을 해결해 비용을 획기적으로 낮추겠다는 메시지를 던진 셈이다.

컴퓨팅을 데이터로 바꾸는 마법

피지컬 AI를 훈련시키기 위해서는 엄청난 양의 데이터가 필요하다. 문제는 현실 세계 데이터를 모으기가 어렵다는 것이다. 자율주행차를 제대로 훈련시키려면 수백만 마일, 아니 수십억 마일의 주행 데이터가 필요할 수도 있고, 로봇이 물건을 제대로 옮기게 하려면 수백만 번의 집기·이동·적치 작업을 반복해야 한다. 그래서 나온 답이

1.
엔비디아 블랙웰 기반의 AI 데이터센터용 랙.

2.
지멘스 키노트에서 만난 롤랜드 부시(왼쪽) 지멘스 CEO와 젠슨 황 엔비디아 CEO.

'합성 데이터(Synthetic Data)'다. 시뮬레이션을 통해 실세계 데이터 필요량을 줄이는 것이다.

이를 위해 등장한 것이 엔비디아의 월드 파운데이션 모델 '코스모스(Cosmos)'다. 젠슨 황은 "코스모스가 컴퓨팅 파워를 데이터로 바꾼다"고 표현했다. 아마존 물류 현장 휴머노이드를 추진하는 프라스 벨라가푸디 어질리티 로보틱스(Agility Robotics) CTO는 코스모스를 통해 실제 세계보다 훨씬 큰 규모의 사실적인 트레이닝 데이터를 확보했고, 이것이 개발에 결정적이었다고 설명했다. 현재 코스모스는 1X, 어질리티 로보틱스, Figure AI, 우버 등 다양한 로보틱스·자율주행 선두주자들이 활용하고 있다. 코스모스를 휴머노이드 쪽으로 특화한 것이 GR00T이고, 지구 레벨로 확장한 것이 이번 키노트의 핵심 중 하나였던 'Earth-2'다.

특히 한국 기업의 약진도 눈에 띈다. 엔비디아 공식 뉴스룸에 따르면, 한국의 휴머노이드 기업 '에이로봇(AeiRobot)'이 Isaac GR00T N 모델을 평가하는 글로벌 파트너 중 하나로 소개됐다. Alice 4와 Alice M1의

협업 시연(비싼 휴머노이드와 저렴한 모바일 로봇이 함께 일하는 장면)이 바로 이 엔비디아 생태계 위에서 만들어지고 있었던 것이다. 즉, 엔비디아 생태계 안에서 데이터를 만들고 학습하는 '데이터 플라이휠(Data Flywheel)'이 돌기 시작했다.

왜 엔비디아는 오픈소스·오픈 데이터 전략을 강조하나?

젠슨 황은 오픈소스뿐 아니라 데이터까지 개방하는 '오픈 데이터' 전략을 강조했다. 코스모스와 GR00T 계열 모델은 허깅페이스(Hugging Face) 등을 통해 공개 흐름을 만들고, Isaac Lab 관련 소스 코드는 GitHub에 공개하며, '알파마요(Alpamayo)'는 모델과 시뮬레이터, 그리고 1700시간 규모의 주행 데이터까지 공개한다고 선언했다.

이는 2000년대 중반 모바일 시대에 구글이 취했던 전략을 연상시킨다. 구글은 안드로이드를 오픈소스로 풀어 누구나 가져다 쓸 수 있게 했다. 수많은 스마트폰 회사가 안드로이드 덕분에 애플의 시장 독주를 견제하는 연합군이 될 수 있었다. 그 결과 구글은 모바일에서 플레이 스토어, 검색, 지도 등 핵심 서비스의 영향력을 사실상 표준 수준으로 끌어올렸다. OS를 미끼로 그 위의 서비스 생태계를 장악하는 데 성공한 것이다.

엔비디아가 최근 펼치는 전략도 비슷하다. 코스모스와 GR00T 같은 기반을 널리 풀어 전 세계 개발자가 가져다 쓰게 한다. 스타트업도 대기업도 대학 연구실도 환영한다. 하지만 그 모델을 훈련시키려면 GPU가 필요하고, 시뮬레이션을 위해서는 Omniverse·Isaac Sim 환경을 활용하게 되며, 현장 배포를 위해서는 Jetson 계열이 매력적인 선택지가 된다. CES 2026에서 엔비디아는 알파마요와 Earth-2까지 내놓으며 범위를 과학자, 자율주행, 로보틱스 전반으로 넓혔다. 그리고 이런 생태계를 퐁텐블루 호텔에서 단독으로 크게 전시하며 "우리 생태계로 들어오라"고 손짓한다. 알면서도 그 유혹을 거절하기가 만만치 않다.

더 무서운 건 이것이 사실상 표준으로 자리 잡는 것이다. 전 세계 로봇 개발자가 코스모스 포맷으로 데이터를 만들고, Isaac Sim에서 훈련시키기 시작하면, 그게 업계 표준이 된다. 나중에 경쟁자가 나와도 "엔비디아 생태계와 호환이 안 됩니다"라는

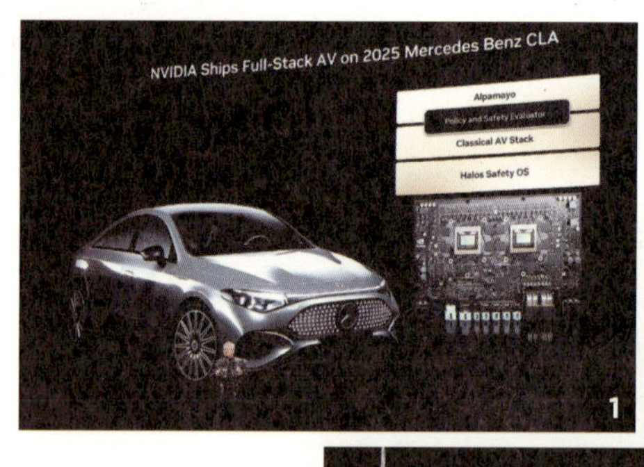

1

엔비디아의 피지컬 AI 전략

▶ 반도체와 소프트웨어 스택을 완성한다.

▶ 모델과 데이터(그리고 툴체인)를 널리 풀어 개발자를 끌어들인다.

▶ 훈련·검증·배포 과정에서 엔비디아 인프라·환경을 쓰게 만들며 록인을 강화한다.

▶ 결과적으로 엔비디아 포맷이 업계 표준에 가까워지게 유도한다.

벽에 부딪힌다. 엔비디아는 이미 CUDA를 통해 이 게임을 해봤다.

엔비디아의 풀스택 전략

젠슨 황은 이번 키노트에서 '풀스택(full-stack)'이라는 단어를 사용했다. 피지컬 AI가 작동하려면 최소 3가지 컴퓨터 스택이 필요하다. 훈련 단계, 시뮬레이션 단계, 추론 단계가 그것이다. 엔비디아는 클라우드에서 모델을 훈련시키고(DGX Cloud), 워크스테이션에서 시뮬레이션을 돌리며(Omniverse+ RTX), 로봇에 탑재해 추론한다(Jetson Thor).

앞의 두 단계는 이미 엔비디아가 상당 부분 장악하고 있지만, 세 번째 스택인 엣지 추론은 앞으로 경쟁이 더 치열해질 가능성이 있다. 엔비디아는 이 영역까지 장악함으로써 클라우드에서 엣지로 이어지는 전체 스택을 완성하려 한다. 세상이 엔비디아의 설계처럼 움직일지 여부는 더 지켜봐야 하겠지만, 인터넷 기반 서비스·에이전트 중심의 AI에서 피지컬 AI로 넘어갈 때는 확실히 다른 게임의 룰이 적용된다.

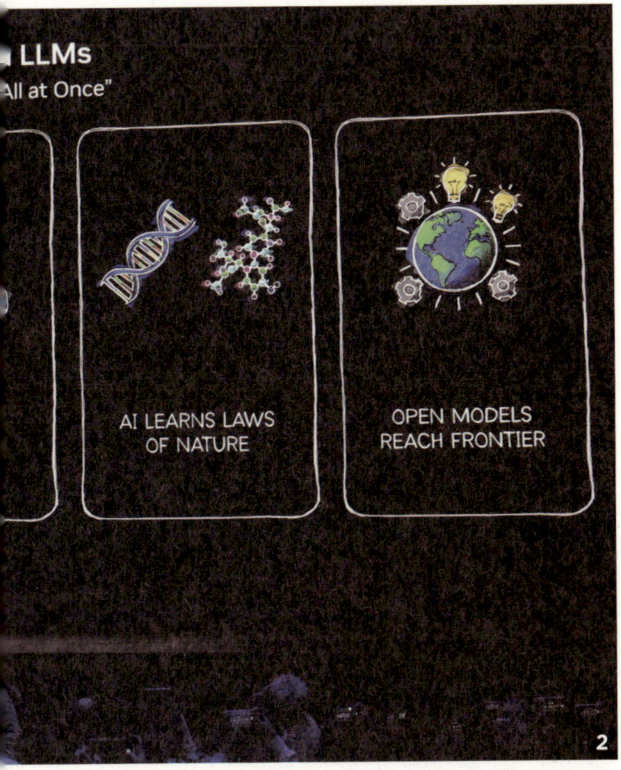

지멘스가 젠슨 황을 부른 의미

지멘스의 키노트에서 롤랜드 부시는 젠슨 황을 무대로 초대해 함께 '산업 AI 운영체제'를 발표했다. 지멘스는 산업 자동화 분야에서 최상위권의 기업이다. 지멘스가 엔비디아와 공동 전선을 펼친다는 것은, 그 자체로 산업 현장의 방향성이 바뀌고 있음을 시사한다.

롤랜드 부시가 "산업 AI는 더 이상 기능이 아니라, 다음 세기를 새롭게 만들 힘입니다"라고 말하자, 젠슨 황은 "생성형 AI가 새로운 산업혁명의 불을 지폈고, 수동적 시뮬레이션의 디지털 트윈을 물리적 세계의 능동적 지능으로 전환시키고 있다"고 화답했다. 기존의 디지털 트윈은 공장을 3D로 비춰주는 거울처럼 '수동적'인 면이 강했다. 하지만 지멘스와 엔비디아가 손을 잡는다면 스스로 문제를 감지하고, 해결책을 제안하고, 실행까지 이어지는 단계로 나아갈 수 있다. 엔비디아가 '두뇌(AI·Sim)'를, 지멘스가 '몸(공장 인프라)'을 제공하는 셈이다.

이들은 펩시코(PepsiCo) 사례를 통해 이를 보여줬다. 지멘스-엔비디아 디지털 트윈을 적용한 결과 문제의 사전 감지 비율이 최대 90%, 처리량은 20% 증가했고, 자본적 지출(Capex 투자)도 10~15% 절감됐다고 한다. 데모가 아니라 실제 운영 지표로 이런 숫자를 이야기할 수 있게 됐다는 점이 중요하다. 이 결과를 놓고 젠슨 황은 "제조 플랜트가 앞으로는 본질적으로 거대한 로봇이 될 것입니다"라고 말했다. 개인적으로 CES 2026에서 가장 임팩트 있는 선언 중 하나였다.

1. 젠슨 황 엔비디아 CEO가 메르세데스-벤츠와의 협업에 대해 설명하고 있다.

2. CES 2026에서 오픈소스뿐 아니라 오픈 데이터 전략도 강조한 엔비디아.

LLMs
All at Once"
AI LEARNS LAWS OF NATURE
OPEN MODELS REACH FRONTIER
2

왜 엔비디아는 '직접' 뭔가를 만들지 않나?

젠슨 황이 등장한 여러 무대와 파트너십을 둘러보면 공통점이 하나 있다. 지멘스와는 산업 AI를 내세우며 플랫폼을 제공한다고 약속했고, 메르세데스-벤츠와는 자율주행 소프트웨어 스택 협력을, 캐터필러 쪽에는 엣지 AI 기반을, 레노버와는 하드웨어·인프라 협력을 이야기했다. 영역은 조금씩 다르지만 방향성은 명확하다. 엔비디아는 "우리가 로봇을 만들겠다", "우리가 자동차를 만들겠다"라고 말하지 않는다. 대신 협력 생태계를 만들고, 그 생태계가 돌아가게 하는 플랫폼의 위치를 선택한다. 이 점이 테슬라 같은 '완제품·서비스 일체형' 플레이어와의 큰 차이점이다.

왜 이런 선택을 했을까? 첫째, 피지컬 AI는 아직 초기 단계다. 어떤 폼팩터가, 어떤 산업에서, 어떤 사용 사례로 폭발할지 확정하기 어렵다. 엔비디아는 특정 제품에 올인하는 대신, 다양한 파트너가 각자 시장을 시험할 수 있도록 '판'을 깔고 그 위에서 승리의 과실을 공유하는 포지션을 택했다. 둘째, 더 본질적으로는 엔비디아가 전략적으로 '오케스트레이터'의 위치를 노리기 때문이다. 악단에서 가장 중요한 사람은 누구일까? 전체를 한 방향으로 움직이는 건 지휘자다. 엔비디아는 피지컬 AI의 지휘자가 되려 한다. 직접 연주하지 않고, 모든 연주가 엔비디아 플랫폼 위에서 이뤄지게 만들려는 것이다.

'깐부'에서 기술 혈맹으로

이런 측면에서 엔비디아와 현대차그룹의 관계를 되짚어 보면 흥미로운 점이 한두 가지가 아니다. 2025년 10월 30일 서울 삼성동의 한 치킨집에서 젠슨 황, 이재용 삼성전자 회장, 정의선 현대차그룹 회장이 만난 '치맥 회동'은 업계에 강한 신호를 줬다. 그날 논의 내용은 외부에서 다 알 수 없지만, CES 2026에서 나타난 장면들을 보면 '협력의 방향성'만큼은 읽힌다. 현대차그룹은 미디어데이를 통해 AI·로보틱스·미래 모빌리티 방향을 강조했고, 엔비디아는 같은 행사에서 자율주행과 피지컬 AI를 '플랫폼' 레벨로 끌어올리는 메시지를 던졌다. 현장에서는 두 흐름이 서로 영향을 주고받는 듯한 인상이 강했다.

그리고 2026년 1월 13일, 현대차그룹이 엔비디아 출신의 박민우를 첨단차플랫폼(AVP) 본부장 겸 42dot 대표로 영입했다. 보도에 따르면 그는 테슬라와 엔비디아에서 자율주행 관련 조직을 이끌었던 인물로 소개되며, 현대차그룹은 이를 통해 SDV·자율주행 체계를 가속하겠다는 메시지를 덧붙였다. 인재 영입은 흔하지만 맥락을 보면, 단순 인사 이동이라기보다 전략적 이해관계가 맞아떨어지는 '기술적 결합'의 신호로도 읽힌다.

엔비디아는 '두뇌(AI·Sim)'에 강하지만, 이를 대규모로 단련시키는 '몸(Body·Car)'과 대량 배치·운영의 테스트베드가 상대적으로 제한적이다. 현대차그룹은 세계적 제조 능력과 양산·운영의 현실 데이터, 그리고 배치 이후의 운영 루프를 갖고 있다. 만약 이 둘이 제대로 결합된다면, '연구 → 시뮬레이션 → 훈련 → 제조 → 배치 → 운영'의 파이프라인이 훨씬 촘촘해진다. 테슬라식 수직 통합과는 다른 방식으로, 대규모 실행력을 갖춘 대항마가 등장할 여지가 생긴다.

이런 맥락에서 보면, 엔비디아가 CES에서 특히 강조한 것 중 하나가 바로 알파마요다. 알파마요는 엔비디아가 자율주행을 위해 내놓은 비전-언어-행동(VLA) 계열 모델·플랫폼으로, 복잡하고 드문(long-tail) 상황에서의 의사결정과 설명 가

1. 엔비디아 부스에 놓인 AI 반도체 트레이를 보는 관람객.

2. 2025년 10월 30일 서울에서 '치맥 회동'을 한 이재용(왼쪽부터) 삼성전자 회장과 젠슨 황 엔비디아 CEO, 정의선 현대차그룹 회장.

능성, 개발·검증을 위한 시뮬레이션·데이터 공개까지 함께 패키지로 제시했다. 이는 단순한 '주행 모델 발표'라기보다 자율주행을 피지컬 AI 생태계 안으로 끌어들이는 표준화 시도에 가깝다.

투자자 관점에서 눈에 띈 부분들

투자자 관점에서 더 흥미로운 기회는 어디에 있을까? 바로 엔비디아 생태계 위에서 성장할 '애플리케이션 레이어'다. 모바일 시대를 떠올려보자. iOS와 안드로이드(Android)라는 플랫폼이 자리를 잡은 뒤 진짜 폭발적 성장은 그 위의 앱 생태계에서 나왔다. 우버, 인스타그램, 틱톡 같은 킬러 서비스들은 플랫폼 자체보다 작아 보이지만 생태계 전체를 합치면 새로운 시대의 가치와 권력이 어디로 이동했는지 선명해진다.

피지컬 AI도 비슷한 경로를 밟을 가능성이 높다. 플랫폼(칩+툴체인+시뮬레이션+배포 런타임)을 엔비디아가 강하게 쥐려는 가운데, ▲ 산업별 특화 로봇 솔루션(물류, 제조, 의료, 서비스) ▲ 현장 통합(SI)·운영 서비스(설치, 튜닝, 유지보수) ▲ 훈련 데이터·시뮬레이션 환경(도메인별 시나리오·검증) ▲ 안전 인증·규제 대응(표준, 감사, 설명 가능성) ▲ 핵심 부품 생태계(센서, 액추에이터, 전장, 배터리 등) 등 이런 레이어가 빠르게 커질 것이다.

개인적으로 주목하는 영역 중 하나가 '엣지 AI 추론'이다. 클라우드에서의 모델 경쟁이 '규모'와 '비용'의 싸움이라면, 엣지는 '전력·발열·가격·신뢰성'이라는 또 다른 제약 조건 위에서 최적화해야 한다. 그리고 이 제약은 하드웨어와 소프트웨어의 경계를 흐린다. 결국, 여기서 승자가 되려면 제품·부품·서비스가 한 덩어리로 맞물려야 한다. 엔비디아가 오케스트레이터 역할을 자임했다면, 이제는 이 오케스트라에서 누가 어떤 악기를 가장 잘 연주할지를 찾아야한다.

플랫폼 전쟁은 이미 시작됐다

CES 2026 전시장을 둘러봐도 그 중심에 엔비디아가 있다는 느낌을 여러 번 받는다. 윈도우가 PC를, 안드로이드가 스마트폰을, AWS가 클라우드를 장악했던 것처럼, 엔비디아는 피지컬 AI라는 새로운 대륙에서 플랫폼의 자리를 선점하려고 한다.

이건 단순한 칩 회사의 전략이라기보다, 운영체제와 개발 생태계를 퍼뜨려 표준을 쥐려는 기업의 전략에 가깝다. 엔비디아는 CUDA에서 이미 이 게임을 해봤고, 피지컬 AI에서는 더 큰 판에서 같은 논리를 확장하고 있다. 피지컬 AI 시대의 '윈도우'가 만들어지고 있다. 그리고 CES 2026은 그 운영체제의 '버전 1.0 발표회' 같았다는 것이 개인적인 소회다.

젠슨 황이 말한 "AI가 인간의 물리적 능력을 확장하는 세상"을 실제로 구현하기까지는 갈 길이 멀다. 하지만 방향성만큼은 분명해 보인다. 세상이 그의 설계대로 움직일까? 테슬라는 어떻게 반격할까? 완성차·빅테크·제조 기업들의 연합은 어디까지 커질까? 이제는 변화를 유심히 관찰하며 빠르게 움직여야 할 시기다. 이런 규모의 기회가 열리는 순간은 자주 오지 않는다.

기술은 외모도 바꾼다! 뷰티 테크의 진화

단순히 피부를 예쁘게 가꾸는 것을 넘어, 이제 뷰티 테크는 데이터로 관리하는 다양한 산업의 최신 기술을 흡수하며 영역을 넓히고 있다. CES 2026에서 포착한 뷰티 테크 변화의 세 가지 축.

> **POINT**
>
> ① 피부·두피·헤어 데이터를 실시간으로 해석하고 관리하는 '뷰티 운영체제' 시대
>
> ② 거울로 노화 요인, 생체 신호까지 측정하는 '장수 미러' 탄생
>
> ③ 치료와 화장을 한 번에, 경계 허문 한국콜마

CES 2026의 뷰티 테크는 더 이상 기기를 전시하는 단계에 머물지 않는다. 개인의 피부·두피·헤어 데이터를 실시간으로 해석하고 관리하는 '뷰티 운영체제(Beauty OS)'로 진화하고 있다. 스킨케어가 감각과 경험 중심의 영역에서 측정–분석–처방–관리로 이어지는 데이터 기반 정밀 관리 산업으로 이동 중이며, 뷰티 역시 '제품'이 아니라 시스템으로 재정의되고 있는 것.

아모레퍼시픽이 MIT와 공동 개발한 전자 피부 플랫폼 '스킨사이트(Skinsight)'는 이 전환을 상징적으로 보여준다. 센서 패치를 통해 피부의 노화 요인과 생체 신호를 동시에 측정하고, AI가 이를 분석해 맞춤 솔루션을 제공하는 구조는 뷰티를 화장품 산업이 아니라 퍼스널 헬스케어 플랫폼으로 확장하는 사례다.

삼성전자의 마이크로 LED 뷰티 미러 역시 같은 방향성을 가진다. 삼성전자는 AI 뷰티 미러를 단일 제품으로 바라본 것이 아니라 'K-뷰티 데이터 플랫폼'으로 키우는 전략 아래 제품을 공개했다. AI 기반 피부 분석, LED 마스크와 맞춤형 디바이스 연동을 통해 진단–처방–관리–기기 사용까지 하나의 폐쇄형 뷰티 OS를 구축한다. 이는 뷰티 기기가 개별 하드웨어가 아니라 하나의 통합 플랫폼 안에서 작동하는 모듈로 재정의되고 있음을 의미한다. AI 뷰티 미러를 기점으로 헬스·뷰티 영역에서 새로운 수익 모델을 창출하겠다는 목표는 뷰티 테크의 경쟁이 하드웨어 스펙에서 데이터와 서비스 매출 구조로 이동하고 있음을 보여준다.

대만 기업 아이뉴미(inewme)의 스마트 뷰티 미러와 손거울형 디바이스는 퍼스널 케어 데이터와 실시간 환경 인식을 결합한 사례다. 조명·카메라·센서가 통합된 손거울 형태의 기기는 UV와 습도를 감지해 현재 환경이 피부에 미치는 영향을 즉각적으로 보여준다. UV 카메라 모드를 통해 선크림 도포 상태를 확인하고 SPF 적용 정확도를 시각적으로 보여주는 기능은 뷰티 기기가 '어시스턴트'로 진화하고 있음을 상징한다.

뷰티·헬스·웰니스의 통합: 화장품에서 헬스케어로

AI, IoT, 빅데이터가 화장품 개발과 서비스 전반으로 침투하면서, 뷰티는 더 이상 '가리는 것'과 '꾸미는 것'에 머무르지 않는다. 진단하고, 치료하고, 동시에 미용상 완성도를 제공하는 하이브리드 산업으로 재편되고 있다. 한국콜마가 뷰티 테크 부문 최고혁신상과 디지털 헬스 부문 혁신상을 동시에 받은 것은 상징적이다. 스마트폰으로 상처를 촬영하면 AI가 상처 유형을 12가지로 분류하고, 그에 맞는 치료제를 자동으로 분사한 뒤 피부 톤에 맞는 커버 파우더까지 완성하는 구조는 기존 화장품 사

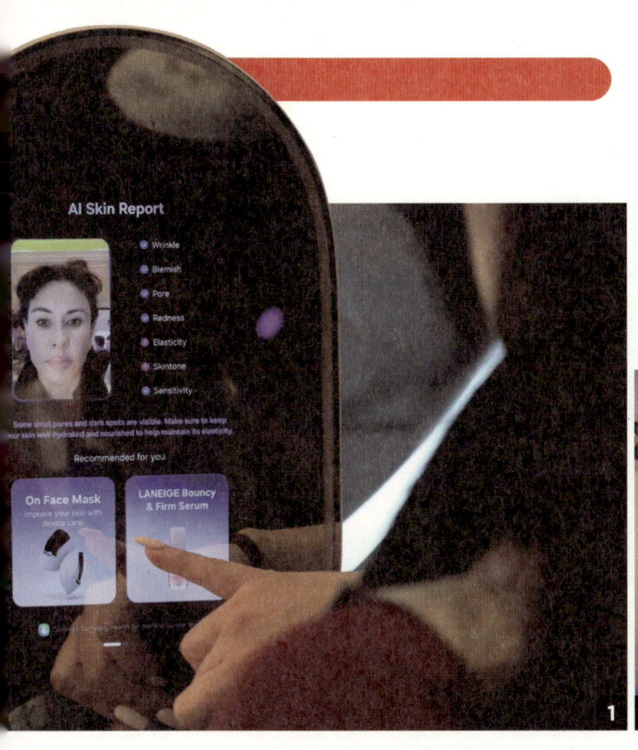

1\.
아모레퍼시픽의 '스킨사이트'는 피부 노화 원인을 실시간으로 분석해 맞춤형 스킨케어 솔루션을 제안한다.

2\.
뉴라로직스의 '장수 거울'은 얼굴 혈류 패턴에서 다양한 생체 정보를 읽어 장수 점수를 보여준다.

용 방식과 완전히 다르다. 의료기기, 진단기기, 화장품이 하나의 디바이스로 통합된 하이브리드 헬스케어 모델이다. 특히 압전 미세분사 기술을 통해 약물과 파우더를 마이크로 단위로 정밀 제어한다는 점은, 뷰티산업이 수작업 중심의 화장 문화에서 디지털 공정 산업으로 이동하고 있음을 의미한다. 앞으로 경쟁의 기준은 성분이나 브랜드가 아니라, 전달의 정밀도와 자동화 수준이 될 가능성이 크다. 뉴라로직스(Nuralogix)의 899달러짜리 '장수 거울(longevity mirror)' 역시 이 흐름을 확장한다. 얼굴 혈류 패턴을 분석하는 경피 광학 영상 기술을 통해 심박수, 혈압, 심혈관 위험도, 대사 건강, 생리적 나이, 정신 건강 지표까지 평가하고 이를 '장수 점수'로 환산한다. 뷰티 미러가 헬스케어 모니터링 기기로 진화한 것이다. 이 흐름은 뷰티산업이 개인 건강 데이터를 관리하는 생활 헬스 인프라로 확장되고 있음을 보여준다.

패션·뷰티의 XR/AI 전환: 디자인과 경험의 가상화

XR과 AI 기술은 뷰티와 패션 산업의 디자인, 유통, 고객 경험 구조 자체를 바꾸고 있다. CES 2026에서는 단순한 패션 상품이 아니라, XR과 AI를 활용한 '가상 착용·디자인·제조' 플랫폼이 주목받았다. 글로벌 기업들은 AI 피부 분석과 AR 시뮬레이션을 조합해 사용자가 자기 얼굴에 다양한 뷰티 룩을 가상으로 적용해 보고 비교하는 경험을 선보였다. 대만 기업 퍼펙트 코퍼레이션은 AR과 AI를 결합한 퍼스널 뷰티 에이전트를 선보였다. AI가 봄 웜 등 피부 타입을 분석하고, 어울리는 색상·헤어·메이크업을 추천하며 가상 적용까지 제공한다. 이는 오픈AI 에이전트 모델과 엔비디아 GPU를 활용해 피부 진단부터 맞춤형 제품 추천까지 통합한, XR 기반 뷰티 경험의 상용화를 보여주는 사례다.

CES 2026이 보여준 2026년 뷰티 테크의 핵심은 분명하다. 뷰티는 기기 산업을 넘어 데이터 플랫폼 산업으로, 화장품은 미용 제품이 아니라 헬스케어 인터페이스로, 패션과 뷰티 경험은 XR 기반 가상 설계와 실시간 개인화 시스템으로 재편되고 있다. 뷰티는 이제 기술과 알고리즘이 설계하는 정밀 관리 산업으로 진입하고 있다.

$1730억

전 세계 뷰티 테크 시장은 2030년 1729억9000만 달러까지 성장할 것으로 예상된다.

SPECIALIST VIEW

전진수 볼드스텝 대표, 전 SK텔레콤 부사장

AI와 XR, 공간 컴퓨팅을 중심으로 기술과 산업의 변화를 분석하는 전략가이자 기업가다. 삼성전자와 SK텔레콤에서 모바일·플랫폼·메타버스 개발 및 사업을 이끌었으며, 현재는 볼드스텝의 대표이자 컴패노이드랩스 벤처 파트너로 활동하고 있다. CES 혁신상 심사위원이기도 한 전 대표는 CES, MWC 등 글로벌 테크 현장에서 AI·XR·피지컬 AI 트렌드를 분석하며, 자문 및 강연, 리더십 코칭을 진행하고 있으며 유튜브 채널 혁신 전파사를 공동 운영 중이다.

공간 컴퓨팅과 피지컬 AI, 컴퓨팅의 중심이 이동하다

올해 CES 2026에서의 단연코 가장 큰 화두는 피지컬 AI였다. 휴머노이드 로봇, 자율주행 자동차를 비롯해 중장비, 농기계, 개인용 모빌리티에 이르기까지 전시장 곳곳에서 참관객의 시선을 끌며 주목받았다.

챗GPT 등장 이후 관심이 고조에 달했던 대형 언어모델을 중심으로 한 생성형 AI 관심은 이제 몸을 갖고 움직일 수 있는, 실체를 갖고 현실의 물리법칙을 이해하는 피지컬 AI와 월드모델(World Model)로 옮겨가고 있다. 그 중심에는 공간을 이해하고 해석하는 공간 지능(Spatial Intelligence)이 있다. 현장에서 공개된 수많은 솔루션은 이제 AI가 단순히 질문에 답해주는 수준을 넘어, 우리가 살아가는 현실 공간의 구조를 파악하고, 공장의 복잡한 기계들과 생산 과정을 이해하며, 주변의 실시간 변화뿐 아니라, 우리가 살아가는 주변의 맥락을 읽어내는 모습을 보여줬다.

XR의 재등장: 가상현실을 넘어 산업 운영 체제로

이러한 변화 속에서 다시 존재감을 드러내기 시작한 것이 바로 XR과 공간 컴퓨팅(Spatial Computing)이다. 사실 CES의 역사 속에서 XR은 주목과 좌절의 역사를 겪어왔다. 구글 글라스와 오큘러스 등장으로 화려한 기대를 받았지만, 현실의 벽은 냉혹했다.

메타버스 열풍이 거셌던 2000년대 초반은 아이러니하게도 CES를 온라인으로 개최하며 오히려 존재감을 드러내지 못했고, 정작 다시 오프라인으로 복귀한 시기부터 메타버스의 거품은 급격히 빠지기 시작하며 한동안

1

고전을 면치 못했다. 이후 2023년 애플의 연례 개발자 회의(WWDC)를 기점으로 애플 비전 프로를 통해 '공간 컴퓨팅'을 내세우며 기존의 평면 중심의 컴퓨팅 방식을 뛰어넘어, 사용자의 주변 공간과 디지털 콘텐츠가 자연스럽게 융합된 컴퓨팅 경험을 강조했다.

AI가 공간을 입체적으로 이해하고, 그 위에 디지털 정보와 정교하게 상호작용함으로써 우리의 공간 자체를 하나의 거대한 운영체제로 만드는 것이다. CTA는 2025년 AR·VR·XR 키워드로 복귀시켰고, 올해 CES에서는 다시 XR·공간 컴퓨팅을 키워드로 내세웠다.

인간의 동작을 학습하는 AI

이번 CES에서 돋보인 XR의 역할은 더 이상 가상 세계를 보여주는 장치가 아닌, 피지컬 AI가 현실을 정확히 인식하고 학습하도록 돕는 현실과 가상의 인터페이스로 동작하고 있었다. 휴머노이드 로봇은 처음부터 스스로 모든 작업을 학습하지 않는다. 로봇은 학습을 위해 현실의 공간 구조와 맥락을 정확하게 이해하는 것이 중요한데 여기에 XR이 큰 역할을 한다.

로봇을 훈련하기 위해 인간이 잘하는 동작을 XR 헤드셋을 착용하고 실제 공정과 동일한 가상공간에서 여러 작업을 한다.

AI는 작업자의 시선과 손의 궤적, 힘의 방향, 신체 위치 변화와 같은 공간 단위의 행동 패턴을 인식하여 로봇이 재현할 수 있는 행동 모델로 변환한다. 이 정보를 바탕으로 가상 공간에서 스스로 성공과 실패의 시행착오를 겪는 강화학습을 통해 로봇은 사람의 행동 정보를 자신의 제어 모델로 만든다. 이처럼 AI는 XR이라는 인터페이스를 통해 사람의 숙련된 작업 정보인 암묵지를 이해하고 내재화할 수 있다.

그런데 실제 산업 환경에서는 다양한 예외 사항이 발생한다. 부품 위치가 미세하게 바뀌거나 예기치 않은 장애물이 등장하면 AI는 판단이 어려울 수 있다.

CES 2026에서 보스턴다이내믹스는 자동차 공장에서 부품을 선반에서 꺼내 분류하는 작업을 시행했는데, 이 과정에서 문제가 발생하면 사람이 개입하고 다시 AI가 제어 받는 동작을 시연했다.

원격에서 XR과 컨트롤러를 착용한 조종자는 가상의 동일한 작업 공간에서 아틀라스의 시선으로 작업 과정을 바라보고 있으며, 필요할 때 직접 가상의 물건을 잡아 제대로 옮길 수 있도록 잠시 도와준다. 아틀라스는 텔레오퍼레이션(Teleoperation, 원격조작)을 통해 조종자의 동작을 따라 하며 개선해 나갔

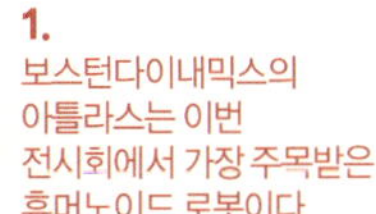

1.
보스턴다이내믹스의 아틀라스는 이번 전시회에서 가장 주목받은 휴머노이드 로봇이다.

2.
보스턴다이내믹스의 텔레옵(위쪽)과 오토노머스.

다. 이 과정이 매우 자연스러워 현장의 안내 사인(Autonomous·Teleop· Pause)이 없었다면 인지하기 어려울 정도였다. 이처럼 XR은 가상과 현실의 차이를 줄이며 AI가 인간과 기계 사이를 오가며 작동할 수 있도록 하는 중요한 인터페이스이자 필수 인프라다.

4.
오클리 디자인의 스마트 글라스를 착용한 마크 저커버그 메타 CEO

XR, 산업 생산성의 인프라

CES 2026현장에서 실제로 XR이 산업 문제를 풀어가기 시작하는 모습을 볼 수 있었다. 한국 기업 메타뷰는 HD현대중공업과 HD한국조선해양과 함께 선박 도장 XR 교육용 시뮬레이터를 통해 도료 낭비와 위험 요소를 줄이고 신규 인력의 온보딩 교육 시간을 50%까지 단축할 수 있었다. 작업자는 XR 기기를 착용하고 선체와 동일한 가상 공간에서 각도와 거리, 속도 등을 반복 훈련하며 도장 기술을 익혀 실제 재료의 낭비나 위험 요소를 줄였다. 선박 도장 과정에서의 초보자의 실수로 인해 대형 사고나 품질 저하로 이어질 수 있음을 고려했을 때 XR은 산업 인력의 숙련을 가속하고, 안전성을 높이며, 제조 품질과 운영 효율을 동시에 끌어올리는 생산성 기술로 진화하고 있음을 보여준다.

일상으로 들어온 AI 글라스, 중국이 주도하는 시장

이번 CES 2026에서 인상 깊었던 점은 AI 글라스들이 실험단계를 넘어 상용화 단계로 들어섰다는 것이다. 불과 몇 년 전까지만 해도 AR 글라스는 착용성, 무게, 배터리, 가격 측면에서의 현실적 제약으로 대중화에 대한 끊임없는 의문을 제기 받아왔다.

그러나 이번 CES에서 확인한 제품들은 일상에서 사용할 수 있는 웨어러블 컴퓨팅 기기로의 가능성을 보여줬다. 이에 가장 큰 영향을 준 것은 메타의 레이벤 글라스

1.
로키드의 스마트 글라스는 일상생활에 최적화된 초경량(38.5g) 음성 인식 AI 스마트 안경이다. 디스플레이는 없지만 챗GPT, 딥시크 등 다양한 AI 플랫폼과 구글 지도, AI 번역 등의 글로벌 서비스를 지원한다.

2.
전진수 대표가 직접 엑스리얼 스마트 글라스를 착용해보고 있다.

3.
페르소나AI의 AI 기반 스마트 글라스 '멘토렌즈' 소개 화면.

라고 할 수 있다. 200만대 이상을 판매하며 시장에서 인정받은 디스플레이 없는 안경에서의 성공 사례가 다음 단계의 글라스가 나아갈 방향을 제시한 셈이다.

이제 스마트 글라스는 기존의 몰입형 디스플레이로 시각적으로 보여주려던 과거의 방식을 탈피해, 일상에서 실질적인 사용성에 집중한 초경량 디바이스를 지향하고 있다. AI가 주변 환경과 사용자의 맥락을 이해해 필요한 정보를 제공하는 지능형 인터페이스로 발전한다. 스마트 글라스를 착용하면 시선이 머무는 곳의 언어를 즉시 번역하거나, 간단한 내비게이션을 받고, 회의 및 발표용 스크립트를 지원하거나, 알림 요약과 같은 기능을 받는 것이 가능하다. 과거의 글라스가 디스플레이 스펙의 한계에 발목 잡혔다면, 이제는 AI를 통해 그 한계를 극복하려는 노력이 실제 동작하고 있었다.

이러한 혁신을 적극적으로 구현하고 실행하는 곳은 바로 중국 기업들이다. 로키드(Rokid), 이븐 리얼리티(Even Realities), 모지(Zhuhai Mojie), 엑스리얼(XREAL) 등은 하드웨어 경량화, 배터리 효율, 광학 설계, AI와 결합을 통해 미래에 개인 컴퓨팅 기기로의 가능성을 서서히 끌어 올리고 있다.

로키드(Rokid)의 로키드 글라스는 초경량 단색 디스플레이 기반의 로키드 글라스를 통해 AI 기능을 제공한다. 챗GPT, 딥시크(DeepSeek), 큐웬(Qwen) 등 다양한 AI 엔진을 지원하며, 구글 지도, 마이크로소프트 AI 번역 등 글로벌 서비스와 연동된다. 특정 생태계를 고수하기보다 다양한 지역에서 다양한 언어로 AI를 활용하게 한다는 것이 인상적이었다. 타사 AI 에이전트가 스마트 글라스에서 실행할 수 있도록 하는 AI 에이전트 스토어도 출시하며 글로벌 시장에서 사용자가 제어할 수 있는 AI를 제공한다는 로키드의 비전을 엿볼 수 있었다. 실시간 번역, 뉴스 요약, 음성 명령, 촬영과 영상 기록을 제공하며, 이번 CES 2026에서 메타의 레이벤 글라스와 같이 디스플레이가 없는 AI 글라스 로키드 스타일(Rokid Style)도 공개했는데, 38g으로 레이벤보다 더 가벼운 무게에 299달러의 경쟁력 있는 가격으로 시장에 도전장을 내밀었다.

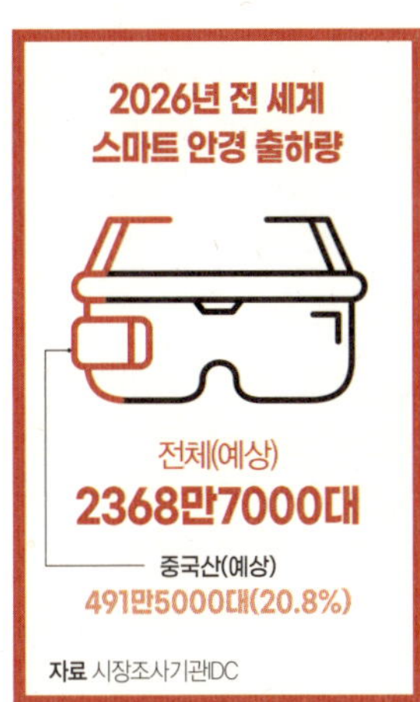

자료 시장조사기관IDC

이븐 리얼리티(Even Realities)의 G2는 일반 안경과 거의 구별되지 않는 디자인으로 린드버그 안경 디자이너였던 공동 창업자가 디자인해 가볍고 패셔너블한 스타일을 강조했다. 안경에 물리 버튼이 없어 음성과 터치패드를 통해 제어하고, 반지 형태의 컨트롤러로 탭이나 스크롤도 가능해서 최대한 깔끔한 안경의 형태를 유지하려는 노력이 돋보였다. 그린 색의 단칼라 디스플레이 안경이지만 디자인만큼이나 깔끔한 UX가 인상적이었는데, 실시간 번역, 텔레 프롬프터, AI 대화, 음성을 텍스트로 자동 기록하고, 간단한 내비게이션을 제공하는 등 심플한 기능이 제공됐다. 카메라 없이 장시간

사용성을 고려한 글라스는 별도 충전 없이 이틀 동안 사용하기 위해 당장은 컬러 디스플레이도 고려하지 않는다고 한다. 중국의 선전 기반 신생 스타트업이지만 디자인과 UX 철학이 명확하여 기대되는 회사였다.

1.
중국 기술 기업 아이토피아(Aitopia)의 스마트 글라스 T09 모델은 도시 생활에 최적화 된 몰입형 오디오 경험을 제공한다. S7은 자전거 이용자를 위한 AR 내비게이션 기능을 갖췄다.

한편 모지의 25g 단색 AR 글라스와 38g의 컬러 글라스로 CES 혁신상을 받으며 경량 광학과 대량 생산 기술의 결합이 가능함을 보여주고 있다. 흥미로운 점은 이들의 비즈니스 모델인데, 소비자에게 직접 글라스를 판매하지 않고 레노버, ZTE, 오포, 소프트뱅크 등 글로벌 브랜드에 ODM으로만 공급하는 전략을 펼치고 있다.

엑스리얼은 독자적인 X1 칩셋을 기반으로 다각도의 글라스 전략을 펼쳐 나가고 있다. CES 2026에서 1200p 풀 HD 해상도, 52도의 시야각, 그리고 대폭 향상된 밝기를 구현한 XREAL 1S를 공개했다. 외부 기기에서 디스플레이로 활용하는 글라스인 엑스리얼은 이번에 2D 콘텐츠를 3D로 실시간 변환하는 기능을 제공하였는데, 기존 디바이스도 소프트웨어 업데이트로 제공된다. 에이수스(ASUS) 게이밍 브랜드 ROG(Republic of Gamers)와 협업해 세계 최초 240Hz 게이밍 특화 AR 글라스를 공개하여 게이밍 시장도 지속 공략하고 있음을 알 수 있다.

구글의 Android XR 글라스를 개발하고 있음을 이미 발표한 엑스리얼은 CES 2026 이후, 1월에 공급망 파트너를 포함한 투자자로부터 추가 1억 달러 유치를 발표하며 글로벌 AR 스타트업 중 최상위권의 자본력을 확보했다.

TCL 산하의 레이네오(RayNeo)도 Air 4 Pro를 선보였는데, 엑스리얼과 마찬가지로 유선 디스플레이로 동작하며 1200니트 밝기와 120Hz의 주사율로 뱅앤드올룹슨 측면 스피커로 섬세한 오디오를 제공하며 299달러라는 파격적인 가격에 내놓았다.

특히 이번 CES 기간에 TCL 산하의 레이네오는 중국의 양대 통신사인 차이나 유니콤과 차이나 모바일 투자 부문에서의 전략적 투자 유치를 발표하며 통신형 독립 단말기로의 방향 전환 략을 공식화했다. 레이네오 X3 Pro-eSIM(4) 발표를 통해 통신 모듈을 탑재한 독립형 AR 글라스를 쓰고 달리기나 야외 활동 시 스마트폰 없이도 직접 통화와 연결이 가능한 두 손이 자유로운 시대로의 가능성을 제시했다.

이러한 중국 기업의 행보는 스마트 글라스의 가벼움, 착용

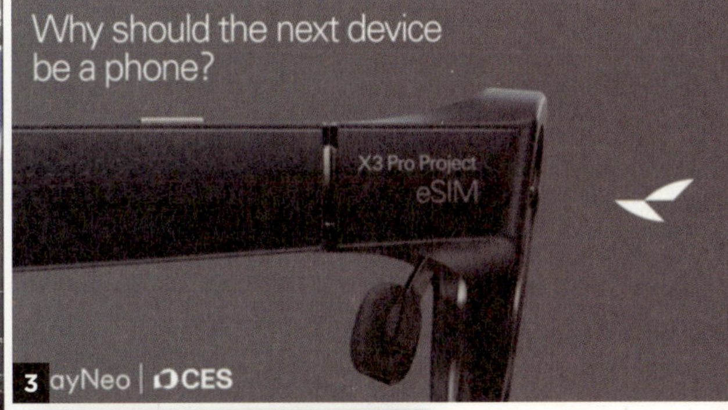

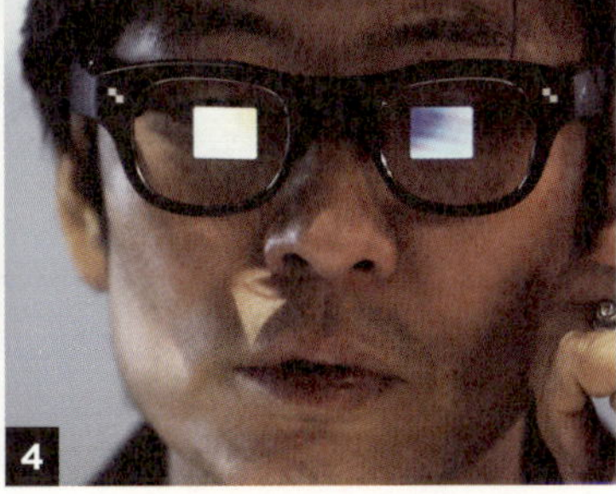

2.
메타뷰가 HD현대중공업, HD한국조선해양과 공동 개발한 선박도장 XR 교육훈련 시뮬레이터.

3.
TCL 계열사의 스마트 글라스 레이네오.

4.
중국 가전기업 TCL의 스마트 글라스를 착용하고 있는 CES 2026 관람객.

감, 일상 착용성, 가격 현실성을 우선시하고 있음을 알 수 있다. 초경량 디스플레이와 멀티모달 AI를 결합해 화려함보다 실용성을 극대화하며 다음 스마트 글라스의 새로운 표준을 제시하고 있음을 알 수 있었다.

공간 지능 시대, 새로운 경쟁의 시작

이러한 흐름 속에 한국 역시 선택의 갈림길에 서 있다. 삼성, 구글, 젠틀몬스터, 워비 파커의 협업은 의미 있는 신호지만 시장 속도는 절대 느리지 않다. 삼성의 Galaxy XR은 의미 있는 출발점에 있지만 중국 기업들의 실행 속도와 가격 경쟁력, 그리고 메타의 생태계 장악력 사이에서 명확한 차별화 전략이 필요하다.

언어모델 이후의 경쟁은 공간 지능과 물리적 실행력의 경쟁이다. AI는 더 이상 정보를 생성하는 두뇌에 머물지 않고 공간을 이해하고 물리 세계에서 행동하는 주체로 진화하고 있다. 그리고 XR과 스마트 글라스는 이 지능이 현실과 만나는 접점이자, 인간과 AI가 협력하는 새로운 인터페이스가 되고 있다.

앞으로의 AI 경쟁은 모델의 크기나 연산 성능만으로 결정되지 않는다. 어떤 기업이 더 정교하게 공간을 이해하고, 더 효율적으로 인간의 행동을 학습하며, 더 자연스럽게 물리 세계에서 실행할 수 있는가에 달려있다. 이는 곧 센서, 공간 데이터, 디지털 트윈, 로보틱스, XR, 그리고 AI가 결합한 공간 지능 스택(Spatial Intelligence Stack)의 경쟁으로 이어지리라 전망한다.

CES 2026은 이 스택이 더 이상 실험실의 개념이 아니라 산업과 일상의 현장으로 내려오기 시작했음을 보여주었다. 그리고 이 변화는 이제 되돌릴 수 없는 흐름이다. 피지컬 AI의 시대는 이미 시작됐고 XR은 그 시대의 가장 현실적인 인터페이스로 다시 중심에 서고 있다. 지금 필요한 것은 더 빠른 실험과 더 과감한 실행이다. 공간을 이해하는 AI의 시대에 누가 먼저 이 인터페이스를 장악하느냐가 다음 10년의 기술 경쟁력을 결정하게 될 것이다.

1500km / 1회

인간의 안정성 임계점 돌파

완전자율주행 FSD(Full Self-Driving) V14.2 버전은 1500km 주행당 단 1회의 인간 개입만을 허용했다. 이는 인간 운전자의 평균 실수 빈도보다 낮은 안정성 임계 값을 돌파한 것으로 완전 자율주행 상용화가 눈앞에 왔음을 시사한다.

측정의 시대를 지나 예측과 자율의 시대로

인간의 개입이 사라진 자리에 AI와 로보틱스가 들어섰다.
CES 2026에서 펼쳐진 기술을 통해 '완전 자율'의 미래를 조망해본다.

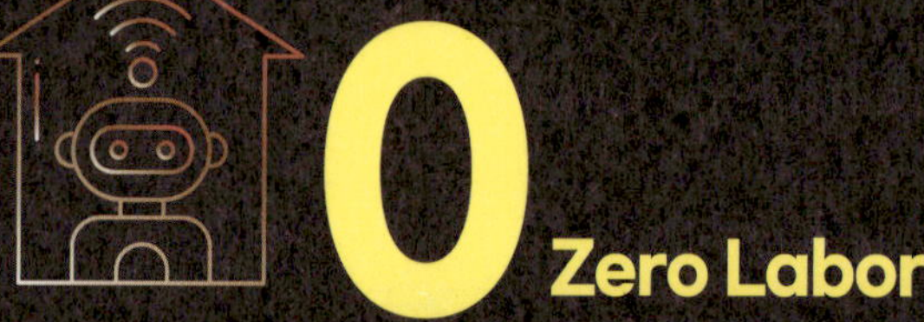

0 Zero Labor

가사 노동 '0'의 시대

'에이전틱 AI'와 '피지컬 AI'의 결합으로 '노동 없는 집(Zero Labor Home)'이 현실이 된다. 집이 사용자의 마음을 읽고 알아서 움직이는 스마트 라이프의 시대가 온다.

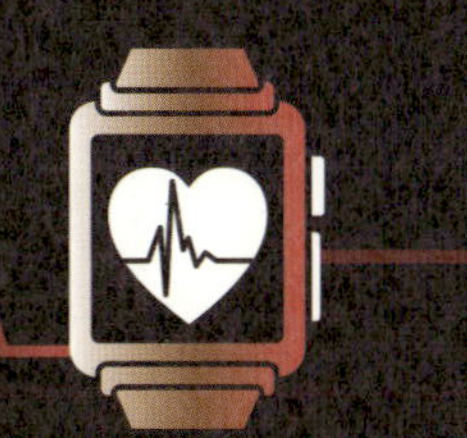

Wearable

3.0

기록을 넘어 예측으로

바이오 웨어러블이 단순 수치 측정(1.0~2.0) 단계를 넘어 '웨어러블 3.0' 단계에 진입했다. 평소의 심박수와 HRV(심박 변동성) 등의 미세 변화를 학습한 기기는 질병 징후를 사전에 감지하고 예측한다.

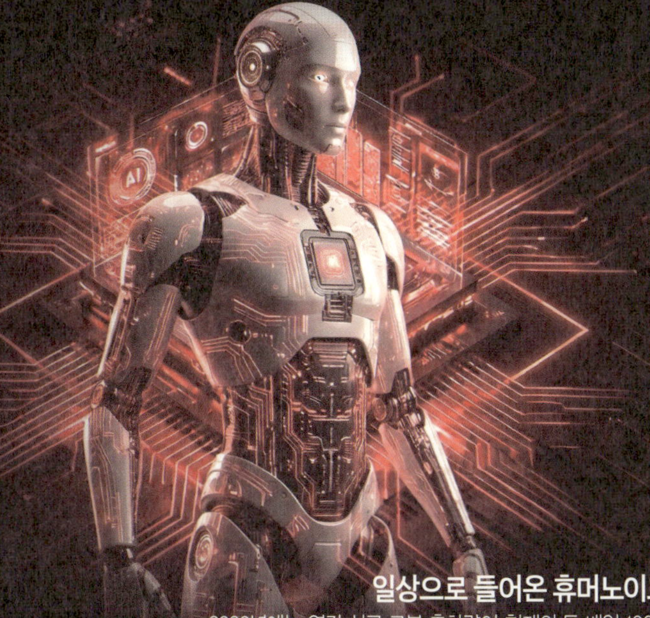

27%

매년 폭발적으로 팽창하는 스마트 라이프 생태계

AI 고도화와 에너지 패러다임의 변화는 시장의 판도를 바꿨다. 글로벌 스마트 홈 시장은 연평균 27%라는 경이로운 성장률을 기록하며, 2030년 약 5372억 달러 규모의 거대 경제권을 형성할 것으로 전망된다.

일상으로 들어온 휴머노이드

2030년에는 연간 신규 로봇 출하량이 현재의 두 배인 100만 대에 도달할 것으로 예측된다. 매출 역시 현재의 두 배 수준인 240억 달러에 이를 전망이다.

100만 대

AI

'진짜' AI 시대가 열린다

앞으로 AI를 언급할 때 필수 불가결한 것들이 CES 2026에서 수면 위로 떠 올랐다.

PART 01

AI 패러다임 전환의 세 가지 축

생성에서 예측으로, 칩에서 에너지로, 언어에서 물리로.

글로벌 AI 시장은 폭발적인 성장 국면에 들어섰다. 2024~2025년 기준으로 전 세계 AI 시장 규모는 약 2300억 달러에서 최대 6400억 달러 수준으로, 불과 몇 년 사이에 조 단위 산업으로 도약했다. 그리고 이 성장은 시작에 불과하다.

AI, 글로벌 경제 구조 재편하는 '핵심 인프라'

다수의 전망에 따르면 AI 시장은 2030년에는 최소 8000억 달러에서 1조2000억 달러를 넘어설 것이며, 2033~2034년에는 4조 8000억 달러에서 10조 달러 이상까지 확대될 가능성이 거론된다. AI는 더 이상 하나의 기술 산업이 아니라, 글로벌 경제 구조 자체를 재편하는 핵심 인프라로 진화하고 있다. 이 폭발적 성장은 단일 요인에서 비롯된 것이 아니다. 머신러닝과 딥러닝 모델의 고도화, 데이터 생산량의 기하급수적 증가, 클라우드 플랫폼을 통한 접근성 확대가 맞물리면서 AI는 소수의 기술 기업이 독점하던 실험적 기술에서 전 산업이 활용하는 범용 기술로 전환했다.

AI 38.5%

마켓.US에 따르면 2025년 전 세계 AI 시장은 5425억 달러이며, 연평균 38.5%를 기록하면서 2034년엔 20배 가까이 늘어난 10조1731억 달러가 된다.

과거에는 AI 시스템을 구축하기 위해 막대한 초기 투자와 전문 인력이 필요했지만, 이제는 Azure, AWS, Google Vertex AI 같은 클라우드 기반 플랫폼을 통해 누구나 AI 인프라를 손쉽게 활용할 수 있는 시대가 열렸다. 이는 AI를 '선택할 수 있는 기술'이 아니라 '도입하지 않으면 경쟁에서 뒤처지는 필수 조건'으로 바꿔 놓았다.

특히 생성형 AI와 멀티모달 AI는 이 시장의 성장을 이끄는 핵심 축이다. 생성형 AI는 텍스트, 이미지, 코드, 영상 등 새로운 콘텐츠를 만들어내며 인간의 지적 노동 영역을 직접적으로 대체하거나 증폭시키고 있다. 이 기술은 향후 2030년대 초반까지 수천억 달러 규모의 시장으로 성장할 것으로 예상되며, 장기적으로는 수조 달러 가치의 산업으로 확장될 가능성이 크다.

멀티모달 AI는 텍스트, 이미지, 음성, 영상 등 서로 다른 형태의 데이터를 동시에 이해하고 처리하는 기술로, AI가 현실 세계를 보다 인간에 가깝게 인식하도록 만든다. 이는 로봇, 자율주행, 디지털 헬스케어, 스마트팩토리 등 피지컬 AI와 직접적으로 연결되는

핵심 기술이며, 2035년경에는 약 940억 달러 규모에 이를 것으로 보인다.

AI 확산의 또 다른 핵심 동력은 자동화에 대한 산업 전반의 갈증이다. 금융(BFSI) 산업에서는 리스크 관리, 사기 탐지, 고객 서비스 자동화가 빠르게 진행되고 있고, 헬스케어 분야에서는 의료 영상 분석, 신약 개발, 환자 관리 시스템이 AI 중심으로 재편 중이다. 리테일에서는 수요 예측, 개인화 추천, 물류 자동화가 핵심 경쟁력이 됐으며, 제조업에서는 AI 기반 품질 관리와 공정 최적화가 생산성을 좌우하는 요소로 자리 잡고 있다. AI는 더 이상 비용 절감 도구가 아니라, 기업의 성장 전략과 직결된 기술이다.

시장 규모 추정에서도 이 변화는 분명히 드러난다. 불과 1~2년 만에 시장 규모가 두 배 가까이 커지는 산업은 역사적으로도 매우 드물다. 이는 AI가 단순한 IT 트렌드가 아니라, 전기와 인터넷에 이어 세 번째 산업 기반 기술로 자리 잡고 있음을 보여준다.

북미 주도의 AI 시장… 아·태 지역, 성장 속도 가장 빨라

지역적으로 보면 북미가 여전히 AI 시장을 주도하고 있다. 미국은 빅테크 기업, 스타트업 생태계, 연구기관, 자본 시장이 결합한 구조를 통해 AI 혁신의 중심지 역할을 하고 있다. 그러나 성장 속도 면에서는 아시아·태평양 지역이 가장 빠르다. 중국, 한국, 일본, 동남아 국가들은 제조, 물류, 헬스케어, 스마트시티 분야를 중심으로 AI를 국가 전략 산업으로 육성하고 있으며, 이는 향후 글로벌 AI 패권 경쟁의 중심축이 아시아·태평양 지역으로 이동할 가능성을 시사한다.

종합하면, AI 시장은 이미 수천억 달러 규모의 거대 산업이 됐고, 앞으로 10년 이내에 수조 달러 단위로 성장하는 초거대 시장으로 진입할 가능성이 크다. 생성형 AI와 멀티모달 AI는 이 변화를 견인하는 핵심 엔진이며, 클라우드 플랫폼과 데이터 인프라는 그 확산을 가속하는 기반이다. AI는 더 이상 특정 산업의 기술이 아니라, 모든 산업의 경쟁 구조를 다시 쓰는 '보이지 않는 운영체제'다. 그리고 지금은 그 거대한 전환이 본격적으로 가속되기 시작한 시점이다.

1. AI 모델 제미나이를 중심으로 다양한 AI 서비스를 선보이는 구글의 데이터센터.

2. 일론 머스크가 설립한 AI 업체 xAI의 미국 테네시주 데이터센터 '콜로서스2'.

CES 2026 엔비디아 부스에 전시된 데이터센터에 들어갈 랙.

PART 02

AI

CES 2026에서 확인한 AI 메인 트렌드

지능형 전환, 에너지와 구조, 월드 모델!
AI 세상을 바꾼다.

AI는 더 이상 특정 산업이나 기술 영역에 국한된 혁신 수단이 아니다. 2026년을 기점으로 AI는 글로벌 산업 구조 전체를 재편하는 핵심 성장 엔진이자, 기업 경쟁력과 국가 전략을 동시에 규정하는 인프라로 자리 잡고 있다.

'지능형 전환' 시대 본격 진입

CES 2026에서 미국소비자기술협회(CTA)가 발표한 '테크 트렌드 2026'의 첫 번째 메가 트렌드로 '지능형 전환(Intelligent Transformation)'을 제시했다. 지능형 전환은 AI가 스스로 판단하고 예측하며, 행동까지 수행하는 시스템을 전제로 한다.

CTA가 제시한 지능형 전환의 핵심은 신뢰할 수 있는 보안 체계, 확장할 수 있는 클라우드 인프라, 현실을 가상 환경에서 재현하고 검증할 수 있는 시뮬레이션 기술이다. AI가 산업 전반에 깊숙이 스며들기 위해서는 단순한 알고리즘 성능을 넘어, 데이터와 시스템을 안전하게 보호할 수 있는 보안 구조, 대규모 연산을 감당할 수 있는 인프라, 그리고 실제 환경에 투입되기 전 수많은 시나리오를 가상으로 검증할 수 있는 시뮬레이션 체계가 동시에 갖춰져야 한다. CES 2026에서 이 세 요소가 하나의 생태계로 묶여 제시된 것은, AI가 실험 단계를 넘어 산업 운영의 기본 전제가 됐다는 것을 보여준다.

CTA에 따르면 미국 근로자의 63%가 이미 직장에서 AI를 활용하고 있으며, 주당 평균 8.7시간의 업무시간을 절감하고 있다. 이는 AI가 업무 구조 자체를 다시 설계하고 있음을 의미한다. 이 지점에서 AI의 성격은 급격히 변한다. AI는 직접적인 생산성 향상을 만들어 내는 '수익 창출 인프라'가 된다. 실제로 AI를 적극 도입한 기업과 그렇지 않은 기업 간의 생산성 격차는 빠르게 벌어지고 있으며, 이는 향후 기업 가치와 시장 지위에 결정적인 영향을 미칠 구조적 요인이 되고 있다.

지능형 전환의 또 다른 특징은 AI가 '에이전트' 형태로 진화하고 있다는 점이다. 에이전틱 AI는 목표를 이해하고, 계획을 세우며, 여러 시스템을 연결해 스스로 실행하는 구조를 가진다. 기업 입장에서 이는 단순한 자동화가 아니라, 조직 운영 구조 자체를 AI 중심으로 재설계하는 단계로의 진입을 뜻한다.

이러한 변화는 AI 시장의 성장 속도를 더욱 가속화하고 있다. 에이전틱 AI와 버티컬 AI(산업 특화 AI)가 결합하면서, AI는 범용 기술을 넘어 각 산업의 고유한 문제를 해결하는 맞춤형 인프라로 자리 잡고 있다. 결국 지능형 전환이 의미하는 것은 기술의 발전이 아니라, 산업 운영 논리의 교체다.

지능형 전환 영향 안 미치는 곳 없다

레노버가 CES 2026에서 보여준 전략은 'AI PC 기업'이라는 기존 정체성을 넘어, 개인과 기업을 동시에 관통하는 지능형 에이전트 생태계의 설계자로 이동하고 있음을 분명히 드러냈다. 그 중심에는 레노버가 처음 공개한 개인용 AI 슈퍼 에이전트 '레노버 키라(Lenovo Qira)'가 있다.

미국 라스베이거스 스피어에서 레노버의 데이터센터 관련 영상이 나오고 있다.

48%

시장조사업체 NIQ와 미국소비자기술협회(CTA) 조사에 따르면 우리나라 직장인 48%가 업무 중 AI를 사용한다. 미국 63%, 영국 56%, 프랑스 47%, 네덜란드 45%, 독일은 41%다.

키라는 단순한 음성 비서나 생산성 도구가 아니라, 사용자의 '디지털 쌍둥이(Digital Twin)'를 지향하는 존재로 만들어졌다. 사용자가 소유한 모든 디바이스를 하나의 인지 시스템으로 통합한다.

키라의 가장 큰 특징은 에이전트로서의 구조적 완성도다. 키라는 '에이전트 코어(Agent Core)' 기술을 통해 복잡한 작업을 스스로 단계별로 분해하고, 사용자의 과거 대화, 메시지, 작업 기록을 기억해 개인화된 지식 베이스를 구축한다. 단순한 질의응답이 아니라, 사용자의 사고 패턴과 행동 양식을 학습하며 점점 더 정교한 개인 맞춤형 에이전트로 성장하는 구조다.

특히 레노버는 키라가 클라우드에 과도하게 의존하지 않도록 설계했다. 개인 데이터는 가능한 한 로컬에서 처리되며, 이를 위해 전용 고성능 AI 컴퓨팅 장치인 '프로젝트 큐빗(Project Cubit)'을 공개했다. 이는 개인화와 보안을 동시에 달성하겠다는 전략적 선언이다. AI가 생활 깊숙이 들어올수록 데이터 주권과 프라이버시는 핵심 가치가 되며, 레노버는 이를 하드웨어와 시스템 설계 단계에서부터 반영하고 있음을 분명히 하고 있다.

삼성전자의 '비스포크 AI 패밀리 허브'는 지능형 전환이 가정이라는 가장 일상적인 공간까지 확장됐음을 보여준다. 구글 제미나이(Google Gemini)를 탑재한 2026년형 모델은 반찬통의 라벨과 형태를 분석해 "어머니가 보내준 김치, 2주 됨"처럼 맥락까지 이해한다. LG전자가 보여준 AI 홈과 AI TV, AI 가전 역시 집 전체가 하나의 판단과 실행 시스템으로 작동하는 '공간 단위의 AI화'를 상징한다. 마이크로소프트와 오픈AI 생태계가 구축한 코파일럿(Copilot)과 에이전트 기반 워크플로는 AI가 이미 업무 인프라로 자리 잡았다는 걸 보여준다.

AI 인프라 경쟁, 칩 확보에서 '전력 확보'로 이동

일론 머스크는 여러 차례 "AI 경쟁의 본질은 돈이 아니라 에너지와 전력 공급 능력"이라고 강조해왔다. 그는 AI가 확산할수록 가장 희소한 자원은 자본이 아니라 전기와 발전 인프라가 될 것이며, 결국 AI 패권은 누가 더 많은 연산 자원을 확보하느냐가 아니라 누가 더 많은 에너지를 안정적으로 통제하느냐의 문제로 귀결된다고 말했다. CES 2026에서 확인된 AI 인프라 경쟁의 방향 역시 정확히 그 지점으로 이동하고 있다. 이제 경쟁은 GPU의 성능이나 보유 대수만으로 설명되지 않는다. 전력을 어떻게 확보하고, 발생하는 열을 어떻게 식히며, 에너지를 얼마나 직접적으로 통제할 수 있는지가 새로운 핵심 경쟁력이다.

기존 데이터센터는 일반적인 기업용 서버(CPU) 중심의 워크로드를 처리하도록 설계했다. 전력 밀도가 비교적 낮았기 때문에 공랭식 냉각만으로도 안정적인 운영이 가능했다. 그러나 H100과 같은 고성능 AI 가속기가 본격적으로 도입되면서 서버 한 대가 소비하는 전력이 급격히 증가했고, 공랭식 냉각은 물리적 한계에 부딪히기 시작했다. 이에 따라 일부 구간에 수랭식을 병행하는 하이브리드 냉각 구조가 도입되기 시작했고, 이제는 더 근본적인 전환이 요구되는 단계에 이르렀다.

1.
레노버의 개인용 AI 에이전트 '키라'는 사용자의 사고 패턴과 행동 양식을 학습하며 점점 더 정교하게 성장한다.

2.
CES 2026 관람객들이 삼성전자 '비스포크 AI 에어드레서'를 체험하고 있다.

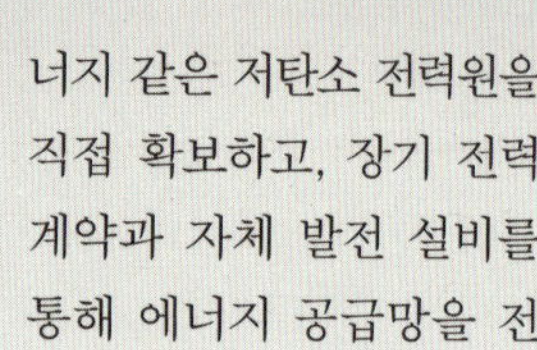

엔비디아의 GB200 NVL72는 기존 시스템 대비 15배 이상 높은 전력을 소모하는 초고밀도 AI 시스템으로, 냉각 방식의 선택 문제가 아니라 데이터센터 전체를 액체 냉각을 전제로 다시 설계해야 하는 시대가 왔음을 보여준다. AI 인프라는 이제 '서버를 더 많이 넣는 문제'가 아니라 '인프라 구조 자체를 바꾸는 문제'다. 전력 수요의 증가 속도는 훨씬 더 충격적이다. 국제에너지기구(IEA)에 따르면 데이터센터, 인공지능, 가상화폐 분야의 전력 소비는 2022년 약 460TWh에서 2026년에는 1000TWh를 넘어설 전망이다. 이는 일본 전체의 연간 전력 소비량과 맞먹는 수준이다. AI 확산이 전력 수요 폭증의 가장 직접적인 원인이라는 점이 명확해진다.

문제는 여기서 끝이 아니다. 각국과 기업이 동시에 탄소중립 목표를 유지해야 한다는 점이다. AI를 돌리기 위해 화석연료 발전을 늘리는 방식은 장기적으로 지속할 수 있지 않다. 따라서 데이터센터는 더 이상 '전기를 소비하는 시설'에 머물 수 없다. 원자력과 재생에너지 같은 저탄소 전력원을 직접 확보하고, 장기 전력 계약과 자체 발전 설비를 통해 에너지 공급망을 전략적으로 통제해야 한다. 동시에 전력 효율과 냉각 효율을 극대화하는 기술이 필수 인프라가 된다. 전력 손실을 최소화하는 전력 관리 시스템, 액체 냉각을 포함한 고효율 열 관리 기술, 나아가 에너지 저장 시스템까지 포함해 데이터센터 자체를 하나의 '에너지 시스템'으로 설계해야 한다.

AI 인프라는 더 이상 반도체 산업만의 문제가 아니다. 전력 생산, 에너지 저장, 냉각 기술, 도시 인프라, 환경 정책이 모두 결합한 총체적 산업으로 진입했다. 머스크가 말한 것처럼, AI 시대의 진짜 병목은 돈이 아니라 에너지다. CES 2026은 그 사실이 기술 전시가 아니라 인프라 현실로 굳어지고 있음을 보여준 무대였다.

'에너지 구조'를 만드는 기업들

AI 인프라 경쟁이 '칩 성능'에서 '에너지 구조'로 이동한 순간, 무대의 주인공도 자연스럽게 GPU 기업을 넘어 전력과 인프라 기업들까지 확장한다. 엔비디아가

AI 랙의 전력 요구치를 끌어올렸다면, 슈나이더, 지멘스, 블룸에너지는 그 랙이 현실 세계에서 안정적으로 작동하도록 만드는 '에너지 구조'를 설계한다.

그 출발점에는 엔비디아가 있다. 엔비디아는 더 이상 단순한 GPU 제조사가 아니다. AI 인프라 전체의 전력 구조와 밀도를 재정의하는 기업으로 자리 잡았다. GB200 NVL72와 같은 최신 AI 시스템은 서버 랙 하나당 100kW를 넘는 전력을 요구하며, 과거처럼 GPU를 얼마나 많이 확보하느냐보다 "이 시스템을 실제로 어디에 설치할 수 있는가, 어떤 전력과 냉각 인프라 위에서 안정적으로 운용할 수 있는가"가 더 중요한 문제다. CES 2026에서 엔비디아는 반도체 기업의 범주를 넘어, 전력·냉각·데이터센터 설계까지 포함하는 AI 인프라 생태계의 출발점을 정의하는 존재로 인식됐다. 이제 엔비디아가 만든 '전력 밀도의 기준' 위에서, 나머지 기업들이 현실 세계의 에너지 구조를 완성해가는 구도로 형성하고 있다.

슈나이더 일렉트릭은 데이터센터를 단순한 전력 소비 시설이 아니라 '에너지 전략의 주체'로 전환하는 대표 기업이다. 초고전력 AI 랙에 대응하는 전력 분배 시스템과 실시간 에너지 최적화 기술, 데이터센터 단위의 탄소 배출 관리, 재생에너지 연계 설계 등을 통해 AI 인프라를 에너지 관리 플랫폼으로 재정의하고 있다. CES 2026에서 슈나이더는 AI 인프라 경쟁이 컴퓨팅 성능을 넘어 에너지 효율과 지속가능성 경쟁으로 이동했음을 가장 현실적으로 보여준 기업이었다.

지멘스는 AI 인프라를 전력망, 산업 설비, 데이터센터를 하나의 시스템으로 묶어 바라보는 기업이다. 데이터센터를 기존 전력망에 종속된 수요처가 아니라, 전력을 생산·저장·소비하는 복합 산업 시설로 재정의하며, 에너지와 컴퓨팅이 결합한 새로운 산업 구조를 제시하고 있다. CES 2026에서 지멘스는 데이터센터가 에너지 전략의 수동적 수혜자가 아니라 능동적 설계 주체가 돼야 한다는 메시지를 통해 '에너지-컴퓨팅 복합체' 전략의 대표적 모델을 보여줬다.

블룸에너지는 AI 데이터센터가 전력을 '사 오는 존재'에서 '직접 생산하는 존재'로 바뀌고 있다는 걸 보여주는 기업이다. 연료전지 기반 발전 기술을 통해 데이터센터 인근에서 직접 전력을 생산하고, 전력망 의존도를 낮추며, 동시에 탄소 배출을 줄이는 구조를 제시한다. CES 2026에서 블룸에너지는 AI 인프라가 에너지 소비 문제를 넘어 에너지 자립과 탄소 중립 전략의 핵심 주체로 진화하고 있음을 직접적으로 보여주는 사례였다.

대세가 된 '월드 모델'

CES 2026에서 가장 강하게 확인된 변화 중 하나는 AI의 중심축이 '언어를 생성하는 모델'에서 '물리 세계를 이해하고 예측하는 모델'로 이동하고 있다는 점이었다. 이 전환의 핵심에 있는 개념이 바로 '월드 모델(World Model)'이다. 월드 모델은 원시 데이터를 있는 그대로 복원하는 비효율적인 방식을 버리고, JEPA(Joint Embedding Predictive Architecture) 구조를 통해 데이터의 본질적인 의미와 맥락만을 잠재 공간에서 추상화해 연산하는 예측 중심의 아키텍처다. 현

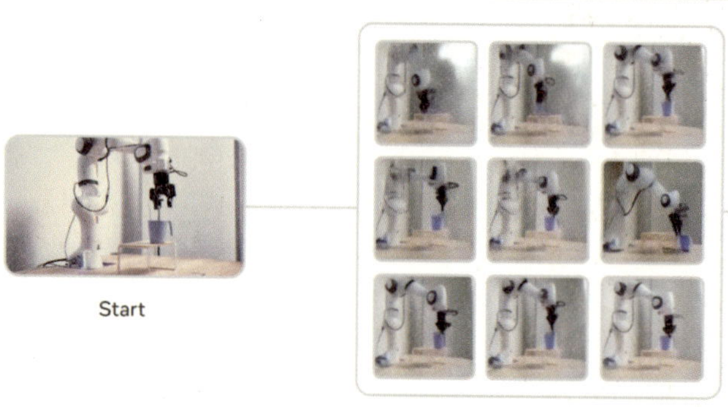

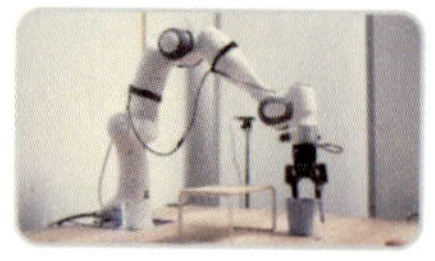

메타의 월드 모델 'V-JEPA2'.
주변 환경의 물리적인 움직임을
이해하는 데 특화한 월드 모델이다.

실 세계를 픽셀 단위로 재현하는 대신, 판단과 행동에 필요한 핵심 정보만 압축해 표현, 활용한다.

기존 생성형 AI가 보여주기 위한 이미지를 만드는 데 집중했다면, 월드 모델은 '결정을 내리기 위한 구조'를 만든다는 점에서 본질적으로 다르다. 불필요한 세부 정보 생성 과정을 생략하고 잠재 공간 내의 벡터 연산만으로 추론을 수행해 연산 속도를 획기적으로 높이며, 억지스러운 픽셀 복원 과정에서 발생하는 환각 오류를 원천적으로 차단한다.

자율주행을 예로 들면 차이는 더욱 분명해진다. 기존 방식은 빗방울 하나하나의 이미지를 재현하며 도로 장면을 고해상도로 복원하려 했다. 반면 JEPA 기반 월드 모델은 '비가 온다'는 장면 자체를 그리지 않고, '노면이 미끄럽다'는 핵심 상태 값만 빠르게 추출한다. 그리고 그 값에 맞춰 즉각적인 제어 명령을 생성한다. 피지컬 AI가 '보는 AI'가 아니라 '움직이는 AI'라는 점을 가장 상징적으로 보여주는 변화다.

월드 모델은 여기서 한 걸음 더 나아간다. 단순히 다음 상태를 맞히는 수동적 예측 모델이 아니라, 에이전트의 행동이 환경을 어떻게 변화시키는지를 계산하는 행동 조건부 시뮬레이터로 기능한다. '내가 이렇게 움직이면 세계가 어떻게 바뀌는가'를 잠재 공간에서 빠르게 굴려보는 구조다. 이는 피지컬 AI가 실제 세계에서 안전하게 작동하기 위한 필수 조건이다. JEPA 구조 기반의 고속 연산을 활용하면 현실에서 위험을 감수하지 않고도 수만 번의 가상 시행착오를 수행할 수 있다. 그 결과를 비교해 가장 안전하고 효율적인 행동 시나리오를 선택한다. 월드 모델은 위험을 줄이는 가상 안전장치이자, 최적의 행동을 찾는 압축형 의사결정 엔진으로 작동한다.

로봇 사례에서도 이 변화는 분명하다. 월드 모델은 잠재 공간에서 그립 각도, 힘의 크기, 접근 속도를 바꿔가며 파손 가능성을 예측한다. 실패가 예상되는 조합을 사전에 제거하고, 가장 안전한 행동만을 현실에 적용한다. 가상에서 학습한 물리적 직관이 현실 행동으로 그대로 이어지는 구조다.

AI는 더 이상 언어를 생성하는 시스템이 아니라, 물리 세계를 이해하고, 예측하고, 행동을 설계하는 시스템으로 이동하고 있다. 월드 모델과 JEPA는 이 전환을 가능하게 하는 핵심 인프라다.

향후 이 기술은 거대 모델을 효율적으로 경량화하는 해법으로 작동하며, 제한된 하드웨어 환경에서도 잠재 공간에 압축된 정보만으로 인간 수준의 판단을 가능하게 할 것이다. 이는 온디바이스 AI, 로봇, 자율주행, 스마트팩토리 전반에서 피지컬 AI의 표준 구조가 될 가능성이 크다.

I·N·S·I·G·H·T

월드 모델 관련 대표적 기업

① 영국의 자율주행 스타트업 '웨이브'

'웨이브(Wayve)'는 자사 AI 모델 'GAIA-1', 'GAIA-2' 등을 통해 도로 상황 전체를 잠재 공간으로 압축하고, 주행 행위에 직접적으로 영향을 미치는 인과적 시나리오만을 계산한다. 0.1초 이내에 주변 차량의 미래 위치, 충돌 가능성, 차선 변경 위험도와 같은 핵심 상태 값만을 예측하고, 이를 바탕으로 가장 안전한 주행 경로를 즉각적으로 계획한다. 이는 '현실을 그대로 그리는 시뮬레이션'이 아니라 '의사결정에 필요한 구조만 남긴 예측 모델'에 가깝다.

웨이브의 접근법은 월드 모델이 단순한 이론이 아니라, 자율주행 AI를 실질적으로 경량화하고 고속화하는 현실적 해법임을 보여준다. 방대한 연산 자원을 투입해 세계를 복제하는 대신, 세계의 작동 원리와 위험 요소만을 압축적으로 이해하고 예측하는 방식이 자율주행의 새로운 표준으로 자리 잡고 있음을 상징적으로 보여주는 사례다.

② 테슬라 'FSD v12'

'테슬라'는 수백만 개에 달하는 실제 주행 영상을 통해 주행 상황의 맥락과 물리적 역학을 스스로 학습하는 구조를 택했다. 신호등의 색을 규칙으로 인식하는 것이 아니라, "이 상황에서는 앞차가 움직일 때까지 기다려야 한다"는 행위의 조건과 결과를 통째로 내재화하는 방식이다. 그 결과 테슬라의 자율주행 AI는 도로 위에서 일어나는 인과관계를 이해하고 스스로 판단하는 행위자에 가까워진다. 이는 실제 차량 흐름과 물리적 상호작용을 경험적으로 체화한 운전자에 가까운 지능이다.

이 접근은 피지컬 AI의 본질을 잘 보여준다. 세상을 언어적 규칙으로 설명하는 대신, 세계가 작동하는 방식을 데이터와 경험을 통해 직접 학습하고, 그 안에서 가장 자연스럽고 안전한 행동을 스스로 선택하는 구조다. 테슬라는 자율주행을 '규칙의 문제'가 아니라 '이해와 예측의 문제'로 전환한 대표적 사례라 할 수 있다.

③ 딥퓨전에이아이 'RAPA-R'

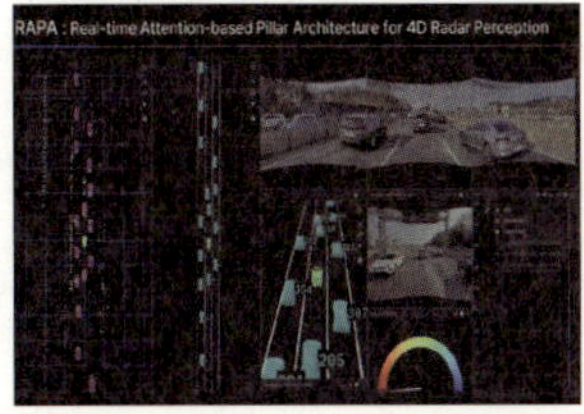

'딥퓨전에이아이(DeepFusion AI)'는 카메라 중심의 시각 인식이 가진 물리적 한계를 넘어서는 '4D 이미징 레이더' 기술로 CES 2026 혁신상을 받으며, 월드 모델 구축에 필수적인 공간 지능 솔루션 'RAPA-R'을 제시했다. 이 기술은 악천후 환경에서도 거리, 높이, 속도에 해당하는 4차원 정보를 정밀하게 감지한다. 전파 신호를 활용하기 때문에 조명 조건이나 시야 확보에 영향을 받지 않으며, 얼굴이나 외형 정보를 기록하지 않아 프라이버시 보호 측면에서도 구조적으로 안전하다. 특히 4D 이미징 레이더는 낙상 사고, 미세한 움직임, 호흡 등 생체 신호까지 감지할 수 있을 정도로 높은 물리적 민감도를 갖는다.

딥퓨전에이아이의 기술은 시각적 장면을 그려내는 것이 아니라, 세계가 어떻게 움직이고 변화하는지를 수치로 이해할 수 있는 기반 데이터를 제공해, AI가 물리 세계를 예측할 수 있는 시스템으로 인식하게 한다. 이는 피지컬 AI가 언어와 이미지 중심의 인공지능을 넘어, 물리 법칙에 기반한 공간 지능과 인과 추론의 단계로 진입하고 있음을 보여주는 상징적 사례다.

Robotics

진격의 로보틱스

이제 로봇은 단순 기술 시연 단계를 넘어
얼마나 잘, 안정적으로 실전에서 사용할 수 있는지가 관건이다.

PART 01

지금 주목할 로보틱스 3대 이슈

휴머노이드, 자율 이동 로봇, 웨어러블 로봇의 진화

1

CES 2026에서 로봇은 더 이상 미래를 상징하는 전시물이 아니라, 실제 산업과 일상에 투입되는 운영 기술로 자리 잡았다. 특히 휴머노이드 로봇은 불과 1년 만에 '미래 기술'에서 생산성과 안전을 재편하는 핵심 인프라로 급격히 위상이 바뀌었다. 로봇을 평가하는 기준도 달라졌다. 이제는 무엇을 할 수 있느냐보다, 실제 환경에서 얼마나 안정적으로 반복할 수 있느냐가 핵심이다. 경쟁력의 기준도 단일 작업 효율에서 운영 유연성과 확장성으로 이동하고 있다. 변화를 상징적으로 보여준 사례가 보스턴다이내믹스의 아틀라스다. 아틀라스는 연구용 시연 로봇을 넘어 2026년 현대차 조지아 공장에 실제 투입될 예정인 산업 인력으로 설계됐다. 전기 구동 방식, 높은 자유도와 적재 능력, 로보틱스 AI와의 결합을 통해 환경 인식부터 판단, 동작까지 이어지는 피지컬 AI 플랫폼으로 발전 중이다. 더 이상 화려한 동작을 보여주는 로봇이 아니라, 공장 내 반복 작업을 실제로 수행하기 위한 목적이 분명한 휴머노이드라는 점이 핵심이다. 결국 CES 2026이 보여준 휴머노이드 경쟁의 본질은 '화려함'이 아니라 '손과 제어', 즉 물체를 안정적으로 다루고 작업을 반복 수행할 수 있는 능력이다. 휴머노이드는 이제 가능성을 증명하는 존재가 아니라, 어디에서 어떻게 쓰일 것인가가 명확해진 실전형 기술로 이동하고 있다.

자율 이동 로봇의 진화

CES 2026에서 로봇을 바라보는 기준은 크게 달라졌다. 이제 중요한 것은 로봇이 얼마나 정교하게 만들어졌는가가 아니라, AI가 센서와 제어 시스템과 결합해 실제 환경에서 얼마나 안정적으로 작동하고 성능을 반복적으로 유지할 수 있는가다. 공장, 물류센터, 가정 등 다양한 현장에서 자율 이동, 물체 인식, 위치 정렬, 조작, 그리고 오류 발생 시의 복구까지 포함한 전체 작업 흐름을 얼마나 끊김이 없이 수행하느냐가 로봇의 핵심 경쟁력이 됐다. 로봇의 가치는 현장에서 얼마나 자주 멈추지 않고 돌아가는지, 얼마나 신뢰할 수 있는지에 의해 평가되고 있다. 가동률과 안정성이 새로운 성능 지표가 된 것이다. 로봇의 역할 자체도 근본적으로 바뀌고 있다. 과거의 로봇은 고정된 위치에서 동일한 동작을 반복하는 자동화 장비였다. 그러나 CES 2026에서 등장한 로봇들은 이동, 정렬, 작업 수행을 하나의 시스템으로 통합한 현장형 플랫폼에 가깝다. 공장 내부뿐 아니라 물류센터, 외부 작업 환경, 심지어 가정까지 고려한 자율 이동 로봇이 늘어난 이유도 여기에 있다. 경쟁의 기준 역시 달라지고 있다. 중요한 것은 한 가지 작업을 얼마나 빠르게 하느냐가 아니라, 설치가 얼마나 쉬운지, 환경이 바뀌었을 때 얼마나 유연하게 적응하는지, 그리고 여러 장소로 얼마나 빠르게 확장할 수 있는지이다. 자율 이동 로봇의 진화는 로봇 산업이 '성능 중심' 단계에서 '운영 중심' 단계로 넘어가고 있음을 보여주는 대표적인 신호라 할 수 있다.

피지컬 AI로 진화하는 웨어러블 로봇

CES 2026에서 등장한 착용형 로봇들은 AI를 통해 사용자의 움직임과 습관을 학습하고 그에 맞춰 더 정교하게 반응하는 '피지컬 AI'로 진화하고 있다. 건강 관리와 운동 보조, 재활과 일상 보행까지 아우르며, AI 기반 분석을 통해 운동 효율, 보행 안정성, 활동 지속 시간을 동시에 향상하는 방향으로 발전하고 있다. 특히 주목할 점은 개인화다. 웨어러블 로봇은 사용자의 걸음걸이, 관절 사용 패턴, 피로도, 활동 시간 등을 지속해서 기록하고 학습해 사용자에게 맞는 보조 방식을 스스로 조정한다. 이는 동일한 힘을 기계적으로 반복 제공하던 과거의 보조 장비와 달리 사용자와 함께 '적응'해 가는 지능형 시스템이라는 점에서 큰 차이가 있다. 결과적으로 착용자는 로봇에 맞추는 것이 아니라, 로봇이 사람에게 맞춰지는 구조가 형성된다. 이러한 웨어러블 로봇은 산업 현장을 넘어 일상생활로 빠르게 확산하고 있다. 걷기, 스포츠 활동, 야외 활동, 여행 등 다양한 상황에서 착용형 로봇이 보조 역할을 수행하며 무게 감소와 구조 단순화로 고령층이나 여성도 부담 없이 착용할 수 있는 수준까지 경량화 중이다. 피지컬 AI의 핵심은 방대한 실제 인간 동작 데이터를 기반으로 학습된 증강 AI에 있다. 수십억 건에 달하는 보행, 작업, 이동 데이터가 익명화돼 학습에 사용되면서 로봇은 사람의 움직임을 예측하고 미리 보조할 수 있는 수준까지 발전하고 있다. 이에 따라 웨어러블 로봇은 단순한 보조 장치를 넘어, 사용자와 함께 학습하며 점점 더 자연스럽고 효율적인 움직임을 만들어 내는 '지능형 신체 증강 파트너'로 진화하고 있다.

2

1.
현대차그룹 산하 보스턴다이내믹스의 로봇 '아틀라스'.

2.
아틀라스는 어깨, 팔꿈치 관절 등을 180도 이상 돌릴 수 있고, 인간에 가까운 자연스러운 보행 능력을 지녔다. 아틀라스가 실제로 자동차 부품을 옮기는 중이다.

32.5%

미국 시장조사기관 SNS 인사이더에 따르면 지난 2025년 피지컬 AI 시장은 52억3000만 달러에서 연평균 32.5%씩 성장해 2033년 497억3000만 달러에 달할 것으로 예상된다.

PART 02

가파르게 성장할 로보틱스 시장

세계 로봇 시장은 연평균 20%씩 성장한다. 다크호스는 중동지역이다.

세계 로봇 시장은 2025년 약 736억 달러 규모에 도달했으며, 2030년에는 약 1850억 달러 수준으로 확대될 것으로 전망된다. 이는 연평균 약 20%에 이르는 매우 높은 성장률로, 로봇 산업이 단순한 신흥 산업을 넘어 핵심 인프라 산업으로 전환되고 있음을 보여준다. 로봇 유형별로는 산업용 로봇이 여전히 시장의 중심이다. 2024년 기준 전체 매출의 70% 이상을 차지하며 제조업 자동화의 핵심 장비로 자리 잡고 있다. 다만 협동 로봇은 더 가파른 성장세를 보이며, 2030년까지 연평균 26% 이상의 성장률이 예상된다. 이는 사람과 함께 일하는 로봇에 대한 수요가 빠르게 늘고 있음을 의미한다. 구성 요소별로 보면 하드웨어가 여전히 가장 큰 비중을 차지하나 소프트웨어는 2030년까지 연평균 23% 이상 성장할 것으로 예상되며, 로봇 산업의 가치 중심이 점차 '기계'에서 '지능'으로 이동하고 있음을 보여준다.

이러한 고성장의 배경에는 세 가지 구조적 요인이 있다. 첫째, 선진국을 중심으로 한 만성적인 노동력 부족이다. 둘째, 센서·모터·배터리 등 자동화 하드웨어의 지속적인 가격 하락이다. 셋째, 로봇을 국가 경쟁력을 위한 전략 인프라로 인식하는 정부 주도의 리쇼어링 정책이다.

공급 측면에서도 변화가 빠르게 진행되고 있다. 부품 가격 하락과 로우코드·노코드 기반 로봇 프로그래밍 플랫폼의 확산으로, 로봇 개발과 운용의 진입 장벽이 크게 낮아지고 있다. 이와 함께 AI 기반 제어 기술을 보유한 기업들은 단순 장비 판매를 넘어, 소프트웨어·데이터·서비스를 결합한 지속적 수익 구조를 만들어 가며 산업의 중심으로 부상하고 있다.

결국 세계 로봇 시장은 '기계를 파는 산업'에서 '지능과 운영을 제공하는 산업'으로 빠르게 전환되고 있으며, 2030년을 향해 구조적으로 강한 성장 궤도에 올라섰다고 볼 수 있다.

2030년 세계 로봇 시장 규모 추정치. 2025년 약 736억 달러에서 2030년까지 연평균 20%씩 성장한다.

고급·특수 AI 모델, 산업용 로봇 진화를 가속하다

고급화되고 특수화된 AI 모델은 앞으로 산업용 로봇과 휴머노이드 로봇 발전의 핵심 촉매제로 작용할 전망이다. 휴머노이드 로봇 산업은 장기적으로 2050년까지 약 5조 달러 규모에 이를 것으로 예상되며, 로봇이 단순 자동화 장비를 넘어 핵심 산업 인프라로 자리 잡을 가능성을 보여준다.

중기적으로도 중요한 변곡점이 예상된다. 2030년에는 연간 신규 로봇 출하량이 현재의 약 두 배 수준인 100만 대에 도달할 수 있으며, 관련 매출 역시 2024년 대비 거의 두 배인 약 210억 달러에 이를 것으로 전망된다. 이는 로봇 산업이 점진적 성장이 아니라, 구조적 전환기에 진입하고 있음을 의미한다.

이 변화의 중심에는 '특수 목적 AI 모델'

이 있다. 기존 로봇은 사전에 정의된 명령을 수행하는 수준에 머물렀다면, 차세대 로봇은 자연어를 이해하고, 물리적 환경을 인지하며, 인간처럼 일반화된 방식으로 새로운 작업을 학습하는 방향으로 진화하고 있다. 이러한 특수 목적 모델은 로봇이 단순한 제어 대상이 아니라, 상황을 해석하고 스스로 판단하는 '지능형 작업자'로 전환되는 길을 열어준다.

2026년부터 2030년 사이, 산업용 로봇 도입이 급증할 수 있는 두 가지 구조적 요인이 주목된다. 첫째는 선진국의 고령화와 만성적인 노동력 부족이다. 제조업을 다시 국내로 끌어들이고 공급망을 안정화하려는 움직임이 강해질수록, 사람을 대신해 더 복잡한 작업을 수행할 수 있는 로봇에 대한 수요는 급격히 늘어날 수밖에 없다. 둘째는 컴퓨팅 성능의 비약적인 향상과 함께, 범용 대규모 언어 모델과는 다른 '로봇 특화 AI 모델'의 등장이다. 이러한 모델은 물리적 세계를 이해하고, 센서·카메라·액추에이터와 긴밀하게 연결되며, 실제 환경에서 학습과 적응을 반복할 수 있도록 설계된다. 이에 따라 AI 로봇과 AI 기반 시스템 개발 속도는 과거와 비교할 수 없을 만큼 빨라지고 있다.

결국 산업용 로봇과 휴머노이드 로봇의 미래는 하드웨어 성능 경쟁이 아니라, 얼마나 정교한 특수 목적 AI를 탑재하고, 그것이 실제 환경에서 얼마나 빠르게 학습하고 일반화할 수 있는가에 달려 있다.

S W O T 관점에서 본 시사점

Strengths (강점)
로봇이 바꾸는 긍정적 변화

이제 로봇은 바닥 표식이나 고정 인프라에 의존하지 않고도 불규칙한 환경에 적응한다. 이는 재난 현장, 건설 현장, 물류 창고, 야외 공간 등 다양한 장소에서 활용 가능성을 크게 넓힌다. 로봇은 폭발물 처리, 화학물질 점검, 방사능 환경 작업처럼 인간에게 위험한 일을 대신 수행할 수 있다. 웨어러블 로봇과 협동 로봇은 작업자의 신체 부담을 줄이고, 근골격계 질환을 예방하며, 더 안전한 작업 환경을 만든다.

Weaknesses (약점)
아직 남아 있는 한계

자율 로봇과 고성능 센서, 통합 시스템의 초기 도입 비용은 여전히 높다. 유지보수, 소프트웨어 업데이트, 전문 인력 확보 비용까지 더해지면 총 소유비용(TCO)은 상당히 커진다. 또한 예외 상황이나 예측하기 어려운 환경 변화에서는 로봇의 판단이 흔들릴 수 있다. 인지 오류, 소프트웨어 버그, 하드웨어 고장은 복구에 시간과 비용이 많이 들며, 완전한 무중단 운영을 어렵게 만든다. 더불어 많은 국가에서 로봇의 행동에 대한 법적 책임 체계가 아직 명확히 정립되지 않아, 사고 발생 시 책임 소재가 불분명해질 수 있다.

Opportunities (기회)
삶을 바꿀 새로운 활용 분야

고령화 사회로 접어들면서 노인 돌봄과 재활, 수술 보조, 의료 진단을 돕는 의료 로봇의 수요는 크게 늘어날 것이다. 농업 분야에서는 농업 로봇이 인력 부족 문제를 완화하고 생산성을 높일 수 있다. 스마트 공장과 스마트 창고, 스마트 도시에 연결된 로봇은 실시간 데이터 기반 자동화를 가능하게 한다. 이를 통해 예측 유지보수, 에너지 절감, 운영 효율 향상이 가능해진다.

Threats (위협)
반드시 관리해야 할 위험

인터넷에 연결된 로봇은 해킹, 조작, 데이터 유출에 노출될 수 있다. 특히 전력, 교통, 의료, 군사와 같은 핵심 인프라에 사용하는 로봇은 사이버 공격이나 지정학적 갈등의 표적이 될 위험이 크다. 또한 일자리 감소와 안전사고에 대한 사회적 우려는 로봇 도입을 늦출 수 있다. 자율적 의사결정에 대한 오해와 불신은 대중의 반발로 이어질 가능성도 있다. 공공장소나 국방 분야에서의 자율 로봇 운용에 대한 규제가 강화될 경우, 기술 발전 속도보다 제도 변화가 더디게 따라오면서 확산이 제한될 수도 있다.

PART 03

AI 중심 산업 혁신 핵심 아젠다

진화하는 휴머노이드, 생활 인프라가 되는 자율 이동 로봇, 고도화되는 피지컬 AI

휴머노이드의 부상

휴머노이드 로봇의 진화는 하드웨어 경쟁을 넘어, AI 모델의 구조 변화에 의해 가속되고 있다. 그 중심에는 비전-언어-행동(Vision-Language-Action, VLA) 모델이 있다. VLA는 로봇이 단순히 미리 정해진 명령을 수행하는 수준을 넘어, 주변 환경을 보고 이해하며, 언어 지시를 해석하고, 상황에 맞는 행동을 스스로 선택하도록 만드는 핵심 기술이다.

AI 스타트업과 글로벌 테크 기업들은 VLA 모델을 통해 로봇이 맥락을 이해하고 자율적으로 의사결정을 내리는 단계로 나아가고 있다. 이 모델은 시각 정보를 통해 환경과 물리 법칙을 인식하고, 자연어를 통해 인간의 의도를 이해하며, 이를 실제 동작으로 연결한다. 그 결과 로봇은 단순 반복 작업이 아니라, 계획을 세우고, 공간을 추론하며, 복잡한 환경에서도 유연하게 행동할 수 있는 능력을 갖추게 된다. 이는 험한 지형을 이동하거나, 예측하기 어려운 작업 환경에서도 자율적으로 임무를 수행할 수 있는 기반이 된다.

휴머노이드의 또 다른 핵심 경쟁력은 '손'이다. 인간과 유사한 정교한 작업을 수행하기 위해, 로봇 손 기술도 빠르게 발전하고 있다.

예를 들어 샤르파 로보틱스는 '샤르파웨이브(SharpaWave)'라는 사람 손과 거의 동일한 크기에 22개의 능동 자유도를 갖춘 로봇 손을 개발했다. 초고감도 촉각 센서를 탑재해 미세한 힘의 변화와 표면 질감을 감지할 수 있고, 내구성을 고려한 설계로 장시간 산업 환경에서도 안정적으로 작동할 수 있다. 이는 휴머노이드가 섬세한 조립, 정밀 검사, 다양한 도구 사용까지 수행할 수 있는 가능성을 크게 넓힌다.

이러한 진화는 단일 기술의 발전이 아니라, 정밀 측정 기술, 다중 모드 센서 융합, 3D 공간 지능, 고성능 액추에이터, 그리고 AI 기반 모션 제어가 통합된 결과다. 이 기술들이 결합하면서 휴머노이드는 더 이상 실험실의 연구 대상이 아니라 실제 산업 현장에서 활용할 수 있는 솔루션으로 전환되고 있다.

1

이를 상징적으로 보여주는 사례가 CES 혁신상을 받은 AEON이다. AEON은 부품 조작과 검사, 현실 공간 캡처, 작업자 지원 등 다양한 임무를 수행하도록 설계되었다. 멀티모달 센서 시스템과 임무 제어 시스템에 AI를 결합해, 무엇이 중요한지, 어떤 순서로 작업해야 하는지를 실시간으로 판단한다.

이는 휴머노이드가 단순한 자동화 장비가 아니라, 상황을 이해하고 임무를 스스로 완수하는 '지능형 작업자'로 진화하고 있음을 보여준다.

결국 휴머노이드의 부상은 "로봇이 무엇을 할 수 있는가"의 문제가 아니라, "로봇이 스스로 무엇을 판단하고 선택할 수 있는가"의 문제로 이동하고 있다. VLA 모델과 정교한 손, 그리고 통합 지능 기술의 발전은 휴머노이드를 산업 혁신의 핵심 축으로 끌어올리고 있다.

$5조

휴머노이드 로봇 산업은 2050년까지 약 5조 달러 규모에 이를 것으로 예상된다.

자율 이동 로봇의 진화

자율 이동 로봇은 AI와 첨단 센서 기술의 결합을 통해, 산업 현장을 넘어 일상생활과 혹독한 환경까지 빠르게 영역을 넓히고 있다. 과거의 이동 로봇이 단순한 경로 추종이나 고정된 환경에서만 작동했다면, 이제는 주변 환경을 실시간으로 인식하고 스스로 판단해 이동하는 지능형 시스템으로 발전했다.

AI 기반 로봇은 딥러닝 기술을 활용해 다양한 형태와 크기의 물체를 인식하고 처리할 수 있다. 자율 이동 로봇은 카메라와 3D 비전, 라이다 등에서 생성된 고급 센서 데이터를 AI 알고리즘으로 분석해, 창고나 공장 환경을 실시간으로 파악하고 탐색한다. 이에 따라 바닥 표식이나 고정된 기반 시설에 의존하지 않고도, 스스로 위치를 파악하고 정확하게 이동할 수 있게 되었다.

군사·보안·재난 분야에서도 자율 이동 로봇의 활용이 확대되고 있다. 로봇견은 첨단 센서와 AI 분석을 통해 폭발물을 탐지·제거하고, 위협 물체를 분류하며, 감시와 정찰 임무를 수행한다. 동시에 물자 운반, 부상자 후송 등 인간이 접근하기 위험한 임무를 대신 수행함으로써 인명 피해를 최소화한다.

이제 자율 이동 로봇은 위험한 산업 현장뿐 아니라, 일상적인 주거 공간으로도 진입하고 있다. 예를 들어 AA-2와 같은 자율 배송 로봇은 고급 아파트와 복합단지를 대상으로, 야간 배송 증가로 인한 작업자 피로와 안전 문제, 엘리베이터 혼잡 문제를 해결한다. 엘리베이터 시스템과 연동해 스스로 호출하고 탑승하며, 입주민에게는 비대면으로 편리한 배송 경험을 제공한다. 이는 자율 이동 로봇이 '특수 환경용 장비'에서 '생활 인프라'로 전환되고 있음을 보여준다.

한편, 인간이 접근하기 어려운 극한 환경에서도 모바일 로봇의 개발은 계속되고 있다. Lynx M20 Pro와 같은 중형 바퀴형 사족 로봇은 복잡한 지형과 위험한

1. 혹독한 환경을 달리는 다재다능한 딥 로보틱스의 로봇 'Lynx M20 Pro'.

2. 성장하는 아이를 위한 AI 보행 파트너, 위로보틱스의 'WIM KIDS'.

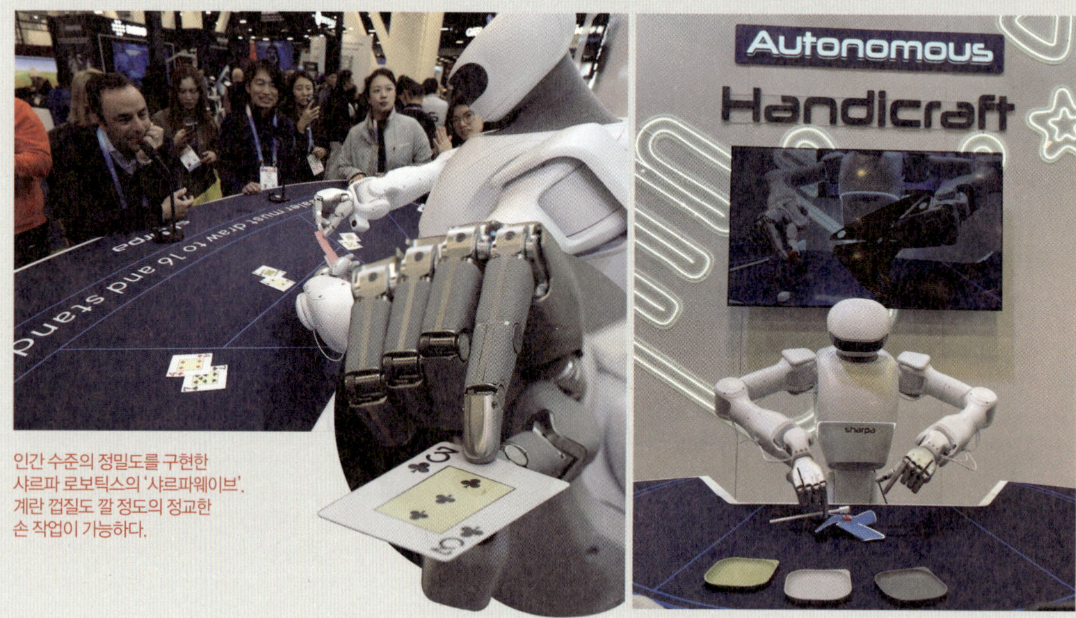

인간 수준의 정밀도를 구현한 사르파 로보틱스의 '샤르파웨이브'. 계란 껍질도 깔 정도의 정교한 손 작업이 가능하다.

환경을 전제로 설계되었다. 자체 개발한 관절 구조와 높은 방호 성능을 갖추고 있으며, 가볍지만 견고한 설계와 장시간 작동 능력을 바탕으로 고원 지대에서 산소통과 보급품을 운반하며 신뢰성을 입증했다. 이러한 로봇은 전력망 점검, 긴급 구조, 물류, 과학 탐사 등 다양한 분야에서 활용 가능성이 크다.

자율 이동 로봇의 진화는 "어디까지 갈 수 있는가"의 문제가 아니라, "어디에서 안정적으로 일할 수 있는가"의 문제로 바뀌고 있다. AI와 센서, 제어 기술의 결합은 이동 로봇을 단순 운반 수단이 아니라, 위험을 대신 감수하고 일상을 편리하게 만드는 지능형 파트너로 바꾸고 있다.

피지컬 AI로 진화하는 웨어러블 로봇

웨어러블 로봇은 이제 단순히 힘을 보조하는 기계 장치를 넘어, 피지컬 AI를 통해 지능화된 '착용형 파트너'로 진화하고 있다. 특히 수십억 건에 달하는 실제 인간 동작 데이터를 학습한 증강 AI를 기반으로, 사용자마다 다른 신체 특성과 습관에 맞춰 적응하는 개인 맞춤형 지원이 가능해졌다. 이는 웨어러블 로봇이 동일한 힘을 반복 제공하던 단계에서, 사람과 함께 배우고 조정하는 단계로 넘어갔음을 의미한다.

이러한 로봇은 단순한 기계적 보조를 넘어서, 사용자의 움직임을 이해하고 예측하며 점점 더 자연스럽고 효율적인 동작을 만들어 내는 '지능형 신체 증강 파트너'로 발전하고 있다. 착용자는 로봇에 맞춰 움직이는 것이 아니라, 로봇이 착용자의 움직임에 맞춰 반응하고 보조하는 구조가 형성되고 있다.

적용 범위도 빠르게 확대되고 있다. 웨어러블 로봇은 고령층이나 산업 현장 근로자만을 위한 장비가 아니라, 이제 성장기 어린이의 일상생활까지 들어오고 있다. 보행에 어려움을 겪는 어린이를 위한 착용형 로봇이 등장하면서, 단기 치료가 아니라 성장 과정 전반을 함께하는 장기 보조 솔루션으로 활용되고 있다.

대표적인 사례가 WIM KIDS다. 이 로봇은 4세부터 15세까지의 어린이를 대상으로 설계된 보행 보조 웨어러블 로봇으로, 성장 단계에 맞춰 교체할 수 있는 '성장 적응형 프레임'을 적용했다. 모듈형 다리 구조를 통해 세 단계로 조정이 가능하며, 무게는 1kg 미만으로 성인용 모델보다 훨씬 가볍다. AI 기반 개인화 알고리즘을 사용해 움직임을 제한하지 않으면서도 자연스러운 보행을 돕고, 안정성과 편안함을 동시에 높인다.

한편 산업용 웨어러블 로봇도 피지컬 AI로 빠르게 고도화되고 있다. 독일 바이오닉의 Exia는 디지털 지능과 실제 신체 노동을 연결하는 시스템으로, 단순한 작업 분석을 넘어 실제 환경에서 실시간으로 인간의 움직임을 보조한다. 이 시스템은 물류, 제조, 소매, 공항, 의료 현장 등에서 수집된 수십억 건의 익명화된 실제 동작 데이터를 학습해, 사용자 동작을 예측하고 필요한 순간에 힘과 지지를 제공한다.

웨어러블 로봇의 진화는 "기계를 입는다"는 개념을 넘어, "AI와 함께 움직인다"는 단계로 나아가고 있다. 피지컬 AI 기반 웨어러블 로봇은 인간의 능력을 대체하는 것이 아니라, 보호하고 확장하며, 더 오래, 더 안전하게, 더 자유롭게 움직일 수 있도록 돕는 새로운 기술 파트너로 자리 잡고 있다.

I·N·S·I·G·H·T 더밀크의 시각

산업용 로봇 확산을 위한 5가지 액션 플랜

산업용 로봇이 본격적으로 확산하기 위해서는 기술 완성도만으로는 부족하다. 상용화 가능성, 데이터 통합, 개인정보 보호와 사이버 보안, 작업자 안전, 그리고 인력 준비 태세까지 함께 해결해야 한다. 이를 위한 핵심 실행 전략은 다음 다섯 가지로 정리할 수 있다.

① 개방형 혁신으로 상업적 타당성 입증

다양한 기업과 솔루션이 연결될 수 있는 개방형 풀 스택 로봇 생태계를 구축해야 한다. 로봇의 대규모 배치와 유연한 조정을 가능하게 하는 구조를 통해, 실제 산업 현장에서 투자 대비 효과(ROI)를 분명히 보여주는 것이 중요하다. 협력 기반 생태계를 조성해 기술, 데이터, 운영 경험을 공유해야 한다.

② 데이터 품질 개선과 통합 문제 해결

산업 현장에는 서로 다른 제조사와 형태의 로봇이 공존한다. 이들을 하나의 시스템으로 묶기 위해서는 데이터 표준화가 필수적이다. 공통 플랫폼과 미들웨어를 중심으로 센서 데이터, 작업 로그, 유지보수 정보 등을 통합하고, 기업 간 협업을 통해 데이터 형식과 인터페이스에 대한 합의를 만들어야 한다.

③ 사이버 취약점에 대한 선제 대응

로봇이 네트워크와 클라우드, AI 시스템과 연결될수록 사이버 보안은 핵심 이슈가 된다. 기업은 상호 운용이 가능한 보안 프로토콜을 도입하고, 설계 단계부터 개인정보 보호와 보안을 고려하는 '보안 중심 설계(Security by Design)' 방식을 채택해야 한다. 상황 변화에 따라 유연하게 적용할 수 있는 보안 프레임워크 구축도 필수.

④ 안전을 부가 요소가 아닌 핵심 요소로 설정

초기 기획, 프로그래밍, 테스트, 프로토타입 제작 단계부터 안전을 최우선으로 고려해야 한다. 시뮬레이션 기반 훈련, 컴퓨터 지원 안전 설계 도구, 사전 예방적 충돌 회피 알고리즘 등은 로봇의 위험을 줄이고, 사람과 로봇이 함께 일할 수 있는 환경을 만드는 데 중요한 역할을 한다.

⑤ 인력의 선제적 재교육과 역량 강화

기술보다 더 중요한 것은 이를 다룰 수 있는 사람이다. 모든 기업은 인력의 재교육과 역량 강화를 장기 전략으로 삼고, 직원들의 AI 이해도, 데이터 활용 능력, 로봇 운영 역량을 정기적으로 점검하고 체계적으로 향상해야 한다. 이는 로봇 도입의 성공 여부를 좌우하는 결정적 요소가 된다.

Digital Healthcare

디지털 헬스케어의 파괴적 혁신, 휴머니티 프리미엄이 필요한 시대

건강 관리 주도권이 병원에서 개인으로 옮겨가고 있다. 디지털 헬스케어 기술 발전에 따라 집에서 질병을 선제적으로 예측하고 환자의 의료 데이터 주권이 강화될 전망이다. 궁극적으로 이 혁신은 의료진이 환자에게 더 집중할 수 있는 '휴머니티 프리미엄'의료 환경을 실현하는 데 기여한다.

PART 01

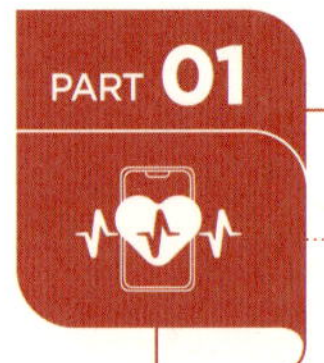

2026년 디지털 헬스케어 분야 세 가지 전환점

기술 실험 시대의 종료, 혁신을 이끄는 규제 그리고 건강 데이터의 주권 이동

디지털 헬스케어는 이미 현실로 다가와 있다. 손목 위 반지가 심장마비를 예측하고, 화장실 변기가 신장 질환을 조기 발견하며 AI가 의사 대신 검사를 예약하는 시대다. 디지털 헬스케어 글로벌 시장은 2030년까지 9460억 달러(약 1394조 원) 규모로 성장할 것으로 전망된다. 과거 의사와 병원이 독점했던 진단과 치료의 권한이 이제 당신의 집, 손목, 화장실로 옮겨가고 있다.

무엇이 변하고 있는가 2026년 세 가지 전환점

첫 번째 전환점은 기술 실험 시대가 끝나간다는 것이다. 2020년대 초반에는 병원과 헬스케어 기업이 AI와 웨어러블을 '실험'했다. 작은 팀이 시범 프로젝트를 돌리고, 보고서를 작성하고, 다음 해 예산을 신청했다. 그러나 현실은 대부분 실험실을 벗어나지 못했다. 2026년 드디어 이 '파일럿 트랩'이 깨지고 있다. 딜로이트가 미국 헬스케어 리더 120명을 대상으로 한 조사에서 80% 이상이 "생성형 AI와 에이전틱 AI가 우리 비즈니스의 모든 영역에서 실질적 가치를 창출할 것"이라고 답했다. 이들이 공통적으로 말하고 있는 것은 "실험은 끝났다"라는 한 마디로 압축된다. 이제는 '얼마나 빨리, 얼마나 깊게 통합하느냐'가 승부처다.

두 번째 전환점은 규제가 혁신을 가속화한다는 점이다. 2026년부터 미국에서 시행되는 CMS-0057-F 규정은 단순한 법률이 아니다. 이는 의료 시스템 전체를 디지털 시대로 강제 이주시키는 '대이동 명령'이다. 이 규정의 핵심은 간단하다. 모든 보험사와 의료 기관은 환자 데이터를 표준화된 API(FHIR 방식)로 실시간 공유해야 한다. 과거에는 환자가 검사를 받고, 의사가 보험 승인을 요청하고, 보험사가 서류를 검토하는 데 2~4주가 걸렸다. 이제 이 과정은 API를 통해 수 분 내로 완료한다. 만약 당신이 의료 서비스를 이용하는 환자라면 2027년 이후 치료 대기 시간이 획기적으로 줄어들 것이라는 의미가 된다.

1

인식이 바뀌고 있는 것이다. 이제 벤처 캐피털은 더 이상 '잠재력'에 투자하지 않는다. 2분기 내 정량적 성과를 입증하지 못하는 스타트업은 시리즈 B 펀딩을 받기 어렵다. 이는 냉혹하지만, 시장을 더 건강하게 만든다. 기술 데모가 아닌 실제 문제 해결에 집중하게 만들기 때문이다.

세 번째 전환점은 건강 데이터의 주권 이동이다. 우리가 알고 있는 20세기 전통적인 의료 방식은 명확했다. 환자는 병원에 가서, 의사를 만나고, 검사를 받고, 결과를 듣는다. 데이터는 병원 것이고 그 해석은 담당 의사의 몫이었다. 2026년은 디지털 헬스케어 혁신으로 이 구조가 무너지는 시작점이다. 당신의 스마트 링은 24시간 심박수와 수면 패턴을 기록하고 변기에 부착된 센서는 매일 아침 소변을 분석해 당신의 건강 정보를 모을 것이다. AI는 이 모든 데이터를 종합해 질병 징후를 당신보다 먼저 발견한다. 데이터는 이제 개인이 관리하고 해석은 AI가 해준다. 물론 건강 관리의 주도권이 의사에서 당신에게로 이동한다는 것은, 당신이 더 많은 책임도 함께 진다는 뜻도 된다. AI를 활용해 데이터를 읽고, 이해하고, 행동하는 능력이 현대인의 기본 리터러시가 된다는 의미다.

디지털 헬스케어 시장의 흐름이 바뀌고 있다

2026년, 투자자들 태도는 180도 바뀌고 있다. 이제 시장은 두 가지 중 하나를 요구한다. 즉각적인 비용 절감과 측정 가능한 임상 효과다. ROI(투자 대비 수익)에 대한 시장

1.
갤럭시 링은 24시간 내내 사용자의 패턴을 학습해 미세한 신체 변화도 감지해 AI에게 전달하는 정밀 센서 역할을 수행한다.

2.
노태문 삼성전자 대표이사(사장)이 CES 2026 '더 퍼스트룩' 프레스 콘퍼런스에서 연설하고 있다. 삼성전자는 웨어러블 기기를 통해 사용자 이상 징후가 감지되면 '젤스(Xealth)' 플랫폼과 연동해 사용자가 의사로부터 전문적인 상담을 받을 수 있도록 할 계획이다.

기기를 넘어 생태계로 디지털 헬스케어의 수익 공식이 바뀐다

2025년, 삼성은 미국 디지털 헬스 플랫폼 Xealth를 인수했다. 이는 단순한 M&A가 아니다. 삼성의 전략은 명확하다. 갤럭시 워치와 갤럭시 링에서 수집된 건강 데이터를 미국 내 500개 이상 병원 네트워크와 직접 연결하는 것이다. 이는 기업이 바라보는 인식의 전환을 보여준다. 과거에 회사는 '기기를 팔아서' 수익을 냈다. 이제는 '데이터를 연결해서' 수익을 낸다. 갤럭시 링 판매 수익보다 병원들이 삼성 플랫폼을 통해 환자 데이터를 관리하며 지불하는 월 구독료가 더 큰 가치를 창출할 수 있다는 의미다. 프랑스 기업 위딩스는 체중계로 시작해 이제 당신의 화장실과 침실을 진료실로 바꾸고 있다. BeamO(4-in-1 건강 측정기)와 U-Scan(변기 부착 소변 분석기)은 CES 2026에서 가장 주목받는 제품이다.

이들의 공통점은 기업이 시장을 바라보는 인식이 대전환기에 들어섰음을 시사한다. 기업들은 이제 단순히 '단독 기기'가 아닌 '생태계 플랫폼'을 구축하기를 원한다. 이는 시장에서 경쟁력을 얻기 위해서는 단일 제품이 아닌 기존 시스템과 통합이 가능한 솔루션 자체를 설계해야 한다는 의미다.

글로벌 헬스케어 기업 애보트는 혈당을 넘어 케톤, 젖산까지 측정하는 멀티 센서를 개발 중이다.

PART 02

병원에서 거실로 이동한 의료 중심

2026년 우리의 삶을 바꿀 디지털 헬스케어의 3대 트렌드가 부상하고 있다.

TREND 1 에이전틱 AI, 당신보다 먼저 움직이는 인공지능

만일 당신이 챗GPT에게 "두통약 추천해 줘"라고 물으면, AI는 답변을 준다. 하지만 약국에 가서 사는 건 당신 몫이다. 이것이 바로 생성형 AI(Generative AI)다. 이제 에이전틱 AI(Agentic AI)를 상상해 보자. 당신이 "요즘 두통이 심해"라고 말하면, AI는 먼저 당신의 과거 의료 기록을 검토하고 평소 다니는 가까운 병원에 예약을 잡는다. 또한 필요하다면 보험 사전 승인을 신청하고 당신의 달력에 알림까지 추가한다. 당신의 구체적인 명령 없이도 스스로 판단하고 실행하는 개인 비서인 셈이다. 이것이 에이전틱 AI다.

미국 의사들 사이에는 '파자마 타임'이라는 용어가 있다. 병원에서 환자를 보고 집에 돌아온 후, 파자마를 입고도 컴퓨터 앞에 앉아 1~2시간 동안 진료 기록을 정리하는 시간을 말한다.

엠비언트 클리니컬 인텔리전스(Ambient Clinical Intelligence, ACI) 기술은 이 파자마 타임을 없앤다. 진료실에 설치된 AI가 의사와 환자의 대화를 실시간으로 듣고, 자동으로 진료 기록을 작성한다. 의사는 환자와 눈을 맞추며 대화하고, AI는 배경에서 조용히 모든 것을 기록한다. 이 단순한 절차가 미치는 영향은 방대하다. 의사 1인당 연간 약 500시간이 절약될 수 있다. 만일 시간당 생산성을 200달러로 환산하면, 의사 한 명당 연간 10만 달러의 가치를 창출하는 셈이다. 300명의 의사가 있는 병원 그룹은 연간 3000만 달러(약 432억원)을 절감한다.

하지만 모든 것이 장밋빛은 아니다. 현재 많은 의료진이 병원의 공식 승인 없이 개인적으로 챗GPT와 다른 AI 도구를 사용하고 있다. 이는 데이터 유출, 잘못된 정보 제공, 규제 위반의 위험을 내포한다. 따라서 2026년은 '거버넌스의 해'가 될 가능성이 높다. 병원들은 직원들이 어떤 AI를 사용하는지 통제하고 안전한 'AI 실험 공간'을 제공해야 한다. 또한 AI 과의존 위험이 있다. AI가 모든 것을 처리하면 젊은 의사들이 기본적인 진단 능력을 잃을 수 있다. 마치 GPS가 보편화되면서 사람들이 지도 읽는 법을 잊어버린 것과 같다. 의사가 스스로 진단할 수 없는 상황, 이를 '의료 기술 퇴화(Clinical Deskilling)'라고 부른다.

TREND 2 웨어러블 3.0, 손목 위의 주치의

웨어러블 기기의 전면적인 부상도 주목해야 한다. 이제 웨어러블 기기는 단순히 당신이 몇 걸음을 걸었는지 심박수가 몇인지를 측정하지 않는다. 에이전틱 AI와 결합해 질병의 징후를 사전 예측하고 능동적으로 개입한다.

2010년대 초반, 디지털 헬스케어 시장은 초기 스마트워치 등을 통해 활동량의 추적에 집중했다. 예를 들어 "오늘 몇 걸음을 걸었나?"와 같은 데이터는 많지만 통찰은 제공하지 않는 기능이 전부였다. 그리고 2010년대 후반과 2020년대 초반, 애플 워치와 같은 제품은 심전도(ECG)와 같은 기능을 탑재해 건강 경고 알

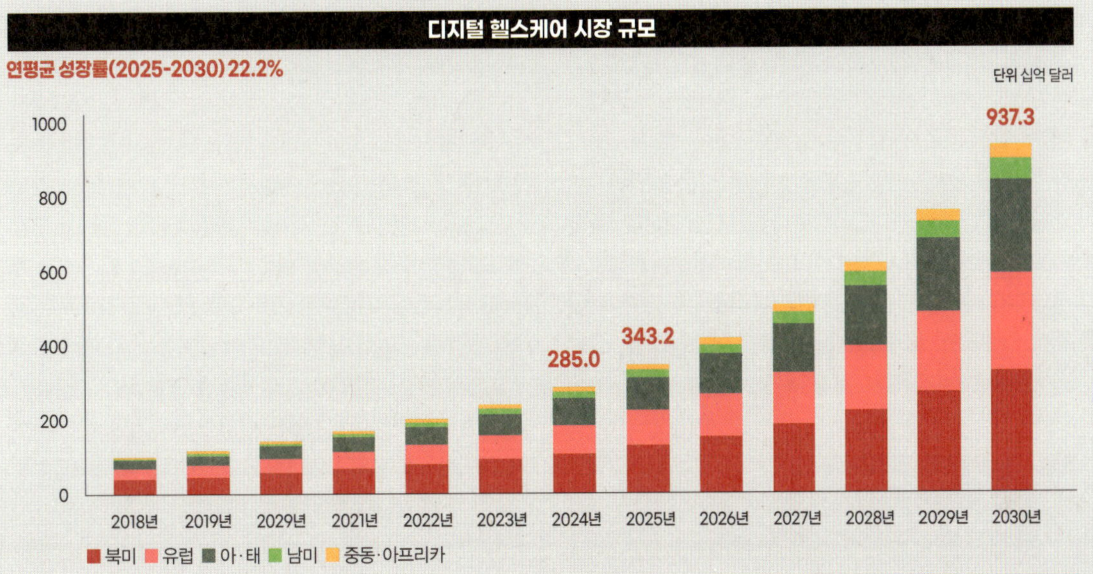

자료 그랜드뷰리서치

림에 주력했다. 하지만 이 역시 문제가 생기면 알려주는 수동적인 기능이다.

웨어러블 3.0의 핵심은 예측적 개인화(Predictive Personalization)다. 기기는 당신의 평소 패턴을 학습하고 이상 징후를 감지하여 예방 조치를 제시한다. 예를 들어보자. 당신의 정상 심박수는 아침에 65 bpm 밤에 58 bpm, 당신의 수면 중 평균 체온은 36.2°C, 당신의 심박 변동성(HRV)은 스트레스가 없을 때 평균 60ms이다. 어느 날, 기기가 당신의 심박수가 평소보다 5 bpm 높고, 체온이 0.3°C 올랐으며, HRV가 20% 감소했다는 사실을 감지한다. AI는 이를 이렇게 분석한다. "이 패턴은 감염 초기 징후와 92% 일치합니다." 그리고 당신에게 경고한다. "오늘은 무리하지 마세요. 수분을 많이 섭취하고, 오늘 밤 9시 전에 주무세요." 24시간 후, 당신은 실제로 목이 아프기 시작한다. 하지만 이미 예방 조치를 취했기 때문에, 증상은 가볍게 지나간다. 이것이 웨어러블 3.0이다. 당신보다 먼저 당신의 몸을 이해하는 것이다.

이미 시장은 관련 제품과 솔루션들을 쏟아내고 있다. 애보트의 링고(Lingo) 시스템은 당뇨병 환자만을 위한 것이 아니다. 환자가 아니어도 자신의 대사 상태를 실시간으로 추적할 수 있다. 사용자는 점심 식사 이후의 혈당량과 밤에 술을 마셨을 때의 다음 날 케톤 수치 변화를 확인할 수 있다. 포인트 핏 테크놀로지의 PF-땀 패치는 땀을 통해 젖산을 측정한다. 운동선수들은 이를 통해 최적의 훈련 강도를 찾고, 일반인들은 자신의 회복 능력을 모니터링할 수 있다. 웨어러블은 이제 손목을 넘어 인체와 컨택이 되는 모든 제품과 호환된다. 갤럭시 링이나 Oura와 같은 스마트 링 제품은 24시간 착용 가능하고 스크린이 없어 수면 추적에 최적화되어 있다. 심전도 센서가 내장된 셔츠인 마이언트의 스킨(Skiin)과 같은 제품은 별도 기기를 착용할 필요 없이 일상복처럼 입으면 자동으로 데이터를 수집한다.

웨어러블 시장은 2032년까지 3250억 달러로 성장할 것으로 전망되지만 수익 모델은 근본적으로 변할 것이란 분석이다. 과거에는 기기를 판매에 수익화했다면 이제는 구독 기반의 데이터 플랫폼이 수익을 창출한다. 예를 들면, 갤럭시 링을 300달러에 판매하고 월 20달러의 건강 구독 플랫폼을 제공하는 것이다. 소비자는 가격이 처음에는 비싸다고 생각할 수 있지만 24시간 나의 몸을 모니터링하고 데이터를 축적해 병원 주치의와 최상의 의료 판단을 할 수 있는 나만의 에이전틱 AI 서비스를 받게 되는 것이다.

TREND 3 홈 진단의 민주화

지금까지 20세기 의료의 공식은 단순했다. 증상 발생 → 병원 방문 → 검사 → 진단 → 치료였다. 21세기 의료의 새 공식은 모니터링과 AI가 개입한다. 가정 내 상시 모니터링 → 이상 징후 자동 감지 → AI 사전 분석 → 필요시 병원 방문으로 변화했다. 차이는 명확하다. 과거에는 문제가 생긴 후 병원에 갔다. 이제는 문제가 생기기 전 집에서 발견한다. 소비자는 웨어러블 기기나 홈 모니터링 시스템을 통해 24시간 자신의 몸 상태를 실시간으로 확인한다. 그리고 에이전틱 AI 서비스는 이 데이터를 통해 결과를 도출하고 행동에 돌입하거나 사용자에게 처방이나 병원 진단을 권고한다. 이전까지 병원을 가야만 가능했던 절차가 집에서 스스로 기기와 AI의 도움을 받아 해결되는 '홈 진단의 민주화'가 가능해진 것이다. 물론 이를 가능케 하는 것은 혁신적인 기술의 기기에서 시작된다.

위딩스의 BeamO 제품은 1분 안에 4가지 검사를 모두 수행한다. 이마에 갖다 대면 체온을 측정하고 가슴에 대면 심장 소리와 폐 소리를 자동으로 녹음하는 디지털 청진기가 된다. 또한 30초간 손가락을 대면 심전도를 기록하고 손가락에 끼우면 혈중 산소 농도를 확인한다. 모든 데이터는 자동으로 주치의에게 전송된다. 의사는 원격으로 데이터를 검토하고 화상 통화를 통해 증상을 확인 후, 처방전을 보낸다. 애보트가 선보인 링고(Lingo)는 당신의 몸이 음식에 어떻게 반응하는지를 보여준다. 팔에 붙이는 동전 크기의 센서가 실시간으로 식사 후의 포도당 변화를 측정하고 지방 연소 상태를 보여주는 케톤과 운동 강도와 회복 속도에 영향을 주는 젖산의 변화를 확인한다. 이를 통해 당신이 아침에 도넛을 먹었을 때와 오트밀을 먹었을 때, 혈당 그래프가 어떻게 다른지 실시간으로 본다. "내 몸은 탄수화물에 민감하구나. 아침은 단백질 위주로 먹어야겠다"라는 통찰을 스스로 얻는 것이다.

홈 진단, 즉 자가 진단이 혁신적인 기기와 AI의 도움으로 확산이 되기 시작하면 나의 집은 곧 '가상 병동'이 될 수 있다. 실제 최근 많은 병원은 '가상 병동(Virtual Ward)' 시범 프로그램을 선보이기 시작했다. 환자는 홈 진단 기기들(혈압계, 체중계, 산소포화도 측정기)을 집에서 사용하며, 데이터는 자동으로 병원 시스템에 전송된다. AI가 24시간 모니터링하며 이상 징후를 감지하고 위험 신호 발생 시 간호사가 전화 또는 방문한다. 심각한 경우에만 병원에 입원한다.

결과는 긍정적이다. 가상 병동 시범 프로그램 결과, 심부전 환자의 30일 재입원률이 20~25% 감소했으며 COPD 환자의 평균 입원 기간이 30%가 단축됐다. 결과적으로 환자당 의료비는 연간 5000달러가 절감한 것으로 나타났다. 환자 입장에서는 익숙하고 편한 집에서 회복하고 병원에서 발생할 수 있는 2차 감염의 위험도 없다. 병원 입장에서는 병상 회전율이 증가하고 재입원 비용도 감소한다. 보험사 입장에서도 입원 비용의 60% 수준으로 케어가 가능하다는 점에서 모두에게 이익이다.

물론 홈 진단의 위험은 있다. 가장 큰 문제는 바로 자가 진단의 위험이다. 홈 진단 기기가 보편화되면, 일부 사람들은 의사 상담 없이 스스로 판단하려 할 것이다. 예를 들어 혈당이 높다고 인터넷에서 혹은 AI가 추천하는 약을 먹을 수 있는데 이는 위험하다. 기기는

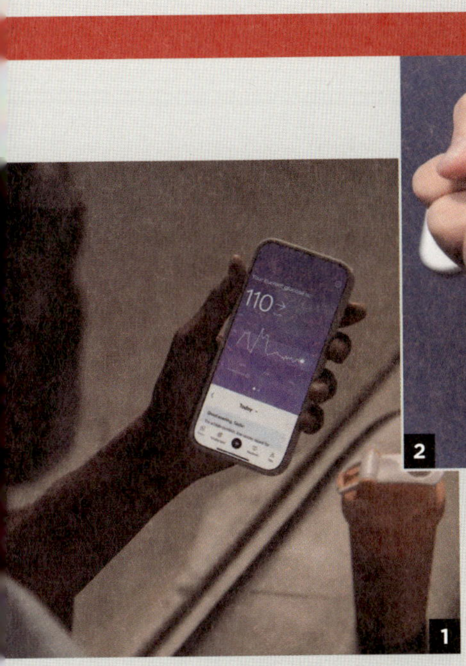

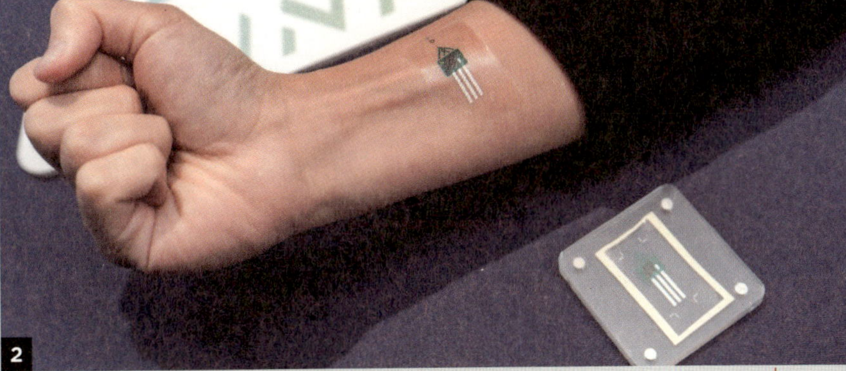

1.
애보트의 링고 앱 화면. 팔에 부착된 센서가 측정한 혈당 수치와 대사 상태를 그래프로 시각화해 사용자에게 알려준다.

2.
포인트 핏 테크놀로지의 PF-땀 패치는 피부에 부착해 땀 속의 젖산을 실시간으로 측정한다.

도구일 뿐, 의료 전문가의 판단을 대체할 수 없다. 데이터 정확도의 문제도 있다. 소비자용 기기는 병원 장비만큼 정확하지 않을 수 있다. 최소한 FDA 승인을 받은 의료 등급의 정밀 기기를 선택해야 한다. 프라이버시의 문제도 있다. 당신의 모든 건강 데이터가 디지털화되고, 클라우드에 저장된다. 이는 당신의 생활 사이클과 건강 데이터가 모두 공유된다는 것을 의미한다. 이는 해킹 위험과 보험사의 부당한 사용 가능성을 야기한다는 점에서 주시해야 할 문제다.

기술이 아닌 인간을 위한 혁명

"기술은 효율성을 위한 것이 아니라, 인간성을 되찾기 위한 것이다."

2026년 디지털 헬스케어가 우리에게 주는 가장 중요한 교훈이다. 에이전틱 AI가 의사의 행정 업무를 자동화하는 이유는 의사를 대체하려는 게 아니다. 의사가 컴퓨터 화면이 아닌 환자의 눈을 보며 이야기할 시간을 되돌려주는 데 있다. 웨어러블 3.0이 24시간 당신을 모니터링하는 이유는 감시가 아니라 질병 걱정 없이 오늘 하루에 집중할 수 있게 배경에서 조용히 보호하려는 목적이 더 크다. 홈 진단 역시 병원을 대체하지 않는다. 진짜 의료적 개입이 필요한 순간을 정확히 포착해, 당신이 불필요한 병원 방문으로 낭비하는 시간을 줄여줄 것이다.

AI가 일상적인 작업을 자동화할수록, 역설적으로 인간만이 할 수 있는 것의 가치가 더욱 높아진다. 환자의 불안을 진심으로 공감하는 의사의 위로, 복잡한 의료 정보를 환자가 이해하도록 풀어 설명하는 능력, 데이터가 아닌 직관과 경험으로 내리는 최종 판단. 이를 우리는 '휴머니티 프리미엄(Humanity Premium)'이라 부른다. 향후 10년, 의료진 중 승자는 AI를 가장 잘 다루는 사람이 아니다. AI를 활용해 환자에게 가장 많은 시간과 정성을 쏟는 사람이 승자가 될 것이다.

병원은 여전히 존재할 것이다. 의사도 여전히 중요하다. 하지만 일상의 99%는 당신이, 당신의 집에서, 조용히 관리한다. 그리고 정말 의사가 필요한 1%의 순간, 당신은 정확한 데이터와 명확한 질문을 두고 병원을 찾는다. 의사는 당신의 지난 3개월 데이터를 이미 검토했고, 5분 만에 핵심을 짚는다. 더 효율적이고, 더 인간적인 의료. 이것이 우리가 만들어가는 미래다.

Mobility

모빌리티의 또 다른 이름, 피지컬 AI

로보택시를 가능하게 하는 것도, AI DV의 핵심도, 신유형 모빌리티의 기반도 AI다. CES 2026은 자동차 산업의 주도권이 전통적 제조 기업에서 AI 기술 빅테크 기업으로 넘어가고 있음을 보여주는 분기점이 됐다.

PART 01

모빌리티 분야 3가지 핵심 아젠다

로보택시의 본격적인 상용화, 차량 UX의 AI화(AI DV) 그리고 한계 없는 신유형 모빌리티의 등장

CES 2026의 모빌리티 분야는 AI 중심의 산업 혁신이라는 거대한 흐름 속에서 세 가지 핵심 아젠다를 명확히 제시했다. 바로 로보택시의 본격적인 상용화, 차량 UX의 AI화(AI DV) 그리고 한계 없는 신유형 모빌리티의 등장이다.

이 세 가지 축은 자동차가 더 이상 단순한 이동 수단이 아닌 스스로 학습하고 움직이는 피지컬 AI의 첫 번째 대규모 수익원이자 우리 삶의 방식을 근본적으로 바꿀 '공간형 컴퓨터'로 진화하고 있음을 선언했다.

젠슨 황 엔비디아 CEO가 CES 2026 기조연설에서 강조한 것처럼 우리는 이제 디지털 AI의 시대를 넘어 피지컬 AI의 시대로 진입하고 있다.

실험실에서 나온 로보택시

로보택시는 실험실을 나와 서비스 산업으로 전환되는 분기점에 섰다. 테슬라, 웨이모, 중국의 바이두 등 주요 모빌리티 플레이어는 대규모 주행 데이터 축적을 통해 기술적 안정성을 입증하고 실제 도시에서 상용 서비스를 빠르게 확장하고 있다. 특히 테슬라의 FSD(Full Self-Driving)는 엔드투엔드(End-to-End, E2E) 신경망 모델로 전환하며 인간의 개입이 거의 없는 수준으로 발전했으며 이는 '서비스형 로봇(Robot as a Service, RaaS)'의 가장 큰 애플리케이션으로서 로보택시의 경제성을 증명하는 신호탄이다. 마일당 비용이 1달러 수준으로 수렴하면서 운전기사 인건비 절감, 매일 24시간 운영 가능성 등과 맞물려 폭발적인 시장 성장을 예고한다.

E2E AI

엔드투엔드(End-to-End, E2E) AI는 입력부터 출력까지 중간 단계 없이 자동화 처리하는 AI를 말한다. 단계별로 쪼개서 규칙을 따랐던 기존 방식과는 성능, 속도 면에서 차원이 다르다.

E2E AI는 기존의 모듈형 자율주행 시스템과 근본적으로 다르다. 기존 방식은 인지, 예측, 계획, 제어 등 각 단계를 인간이 설계한 규칙에 따라 처리했다. 하지만 E2E 방식은 카메라 영상을 입력받아 바로 스티어링과 가속/감속 명령을 출력하는 단일 신경망으로 작동한다. 수억 마일의 실제 운전 데이터를 학습한 이 시스템은 인간 운전자의 판단 패턴을 모방하며 규칙으로 명시하기 어려운 복잡한 상황에서도 자연스럽게 대응할 수 있다. 현재 미국의 평균 택시 요금은 마일당 2달러 이상이며 이 중 상당 부분이 운전자

인건비다. 로보택시가 마일당 1달러 이하로 운영한다면 이는 기존 택시 서비스 대비 50% 이상 저렴해지는 것으로, 동시에 24시간 운영, 피로도 없음, 일관된 서비스 품질이라는 추가 이점을 제공한다.

패러다임을 바꾸는 AI DV

SDV, 즉 소프트웨어가 정의하는 모빌리티는 이제 옛말이다. AI라는 더 강력한 힘이 자동차를 정의하기 시작했다. 이제 경쟁의 중심은 하드웨어 스펙이 아닌 차량 내 경험(UX)을 좌우하는 소프트웨어와 이를 뒷받침하는 강력한 연산-데이터 역량으로 이동했다. AI DV(AI Defined Vehicle)는 더 이상 옵션이 아닌 생존 조건이 됐다.

AI DV의 핵심은 '에이전트형 UX'다. 테슬라가 자체 AI 칩과 xAI의 '그록(Grok)'을 통합해 에이전트형 UX를 지향하는 것처럼 자동차는 이제 운전자의 의도를 파악하고 스스로 기능을 수행하는 AI 에이전트가 상주하는 플랫폼으로 진화하고 있다. 에이전트형 UX란 사용자가 버튼을 누르거나 메뉴를 탐색하는 기존 방식을 넘어 AI가 사용자의 말과 맥락을 이해하고 스스로 필요한 기능을 실행하는 것을 의미한다. "집으로 가자"라고 말하면 AI가 내비게이션을 설정하고 상황에 따라 추천 경로를 제안하며 심지어 집에 도착하기 전에 냉난방을 미리 켜두는 식이다.

'엔비디아 드라이브 토르(Nvidia Drive AGX Thor)'와 같은 중앙 집중형 고성능 컴퓨팅 플랫폼은 이러한 변화를 가속하며 자동차를 '바퀴 달린 데이터센터'로 만들고 있다. 과거 자동차는 수십 개의 전자제어장치(ECU)가 각각 독립적으로 특정 기능을 담당했다. 하지만 이제는 하나의 강력한 중앙 컴퓨터가 모든 기능을 통합 관리한다. 이는 스마트폰이 전화기, 카메라, MP3 플레이어, 내비게이션 등 여러 디바이스를 통합한 것과 같은 변화다. 차량은 더 이상 완성된 제품이 아니라 OTA를 통해 실시간으로 재구성되고 개인화되는 공간형 컴퓨터로 재정의된다.

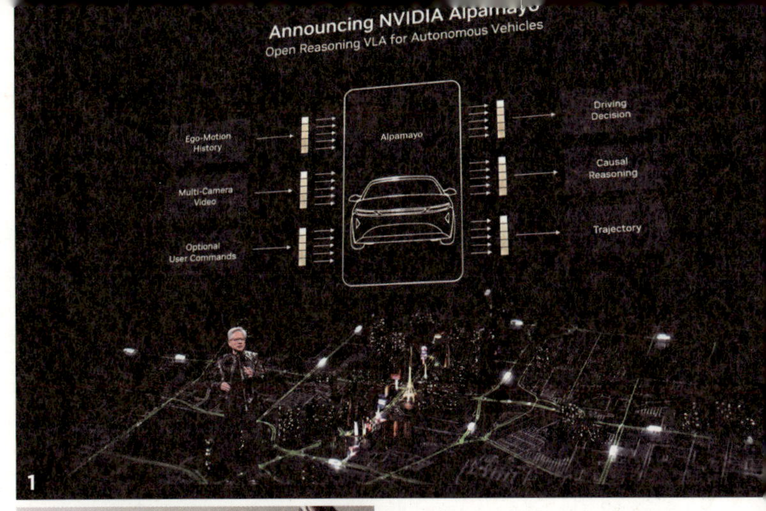

1.
젠슨 황 엔비디아 CEO가 자율주행 AI 모델 '알파마요'를 소개하고 있다.

2.
인공지능 기업 xAI의 챗봇 '그록(Grok)'.

자동차 개념의 확장

물류 및 이동 서비스에 최적화된 목적 기반 차량(Purpose-Based Vehicle, PBV)부터 주거 공간을 확장하는 AC 퓨처(AC Future)의 AI 기반 스마트 모바일 홈, 그리고 캐터필러와 같은 중장비 영역의 AI 기반 자율 운영, 도심의 라스트마일을 책임질 자율주행 마이크로 모빌리티에 이르기까지 모빌리티의 영역은 산업과 일상의 모든 분야로 스며들고 있다.

결국 이 세 가지 트렌드의 공통분모는 AI다. 로보택시를 가능하게 하는 것도 AI, AI DV의 핵심도 AI, 신유형 모빌리티의 기반도 AI다. CES 2026은 모빌리티 산업이 AI 산업으로 재정의되는 역사적 분기점이 됐다.

완전 무인 택시 죽스(Zoox)

PART 02

모빌리티 시장의 재편

글로벌 모빌리티 시장은 전기화와 지능화라는 두 축을 중심으로 재편되고 있다.

전기차(EV) 보급은 최근 확산세를 보이다 잠시 주춤하는 캐즘(Chasm)에 빠져있다. 포드는 전기차 사업을 포기했고 GM도 규모를 축소했다. 반면 도요타의 하이브리드 차량은 강세를 보인다. 그러나 이러한 일시적 정체는 기술적 한계보다는 충전 인프라 부족, 높은 초기 구매 비용, 소비자의 심리적 진입 장벽에서 비롯된 것으로 분석된다. 동시에 자율주행과 AI 기반 차량 지능화는 거스를 수 없는 대세로 자리 잡았다. 자율주행 기술의 안전성과 신뢰도가 임계점을 넘어서면서 많은 완성차 업체가 전기화와 지능화를 동시에 추진하는 전략으로 선회하고 있다. CES 2026에서 전기화와 지능화의 시도가 그 증거다. 결국 미래의 자동차 회사는 '바퀴 달린 하드웨어'를 만드는 제조업체가 아니라 '움직이는 소프트웨어 플랫폼'을 운영하는 서비스 기업으로 탈바꿈해야만 생존할 수 있다. 이제 경쟁의 핵심은 하드웨어 성능이 아닌 소프트웨어의 완성도와 사용자 경험으로 빠르게 이동하고 있다.

최근 모빌리티에서 가장 중요한 화두는 단연 '소프트웨어 정의 자동차(Software Defined Vehicle, SDV)'다. SDV는 자동차의 모든 기능과 성능이 소프트웨어에 의해 제어되고 업데이트되는 차량을 의미한다. 이는 자동차가 공장에서 출고되는 순간 성능이 고정되는 제품이 아니라 스마트폰처럼 OTA(Over-the-Air) 업데이트를 통해 지속해서 새로운 기능을 추가하고 성능을 개선할 수 있는 플랫폼으로 진화했음을 뜻한다. CES 2026에 등장한 대부분의 완성차 업체와 부품사는 SDV를 미래 모빌리티의 기본 전제로 삼고 이를 구현하기 위한 통합 제어기, 운영체제(OS) 그리고 애플리케이션 생태계 구축에 사활을 걸고 있었다.

퍼시스턴스마켓리서치에 따르면 글로벌 SDV 시장은 폭발적인 성장 궤도에 올라섰다. 2019년 177억 달러에 불과했던 시장 규모는 2019~2024년 사이 연평균 50%의 고성장을 기록하며 급팽창했다. 2025년에는 1347억 달러 규모에 도달할 것으로 전망하며 이후 2025~2032년 동안에도 연평균 27.2% 성장률을 유지해 2032년에는 무려 7260억 달러(약 970조 원) 규모의 거대 시장으로 성장할 것으로 예측한다. 이는 불과 13년 만에 시장 규모가 40배 이상 커지는 것으로 자동차 산업 내에서 소프트웨어가 차지하는 가치가 얼마나 빠르게 확대되고 있는지를 여실히 보여준다.

이러한 변화는 자동차 산업의 가치 사슬을 송두리째 바꾸고 있다. 과거에는 엔진, 변속기 등 기계 부품의 성능이 중요했다면 이제는 AI 반도체, 센서, 통신 기술과 같은 첨단 기술의 중요성이 압도적으로 커졌다. 이에 따라 엔비디아, 퀄컴과 같은 반도체 기업과 구글, 마이크로소프트 같은 소프트웨어 기업들이 산업의 새로운 핵심 플레이어로 부상하며 전통적인 자동차 제조사들의 위상을 위협하고 있다.

자율주행, 로보택시로 성큼 다가온 상용화

한때 막연하게 느껴졌던 완전 자율주행(레벨4-5) 기술이 로보택시라는 구체적인 서비스 모델을 통해 상용화 문턱에 다가섰다. 웨이모(Waymo), 크루즈(Cruise) 등 선두 주자는 이미 일부 도시에서 상업 운행을 시작했으며 CES 2026에서는 루시드 모터스, 뉴로 등 후발 주자도 가세해 한층 진보한 서비스 모델과 기술을 선보였다. 이들은 단순한 기술 시연을 넘어 실제 도시 환경에서 승객을 안전하게 운송하고 수익을 창출하는 비즈니스 모델을 구체화하는 단계에 들어섰다. 로보택시의 확산은 개인 차량 소유 개념을 약화하고 도시 교통 시스템과 공간 구조 자체를 바꾸는 거대한 변화를 촉발할 것으로 보인다.

모든 차량에 자율주행을 선물하는 엔비디아

엔비디아의 Alpamayo-R1(AR1)은 자율주행의 두 가지 병목(롱테일 대응과 설명 가능성)을 해결하기 위해 설계된 VLA(Vision-Language-Action) 기반 모델이다. '보고 → 언어로 판단 근거를 만들고 → 움직이는' 구조를 채택했다. 핵심 두뇌인 Cosmos-Reason이 상황을 문장으로 해석하고 CoC(Chain of Causation) 데이터셋으로 '정답'이 아닌 '풀이 과정'까지 저장한다. 깜깜이 블랙박스였던 기존 자율주행과는 다르다. 이제 이유를 설명할 수 있는 자율주행이 탄생한 것이다. 이는 책임소재를 가리기 어려워 규제에 장벽에 막힌 자율주행을 장벽 밖으로 내보낼 열쇠다. 엔비디아는 알파마요를 오픈 생태계로 공개하고 연산할 하드웨어까지 풀스택으로 제공해 준다. 완성차 업체들이 활용할 수 있는 안드로이드형 플랫폼으로 자율주행 표준을 장악하려는 전략이다. 덕분에 기존의 완성차 업체들은 '제로 투 원'이 아주 쉬워지게 된다. 실제 중국 가전업체들이 쉽게 자율주행과 로보택시에 뛰어들 수 있는 이유가 바로 엔비디아 플랫폼을 잘 활용하기 때문이다.

피지컬 AI의 시대가 온다

결국 로보택시와 자율주행은 AI가 디지털 세계를 넘어 물리적 현실을 제어하는 '피지컬 AI'의 시대를 여는 가장 강력한 신호탄이다. 테슬라를 필두로 수많은 기업이 증명하고 있다. 기술적 도약은 자동차가 단순한 이동 수단을 넘어, 스스로 판단하고 행동하는 거대한 로봇으로 진화했음을 보여준다. 이제 모빌리티는 단순한 기술 경쟁을 넘어, 현실 세계의 복잡성을 이해하고 해결하는 AI의 능력을 증명하는 무대가 됐다. 피지컬 AI가 주도하는 이 혁명은 물류, 서비스, 도시 인프라 전반으로 확장되며, 인류의 삶의 방식을 송두리째 바꾸는 새로운 문명의 기폭제가 될 것이다.

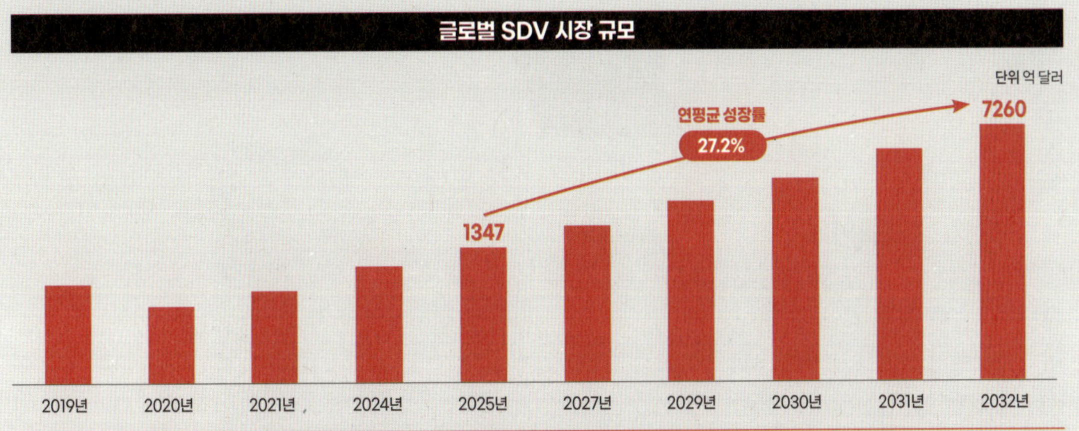

자료 퍼시스턴스마켓리서치

PART 03

모빌리티 혁신의 최전선에 선 기업들

CES 2026에서는 많은 기업이 주목할 만한 미래 모빌리티의 비전을 제시했다.

테슬라 & 웨이모: 로보택시 선두 주자

2026년은 로보택시가 '기술 데모'에서 '서비스 산업'으로 전환되는 분기점으로 기록될 것이다. 이 혁명의 선두에는 테슬라와 웨이모가 있다.

테슬라는 FSD V12 버전부터 인간의 개입 코드를 없앤 E2E AI 방식으로 전환하며 기술적 도약을 이뤘다. FSD는 이제 단순한 운전자 보조 시스템을 넘어 수억 마일의 실제 주행 데이터를 학습하며 스스로 판단하고 제어하는 완전한 자율주행 시스템으로 진화하고 있다. 최근 30일간 무개입 주행 성공률이 98.4%에 달하고 인간의 개입 빈도가 1500km당 1회 수준으로 급감한 것은 기술의 완성도가 상용화 임계점에 도달했음을 시사한다. 특히 테슬라 오토파일럿(Autopilot) 사용 시 사고율이 인간 운전자 대비 1/9 수준으로 낮다는 데이터는 로보택시의 안전성과 신뢰도를 보여주는 강력한 증거다.

테슬라는 북미 시장을 시작으로 우버·리프트와 같은 차량 공유 플랫폼과의 협력을 통해 서비스형 로보택시 모델을 빠르게 확산시킬 계획이다.

구글의 자회사인 웨이모는 LA, 오스틴 등 미국 주요 도시에서 완전 무인 유료 호출 서비스를 운영하며 '서비스로서의 로보택시'를 검증하고 있다. 웨이모는 안전, 규제, 운영 노하우를 포함한 포괄적인 서비스 모델을 구축하며 단순한 기술 제공자를 넘어 서비스 플랫폼 사업자로서의 입지를 다지고 있다. 이들의 목표는 마일당 비용을 1달러 이하로 낮춰 기존 택시나 차량 공유 서비스 대비 압도적인 가격 경쟁력을 확보하는 것이다.

로보택시의 상용화는 단순히 이동의 편의성을 높이는 것을 넘어 도시 교통의 경제학을 근본적으로 바꾸는 게임 체인저가 될 것이다.

아마존이 2020년 12억 달러에 인수한 죽스(Zoox)는 CES 2026에서 가장 주목받은 모빌리티 쇼케이스 중 하나였다. 죽스의 "이것은 자동차가 아니다(It's not a car)"라는 슬로건이 말해주듯 죽스는 기존 차량을 개조한 것이 아닌 처음부터 로보택시 전용으로 설계된 '목적 기반 차량(Purpose-Built Vehicle)'이다.

죽스 로보택시의 가장 큰 특징은 양방향(Bidirectional) 설계다. 차량에 앞뒤 구분이 없어 어느 방향으로든 동일하게 주행할 수 있으며 내부에는 스티어링 휠도, 페달도 없다. 승객들은 마주 보는 라운지형 좌석에 앉아

현대자동차그룹의 자율주행 자회사 모셔널이 개발한 아이오닉 5 로보택시는 운전자가 필요 없는 레벨4 수준 자율주행 기술이 적용됐다. 아이오닉 5 로보택시가 미국 라스베이거스 시내를 주행하고 있는 모습.

마치 테마파크의 놀이기구나 파티 버스를 탄 듯한 독특한 경험을 하게 된다. 이는 웨이모처럼 기존 양산차를 자율주행 기술로 개조한 접근법과는 완전히 다른 철학이다.

2025년 9월 라스베이거스에서 첫 상용 서비스를 시작한 죽스는 11월 샌프란시스코로 확장하며 웨이모와 직접 경쟁 구도에 돌입했다.

엔비디아 & 퀄컴: 자동차의 두뇌를 지배하는 자

미래 자동차의 핵심이 소프트웨어라면 그 소프트웨어를 구동하는 '두뇌'인 AI 반도체는 모빌리티 산업의 패권을 좌우할 가장 중요한 부품이다. 이 영역의 절대 강자는 엔비디아다.

엔비디아는 CES 2026에서 차세대 차량용 AI 컴퓨팅 플랫폼 엔비디아 드라이브 토르를 공개하며 다시 한번 기술적 초격차를 과시했다. 토르는 자율주행과 인포테인먼트 시스템을 하나의 칩으로 통합 처리할 수 있는 '슈퍼칩'으로, 2000TOPS에 달하는 경이적인 연산 성능을 자랑한다. 이는 과거 수십 개의 전자제어장치(ECU)로 분산되어 있던 차량의 기능을 하나의 강력한 중앙 집중형 컴퓨터로 통합할 수 있음을 의미한다. 이를 통해 제조사들은 개발 비용과 시간을 획기적으로 절감하고 차량의 모든 기능을 소프트웨어 업데이트만으로 유연하게 제어하고 확장할 수 있게 된다.

엔비디아의 전략은 단순히 강력한 하드웨어를 공급하는 데 그치지 않는다. 자율주행 소프트웨어 스택인 '드라이브 AV'와 '드라이브 OS' 가상 환경 시뮬레이션 플랫폼인 '옴니버스(Omniverse)' 등 방대한 소프트웨어 개발 키트(SDK)를 함께 제공함으로써 자동차 제조사가 손쉽게 자사의 차량에 맞는 AI 시스템을 개발할 수 있는 거대한 생태계를 구축하고 있다. 이제 자동차 제조사에 '엔비디아 인사이드(NVIDIA Inside)'는 선택이 아닌 필수가 되어가고 있으며 이는 자동차 산업의 주도권이 전통적인 제조 기업에서 AI 기술을 보유한 빅테크 기업으로 넘어가고 있음을 명확히 보여주는 증거다.

로보택시 시장 성장 전망

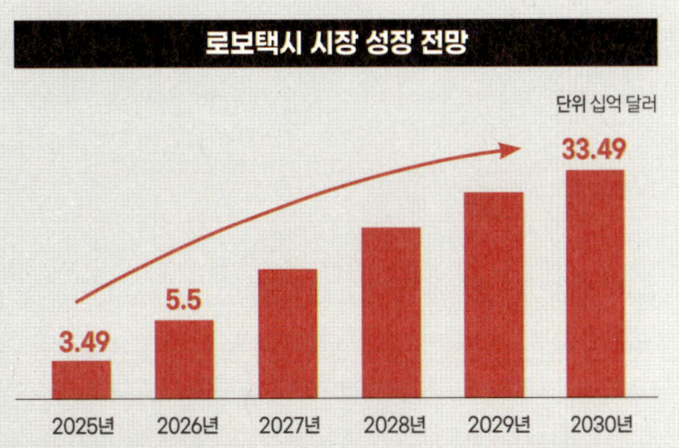

자료 더비즈니스리서치컴퍼니

퀄컴 역시 '스냅드래곤 디지털 섀시'를 통해 통신, 인포테인먼트, ADAS를 아우르는 통합 플랫폼을 제공하며 엔비디아의 대항마로 나서고 있다.

CES 2026에서 퀄컴은 '에이전틱 AI(Agentic AI)'를 차량에 본격 도입하며 소프트웨어 정의 차량(SDV) 시대를 이끌겠다는 비전을 제시했다. 핵심은 구글과의 10년 협력 관계를 더욱 확장해 스냅드래곤 디지털 섀시와 안드로이드 오토모티브 OS(AAOS)를 긴밀히 통합하는 것이다. 이를 통해 완성차 업체들이 개발 주기를 단축하고 품질을 높이며 생산을 간소화할 수 있는 통합 레퍼런스 플랫폼을 구축한다는 계획이다.

특히 주목할 만한 것은 스냅드래곤 가상 SoC(vSoC)의 도입이다. 이는 구글 클라우드 위에서 실행되는 가상 시스템 온 칩으로, 완성차 업체들이 실제 하드웨어가 생산되기 전에 가상 환경에서 소프트웨어 정의 차량을 설계하고 검증할 수 있게 해준다. 이는 개발 비용과 시간을 획기적으로 절감할 수 있는 게임 체인저가 될 전망이다.

퀄컴은 중국 전기차 스타트업 리프모터(Leapmotor)와 협력해 세계 최초의 양산형 중앙 차량 컴퓨터를 공개했다. 이 시스템은 '스냅드래곤 칵핏 엘리트(Snapdragon Cockpit Elite)'와 '스냅드래곤 라이드 엘리트(Snapdragon Ride Elite)' 플랫폼을 기반으로 인포테인먼트와 자율주행 기능을 하나의 중앙 컴퓨팅 유닛으로 통합한다.

자동차의 경계를 허물다

AI와 로보틱스 기술은 '자동차'라는 기존의 틀을 넘어 특정 목적에 최적화된 새로운 형태의 모빌리티를 탄생시키고 있다. PBV는 이러한 흐름을 주도하는 대표적인 사례다. PBV는 사용자의 목적에 따라 차량의 형태와 내부 공간을 자유롭게 바꿀 수 있는 모듈형 전기차다. 평일에는 화물 운송 밴으로, 주말에는 캠핑카로 변신하거나, 이동식 카페, 사무실, 병원으로도 활용될 수 있다. 이는 자동차가 '소유'의 대상에서 '사용'과 '경험'의 대상으로 전환되고 있음을 보여준다.

이러한 혁신은 승용차 영역에만 머무르지 않는다. 캐터필러, 존디어와 같은 중장비 및 농기계 업체들은 AI와 자율주행 기술을 도입하여 건설 현장과 농장의 생산성을 획기적으로 높이고 있다. 자율주행 덤프트럭과 트랙터는 24시간 작업을 수행하며 인력난을 해소하고 안전성을 높인다. 도심의 라스트 마일 배송 영역에서는 뉴로(Nuro)와 같은 자율주행 배송 로봇이, 개인 이동 수단 영역에서는 스트럿(Strutt)과 같은 마이크로 모빌리티가 새로운 솔루션으로 등장하고 있다. 이처럼 모빌리티의 혁신은 산업과 일상의 모든 영역으로 확산하며 사회 전체의 효율성과 편의성을 높이는 방향으로 나아가고 있다.

AI 컴퓨팅 플랫폼으로 진화하는 자동차는 우리의 일상을 근본적으로 바꾸어 놓을 잠재력을 가지고 있다. 미래 모빌리티 패권은 이제 저렴한 비용으로, 가치 있는 시간을, 다양한 공간에서 제공하느냐에 달려 있다. 이에 따라 기업들은 AI와 서비스 기획 역량을 결합한 '하이브리드 테크 기업'으로의 전환을 서두르고 있으며 그 변화는 시간과 공간에 대한 우리의 인식을 재구성하고 새로운 사회·경제적 가치를 창출할 것이다.

1

1/9
테슬라 오토파일럿(Autopilot) 사용 시 사고율이 인간 운전자 대비 1/9 수준으로 낮아진다.

첫째, '이동 시간'이 '가용 시간'으로 바뀌며 차량 내 경험(UX)이 혁신된다. 완전 자율주행이 보편화되면 자동차는 단순한 운송 수단을 넘어 업무, 휴식, 엔터테인먼트가 가능한 '제3의 생활 공간'으로 진화한다. 물리 버튼은 최소화되고 디지털 인터페이스가 극대화되어 공간 활용성이 높아지며 탑승자의 생체 신호, 주행 습관, 감정 상태를 분석하는 개인화된 UX/UI가 적용된다.

AI는 주행 보조를 넘어 탑승자와 상호작용하는 생성형 AI 어시스턴트로 발전해 맥락을 이해하고 능동적으로 기능을 제어하며 라이프스타일 매니지먼트까지 수행하는 '움직이는 AI 비서' 역할을 할 것이다.

둘째, 소비 가치 변화에 대응하는 다각화된 모빌리티가 확보되며 도시 공간 구조가 재편된다. PBV를 통해 물류, 배송, 셔틀 등 구체적인 목적에 최적화된 B2B 라인업이 강화될 것이다. 또한 라스트 마일(로보틱스/PM)부터 도심 항공(UAM), 장거리 이동(자율주행차)까지 다양한 이동 수단을 하나의 서비스(MaaS)로 연결하는 통합 솔루션이 등장할 것이다.

이러한 변화는 개인의 차량 소유를 줄이고 주차 공간

1.
한 운전자가 '시바.AI'의 차량의 커머스 솔루션을 활용해 자동차 안에서 주유·주차 요금을 결제하고 있다.

2.
자율주행 기업 웨이모의 전시장에 현대자동차 아이오닉5가 전시돼 있다.

을 시민을 위한 공원이나 상업 시설로 전환하게 하며 도로는 보행자와 다양한 개인형 모빌리티가 공존하는 공간으로 재설계될 것이다.

셋째, AI 내재화를 통한 비용 절감과 새로운 서비스 혁신이 가속화된다. 주행 지능은 규칙 기반 제어를 넘어 인지-판단-제어를 통합하는 E2E AI 모델로 발전해 안전성과 확장성을 확보하고 고비용 하드웨어 의존도를 낮출 것이다. 이를 바탕으로 데이터 학습 루프를 구축해 성능을 지속해서 개선하며 서비스 지능을 확장할 수 있다. 더불어 앞으로 전기차 확산에 맞춰 배터리 생애주기 관리(BaaS), 재활용, 에너지 솔루션 등 하드웨어 판매 이후의 부가 가치를 창출하는 친환경 서비스 모델과 같은 새로운 비즈니스 기회와 전문 직업군이 등장할 것이다.

물론 해결해야 할 과제도 많다. 해킹과 같은 사이버 보안 위협, 자율주행 사고 시의 책임 소재, 대량의 데이터 수집에 따른 개인정보 보호 문제, 그리고 기술 발전으로 인한 일자리 감소 등 사회적 합의와 제도적 보완이 필요한 부분이 산적해 있다. CES 2026이 보여준 미래는 분명 장밋빛이지만 그 빛을 모두가 함께 누리기 위해서는 기술의 발전과 더불어 사회적, 윤리적 논의가 함께 성숙해져야 할 것이다. 분명한 것은, 우리는 지금 인류 역사상 가장 극적인 모빌리티 혁명의 초입에 서 있다는 사실이다.

종합해보면 CES 2026은 모빌리티 산업이 피지컬 AI를 중심으로 근본적으로 재편되고 있음을 확인시켜 주었다. 로보택시의 상용화는 이동의 경제성을 혁신하고 AIDV는 자동차를 능동적인 AI 에이전트로 진화시키며 PBV 등 신유형 모빌리티는 공간의 개념을 확장하고 있다. 이는 자동차가 단순한 탈것을 넘어 물리적 세계를 제어하는 피지컬 AI이자 공간형 컴퓨터로 거듭나고 있음을 의미하며 이제 기업의 생존은 하드웨어뿐 아닌 소프트웨어와 AI 역량에 달려 있음을 시사한다.

FSD V12 이후 60억 마일 이상 쌓인 데이터

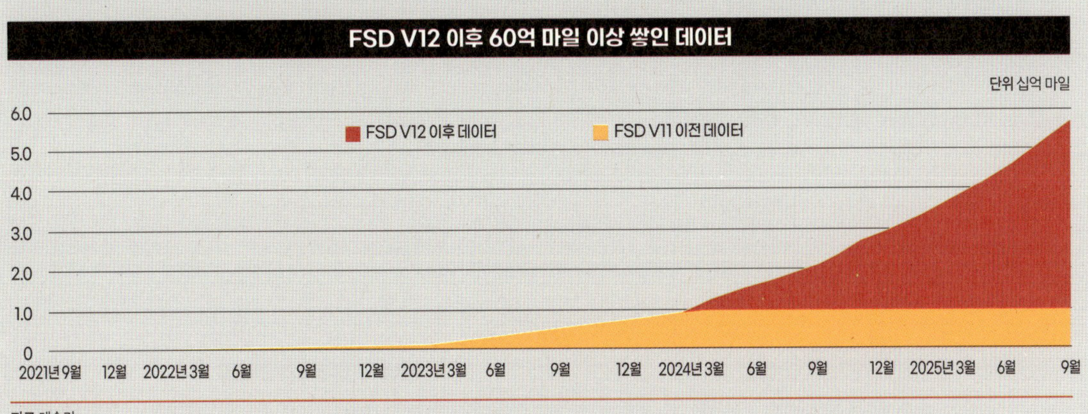

자료 테슬라

Energy

전력 패권 시대 열린다

이제 전력은 공공재가 아닌 전략 자원이 됐다. 21세기 신 자원 전쟁의 현장 보고서.

PART 01

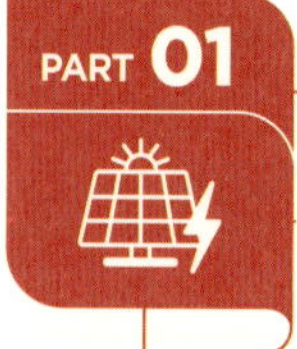

에너지 시장, 변곡점에 오다

AI 발전이 에너지 생산과 공급의 패러다임을 바꾸며 14조 에너지 시장을 흔든다.

글로벌 기술 혁신의 심장부로 불리는 미국 샌프란시스코는 정전이 일상이 되고 있다. 지난해 말 불과 일주일 사이 두 차례 발생한 대규모 정전으로 수십만 가구가 어둠에 잠겼고, 거리 위를 달리던 자율주행 택시마저 멈춰 섰다. 1990년대 중반에 구축된 노후 전력망 위에 '인공지능(AI) 데이터센터'라는 전례 없는 전력 수요 폭탄이 투하되며 미국 전력 시스템이 임계점에 도달했음을 알리는 서늘한 경고음이다. 전력은 더 이상 당연한 공공재가 아닌 전략 자원이 되었다. 전력 확보 여부에 따라 국가의 산업 입지, 기술 패권, 도시의 성장 속도가 결정되는 '전력 전쟁'의 시대가 열리고 있다.

미국의 항구적인 전력난과 노후화한 전력망은 '전력 패권' 경쟁의 시급함을 반영한다. 미전역의 전력난은 노후 인프라와 첨단 수요의 충돌이 빚어낸 '인프라의 역설'을 보여준다. 1990년대 중반의 낡은 송배전망은 AI와 반도체가 주도하는 새로운 산업 생태계를 수용할 여력을 상실했다. 발전소의 숫자가 부족해서가 아니다. 전기를 전달할 혈류가 막힌 탓에 데이터센터들은 완공 후에도 수년간 암흑 속에 방치되는 '유령 건물'로 전락하고 있다. 미국 캘리포니아주 샌타클래라는 이 문제를 가장 극단적으로 보여주는 지역이다. 글로벌 데이터센터 운영사 디지털 리얼티 트러스트(Digital Realty Trust)는 엔비디아 본사가 위치한 이 지역에서 지난 2019년 데이터센터 건설을 신청했지만, 약 6년이 지난 현재까지도 완전하게 전력을 공급받지 못해 시설이 사실상 방치돼 있다. 전력망을 연결하기 위해 수년간을 소요해야 하는 인프라 환경은 전력 조달이 가장 강력한 입지 결정 요인이 됐음을 반영한다. 이제 전력은 단순한 자원을 넘어, 기술 패권을 결정짓는 가장 희소한 전략 자원이 됐다. 이러한 수급 불균형은 역설적으로 전력 인프라 시장에 유례없는 '슈퍼 사이클'을 불러왔다. 지난해 전 세계 에너지 투자는 3조3000억 달러를 넘어섰으며, 그중 약 3분의 2가 청정 에너지와 전력망 현대화에 집중되고 있다.

에너지 믹스의 대재편

2026년은 인류 에너지 역사에 기록될 해가

2025년 12월 미국 캘리포니아의 정전으로 로보택시들이 멈춰 서 있다.

시 '값싼 노동력'에서 '안정적인 전력'으로 이동했다. 미래 에너지 생태계는 사용자에게 더 밀착되고(Close), AI로 똑똑해지며(AI-driven), 스스로 순환하는(Circular) 방향으로 재설계되고 있다. 지속가능성을 잃은 기술에 미래는 없다. '에너지 자립'과 '지능형 전력망' 구축에 사활을 거는 기업과 국가만이 AI 시대라는 거대한 파고를 넘어서 패권을 거머쥘 수 있다.

될 전망이다. 국제에너지기구(IEA)에 따르면 재생에너지가 마침내 석탄을 제치고 세계 최대 전력 공급원이 된다. 석탄 비중이 100년 만에 처음으로 3분의 1 미만으로 떨어지지만, 태양광과 풍력은 전 세계 전력 생산의 약 20%를 담당하며 주류로 자리 잡을 전망이다.

원자력의 화려한 부활 24시간 무탄소 전원을 향한 선택

재생에너지의 간헐성을 보완할 대안으로 원자력이 다시 주목받고 있다. 2026년에는 전 세계적으로 약 12GW 규모의 신규 원전이 가동될 예정이며, 미국에서는 폐쇄됐던 팔리세이즈 원전이 사상 최초의 '재가동 원전'으로 부활한다. 각국 정부와 빅테크들은 원전을 24시간 안정적으로 대규모 전력을 공급할 수 있는 핵심 저탄소 옵션으로 재평가하고 있다.

'전원 스위치'를 쥔 자가 미래 기술 패권을 지배한다

이제 전력은 곧 국력이다. 2026년의 에너지 전환이 환경 정책을 넘어 디지털 주권과 동의어가 된 이유다. 산업 지도의 우선순위 역

INSIGHT 더밀크의 시각

에너지의 민주화와 지능형 인프라의 탄생

전력 패권 경쟁 속에서 기술의 최전선인 CES 2026에서 확인된 흐름은 에너지와 지속가능성이 '인간안보(Human Security)'를 위한 '생존'의 문제로 이동했다는 점이다.

Insight 1 **에너지의 개인화** "발전소는 이제 사용자의 거실에 있다"
에너지는 더 이상 멀리 떨어진 설비에서 공급받는 인프라가 아니라, 사용자 가까이에 배치되고 필요에 따라 확장되는 기술이 됐다. 자율주행 기술이 스스로 태양을 추적하고, 주거 공간 전체를 하나의 분산형 발전 시스템으로 바꾸는 등 에너지가 사용자를 찾아가는 '에너지 민주화'가 시작됐다.

Insight 2 **AI의 진화** '사전 예방'을 담당하는 인프라의 심장
AI는 시스템의 사고 가능성을 사전에 제거하는 기술로 자리 잡았다. 변압기의 미세 신호를 분석해 고장 가능성을 1년 전에 예측하면서 전력망 운영의 안정성을 지원하는 사전 예방 중심으로 관리 체계가 등장했다.

Insight 3 **설계의 혁신** 재활용(Recycle)을 넘어 재설계(Redesign)로
순환 경제에 대한 접근도 달라졌다. 태양광 패널을 현장에서 직접 분해해 고순도 자원을 회수하는 기술을 비롯해 처음부터 다시 쓰일 것을 전제로 제품 구조를 짜는 '재설계'가 기업 경쟁력의 핵심이 되고 있다.

PART 02

2026 글로벌 에너지 전환 4대 트렌드

전력 확보 경쟁 심화, 전력망 재구축, 신재생에너지 공급, 분산형 에너지 전략

이처럼 미국의 전력 수급 문제는 AI 시대에 맞춰 설계되지 않은 전력망 구조 자체의 한계를 드러내고 있다. 다음 단계의 에너지 전환 논의는 더 많은 발전소를 짓는 문제를 넘어, 전력망 재구축과 신재생에너지 공급, 그리고 분산형 에너지 전략 등으로 이동하고 있다. 이는 2026년 에너지 트렌드를 관통하는 핵심 과제가 될 전망이다.

TREND 1 2026년 글로벌 에너지 '전력 확보 경쟁'의 해

세계경제포럼(WEF)은 2026년 글로벌 에너지 시장을 규정하는 키워드로 성장(Growth), 회복력(Resilience), 경쟁(Competition)을 제시했다. 에너지 전환이 '기후 선의'가 아니라 '누가 안정적인 전력을 얼마나 확보하느냐'의 문제로 바뀌고 있다는 진단이다.

국제에너지기구(IEA)에 따르면 2025년 전 세계 에너지 투자는 3조3000억 달러를 넘어섰다. 이 가운데 약 2조2000억 달러, 전체의 3분의 2가 재생에너지, 전력망, 저장, 전기차, 효율, 청정 연료 등 청정에너지에 투입된 것으로 추정된다. 각국 정부의 관심은 전력 안정성, 요금 관리, AI 데이터센터 수요 대응으로 이동했다.

2026년을 관통하는 첫 번째 축은 산업 경쟁을 통한 성장이다. 에너지 정책은 이제 산업·통상·안보 전략의 핵심 수단이 됐다. 각국은 태양광·풍력 설비 확대를 넘어 "어느 나라가 공장을 유치하고 공급망을 장악하느냐"에 집중하고 있다.

중국은 미국과 EU를 합친 수준에 맞먹는 청정에너지 투자를 집행하며 태양광, 배터리, 전력 장비, 핵심 소재 등 대부분의 첨단 에너지 제조 공급망을 주도하고 있고, 인도는 국내 제조 인센티브와 의무 도입 정책을 결합해 설비 설치와 제조 투자를 동시에 밀어붙이고 있다. 유럽은 넷제로 산업법(Net-Zero Industry Act)을 통해 2030년까지 핵심 넷제로 기술의 최소 40%를 역내 생산하는 것을 목표로 삼고, 핵심 광물 재활용과 수출 규제를 통해 대외 의존도를 줄이려 하고 있다.

두 번째 축은 회복력이다. 지정학적 긴장 속에서 중국은 에너지 인프라 내구성과 차세대 기술 지배력 강화를, 유럽은 러시아산 가스·석유·원전에 대한 탈피를,

2024년 전 세계 에너지 투자 현황

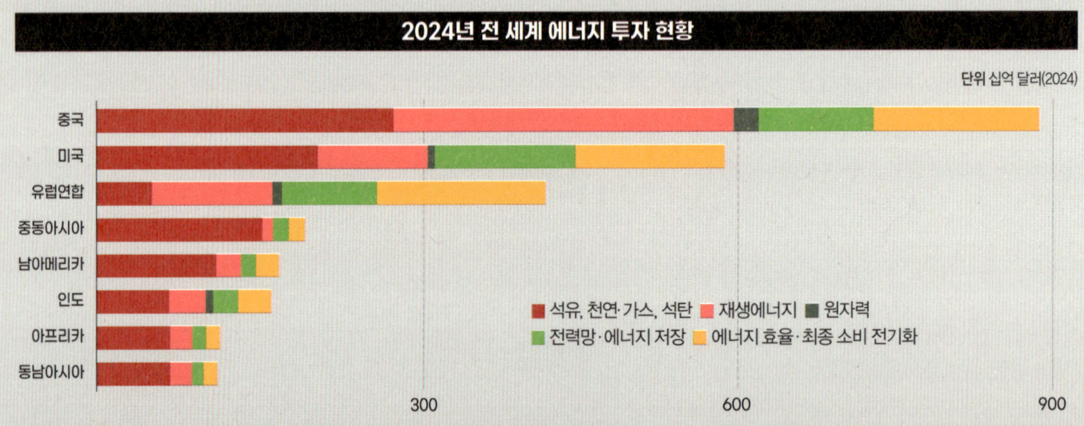

중국이 에너지 부문에서 막대한 투자를 하며 '큰손'으로 떠올랐다.

자료 국제에너지기구(IEA)

1, 2.
2026년 재생에너지는 석탄을 제치고 세계 최대의 전력 공급원이 된다. 이 중 풍력·태양광 발전량이 전 세계 전력 생산의 약 20%를 차지하는 주요 에너지원으로 자리 잡는다.

미국은 리튬·코발트·니켈·희토류 등 핵심 자원의 공급 다변화와 자국 내 공급망 구축을 서두르고 있다. 회복력의 범위도 전통적인 석유·가스 공급 차질을 넘어, 사이버 공격, 기후 리스크, 공급망 충격, 요금 급등까지 포괄하는 경제·사회 안정의 문제로 확장됐다.

마지막으로 2026년 에너지 전환의 가장 큰 변수는 AI다. AI 확산으로 전력은 데이터센터 성장의 새로운 병목이 됐다. 실제 블룸 에너지의 2025년 데이터센터 전력 보고서에 따르면 전력 접근성은 이제 네트워크 연결성보다 중요한 입지 요인으로 부상했다.

이에 따라 전력망 연결 능력과 유연한 저탄소 전력 옵션을 둘러싼 경쟁이 본격화되고, 대규모로 저렴하고 안정적이며 청정한 전기를 공급할 수 있는 지역이 AI 중심 투자를 끌어들이는 구조적 우위를 확보하게 된다.

결국 2026년 에너지 전환은 "누가 더 빠르게, 더 안정적으로 전력을 공급해 산업 경쟁력을 선점하느냐"를 둘러싼 현실적인 경쟁 국면으로 접어들 것으로 예상된다.

TREND 2 재생에너지, 2026년 세계 최대 에너지원 등극

재생에너지는 2026년 석탄을 제치고 세계 최대 전력 공급원이 될 전망이다. 국제에너지기구(IEA)의 2025년 전력 보고서(Electricity Mid-Year Update 2025)에 따르면, 2026년 석탄 화력은 전 세계 발전량의 3분의 1 미만을 차지해 석탄 비중이 100년 만에 처음으로 3분의 1 아래로 떨어질 것으로 예측됐다.

보고서는 풍력·태양광 발전량이 올해 약 5000TWh, 내년에는 6000TWh를 넘어 전 세계 전력 생산의 약 20%를 차지할 것으로 전망했다. 2026년 태양광과 풍력은 각각 27%, 19% 성장하고, 현재 전 세계 전력의 약 14%를 담당하는 수력발전도 2% 이상 회복세를 보일 것으로 분석했다. 반면 석탄 발전 비중은 EU와 중국에서의 단계적 감축에 힘입어 33% 미만으로 내려앉을 것으로 예상된다.

IEA는 미국·중국의 둔화로 2030년까지 글로벌 재생에너지 성장 전망을 작년 대비 5분의 1, 248GW 하향 조정했지만, 여전히 2030년까지 재생에너지 설비는 4600GW 늘어날 것으로 본다. 이 중 약 80%가 태양광 증가분에서 나온다.

미국에서도 비슷한 흐름이 나타나, 미 에너지정보청(EIA)은 재생에너지 발전 비중이 2024년 22%에서 2025년 24%, 2026년 25%로 오르지만, 석탄 비중은 2024년 16%에서 2026년 다시 16%로 내려갈 것으로 전망했다.

TREND 3 전력 인프라 투자 슈퍼사이클 온다

미국의 전력 사용량은 2025~2026년 연속으로 사상 최고치를 경신할 전망이다. 에너지정보청(EIA)에 따르면 전력 수요는 2025년 4조1990억 kWh에서 2026

년 4조2670억 kWh로 늘어나 2024년 기록인 4조1100억 kWh를 넘어설 것으로 예상된다. 수요 증가는 인공지능·암호화폐 데이터센터 확장과 함께, 가정·기업이 난방과 운송에서 화석연료 대신 전기를 더 많이 쓰기 시작한 영향으로 분석된다.

160%

AI와 데이터센터 전력 수요는 2030년까지 160% 늘어날 전망이다.

이처럼 급증하는 수요는 미국 전력 인프라에 사상 최대 규모 투자 '슈퍼 사이클'을 촉발하고 있다. 모닝스타 DBRS에 따르면 미국 주요 전력 기업들은 2025~2030년 약 1조4000억달러 규모의 설비투자를 집행할 것으로 예상된다. 이는 지난 10년 누적 투자액의 두 배 수준이다.

투자 확대의 핵심 동력은 AI 데이터센터 전력 수요로 송전망 확충과 발전 설비 현대화가 최우선 과제로 떠오른 가운데, 리쇼어링과 재생에너지 전환 흐름이 이를 더 밀어 올리고 있다. 여기에 2025년 12월 29일 소프트뱅크의 미국 디지털 인프라 자산운용사 디지털브리지 40억달러 인수 역시 이런 흐름에 올라탄 전략적 선택으로 해석된다.

다만 과제도 적지 않다. 막대한 투자 재원을 어떻게 조달할지, 규제 지연과 고금리 환경을 어떻게 돌파할 것인지가 걸림돌로 꼽힌다. 투자비 회수 시점이 늦어지고, 전력 수요 예측이 빗나가 설비 과잉이나 부족이 발생할 경우 수익성이 크게 훼손될 수 있다는 경고도 함께 제기된다.

TREND 4 글로벌 원자력 산업 반등

2025년 침체를 겪었던 글로벌 원자력 산업이 2026년 반등을 준비하고 있다. 신규 원전 가동과 정지 원전 재가동, 강화되는 정책 지원이 맞물리며, AI·데이터센터발 전력 수요 증가 속에서 원전은 다시 안정적인 무탄소 전원으로 주목받는 분위기다.

블룸버그NEF는 2025년에 약 1.1GW 줄어든 글로벌 원자력 설비가 2026년에는 15기 신규 가동으로 약

1

2

세계 원자력 발전 용량 전망치

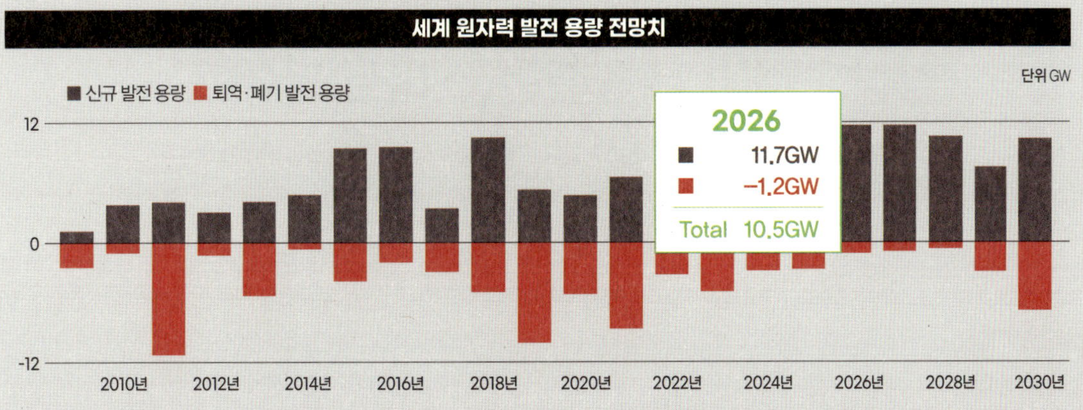

세계 원자력 발전 용량이 2025년 감소세를 보인 후 2030년까지 증가할 전망이다.

자료 블룸버그NEF

12GW 늘어날 것으로 전망했다. 이는 에너지 안보와 탈탄소 측면에서 원전에 대한 신뢰 회복을 상징한다. 미국에서는 미시간 팰리세이즈 원전 재가동이 원전 정책 전환의 상징으로 부상했다. 해체 단계에 들어갔던 이 원전은 연방정부의 15억 달러대 지원을 바탕으로 2026년 초 재가동을 노리고 있으며, 성공 시 미국 최초의 '재가동 원전'이 된다.

1.
중국 서북부 인촨에 설치된 태양광 발전 단지. 중국은 2030년까지 서부에서 동부로 보내는 송전망 용량을 25%가량 확대하겠다고 발표한 바 있다.

2.
AI로 인한 전력난에 원전 회귀 바람이 다시 불고 있다.

동시에 트럼프 행정부는 2050년까지 원전 설비를 100GW에서 400GW로 확대하고, 기존 원전 출력 증강과 신규 대형 원전 및 SMR 지원을 통해 AI·데이터센터 시대의 전력 인프라 기반을 원전에서 찾겠다는 구상을 강화하고 있다.

중국은 신규 원전 10기 승인과 사상 최대 규모의 원전 투자로 세계에서 가장 공격적인 원전 건설국으로 자리 잡았다. 2024년 기준 57기, 약 60GW 수준의 설비를 운영 중인 중국은 2030년 전후 미국·프랑스를 제치고 세계 최대 원전 시장이 될 것으로 예상된다. 여기에 2026년 상업 운전을 앞둔 '링룽원' SMR로 차세대 기술 주도권까지 노리고 있다.

AI와 데이터센터 전력 수요가 2030년까지 160% 늘어날 수 있다는 전망 속에서, 각국 정부와 빅테크 기업들은 원전을 24시간 안정적으로 대규모 전력을 공급할 수 있는 몇 안 되는 저탄소 옵션으로 다시 바라보고 있다.

Smart Life

상상으로만 가능했던 '스마트 라이프'

CES 2026에서 확인한 스마트 라이프 트렌드를 관통하는 키워드는 '0(제로)'였다.
노동력 제로, 넷제로, 눈에 보이지 않는 기술까지. 스마트 라이프가 이룰 '제로'의 세상은 어떤 모습일까.

PART 01

지금 주목할 스마트 라이프 3대 이슈

에이전틱 AI, 엠비언트 인텔리전스, 에너지 자립

CES 2026에서 확인한 스마트 라이프, 스마트 홈의 핵심은 스스로 판단하고 행동하는 '에이전틱 AI(Agentic AI)'로의 진화하되, 기술은 눈에 띄지 않고 배경으로 스며드는 '엠비언트 인텔리전스(Ambient Intelligence)' 형태를 띠었고, 에너지 절약 및 지속가능성 모색이다.

에이전틱 AI와 '제로 레이버'

'에이전틱 AI' 트렌드의 대표적 사례는 사용자의 개입을 최소화하는 '제로 레이버(Zero Labor)' 환경을 구현해 가사 노동의 패러다임을 혁신하겠다고 주창한 LG전자의 에이전틱 AI 기반 가정용 로봇 'LG 클로이드(LG CLOiD)'다. 클로이드는 AI 기반으로 주변 환경을 인식, 학습하며 사용자의 스케줄과 라이프스타일에 맞춰 다양한 AI 가전을 제어해 고객을 돕는 AI 비서 역할을 수행한다.
에이전틱 AI 환경에는 자율 실행 및 오케스트레이션(orchestration, 조율) 기술이 수반된다. 기존 AI가 "에어컨 켜줘"라는 사용자의 명령에 반응했다면, 에이전틱 AI는 목적을 이해하고 복합적인 워크플로를 스스로 조직하는 것이 차이점이다.
시장조사업체 IDC는 2027년까지 도시 및 커뮤니티 시스템의 65%가 AI 에이전트(agent, 대리인)를 도입해 워크플로를 자동화할 것이라고 예측했다. 인간의 개입을 최소화하는 것이다. 가트너는 여러 AI 및 에이전트가 협력해 복잡한 작업을 수행하는 '멀티 에이전트 시스템(Multi-agent Systems)'이 2026년 전략 기술 트렌드로 부상할 것으로 전망했다.
에이전틱 AI의 부상은 피지컬 AI(Physical AI, 물리적 AI)의 부상과도 밀접하게 연관돼 있다. AI가 디지털 공간을 넘어 로봇, 드론 등 물리적 하드웨어에 탑재되면서 진정한 스마트홈이 가능해지기 때문이다.
자율 주행 배달 로봇, 펫 케어, 가전 제어를 수행하며 정서적 교감까지 제공하는 반려 로봇 등이 대표적이다. 이번 CES 2026에서 화제가 된 중국 로봇청소기 기업 로보락, 드리미 같은 기업들이 선보인 제품들 역시 스스로 지형지물을 판단해 계단을 오르고, 물건을 집는 등 에이전틱 AI와 피지컬 AI가 결합한 특성을 보여줬다.

엠비언트 인텔리전스: 보이지 않는 기술

기술은 점차 눈에 보이지 않는 '엠비언트 인텔리전스' 형태로 진화한다. 웨어러블 기기 착용의 불편함을 해소, 공간 자체가 센서가 돼 거주자를 케어하는 방식으로 발전하고 있다. 비접촉 바이오 센싱, 와이파이 센싱, 밀리미터파(mmWave) 레이더를 활용해 카메라 없이도 사람의 존재, 호흡, 심박, 수면 패턴을 정밀 감지한다. 프라이버시 침해 우려가 있는 CCTV를 대체하거나 욕실이나 침실 등 민감한 공간에서의 낙상 감지 및 건강 모니터링에 활용하는 식이다.

CES 2026 혁신상을 받은 세라젬의 홈 테라피 부스 2.0 AI는 레이더 센서로 스트레스 지수를 측정하고, 이에 맞춰 조명, 향기, 산소 농도를 자동 조절하는 환경 테라피를 제공해 눈길을 끌었다.

수집된 생체 데이터를 AI가 분석해 건강 이상 징후를 사전에 포착하고 의료기관이나 가족에게 알림을 제공하는 예측적 건강 관리도 강화되고 있다. 미국 헬스케어 업체 애보트는 CES 2026에서 실시간 AI 기술을 활용해 식사하기 전 특정 음식이 혈당 수치에 미치는 영향을 예측하는 솔루션을 선보였다. 당뇨병 환자가 식사를 원하는 시간과 음식을 고르면 이 선택이 혈당 수치에 어떠한 영향을 미칠지 예측해 피드백을 제공하는 솔루션이다.

데이터를 클라우드로 보내지 않고 기기 자체에서 처리하는 '온디바이스 AI(On-device AI)'와 '엣지 컴퓨팅' 기술이 개선되면서 사용자 정보를 보호하는 보안성도 강화되는 추세다.

물건 줍고, 요리하고, 빨래 돌리고, 빨래 개 주고, 가사 노동에서 우리를 해방시켜 줄 LG전자의 에이전틱 AI 기반 가정용 로봇 'LG 클로이드(LG CLOiD)'

에너지 자립과 V2G 상용화

기후 위기와 에너지 비용 상승에 대응해 가정이 단순 소비 주체에서 생산 및 저장, 판매 주체(prosumer)로 전환되는 것도 스마트홈 분야 핵심 포인트다. 특히 전기차(EV)를 가정용 배터리로 활용하는 V2G(Vehicle-to-Grid) 기술이 2026년 본격 상용화 단계에 진입할 것으로 전망된다.

CES 2026에서도 에너지 절약 및 지속가능성은 주요 주제였다. AI 기반 홈 에너지 관리(AI-HEMS) 기술은 태양광 발전량, 가정 내 소비 패턴, 실시간 전력 요금을 AI가 분석해 에너지 효율을 최적화해 줄 수 있다.

전기차 보급 확산은 전기차 배터리의 대용량 전력을 가정 비상 전원(V2H)이나 전력망 안정화(V2G)에 활용하는 식으로 발전 중이다. 도넛랩(Donut Lab), 에보트렉스(Evotrex), 플린트 페이퍼 배터리(Flint Paper Battery), 잭커리(Jackery), 한국전력공사(Korea Electric Power Corporation, KEPCO) 등 다양한 기업과 기관이 배터리 에너지 저장, 스마트 홈 에너지 관리 기기, 휴대용 전력 시스템 혁신 기술 및 솔루션을 선보였다.

정전이나 재난 상황에서도 독립적인 전력 공급이 가능한 '넷제로 홈(Net-Zero Home)' 및 에너지 자립형 커뮤니티 구축 가속화 추세도 이어졌다. 스탠다드에너지의 도파민(Dopamine) 시스템은 바나듐 이온 배터리와 AI NPU(신경망 처리 장치)를 결합해 전력 효율을 극대화한 하이브리드 솔루션을 제시했다.

PART 02

보이지 않는 케어, 엠비언트 인텔리전스

주거공간에서 거주자의 생체 신호를 감지해 건강과 환경을 최적화한다.

퇴근 후 집에 들어선 A씨. 별도의 조작 없이 조명이 부드럽게 켜지고 거실 온도는 A씨의 현재 체온과 스트레스 지수에 맞춰 최적화된다.

주방에서는 가정용 로봇이 식기세척기에서 마른 그릇을 꺼내 정리하고 있다. 전기차는 가장 저렴한 심야 전력으로 충전이 예약되고, 낮 동안 태양광으로 모은 잉여 전력은 전력 거래소에 판매돼 이미 수익금이 입금됐다. 먼 미래를 배경으로 한 공상과학 영화가 아니다. AI 기술의 급격한 발전에 힘입어 빠르게 현실화할 '스마트 라이프(Smart Life)'의 청사진이다.

스마트 라이프는 기존의 스마트 홈(Smart Home) 개념에서 확장돼 삶의 질 관리, 에너지 소비, 도시 생활 등 일상생활의 전 영역에 걸쳐 인공지능(AI), 사물인터넷(IoT), 빅데이터, 가정용 로봇 등 첨단 기술이 융합되는 메가 트렌드다. 개인 주거 영역에서 커뮤니티, 도시에 이르기까지 우리 삶을 능동적으로 케어하고, 최적화하는 총체적 서비스로 산업 경계가 넓어지고 있다.

777조 원

글로벌 스마트 홈 시장은 2025년부터 연평균 27%씩 성장, 2030년에는 5372억7000만 달러(약 777조 원) 규모에 달할 전망이다.

글로벌 컨설팅 업체 EY가 2026년 '에이전틱 상호운용성(agentic interoperability)' 및 '피지컬 AI(물리적 AI)'를 위한 디자인 분야에서 큰 기회가 창출될 것으로 예측한 것도 이런 이유에서다.

냉장고, TV 등 가전제품에서부터 자동차, 건물 관리 시스템에 이르기까지 일상의 모든 제품에 AI, 에이전트(agent, 대리인)가 내장되고 있으며 이런 서로 다른 AI 시스템이 원활하게 작동하려면 에이전트 '오케스트레이션(Orchestration, 조정)' 및 설계, 디자인이 중요해질 수밖에 없다.

특화된 '초개인화', '완전 자동화' 경험

스마트 홈, 스마트 시티 등 물리적 공간에서 작동하는 제품에는 물리 법칙의 적용을 받는 피지컬 AI 기술과 에너지, 보안 기술도 필요하다. 실제 생활 공간에서 자동화, 최적화를 달성하려면 디지털 환경보다 훨씬 복잡한 변수가 고려돼야 하기 때문이다. 어느 한 가지만 어긋나도 물 흐르듯이 자연스럽게 작동하는 스마트 홈, 스마트 시티를 구현할 수 없게 된다.

핵심은 스마트 라이프의 기반 기술이 되는 에이전틱 AI와 피지컬 AI, 센서 및 에너지 기술이 빠르게 발전하고 있다는 데 있다. 이를 통해 단순한 기기 간 연결을 넘어 데이터 기반의 맥락 인식과 자율 실행으로 특정 사용자에게 특화된 '초개인화(Hyper-personalization)', '완전 자동화' 경험을 제공할 수 있게 된다. LG전자는 이를 '제로 레이버 홈(Zero Labor Home, 노동 없는 집)'이라고 표현했다.

시장 조사 업체 그랜드뷰리서치(Grand View Research)는 글로벌 스마트 홈 시장이 2025년부터 연평균 27%씩 가파르게 성장, 2030년에는 5372억7000만 달러(약 777조 원) 규모에 달할 것으로 전

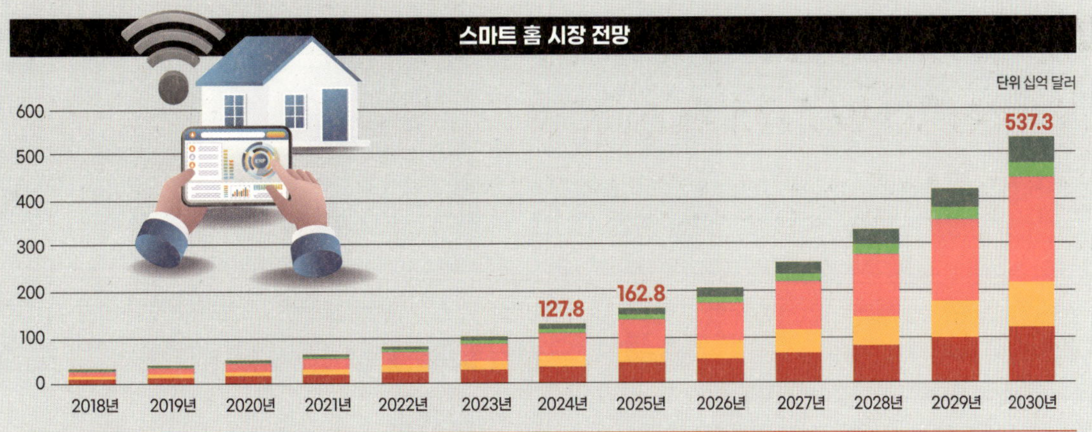

자료 그랜드뷰리서치

망했다. AI 고도화, 에너지 패러다임 변화가 시장의 폭발적 성장을 이끄는 핵심 동인이다.

"알아서 합니다"…스마트 라이프와 에이전틱 AI

2026년 스마트 라이프의 최대 화두는 단연 '에이전틱 AI(Agentic AI)'다. 챗GPT로 대표되는 생성형 AI가 텍스트 및 이미지 생성에 주로 활용된 것과 달리 에이전틱 AI는 스스로 판단, 물리 환경에서 행동을 수행할 수 있다는 점에서 스마트 라이프의 핵심 트렌드가 될 전망이다.

이 트렌드가 중요한 이유 중 하나는 '복잡성 피로'에 있다. 지금까지 스마트 홈 기술, 제품에는 사용자가 일일이 앱을 켜고 설정을 지정해 주어야 하는 번거로움이 존재했다. IoT 등 관련 기술이 오래됐음에도 일반 대중 확산이 더디게 진행된 것.

LG전자의 가정용 로봇 LG 클로이드(LG CLOiD)

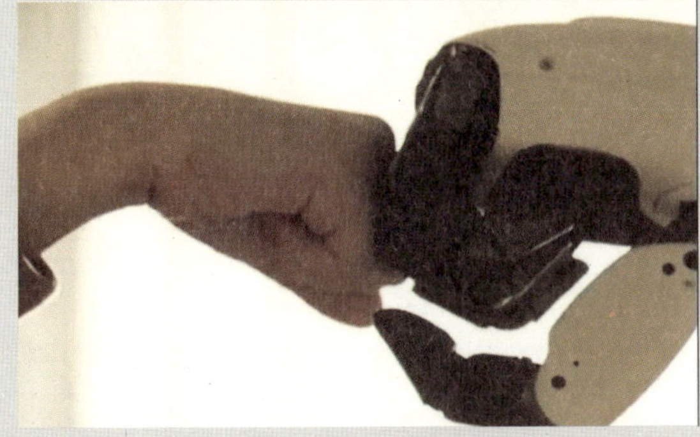

하지만 에이전틱 AI는 사용자의 의도를 파악해 알아서 실행까지 할 수 있다는 점에서 게임 체인저다. 자율 실행을 위한 에이전트 오케스트레이션 분야도 빠르게 발전하고 있어 과거처럼 명령에만 반응하는 것이 아니라 에이전트가 사용자의 목적을 이해하고 작업 흐름을 스스로 조직할 수 있을 것이란 관측이 나온다.

LG전자가 CES 2026에서 공개할 가정용 로봇 'LG 클로이드(LG CLOiD)'는 이런 흐름을 보여주는 대표적 사례다. LG전자는 "클로이드는 AI 기반으로 주변 환경을 스스로 인식, 학습한다"며 "사용자의 스케줄과 라이프스타일에 맞춰 다양한 AI 가전을 제어해 고객을 케어하는 AI 비서 역할을 할 것"이라고 설명했다.

보이지 않는 똑똑함, 엠비언트 인텔리전스

기술이 눈에 띄지 않고 배경화되는 '엠비언트 인텔리전스(Ambient Intelligence)'도 2026년 이후 스마트 라이프 산업의 핵심 트렌드 중 하나가 될 전망이다. "카메라는 부담스럽고, 몸에 걸치는 웨어러블 기기는 귀찮다"는 불만을 해결하기 위해 도드라지지 않도록

기술이 스며드는 것이다. Wi-Fi 센싱과 밀리미터파(mmWave) 레이더를 활용한 비접촉 바이오 센싱, 사용자의 생체 신호 및 스트레스 수준을 감지한 초개인화 환경 제어 기술 등이 활용되며 사용자가 의식하지 않아도 자연스럽게 사용자를 위한 케어를 제공하는 서비스, 제품으로 구현되고 있다.

특히 고령화 사회로 진입하면서 이 기술의 중요성은 더욱 커지고 있다. 예컨대 24시간 웨어러블 기기를 착용하기 힘든 노년층을 위해 집 자체가 거주자의 건강을 모니터링하는 식이다.

CES 2026 혁신상을 받은 세라젬의 '홈 테라피 부스 2.0 AI'는 레이더와 열 감지 센서를 활용, 사용자가 의식하지 않아도 심박·호흡·체온·수면 질 등 생체신호를 감지하며 온열·조명·음향·향기·산소농도를 자동으로 조절해준다. 사용자의 컨디션 변화를 실시간으로 반영해 스트레스 지수 완화와 집중력 회복, 정서적 안정에 도움을 줄 수 있는 것이다.

AI가 내 옷장과 일정, 날씨, 장소 등을 분석해 딱 맞는 옷을 추천해 주는 스마트 거울 '헤이미러(HEYMIRROR)' 역시 엠비언트 인텔리전스 기반 스마트 라이프 트렌드를 반영한 제품이다.

줄리 유 a16z 제너럴 파트너는 "현재 질병이 없지만, 정기적으로 건강 상태를 모니터링하고, 이해하려는 소비자층으로 인해 '건강 관리 MAU(월간 활성 사용자)' 시장이 등장할 것"이라며 "2026년에는 AI 신생 기업을 비롯한 수많은 기업이 이 사용자를 대상으로 서비스를 제공하기 시작할 것"이라고 예상했다.

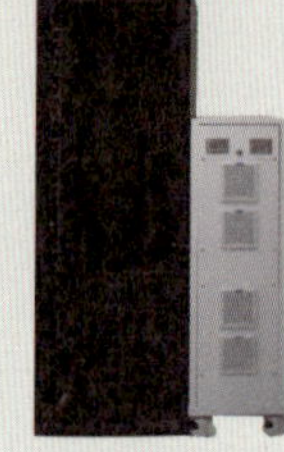

1.
세라젬의 '홈 테라피 부스 2.0 AI'

2.
이원오엠에스의 AI 기반 스마트 드레싱 거울 '헤이미러(HEYMIRROR)'

3.
스탠다드에너지의 AI 전력 인프라 솔루션 '도파민(Dopamine)'

우리 집이 발전소, V2G와 에너지 자립

기후 위기와 전기요금 상승은 집을 '경제적 도구'로 변화시키고 있다. 에너지 소비 주체에서 생산 및 판매 주체(Prosumer, 프로슈머)로 집, 커뮤니티, 도시를 전환하는 게 핵심이다.

차량-그리드 간 전력 교환(Vehicle-to-Grid, V2G)은 스마트 홈, 스마트 라이프 산업에서 부상하는 '에너지 자립(Energy Autonomy)' 트렌드를 이끄는 대표적 기술이다.

전기차 배터리에 저장된 전력을 가정용 비상 전원(V2H)으로 쓰거나 전력

Zero

CES는 단순히 새로운 가전을 선보이는 자리를 넘어, 넷제로 홈(Net Zero Home)과 같은 기술로 '지속 가능성'이라는 주제와 연결돼 있다.

망에 되팔아 수익을 낼 수 있기 때문이다. 특히 2026년은 글로벌 표준인 'ISO 15118'의 확산으로 전기차와 충전기 간 양방향 통신이 본격화되는 원년이다. 태양광 발전량, 가정 내 소비 패턴, 실시간 전력 요금을 AI로 분석해 에너지 효율을 최적화하는 'AI 기반 홈 에너지 관리(AI-HEMS)'도 부상할 것으로 예측된다.

정전이나 재난 상황에서도 독립적인 전력 공급이 가능한 '넷제로 홈(Net-Zero Home)' 및 에너지 자립형 커뮤니티 구축도 가속화될 전망이다.

스탠다드에너지의 '도파민(Dopamine)' 시스템은 이러한 흐름을 잘 보여주는 사례다. 화재 위험이 적은 바나듐 이온 배터리(ESS)에 한국 기업 리벨리온의 AI 반도체(NPU)를 결합해 전력 효율을 극대화했다. 집과 커뮤니티는 단지 에너지를 소비만 하는 곳이 아니라 생산하고 저장하며 돈을 버는 소규모 발전소로 진화 중이다.

I·N·S·I·G·H·T 더밀크의 시각

스마트 라이프 시대, 기회 잡으려면?

장밋빛 전망만 있는 것은 아니다. 유럽연합(EU)의 '사이버복원력법(CRA)' 등 강화되는 글로벌 보안 규제를 준수해야 한다. 사이버복원력법은 디지털 기능을 가진 모든 제품(하드웨어 및 소프트웨어 포함)의 전 생애주기 동안 보안성을 강화하기 위해 도입한 법률이다.

제품 설계 단계부터 제조, 유통, 사용 후까지 보안 요구사항을 의무화해 사용자 보호, 사이버 위협 감소, 시장 내 디지털 제품의 신뢰성 및 경쟁력 확보를 목표로 한다. 에이전틱 AI와 엠비언트 기술을 탑재한 스마트 홈, 스마트 라이프 제품은 사용자를 대신해 작동하는 자동화가 핵심이므로 이런 보안 이슈가 더 중요해질 전망이다.

스마트 라이프 시장에서 기업은 무엇을 준비해야 할까?

서비스로의 전환

단순 하드웨어 판매 모델에서 벗어나, AI 기반의 구독형 케어 서비스(보안, 시니어 케어, 펫 케어)를 결합해 지속적인 수익원(Recurring Revenue)을 창출할 필요가 있다.

예컨대 가전 제조사는 보험사, 보안 업체와 제휴해 '안심 케어 패키지' 등을 출시하는 전략을 고려해 볼 수 있다.

프라이버시 퍼스트 마케팅

엠비언트 인텔리전스 확산에 따른 사생활 침해 우려를 해소하는 것이 중요하다. 데이터가 기기 외부로 유출되지 않는 '온디바이스 AI' 기술력을 핵심 마케팅 포인트로 활용할 필요가 있다.

'Local Processing Only' 같은 형태의 인증 마크를 도입하거나 투명성 보고서 발간하는 전략을 고려할 만하다.

에너지 생태계 주도

전기차(EV)와 스마트 홈을 연결하는 통합 에너지 플랫폼을 구축해 V2G 시장을 선점하는 것도 고려해 볼 수 있다.

예컨대 건설사, 충전 사업자, 완성차 업체가 컨소시엄을 구성, 신축 아파트에 V2G 인프라 표준 적용하는 전략을 펼 수 있다.

글로벌 규제 선제 대응

EU '사이버 복원력 법(CRA)' 등에 대비해 2026년부터 모든 제품의 설계-개발-유지보수 전 단계에 보안 개념을 적용하는 체계를 확립해야 한다.

글로벌 시장 확장을 위한 상호 운용성(Interoperability) 보장도 중요하다. 스마트 홈 표준인 '매터(Matter)' 최신 버전을 도입해 타사 기기와의 연결 장벽을 제거한다면 사용자 경험을 개선할 수 있을 것이다.

Quantum Technology

CES 2026 콘퍼런스에서 목격한 양자 혁명의 서막

양자 기술은 아직 먼 미래처럼 보이는 데도 사람들의 관심은 뜨겁다. 당연하다. AI 기술도 불과 몇 년 전엔 그랬으니까. CES 2026에서 양자 기술이 미래의 문을 열었다.

CES 역사상 처음 신설된 양자, 블록체인 기술 전문 공간 'CES 파운드리'에서 진행한 발표 세션은 입석으로 진행될 만큼 높은 관심이 쏟아졌다. CES 2026은 양자컴퓨팅이 더 이상 먼 미래의 기술이 아니라 현재 우리의 비즈니스를 변화시키고 있는 현실의 기술로 인정받은 역사적 전환점이다.

이 글에서는 CES 2026 핵심 콘퍼런스 내용을 중심으로 양자 기술이 어떻게 우리의 미래를 재정의하고 있는지 심도 있게 분석하고 양자 시대의 보안을 책임질 삼성전자의 혁신적인 프로세서를 소개하며 그 거대한 변화의 의미를 조망하고자 한다.

SESSION 01 양자컴퓨팅의 '챗GPT 모멘트'가 온다

Quantum Computing Today: Beyond the Hype

CES 2026에서 가장 강력한 메시지를 던진 세션은 단연 '퀀텀컴퓨팅의 오늘: 선전을 넘어서(Quantum Computing Today: Beyond the Hype)'다. 이 세션은 양자 기술이 더 이상 과장된 미래 예측이 아닌 구체적인 비즈니스 가치를 창출하는 단계에 진입했음을 선언하는 자리다. 조지 토마스 커넥티드 DMV 회장은 기조연설에서 양자 시장이 2040년까지 1730억 달러 규모로 성장할 것이며 이미 각국 정부가 약 540억 달러를 투자하고 있다는 구체적인 수치를 제시하며 논의의 포문을 열었다. 그는 양자 기술을 컴퓨팅, 센싱, 통신, 암호, 소재의 5대 영역으로 분류하며 이 기술이 전 산업에 미칠 혁명적인 변화를 예고한다.

"지금 양자에 투자하지 않으면 경쟁에서 뒤처질 것"
푸아 디아낫 퀀텀컴퓨팅 CRO

"현재 양자 시장은 2년 전의 AI 시장과 같다"
아리엘 브라운스타인 아이온큐 CPO

거인들의 선언: IBM, 아이온큐, 퀀텀컴퓨팅이 말하는 양자의 현재

이 세션의 백미는 양자컴퓨팅 시장을 이끄는 세 거인, IBM, 아이온큐(IonQ), 퀀텀컴퓨팅(Quantum Computing Inc., QCI)의 리더들이 한자리에 모여 양자의 현재와 미래를 논한 패널 토론이었다.

조 브로즈 IBM 부사장은 냉정한 현실 진단으로 발표를 시작했다. 그는 "CEO의 80%가 양자컴퓨팅의 중요성을 인지하고 있지만 실제 준비된 기업은 40%에 불과하다"고 지적하며 인식과 준비 사이의 격차를 메우는 것이 시급한 과제임을 강조했다. 하지만 그는 이 격차가 빠르게 좁혀지고 있으며 IBM은 이미 '과학적으로 유용한 결과(Scientifically Useful Results)'를 내는 단계에 도달했다고 선언했다. 특히 IBM의 강점인 초전도 큐비트(superconducting qubits) 방식이 복잡한 연산을 수행하는 능력, 즉 '회로 깊이(circuit

1

2

1.
왼쪽부터 아리엘 브라운스타인 아이온큐 CPO, 푸야 디아낫 퀀텀컴퓨팅 CRO, 조 브로즈 IBM 부사장, 진행자.

2.
'CES 파운드리'에 마련된 양자컴퓨팅 전시관은 연일 인산인해를 이루며 양자 기술에 대한 높은 관심을 증명했다.

depth)'에서 탁월한 성능을 보인다는 점을 강조하며 기술적 자신감을 드러냈다. 그는 마지막으로 이 모든 기술 발전의 최종 병목은 결국 '인력'이 될 것이라며 양자 전문가 양성의 중요성을 역설했다.

아리엘 브라운스타인 아이온큐 CPO는 아마도 이날 이후로 가장 유명해질 비유를 남겼다. 그는 "현재 양자 시장은 2년 전의 AI 시장과 같다"고 단언했다.

2022년 챗GPT의 등장 이후 AI 시장이 겪었던 폭발적인 성장을 상기시킨 이 발언은 양자 기술 역시 비슷한 '티핑 포인트'에 임박했음을 시사하는 강력한 메시지였다. 그는 기업들이 더 이상 관망해서는 안 되며 자신의 비즈니스에서 '계산량이 많으면서도 가치가 높은 문제'를 찾아 양자 기술 적용을 서둘러야 한다고 촉구했다. 또한 그는 인력 양성이 단순히 기존 엔지니어를 재교육하는 수준을 넘어 산업계와 학계가 긴밀히 협력하는 새로운 생태계를 구축해야만 가능하다고 강조하며 자사의 이온 트랩(ion trap) 기술의 우수성을 피력했다.

푸야 디아낫 퀀텀컴퓨팅 CRO는 더욱 도발적인 메시지를 던졌다. 그는 "지금 양자에 투자하지 않으면 경쟁에서 뒤처질 것"이라고 경고하며 양자 기술 도입이 더 이상 선택이 아닌 생존의 문제임을 분명히 했다. 퀀텀컴퓨팅은 광자(photonics) 기술을 통해 확장성 문제를 해결하고 있으며 최종적으로는 GPU나 CPU처럼 양자 처리 장치(QPU)를 일상 기기에 탑재하는 것을 목표로 하고 있다고 밝혔다.

이는 양자컴퓨팅이 더 이상 거대한 슈퍼컴퓨터의 형태가 아닌 우리 주변 어디에나 존재하는 기술이 될 수 있다는 놀라운 비전을 제시한 것이었다.

이 세션은 양자컴퓨팅이 더 이상 '왜' 필요한가를 묻는 단계를 지나 '어떻게' 활용할 것인가를 고민하는 단계로 넘어왔음을 명확히 보여준다. 세 리더가 제시한 각기 다른 기술 방식(초전도, 이온 트랩, 광자)은 마치 춘추전국시대를 연상시키지만 그들의 메시지는 '양자 시대의 도래'라는 하나의 방향을 가리키고 있다.

SESSION 02 다가오는 양자 해독의 위협과 방패

Quantum is Here: Global Industry Challenge & Post-Quantum Cryptography

첫 번째 세션이 양자 기술의 밝은 미래를 조명했다면 두 번째 세션은 그 그림자에 가려진 거대한 위협, 즉 '양자 해독'의 위험성을 경고하는 자리였다. 양자컴퓨터의 경이로운 연산 능력은 현대 암호 체계를 순식간에 무력화시킬 수 있는 양날의 검이기 때문이다.

1

지금 수확하고, 나중에 해독한다

세션의 핵심 주제는 '지금 수확하고, 나중에 해독한다(Harvest Now, Decrypt Later)'라는 섬뜩한 공격 시나리오다. 이는 해커들이 현재의 암호화된 데이터를 대량으로 탈취해 저장해 둔 뒤, 미래에 강력한 양자컴퓨터가 등장하면 그 암호를 해독해 정보를 빼내는 방식이다. 이는 우리의 금융 정보, 의료 기록, 국가 기밀 등 현재는 안전하다고 믿는 모든 데이터가 미래의 어느 시점에 속수무책으로 노출될 수 있음을 의미한다. 이 세션은 은행, 의료, 에너지 등 국가 핵심 인프라 전반이 이 위협에 직접적으로 노출돼 있으며 전 세계적으로 20억 개 이상의 디지털 서비스를 시급히 업그레이드해야 한다고 경고한다.

PQC

포스트 양자 암호

양자컴퓨터로도 해독하기 어려운 새로운 수학적 난제에 기반한 암호 알고리즘으로, 발전하고 있는 해킹 기술과 정보 유출 위험에 대항할 기술로 주목받는다.

새로운 방패, 포스트 양자 암호(PQC)

이러한 위협에 맞서는 새로운 방패가 바로 포스트 양자 암호(Post-Quantum Cryptography, PQC)다. PQC는 양자컴퓨터로도 해독하기 어려운 새로운 수학적 난제에 기반한 암호 알고리즘이다. 미국 국립표준기술연구소(NIST)가 2024년 PQC 표준 암호화 알고리즘을 발표하고 미국 연방 정부가 PQC로의 전환을 의무화하면서 PQC 도입은 이제 거스를 수 없는 흐름이 되었다. 이 세션의 주요 연사였던 사이버보안 전문가 레베카 크라우타머는 PQC로의 전환이 단순한 소프트웨어 업데이트가 아닌 디지털 인프라 전반의 대대적인 수술이 될 것이라고 예측한다. 또한 그녀는 PQC와 더불어 양자 키 분배(Quantum Key Distribution, QKD)와 같은 보완적인 기술을 함께 활용해 다층적인 방어 체계를 구축해야 한다고 강조한다. QKD는 양자 역학의 원리를 이용해 도청이 불가능한 암호키를 생성하고 분배하는 기술로, PQC와 함께 미래 보안의 핵심 축을 이룰 것으로 기대된다. 이 세션은 양자

기술의 발전이 단순히 더 빠른 컴퓨터를 만드는 것을 넘어 우리가 디지털 세계를 신뢰하는 방식 자체를 근본적으로 바꾸고 있음을 보여준다. 양자라는 창이 날카로워질수록 PQC라는 방패는 더욱 견고해져야만 하는, 끝나지 않을 창과 방패의 싸움이 이미 시작된 것이다.

세상을 감지하는 새로운 눈

Quantum is Now: Unprecedented Improvement in Precision & Sensitivity

세 번째 핵심 콘퍼런스는 양자 기술의 또 다른 얼굴, 즉 '양자 센싱'과 '양자 네트워킹'의 경이로운 세계를 조명했다. 이 세션은 양자 기술이 단지 계산 능력의 혁신을 넘어 세상을 감지하고 연결하는 방식 자체를 바꾸고 있음을 보여준다.

나쁜 양자컴퓨터가 좋은 양자 센서가 되는 역설

세션의 문을 연 셀리아 메르츠바허 양자경제개발컨소시엄(QED-C) 이사는 "나쁜 양자컴퓨터는 좋은 양자 센서"라는 업계의 유명한 역설로 발표를 시작한다. 이는 양자컴퓨팅의 가장 큰 골칫거리인 '외부 노이즈에 대한 민감성'이 역설적으로 양자 센서에게는 가장 큰 장점이 된다는 의미다. 양자컴퓨터는 큐비트의 섬세한 양자 상태를 유지하기 위해 외부 세계로부터 완벽하게 격리돼야 하지만, 양자 센서는 바로 그 민감성을 이용해 주변 환경의 극미세한 변화를 상상 이상의 정밀도로 측정할 수 있다.

1. IBM 양자컴퓨터 연구실 모습.

2. 엔비디아가 공개한 GPU와 양자컴퓨팅 연결 시스템 'NVQ링크' 개념도. 왼쪽 상단에 양자컴퓨터 고유 설비인 프릿지가 보인다.

인류의 감각을 확장하는 양자 센서의 응용

폴 립먼 인플렉션 CRO는 양자 센서가 열어갈 놀라운 응용 분야를 구체적으로 제시한다.

첫째는 의료 분야다. 양자 센서는 인체에서 발생하는 미세한 자기장을 감지해 뇌나 심장의 활동을 실시간으로 영상화할 수 있다. 이는 기존의 MRI나 CT보다 훨씬 안전하고 정밀하게 뇌종양이나 심장 질환을 조기에 진단하는 길을 열어줄 것이다.

둘째는 항법 분야다. GPS 신호가 닿지 않는 심해, 지하, 혹은 적에 의해 GPS가 교란되는 전장에서도 양자 센서

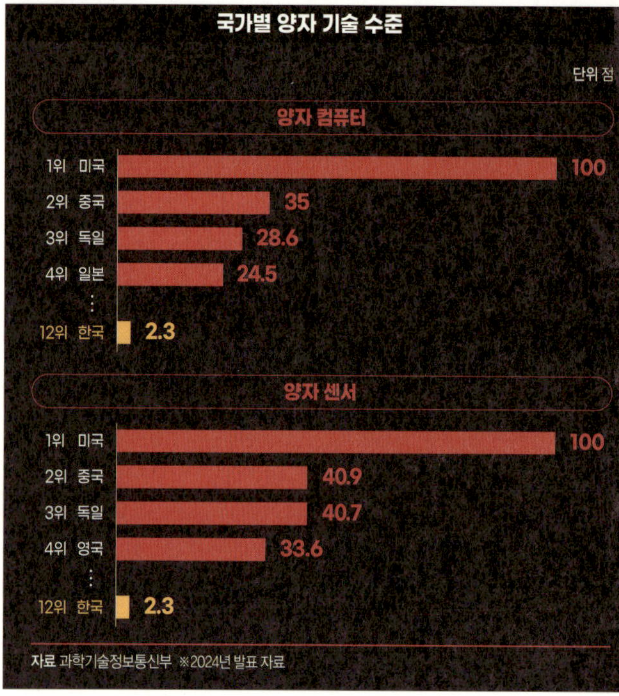

국가별 양자 기술 수준

단위 점

양자 컴퓨터

순위	국가	점수
1위	미국	100
2위	중국	35
3위	독일	28.6
4위	일본	24.5
⋮		
12위	한국	2.3

양자 센서

순위	국가	점수
1위	미국	100
2위	중국	40.9
3위	독일	40.7
4위	영국	33.6
⋮		
12위	한국	2.3

자료 과학기술정보통신부 ※2024년 발표 자료

1

는 지구의 미세한 중력장 변화를 감지하여 정확한 위치를 파악할 수 있다. 이는 자율주행차, 드론, 잠수함 등의 항법 시스템에 혁명을 가져올 것이다.

셋째는 환경 모니터링 분야다. 화산 활동 전의 미세한 지각 변화나 지하수의 흐름을 감지해 자연재해를 예측하고 대기 중의 극미량 유해 물질을 탐지해 환경 오염을 감시할 수 있다.

넷째는 제조 분야다. 반도체 웨이퍼의 미세한 결함을 찾아내거나 신소재의 원자 단위 구조를 분석하는 등 제조 공정의 정밀도를 극한까지 끌어올릴 수 있다.

"나쁜 양자컴퓨터는 좋은 양자 센서"
셀리아 메르츠바허 양자경제개발컨소시엄 이사

"5년 안에 인터넷·통신·금융거래에 쓰이는 모든 RSA와 ECC 암호를 무력화할 양자컴퓨터가 등장할 수 있다"
버너 보겔스 아마존웹서비스 CTO

양자 인터넷을 향한 첫걸음, 양자 네트워킹

세션의 후반부는 양자 네트워킹의 미래를 다룬다. 양자 네트워킹은 강력한 양자컴퓨터들을 서로 연결해 분산 양자컴퓨팅을 구현하거나, 전 세계에 흩어진 양자 센서를 하나의 거대한 네트워크로 묶는 것을 목표로 한다. 이를 실현하기 위한 핵심 기술은 바로 '양자 중계기(quantum repeater)'다. 양자 정보는 매우 취약해 장거리 전송이 어렵기 때문에 중간에서 양자 신호를 증폭하고 재생해 주는 중계기가 필수적이다.

비록 양자 중계기 개발과 같은 기술적 과제는 남아 있지만, 이미 양자 시계와 같은 일부 양자 센서는 상용화돼 빠르게 시장을 넓혀가고 있다. 이 세션은 양자 기술이 컴퓨팅이라는 하나의 영역에 머무르지 않고 인류의 감각을 확장하고 세상을 연결하는 거대한 플랫폼으로 진화하고 있음을 명확히 보여준다.

1.
구글의 시커모어 양자 컴퓨터 냉동고 내부다. 양자 기술은 휴머노이드 시대를 이끌 혁명 기술로 주목받는다.

2.
아이온큐의 양자 시스템 '아이온큐 포르테'.

준비된 자가 미래를 얻는다

CES 2026은 양자 기술의 역사에 하나의 분수령으로 기록될 것이다. '챗GPT 모멘트'를 눈앞에 둔 양자컴퓨팅의 폭발적인 잠재력, 피할 수 없는 위협이 된 양자 해독과 그에 맞서는 PQC 기술의 부상, 그리고 인류의 감각을 확장할 양자 센싱의 무한한 가능성까지. 우리는 양자 기술이 공상 과학의 영역을 벗어나 우리의 삶과 비즈니스를 근본적으로 바꾸는 '현실'이 됐다는 것을 목격했다.

이제 공은 기업으로 넘어왔다. CEO의 80%가 중요성을 인식하지만 오직 40%만이 준비하고 있다는 냉정한 현실 속에서 지금 무엇을 하느냐가 미래의 승자와 패자를 결정할 것이다.

자신의 비즈니스에서 양자 기술이 해결할 수 있는 가장 중요한 문제를 정의하고 차세대 양자 전문가를 양성하며 PQC로의 전환을 서두르는 기업만이 다가오는 양자 혁명의 파도 위에서 새로운 기회를 잡을 수 있을 것이다. 양자 기술은 더 이상 미래가 아니다. 그것은 바로 지금, 우리 눈앞에 곧 펼쳐질 현실이며 준비된 자만이 그 미래를 얻게 될 것이다.

INSIGHT

양자 시대의 수문장, 혁신적 보안 프로세서 'S3SSE2A'

CES 2026의 수많은 양자 기술 발표 속에서 단연 돋보이는 하나의 제품이 있다. 바로 사이버보안 부문 최고 혁신상을 받은 삼성전자의 보안 프로세서 'S3SSE2A'다. 이 작은 칩은 다가오는 양자 시대의 가장 큰 위협인 '양자 해독'에 맞서는 가장 현실적이고 강력한 해결책을 제시했다는 점에서 엄청난 주목을 받는다.

S3SSE2A는 업계 최초로 하드웨어 기반의 PQC 엔진을 탑재한 보안칩이다. 앞서 설명했듯이 PQC는 양자컴퓨터의 공격을 막아낼 수 있는 새로운 암호 알고리즘이다.

하지만 소프트웨어로 PQC를 구현할 경우, 속도 저하나 추가적인 보안 취약점 발생의 우려가 있었다. 삼성전자는 PQC 알고리즘 연산을 전담하는 하드웨어 엔진을 칩에 직접 내장함으로써 이러한 문제들을 원천적으로 해결한다.

CES 2026에서 최고 혁신상을 받은 삼성전자의 PQC 보안칩.

이 칩의 혁신성은 여기서 그치지 않는다. S3SSE2A는 업계 최고 수준의 보안 인증인 CC EAL6+ 등급을 획득해 물리적 해킹 공격과 소프트웨어 공격을 모두 막아낼 수 있는 강력한 방어 능력을 공인받았다. 이는 우리의 스마트폰, IoT 기기, 자율주행차 등 모든 연결된 기기가 양자 시대에도 안전하게 개인정보와 데이터를 보호할 수 있게 되었음을 의미한다.

삼성전자의 S3SSE2A는 양자 기술이 단지 공격의 창을 만드는 데 그치지 않고 그에 맞서는 방패 역시 함께 진화하고 있음을 보여주는 상징적인 성과다.

양자컴퓨팅이라는 거대한 파도가 밀려오는 지금, 삼성전자는 그 누구보다 빠르게 '안전한 항구'를 구축하며 미래 보안 시장의 수문장이 될 준비를 마쳤음을 전 세계에 알린 것이다.

혁신의 무대

올해 CES에서도 한국 기업들은 독보적인 활약을 펼쳤다.

Physical AI

32%
로보틱스 및 무인 시스템 부문 출품작 전년 대비 32% 증가.

3개
'AI 부문' 최고혁신상 3개 한국 기업 석권. (시티파이브, 딥퓨전에이아이, 두산로보틱스)

70%
AI 부문 최고혁신상 수상작 중 70% 이상 하드웨어 결합형 솔루션.

168개

2025년 11월 초에 발표된 CES 2026 혁신상 1차 수상 결과에 따르면 전체 284개 수상 기업 중 한국 기업은 168개(약 60%)다. 이 중 중소기업이 137개로 80% 이상을 차지했다.

3년

2024년, 2025년에 이어 3년 연속 최다 수상국 지위를 유지하며 'K-테크의 표준화' 입증.

B2B

70%

전체 혁신상 수상작 중 소비자 가전이 아닌 기업용(B2B) 솔루션 및 부품 비중이 약 70% 차지.

25%

전체 36개 시상 분야 중 엔터프라이즈 테크, 사이버보안, 스마트 시티, 산업용 로보틱스 부문의 수상작 수가 전년 대비 약 25% 증가.

50%

최고혁신상 수상작 중 50%를 일반 소비자가 직접 구매하기 힘든 산업 인프라/기업 전용 솔루션이 차지하며 '기술의 산업화' 경향 뚜렷.

1

'중국의 시간'이 시작됐다! AI 패권 시프트

"중국 과학기술 기업은 더 이상 저가 참여자가 아니라 이미 CES 무대의 센터에 올랐다(中国科技企业不再是低调陪跑的参与者，而已是登临CES舞台的C位)"

- 21세기경제보도 (21世纪经济报道)

"체화된 AI(Embodied AI)가 '중국의 시간'을 맞이했다… 휴머노이드 로봇이 CES를 빛내다(具身智能迎来中国时刻：人形机器人闪耀CES)"

- DoNews

"CES 2026: AI의 구체화(Embodied) 착륙, 중국의 힘이 전면적으로 굴기하다(CES 2026：AI具身化落地, 中国力量全面崛起)"

- 후슈망(虎嗅网)

CES 2026에 대한 중국 언론의 내부 평가다. 중국 매체들의 CES 2026 평가는 한마디로 '자신감의 확인(Confidence Check)'이었다. 과거처럼 단순히 '참가'에 의의를 두는 것이 아니라 '중국이 기술의 표준을 정의(Define)하고 있다'는 논조가 지배적이었다.

심지어 '기술 주권의 선언(Declaration of Tech Sovereignty)'에 가까운 매체도 있었다. 중국 매체들은 더 이상 해외 매체의 평가를 인용하는 데 그치지 않고, 중국 매체 스스로가 "우리가 트렌드를 정의(Define)하고 있다"는 강력한 논조를 보였다.

이 같은 자신감이 드러난 것도 무리는 아니었다. 실제 CES 2026이 열린 라스베이거스 컨벤션센터(LVCC)는 중국의 기술 굴기를 그대로 보여줬다.

이 홀에 들어오는 순간 가장 먼저 눈에 들어온 것은 거대한 TCL 전시관이 이를 상징한다. 지난해까지 삼성전자가 자리했던 바로 그 자리다. 15년간 CES의 명당이던 3368m² 공간을 올해 중국 TCL이 차지했다. 삼성이 윈 호텔로 이동하자 중국이 그 빈틈을 정확히 파고들었다.

3368m²

15년간 CES의 명당이던 3368m² 공간을 올해 삼성 대신 중국 TCL이 차지했다.

1. CES 2026 센트럴홀의 삼성관 자리를 차지한 중국의 가전 업체 TCL
2. CES 2026 노스홀에 있는 엔진 AI의 휴머노이드 로봇

이것은 단순한 전시 공간의 변화가 아니었다. 글로벌 TV 시장을 넘어 전자 IT 시장의 구조적 전환을 상징하는 장면이다. 양 위안칭 레노버 CEO는 CES 역사상 처음으로 중국 기업인 자격으로 기조연설 무대에 올랐다. 단순한 부스 배치 변화가 아니다. 글로벌 전자산업 판도 변화의 신호탄이다.

80% 품질에 50% 가격으로 대중 시장 잠식하는 중국 업체들

숫자가 말하는 현실은 더 명확하다. TV 시장에서 2024년 4분기 글로벌 출하량 기준 삼성 16%, TCL 14%, 하이센스 12%, LG 10%다. TCL은 2022년 LG를 제치고 2위에 오른 뒤 격차를 계속 벌리고 있다.

일명 차이나쇼크 2.0. 레드 쓰나미가 불어닥칠 판이다. 1.0이 2000년대 초반 저가 제조업으로 미국 중서부를 황폐화한 '양의 공세'였다면, 차이나 쇼크 2.0은 '질의 공세'다. 가격은 한국 제품의 3분의 2 수준이면서 품질은 거의 동등하다.

CES 2026 현장에서 확인한 TCL, 하이센스의 기술력은 '저가 중국산'이라는 선입견을 무너뜨렸다. 여기에 올림픽, 내셔널풋볼리그(NFL), 월드컵 후원까지 더해 브랜드 인지도 구축에도 공격적이다.

더 무서운 것은 전략의 체계성이다.

2026년은 중국 15차 5개년 계획의 원년이다. 핵심 키워드는 '신질생산력(新質生產力)'이다. 세계의 공장이 아닌 글로벌 혁신 허브로의 전환 선언이다. 문제는 이 전략이 정확히 한국의 주력 산업인 반도체, 전기차, 배터리, 스마트 제조를 겨냥한다는 점이다. 이는 우연이 아니라 정교한 산업 타겟팅이다.
한국 TV 산업이 30년간 지켜온 글로벌 리더십이 흔들리고 있다. 삼성과 LG는 여전히 최고급 기술력을 보여줬지만, 중국 업체들이 "80% 품질에 50% 가격"으로 대중 시장을 빠르게 잠식 중이다.

이미 글로벌 TV 출하량 기준으로 중국이 절반 이상을 차지한다. 태양광 패널에서 벌어진 일이 TV에서 재현되고 있고, 다음은 전기차와 배터리다.

'모듈러 미들(Modular Middle)'이 만든 파괴적 혁신

로보락과 드리미 등 로봇청소기 업체들이 CES 2026에서 시선을 끈 것은 시사점이 있다.

특히 드리미는 로봇청소기 업체임에도 최고 출력 1876마력의 슈퍼카(콘셉트카) '네뷸라 넥스트 01(Nebula Next 01)'를 공개했다.

이 콘셉트카의 핵심은 드리미가 오랫동안 축적해온 고속 전기모터 기술이다. 진공청소기로 다져온 모터 제어와 효율 기술이 슈퍼카의 핵심 동력으로 확장된 셈이다. 네뷸라 넥스트 01은 네 개의 전기 모터를 사용하는 사륜구동 시스템을 기반으로 했다.

비록 '콘셉트카' 수준이지만 성능은 놀랍다. 정지 상태에서 시속 100km까지 도달하는 데 걸리는 시간은 1.8초. 기존 내연기관 슈퍼카는 물론, 포르쉐 타이칸 터보 GT나 테슬라 모델 S 플래드와 같은 최상위 전기 세단을 넘어서는 수준이다.

드리미는 이번 콘셉트카가 단순한 기술 시연용이 아니라, 장차 유럽 하이퍼 EV들과 정면으로 경쟁할 수 있는 잠재력을 지녔다고 강조했다.

드리미의 자동차 산업 진출 선언은 이미 예고됐었다. 2025년 8월, 드리미는 "경쟁사는 부가티"라는 도발적인 발언과 함께 자동차 시장 진출 계획을 공식화한 바 있다. CES 2026에서 실물을 공개하며 분위기를 바꿨다.

드리미의 성공은 중국식 '모듈러 미들(Modular Middle)'을 활용한 결과로 분석된다. 모듈러 미들은 전자산업 공급망의 중간 계층을 의미한다. 최하위 계층에는 웨이퍼, 포일, 폴리머 같은 초상품화된 원재료가 있고, 최상위 계층에는 완성된 소비자 제품이 있다.

그사이에 위치한 모듈러 미들은 다이오드, 전극, 권선,

1

렌즈, 배터리 셀, 모터 같은 표준화된 기능 단위 빌딩 블록들이다. 이 중간 계층의 핵심적 특징은 깊은 모듈성(modularity)에 있다.

시스템을 분해하고 다시 조합해 전혀 다른 제품으로 구성할 수 있다는 것이다. 산업용 로봇에 쓰이는 폴리머, 다이오드, 배터리 셀이 노트북에서도, 드론에서도, 로봇 청소기에서도 그대로 사용된다.

드리미의 성공은 바로 이 모듈러 미들을 활용한 결과다. 드리미가 계단을 오르는 로봇 청소기나 슈퍼카를 만들기 위해 모든 부품을 처음부터 개발한 것이 아니다. 스마트폰 산업이 수십억대 규모로 성숙시킨 배터리 셀, 드론 산업이 검증한 모터와 센서, 전기차 산업이 발전시킨 전력 관리 시스템을 가져와 재조합했다. 대규모 소비자 시장에서 축적된 부품과 공정을 활용해 재조합만으로 새로운 시스템을 생성한 것이다.

1. 중국 로봇 청소기 회사 드리미가 CES 2026에서 공개한 슈퍼카 '네뷸라 넥스트 01'.

2. CES 2026 베네치안 엑스포에서 큰 인기를 끈 로보락 부스.

I·N·S·I·G·H·T

트렌드를 전략으로 만드는 더밀크의 제언

길목 기술을 육성하라

중국발 '차이나 쇼크 2.0'이 본격화되면서 한국은 근본적 선택을 요구받고 있다. 중국과 동일한 방식으로 경쟁할 수 없다. 정부 보조금 규모도, 내수 시장도 비교 대상이 아니다. 그렇다고 프리미엄 시장만 고집하기엔 중국의 기술 추격 속도가 너무 빠르다. 한국은 완전히 다른 게임의 룰을 만들어야 한다.

핵심 전략은 세 축이다.

첫째, '길목 기술' 전략의 고도화가 시급하다. 전체 밸류체인을 장악하려는 욕심을 버리고 시스템 작동에 필수적인 10~15% 구간에 집중해야 한다. TV 완제품 시장은 중국이 앞서지만 OLED 패널, 화질 처리 칩은 한국이 압도적이다. 반도체에서 ASML의 EUV 장비, JSR의 포토레지스트처럼 대체 불가능한 소재·부품 영역에 힘을 더 실어야 한다.

둘째, 중국의 '시스템 신뢰성과 거버넌스' 취약성을 무기화해야 한다. 가격 대비 성능은 좋지만, 장기 신뢰성, 보안 대응, 책임 구조는 불안하다. 국방·의료·금융·인프라 같은 고위험 산업에서는 '가격'보다 '장기 파트너십과 책임'이 중요하다. 한국이 경쟁 우위를 만들 수 있는 지점이다.

셋째, 산업 간 컨소시엄 구축이 필요하다. 중국은 국가 단위로 움직이기에 개별 기업이 상대하면 밀린다. 'K-휴머노이드 얼라이언스'는 출발점일 뿐이며 TV·배터리·자동차·반도체로 확대해야 한다. 핵심은 공동 마케팅이 아니라 기술 공유와 표준화다. 예를 들어 전기차 배터리 안전 기준, 스마트 홈 기기 상호운용성 프로토콜 등을 한국이 선제적으로 합의하고 글로벌 표준을 제안해야 한다.

마지막으로 산업 정책의 패러다임 전환이 필요하다. 지금까지는 '선도 기업 육성'에 초점을 둬 대기업 중심 구조를 강화했다. 그러나 중국과의 경쟁에서는 생태계 전체를 설계하는 방식이 유리하다. 이는 정부 통제를 뜻하는 게 아니라 기업 협력을 촉진하는 플랫폼과 인센티브를 제공하는 방향으로 바뀌어야 한다.

한국 성장하려면 기술만으로는 부족, 산업 생태계 움직이는 공공 협력 필요

한국은 휴머노이드 로봇 '기준'을 만들 수 있는 역량을 갖추고 있다. 글로벌 경쟁에서 승부를 보기 위해 공공분야가 나설 때다.

정원모

NIA 디지털플랫폼정부지원본부 제도혁신팀장, 인공지능정책본부 투자성과 센터 수석연구원 등을 거쳤다. 현재 한국 디지털 플랫폼 정부 시스템과 노하우를 세르비아 등 동유럽권에 전수하는 공적개발원조(ODA) 사업 총괄을 맡고 있으며, ALLSO(구소셜서비스 연구회) 회장을 역임하고 있다.

CES 2026에서 확인한 미래는 'AI가 화면 속에서 답을 주는 시대'를 넘어, AI가 물리 세계에서 일(Work)을 수행하는 시대, 즉 '피지컬 AI'로의 전환이었다. 이 전환의 최전선에 휴머노이드 로봇이 있었고, 전시장 분위기는 "누가 산업 현장을 먼저 장악하느냐"의 경쟁으로 바뀌고 있었다. 특히 현대차그룹(보스턴다이내믹스)의 '아틀라스(Atlas)'와 LG전자 '클로이드(CLOiD)'가 보여준 방향은 '로봇을 만드는 기업'에서 '로봇을 운영해 성과를 내는 기업'으로 경쟁 축이 이동하고 있음을 상징했다.

이 변화는 인터넷이나 스마트폰 혁명이 가져왔던 패러다임 변화와는 그 결이 다르다. 휴머노이드 로봇은 인간의 노동 자체를 대체하거나 재정의할 수 있기 때문이다.

1

공공이 이러한 변화를 기존처럼 '산업의 한 분야'로만 좁게 보고 소극적으로 대응한다면, 생산성과 안보·공급망·일자리 구조까지 흔들 수 있는 높은 파고 앞에 국가와 국민을 위태롭게 하는 상황을 맞게 될 것이다. 반대로 이 변화를 '국가 과제'로 정의하고 빠르게 대응한다면, 한국은 제조 기반과 데이터, 그리고 현장 적용 능력을 바탕으로 피지컬 AI 시대의 핵심 국가로서 그 역할을 할 기회를 얻는다.

휴머노이드 로봇 '춘추전국시대' 개막

CES 2026에서 가장 인상적인 장면은, 로봇이 전시장 한쪽에 '미래 쇼케이스'가 아니라 다양한 산업관에서 현장 투입을 전제로 논의하고 있었다는 점이다. 중국 기업은 다양한 퍼포먼스를 선보이며 인간처럼 흉내 내는 다양한 로봇을 전시했다.

전시 로봇의 50% 이상이 중국 기업일 정도로 압도적인 수와 다양성을 자랑하며 피지컬 AI 시대의 표준을 선점하겠다는 강력한 의지를 드러냈다.

중국의 로봇은 인간과 복싱했고, 춤을 췄으며, 빨래를 개고, 탁구를 했다. 흥미로웠고 움직임이 놀라웠지만, 그 전

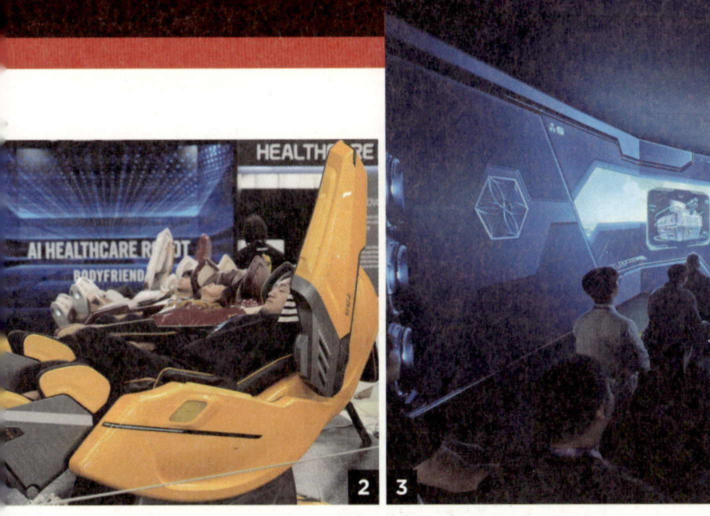

시를 보며 든 생각은 "왜?"였다. 다양한 기능들을 선보이기엔 충분했지만, 그런 기능을 하는 로봇이 왜 필요한지, 그런 로봇을 구매할 것인지에 대해 답을 찾지 못했다.

반면 한국의 기업들은 수적인 열세에도 불구하고 실전형 기술을 통해 "왜?"에 대한 질문에 답을 해주고 있었다. 좁은 공간에서도 자유로운 360도 회전관절, 24시간 연속 가동을 위한 배터리 교체형 설계 등은 '인간처럼'이 아니라 '인간보다 더 나은' 로봇의 기능을 구현하며, 명확한 사용처와 목적, 용도를 보여주는 전시가 이뤄졌다.

현대차그룹은 CES 2026에서 'AI Robotics Strategy'를 전면에 내세우며, 제조 환경에서 인간-로봇 협업을 시작점으로 삼겠다는 로드맵을 명확히 했다. 특히 아틀라스를 2028년 연간 3만 대 생산체제를 구축하고, 미국 조지아 HMGMA에 투입하고, 2030년부터는 정밀한 작업과 구독형 모델 출시하겠다는 계획은 휴머노이드를 제품이 아니라 '산업 인프라'로 보겠다는 선언이다.

1.
김윤덕(맨 왼쪽) 국토교통부 장관이 CES 2026에 참석해 K-스타트업 통합관을 둘러보고 있다.

2.
바디프랜드 부스에서 안마의자를 사용하고 있는 관람객들.

3.
CES 2026에서 K-전력 기술을 선보인 한국전력(KEPCO).

LG전자는 가정 영역에서 클로이드를 통해 '제로 노동(Zero Labor Home)' 비전을 제시했다. 클로이드는 조리·세탁 등 가사 작업을 수행하는 데모를 통해 피지컬 AI가 제조뿐 아니라 생활 공간으로도 확장될 수 있음을 보여줬다. 또한 LG전자는 로봇의 핵심 원가·성능을 좌우하는 액추에이터(로봇 관절) 기술(AXIUM)을 함께 강조해 휴머노이드 경쟁이 '완제품'만이 아니라 부품·모듈·플랫폼 경쟁으로도 빠르게 전개되고 있음을 드러냈다.

현대차그룹과 LG전자는 휴머노이드 로봇 가격의 50% 이상 차지하는 액추에이터의 성능향상과 표준화, 대량생산을 통해 국내 휴머노이드 로봇 개발 가격 절감에도 기여할 것으로 보인다.

이외에 산업통상부 지원으로 뭉친 한국 휴머노이드 로봇 기업 10개 통합관(MAX-10)에는 산업 현장에서 로봇이 어떤 역할을 할 수 있는지를 시뮬레이션으로 보여주는 다양한 전시가 이뤄져 '로봇이 곧 산업 현장에서 어떻게 사용될지'를 참관객들이 직접 체감해 볼 수 있도록 했다.

국가별 피지컬 AI 기술 수준 비교

국가	AI 특허 점유율	기술 수준(미국=100)	산업용 로봇 설치 대수(1만 명 당)
한국	12%	85	1000
미국	35%	100	309
중국	30%	92	322
일본	8%	87	399
EU	10%	89	114

자료 한국산업기술진흥원
※ 산업용 로봇 설치 대수: 세계로봇연맹(2024년 기준)
※ AI 특허 점유율: 산업용 AI 자율로봇 관련 특허(2023년 기준)
※ 기술 수준: 과학기술정보통신부 2023년 기술 수준 평가(미국=100 기준)

대체 불가능한 선택지가 될 수 있는 한국의 조건

CES 2026에서 체감할 수 있는 피지컬 AI 경쟁 구도는 단순히 '기술이 앞선 나라가 이긴다'가 아니라, 공급망·정치·산업 정책이 함께 작동하는 경쟁이었다. 특히 미국 산업 현장에서 정보 유출 등을 이유로 중국 로봇을 선뜻 선택하기 어려운 구조에서 미국이 선택할 수 있는 대안은 많지 않다. 이 지점에서 한국은 '기술력'뿐 아니라 신뢰할 수 있는 제조 파트너이자 현장 데이터 기반의 개선 파트너가 될 가능성이 크다.

현대차그룹이 밝힌 전략은 이 논리를 산업적으로 완성하는 형태다. 아틀라스는 산업용으로 만들어졌고, 안전·신뢰성·예측 가능성, 그리고 작업학습·운영체계까지 포함한 '현장 투입형 로봇'을 강조한다. 더 중요한 포인트는 로봇이 똑똑해지는 경로를 제조 데이터–학습–검증–재학습의 사이클로 정의했다는 점이다. 이를 위해 로봇 메타플랜트 응용 센터(RMAC)와 소프트웨어 정의 공장(SDF) 같은 기반을 언급하며, 공장 자체를 로봇 학습장으로 만들겠다는 로드맵을 제시했다.

한국은 "휴머노이드 로봇을 어디에 먼저 쓰는가"에 대한 답이 비교적 명확하다. 휴머노이드 로봇 초기는 가정·서비스보다 산업(제조·물류·정비·시설)에서 먼저 확산할 가능성이 크고, 한국은 이 분야의 현장과 데이터를 모두 갖추고 있다. 공공이 이 강점을 국가 전략으로 연결할 수 있다면, 글로벌 경쟁에서 기술 데모가 아니라 '운영 성과'로 대결하는 구도를 만들 수 있다.

공공분야가 준비해야 할 세 가지 핵심

피지컬 AI 시대에 공공이 할 수 있는 가장 강력한 역할은 세 가지다.

① 공공은 '초기 구매자(First Buyer)'가 돼야 한다

휴머노이드 로봇 초기에는 안전성·책임소재·표준 미비로 인해 민간의 도입이 느릴 수밖에 없다. 이때 공공이 일정 영역에서 목적형 조달을 통해 초기 시장을 열어주면, 기업은 레퍼런스와 데이터를 확보하고 제품을 빠르게 고

1

도화할 수 있다. 이는 방위산업에서 국가가 해왔던 방식과 유사하다. 단, 다양한 분야에서 그 역할을 하는 정부와 공공기관, 지자체가 이 역할을 할 경우 휴머노이드 로봇은 방산보다 훨씬 넓은 영역(시설관리, 재난 대응, 물류, 돌봄 보조, 위험작업 대체)으로 확산할 수 있다.

② 공공은 '테스트베드'이자 '데이터 생산자'가 돼야 한다

현대차그룹이 강조한 것처럼, 피지컬 AI의 본질은 현장 데이터의 축적과 환류다. 공공 업무는 전 세계적으로 유사한 패턴이 많다(민원·시설·안전·교통·재난). 공공이 먼저 피지컬 AI를 도입해 운영 데이터를 축적하고, 이를 검증 가능한 형태로 표준화한다면, 한국은 휴머노이드 로봇과 피지컬 AI 분야에서 글로벌로 복제할 수 있는 운영 모델을 만들 수 있다.

③ 공공은 규제기관이기 전에 '전환 설계자'가 돼야 한다

유럽은 부작용을 우려해 규제에 집중하다 성장의 기회를 잃었다. 반면 미국은 신기술에 대해 먼저 시행하고 사후 보완하는 전략으로 기술 패권을 쥐었다. 글로벌 100대 유니콘 기업 중 17개가 규제 때문에 국내 사업이 불가능하거나 제한적이라는 연구 결과가 있다. 공유숙박·승차 공유·원격의료의 사례는, 기술이 아니라 사회적 합

1.
두산밥캣 부스에 전시된 SMR 모형.

2.
SK하이닉스 전시관에서 진행된 프레스투어.

3.
관람객들이 LG전자의 AI 기반 차량용 솔루션을 체험하고 있다.

의와 제도 설계가 전환 속도를 좌우한다는 점을 보여준다. 피지컬 AI는 특정 업종의 이해관계 충돌을 넘어, 노동·안전·책임·보험·인허가 전반을 다시 설계해야 하는 주제다. 즉 '허용/금지' 이분법으로 접근할수록 지연 비용이 커진다. 공공은 위험을 관리하되, 먼저 해보고 보완하는 방식(실증→표준→확산)의 체계를 설계해야 한다.

'국가적 역량집중' 신호, CES 2026 MAX 통합전시장

이번 CES에서 한국은 개별 기업 전시뿐 아니라, 정부 차원의 통합한국관 운영을 확대했다. 산업통상부와 중소벤처기업부가 중심이 돼 38개 기관·470개 기업이 로부스 디자인을 통일한 한국관을 구축한다는 내용은, 한국이 기술 보유국을 넘어 국가 브랜드로 수출을 만든다는 방향성을 보여준다. 특히 CES 2026 MAX 통합전시장(산업통상부 지원)을 이 관점에서 보면, 단순 공동부스가 아니라 피지컬 AI 시대의 '국가형 go-to-market' 실험으로 해석할 수 있다.

다만 전시의 성과가 일회성 홍보로 끝나지 않으려면, 전시 이후 국내에서 바로 이어지는 실증·조달·레퍼런스 구축 프로그램을 연결해야 한다. "전시에서 관심을 받았다"를 "국내에서 성능과 가격을 끌어내리는 학습 사이클이 돌아간다"로 바꾸는 것이 공공의 다음 과제가 된 것이다.

공공이 준비해야 할 것들

피지컬 AI는 국가 경쟁력의 레이어를 재구성하는 시스템 전환이다. 따라서 공공의 준비도 캠페인이나 단년도 사업이 아니라, 아래의 원칙으로 구조화해야 한다.

우선 휴머노이드 로봇을 로봇 정책으로만 보지 말고, 공공서비스·산업 정책·데이터 정책·안전 정책의 교차점에서 다뤄야 한다. 현대차그룹의 제조 투입 로드맵과 LG전자의 가정 로봇 비전은 적용 공간이 다르지만, 공통으로 "피지컬 AI는 결국 데이터-운영-부품생태계로 수렴한다"는 사실을 보여준다.

공공은 초기 구매자이자 테스트베드가 되어야 한다. 초기에는 성능·안전·책임 문제가 완벽하지 않다. 더더욱 공공이 통제할 수 있는 환경에서 단계적으로 실증하고, 조달을 통해 시장의 학습 속도를 끌어올려야 한다.

국가적 역량집중은 생존전략이다. 유럽이 새로운 기술 도입에 보수적이었고, 미국이 '먼저 해보고 보완'하는 방식으로 생태계를 장악했던 사례는 피지컬 AI 시대에 더 크게 반복될 가능성이 크다. 휴머노이드 로봇 경쟁은 머지않아 성능·가격·공급망·표준을 기준으로 재편될 것이다. 그때 한국이 '기준'이 되려면, 공공이 초기 시장을 열어주는 구조를 지금부터 만들어야 한다.

CES를 주관하는 미국소비자기술협회(CTA)의 게리 샤피로 회장의 책 제목처럼, 결국 핵심은 'Pivot or Die(변화 아니면 죽음)'다. 피지컬 AI 시대의 전환은 기술의 문제가 아니라 준비의 문제다. 공공이 민간과 협력해 과감한 제도 개선과 선제적 투자에 나설 때, 대한민국은 세계의 휴머노이드 로봇 공장이자 피지컬 AI의 리더로 글로벌 표준과 공급망을 주도하는 국가로 도약할 수 있을 것이다.

01 AI, 기능이 아니라 환경이다.

02 시각 경험의 혁명, 하드웨어를 넘어 지능으로

03 가사 노동 해방, 예방 중심의 헬스케어 전략

삼성전자의 '더 퍼스트룩 2026'. 관람객들이 대형 터널 형태의 'AI 갤러리'를 구경하고 있다.

초연결 넘어선 'AI 라이프 컴패니언'

"삼성전자의 전략은 간단하다. 연간 5억 대에 달하는 모든 제품군과 서비스에 AI를 내장해 끊김이 없는 통합 AI 경험을 제공하는 것이다."

노태문 삼성전자 DX부문장(사장)은 1월 4일(현지시간) 미국 라스베이거스 윈 호텔 CES 2026 현장에서 진행한 '더 퍼스트 룩(The First Look)' 프레스 콘퍼런스에서 삼성의 차세대 AI 비전과 전략을 공개했다.

'일상의 진정한 AI 동반자(Your Companion to AI Living)'를 브랜드 미션으로 내세워 가정 내 모든 기기를 유기적으로 연결한다는 목표다. 사용자의 일상을 지원하는 미래 청사진을 제시한 셈이다. 지난 10년간 스마트 홈 담론이 기기 간의 네트워크 연결과 원격 제어에 집중된 '초연결(Hyper-connectivity)' 시대였다면 삼성전자가 제시한 청사진은 가정에서의 기기가 사용자의 맥락(Context)을 이해하고 예측하며 능동적으로 개입하는 '지능형 에이전트' 시대로 진입했음을 시사한다. 하드웨어 스펙 경쟁의 한계를 소프트웨어와 AI 기술의 융합으로 돌파하려는 시도라는 평가도 나온다. 연간 5억 대 이상의 디바이스를 출하, 전 세계 가정에 침투해 있는 삼성의 데이터 생태계를 서비스화하려는 전략적 포석이라는 분석이다.

AI 리빙의 동반자

노태문 사장이 선언한 새로운 미션의 핵심은 '통합'에 있다. 과거 삼성의 제품군이 모바일, TV, 가전 등 각 사업부의 논리에 따라 파편화된 경험을 제공했다면 2026년의 전략은 '모든 제품, 모든 서비스에 AI를 내장해 하나의 끊김이 없는 통합 AI 경험을 구축하는 것'에 방점이 찍혀 있다. 이는 'One UI'의 확장 전략에서 구체적으로 드러난다. 모바일 기기에서 정립한 사용자 인터페이스 경험을 TV와 생활 가전으로 확장해 사용자가 어떤 기기를 접하든 일관된 조작 경험과 브랜드 아이덴티티를 느끼게 하는 것이다. 이는 애플(Apple)의 생태계 전략에 대응하는 삼성만의 해법이라고 볼 수 있다. 하드웨어의 다양성을 소프트웨어로 묶어내는 삼성 생태계 통합 전략이다. 삼성은 4억3000만 명의 사용자를 지닌 IoT(사물인터넷) 플랫폼 '스마트싱스(SmartThings)'도 보유하고 있어 다양한 기기에 AI가 스며든 생활 환경을 만들 잠재력을 충분히 가지고 있다.

통합 AI 경험 구축에 있어 온디바이스 AI(On-device AI)와 클라우드 AI(Cloud AI)의 결합도 중요하다. 삼성은 사용자의 민감한 정보 (헬스케어 데이터, 집안 내부 영상 등)는 기기 외부로 유출되지 않도록 온디바이스에서 처리하고, 복잡한 연산이나 외부 정보와의 결합이 필요한 작업은 클라우드에서 처리하는 하이브리드 접근법을 취하고 있다. 이는 개인정보 보호와 고성능 AI라는 상충하는 두 가지 가치를 동시에 달성하기 위한 현실적이고 필수적인 아키텍처다.

고해상도 디스플레이의 AI 업스케일링 기능을 뒷받침하는 GDDR7, 로봇 청소기나 냉장고 내부 카메라의 시각 지능(Vision AI) 정확도를 획기적으로 높이는 2억 화소의 초고해상도 이미지 센서 'ISOCELL HP5' 등 삼성이 보유한 세계 최고 수준의 반도체 기술 역시 이런 전략을 뒷받침한다.

4억 대

스마트폰·TV·가전을 합쳐 매년 4억 대의 기기를 AI 통합 경험으로 연결할 계획이다.

1

"AI를 주머니에서 바로 꺼내 사용할 수 있어 정말 좋아요. 저는 삼성이 삶을 방해하는 AI가 아닌, 생활을 돕는 AI를 만든다는 점이 마음에 듭니다. 이것이 우리가 나아갈 방향이라고 생각해요."

괌에서 온 디지털 콘텐츠 크리에이터 트리스텐 멘지즈

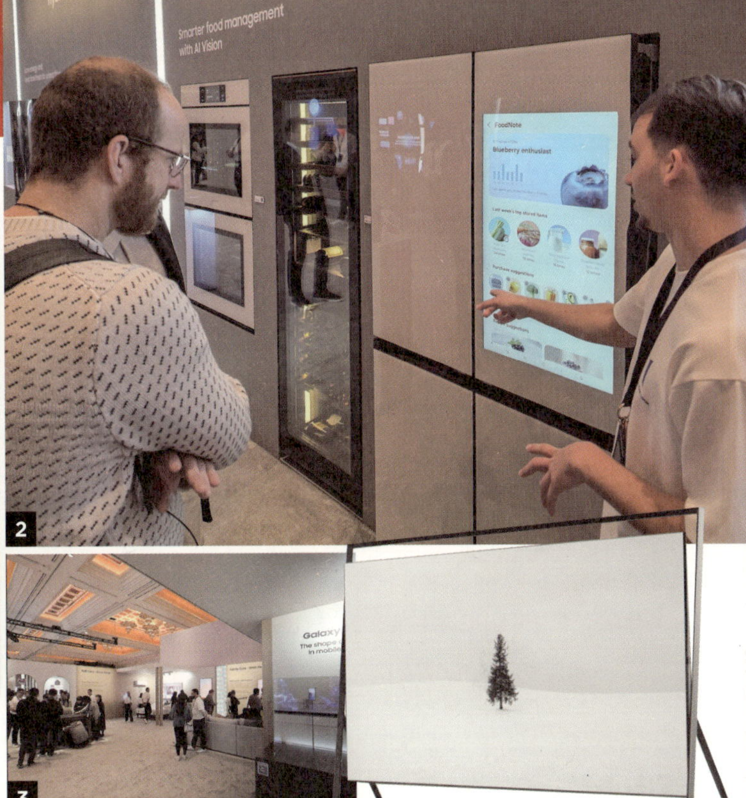

차세대 저전력 메모리인 LPDDR6와 이를 모듈화한 LPCAMM2는 AI PC와 모바일 기기에서 대규모 언어모델(LLM)을 구동하기 위한 필수적인 대역폭과 전력 효율을 제공하며 업계 최초의 하드웨어 기반 양자 내성 암호(PQC) 기술을 탑재한 'S3SSE2A'는 안전한 AI 통신을 보장하는 역할을 한다.

시각 경험의 혁명, '비전 AI 컴패니언'

삼성전자는 이날 130형 마이크로 RGB TV를 공개했다. 2025년 8월 115형 마이크로 RGB TV를 세계 최초로 출시한 데 이어, 압도적 화면 크기와 혁신적인 디자인이 결합한 130형 마이크로 RGB TV를 선보인 것이다. 마이크로 크기의 RGB(빨강, 초록, 파랑) LED를 미세하게 배열한 RGB 컬러 백라이트를 적용해 빨강, 초록, 파랑 색상을 각각 독립적으로 정밀 제어할 수 있다는 점이 마이크로 RGB TV의 가장 큰 특징이다.

특히 RGB LED 칩 크기를 100㎛ 이하로 줄여 화면 색상과 밝기를 보다 촘촘하고 정교하게 제어할 수 있게 됐다. 마이크로 RGB 기술로 어두운 부분과 밝은 부분을 정교하게 조정해 명암 표현을 높이는 '로컬 디밍 효과'를 극대화할 수 있다는 게 삼성전자의 설명이다.

최신 AI 엔진인 '마이크로 RGB AI 엔진 프로(Micro RGB AI Engine Pro)'를 탑재했다는 점도 주목받았다. AI 기술을 활용해 장면별로 최적의 색상과 명암을 정교하게 조정, 선명한 색감과 뛰어난 디테일을 구현할 수 있게 한 것이다. 시각 경험을 극대화함으로써 TV를 가정 내 '엔터테인먼트 허브'로 포지셔닝하는 동시에 AI 기술을 적용, 거실의 AI 허브로 만들었다.

삼성전자는 이날 사용자와 상호 작용하며 사용자의 요구를 이해하고 도움을 제공하는 삼성 TV 전용 AI 플랫폼 '비전 AI 컴패니언(Vision AI Companion)'도 시연했다. 예

1. CES 2026가 열리는 미국 라스베이거스 현장의 삼성전자 옥외 광고.

2. '비스포크 AI 패밀리허브' 냉장고 사용법 설명을 듣는 관람객.

3. 케어 컴패니언 전시존. 갤럭시와 에어컨, 공기청정기, TV 등이 연결돼 최적의 수면 환경을 만든다.

4. 삼성전자 130형 마이크로 RGB TV 제품 이미지.

를 들어, 스포츠 경기 시청 시 AI 사운드 제어 기술을 통해 해설자의 목소리만 끄거나 배경 소음을 제거하는 식이다. TV에서 요리 프로그램을 보다가 곧바로 레시피를 주방의 냉장고와 오븐으로 전송하는 멀티 디바이스 경험도 시연됐다.

용석우 삼성전자 영상디스플레이사업부장(사장)은 "삼성전자는 2006년부터 20년간 글로벌 TV 시장 1위로서 TV의 가능성을 재정의하고 발전시켜왔다"며 "TV 리더십을 바탕으로 혁신적인 기술과 제품을 통해 고객의 일상에 즐거움과 편안함을 선사하고 앞으로도 시장을 선도해 나가겠다"고 했다.

집안 곳곳에서 활동하는 AI

생활가전사업부 김철기 부사장은 삼성의 가전제품이 '홈 컴패니언(Home Companion)'으로 진화하고 있다고 밝혔다. 구글 제미나이(Gemini)를 적용해 업그레이드한 'AI 비전(AI Vision)' 기능을 냉장고에 도입해 음식 재료 인식 및 관리 기능을 대폭 강화한 것이다. ▲ 음식 재료 기반으로 레시피를 추천하는 게임화 기능인 '오늘 뭐 먹지?(What's for Today?)' ▲ 세탁물을 옮길 필요가 없는 '비스포크 AI 런드리 콤보' ▲ 액체 오염까지 감지하는 '비스포크 AI 제트 봇 스팀 울트라' 기능 등이 여기에 해당한다.

글로벌 재보험사 뮤닉 리(Munich Re) 그룹 산하의 HSB(Hartford Steam Boiler)와 파트너십을 맺고 제공하는 '스마트 홈 세이빙(Smart Home Savings)'도 눈길을 끌었다. 스마트 홈 세이빙은 스마트 싱스로 연결한 가전 정보를 활용, 주택 보험료를 할인받을 수 있는 프로그램이다. 예를 들어 스마트 싱스에 연결된 냉장고나 식기세척기가 미세한 누수를 감지하면 즉시 사용자에게 알리고, 경우에 따라 급수를 차단하는 방식이다.

1. 삼성전자의 AI 갤러리 터널은 관람객들에게 큰 인기를 끌었다.

2. 삼성전자 부스에서 관람객들이 140인치 마이크로 LED TV를 지켜보고 있다.

90%

2030년까지 전체 비즈니스 영역의 90%에서 AI를 활용해 업무 효율·제품 경쟁력을 동시에 끌어올린다는 비전을 제시했다.

1

2

보험사는 이러한 예방 조치를 장착한 가정의 리스크가 낮다고 판단해 주택 보험료를 할인해 준다.

'삼성 헬스'는 단순히 운동 기록을 저장하는 앱을 넘어 질병을 예측하고 예방하는 의료 플랫폼으로 진화하고 있다. 갤럭시 워치와 갤럭시 링이 수집한 수면 데이터는 스마트싱스를 통해 에어컨 온도와 조명을 자동 조절하며 최적의 수면 환경을 조성한다. 프라빈 라자(Praveen Raja) 삼성리서치아메리카 디지털 헬스팀장은 "우리 목표는 사후 치료 중심 의료에서 벗어나 사전 예방 중심의 헬스케어로 전환하는 것"이라며 "단순한 진단을 넘어 일상 데이터 분석을 통해 변화의 초기 징후를 파악하는 기능을 제공할 것"이라고 했다.

INSIGHT 더밀크의 시각

AI가 작동하는 현실 세계의 설계

노태문 삼성전자 DX부문장(사장)

CES 2026 개막 전 행사를 통해 확인한 삼성전자의 전략은 명확했다. 하드웨어 제조사에서 '라이프스타일 플랫폼 기업'으로의 대전환이다.

특히 AI 기술을 모든 제품에 탑재하고 이를 연결, 끊김이 없는 통합 AI 경험을 제공한다는 목표는 시장의 공감을 얻었다. AI 모델을 만드는 회사가 아니라 AI가 작동하는 현실 세계를 설계하는 회사로 포지셔닝한 것이다. 더 퍼스트 룩 행사 후 삼성전자 주가가 7% 넘게 급등했다는 점이 이를 방증한다.

냉장고가 음식 재료를 관리하고, TV가 스포츠 결과를 예측하며 로봇이 액체를 피해 청소하는 기능은 지금 당장 소비자의 불편을 해결해 주는 '실용적 AI'의 모습이었다. 막연한 미래 기술이 아니라 현재 우리 삶 속에서 AI를 어떻게 사용할 수 있는지 보여준 것이다.

기술적 복잡성을 숨기고 사용자가 직관적으로 AI의 혜택을 누리게 하는 것이 바로 일상의 AI 동반자라는 비전을 완성하는 마지막 열쇠가 될 것이다. 이 방대한 생태계를 실제로 얼마나 매끄럽게 통합해 사용자에게 '하나의 경험'으로 전달할 수 있느냐는 앞으로 지켜볼 대목이다.

집이라는 큰 물리적 생활 공간을 하나의 플랫폼, 생태계로 구성하려는 삼성의 CES 2026 전략은 한국 산업 전반에도 중요한 메시지를 던진다. LLM 개발만 중요한 것이 아니라 제조·하드웨어·데이터를 결합한 실제 생활 AI의 영역에서 오히려 더 큰 기회를 창출할 수 있다는 메시지이기 때문이다.

특히 중국 기업들이 맹렬한 추격을 펼치는 상황에서는 경쟁을 '제품 대 제품'으로 끌고 가는 순간 큰 어려움에 부닥칠 수 있다. 하드웨어를 넘어 강력한 플랫폼, 생태계를 구축해야 하며 AI 기능이 아니라 'AI 결과'를 앞세워야 한다. '이 가전의 AI 성능이 좋다'는 기능적 관점에서 '이 가전 덕분에 보험료가 낮아졌다'와 같은 결과, 혜택의 관점으로 무게 중심을 전환해야 한다.

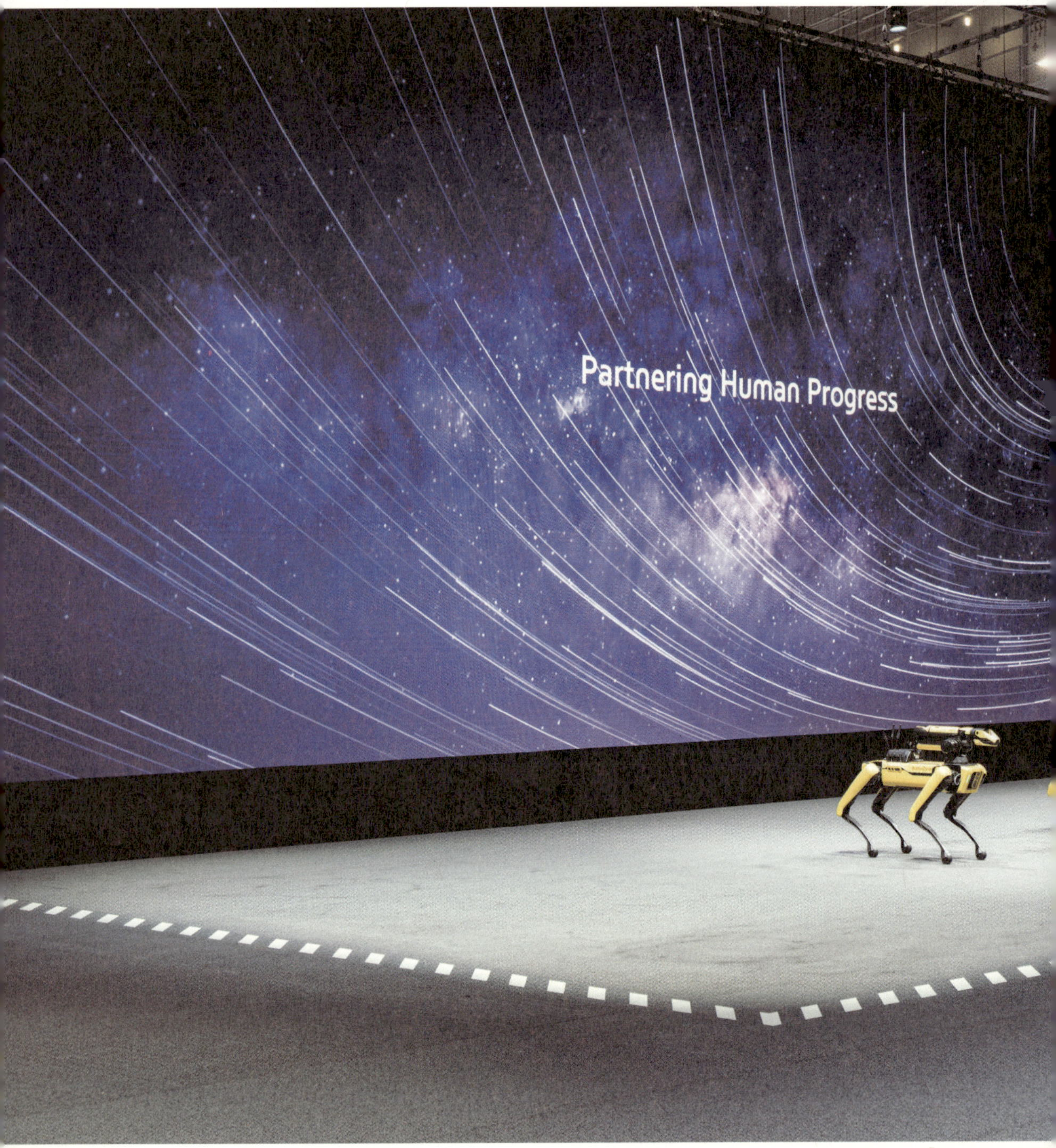
Partnering Human Progress

01 자동차 제조사를 넘어 AI 로보틱스 기반의 스마트 모빌리티로

02 구글의 제미나이 로보틱스와 협업 계획

03 2028년 미국 HMGMA 공장 내 아틀라스 실제 투입

로봇大計, 현대차의 무서운 혁신

현대차그룹은 미국 라스베이거스 컨벤션센터 웨스트 홀에서 열린 CES 2026에서 그룹 AI 로보틱스 기술 개발 과정을 직접 경험할 수 있는 다양한 전시를 선보였다.

미국 라스베이거스에서 열린 세계 최대 가전·IT 전시회 CES 2026 현장. 1836m²(약 557평)에 달하는 현대자동차그룹의 전시관은 개막 첫날부터 관람객들로 인산인해를 이뤘다. 흥미로운 건 라스베이거스 컨벤션센터(LVCC) 웨스트홀 내 마련된 이 대형 부스에 완성차는 단 2대에 불과했다는 점이다.

관람객의 발걸음을 이끈 건 현대차그룹 계열사 보스턴다이내믹스(Boston Dynamics)의 차세대 휴머노이드 로봇 '아틀라스(Atlas)'. 대중에 처음 공개된 현대차그룹의 차세대 휴머노이드를 실제로 확인하려는 관람객들이 몰리며 1시간 이상 줄을 서 기다려야 부스 입장이 가능한 진풍경이 펼쳐졌다. 부스 내부 역시 마찬가지다. 아틀라스 시연이 진행되는 코너는 사진과 영상을 찍으려는 관람객들로 북새통을 이뤘다.

현대차그룹은 이번 CES 2026의 주제를 'AI 로보틱스, 실험실을 넘어 삶으로(Partnering Human Progress)'로 정하고 자동차 제조사를 넘어 AI 로보틱스 기반의 스마트 모빌리티 솔루션 기업으로의 대전환을 선포했다.

이는 단순한 미래 비전 제시를 넘어 로봇을 실제 산업 현장과 일상생활에 투입, 인류의 삶을 실질적으로 변화시키겠다는 선언이었다. 현대차그룹은 구체적인 상용화 목표 시점도 밝히며 휴머노이드 로봇 산업을 이끌겠다는 강력한 의지를 드러냈다.

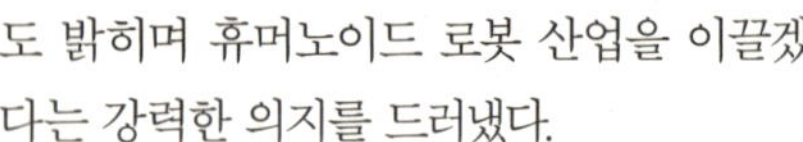

“인간 닮았지만, 초월했다” CES 2026 뒤흔든 차세대 아틀라스

이번 전시의 주인공은 단연 보스턴다이내믹스의 차세대 완전 전동식 휴머노이드 로봇 아틀라스였다. 과거 유압식 구동 장치로 작동하던 투박한 모델과 달리 이번에 공개된 신형 아틀라스는 소음 없이 부드럽게 움직이면서도 인간의 신체적 한계를 뛰어넘는 동작을 선보여 관람객들의 탄성을 자아냈다.

부스 중앙 테크 랩(Tech Lab)에 등장한 아틀라스는 실제 물류 현장을 모사한 공간에서 부품을 분류하고 옮기는 서열(Sequencing) 작업을 시연했다. 주목할 점은 아틀라스의 관절 가동 범위였다. 총 56개의 자유도(Degree of Freedom)를 갖춘 아틀라스는 허리와 무릎 등 대부분의 관절을 360도 회전할 수 있었다.

예컨대 좁은 공간에서도 몸을 돌리지 않고 관절만 회전시켜 작업을 수행할 수 있었던 것. 이는 인간 작업자와 동일한 환경에 투입될 수 있으면서 동시에 훨씬 효율적인 동선으로 작업을 처리할 수 있음을 의미한다. 제조 현장에서 피지컬 AI(Physical AI, 물리적 AI)기반으로 작동하는 휴머노이드의 강력한 경쟁력을 입증했다.

1\. CES 2026 최고혁신상을 수상한 모빌리티 플랫폼 ‘모베드(MobED)’.

2\. CES 2026 부스에 전시된 현대차그룹 신형 아틀라스.

50kg

아틀라스는 무거운 물건을 최대 50kg까지 들어 올릴 수 있고, 56개의 자유도로 허리와 무릎 등 대부분의 관절을 360도 회전할 수 있다.

아틀라스는 양산형 기준으로 키 약 190cm(6.2ft), 몸무게 90kg의 체격을 갖췄으며 무거운 물건을 최대 50kg까지 들어 올릴 수 있다. 또한 손가락과 손바닥에 탑재된 정밀한 촉각 센서를 통해 깨지기 쉬운 물건도 섬세하게 다룰 수 있으며 방수·방진 기능을 갖춰 열악한 산업 현장에서도 문제없이 작동한다는 게 보스턴다이내믹스 측 설명이다.

특히 배터리가 부족하면 스스로 충전 스테이션으로 이동해 배터리를 교체하고, 작업에 복귀하는 완전 자율 기능이 놀라웠다.

상용화된 로봇을 실제 현장에 투입해 사용하려면 에너지(전력) 공급이 중요한데, 자율 배터리 교체 기능으로 이 문제를 해결한 것이다. 배터리 수명은 최대 4시간, 교체는 3분 만에 이뤄진다. 아틀라스의 상용화가 가까운 미래의 일임을 보여주는 사례다.

구글 딥마인드와의 동맹, 최고의 몸에 최고의 두뇌 탑재

아틀라스의 진화는 하드웨어뿐만 아니라 소프트웨어(AI 기술)에서도 비약적으로 이뤄졌다. 최고의 AI 모델을 갖춘 구글 딥마인드(Google DeepMind)와 전략적 파트너십을 체결, 강력한 우군을 확보한 것이다.

휴머노이드 로봇 시장 규모 전망

단위 십억 달러

연도	시장 규모
2022년	1.62
2023년	2.16
2024년	2.88
2025년	3.84
2026년	5.11
2027년	6.81
2028년	9.08
2029년	12.1
2030년	16.13
2031년	21.5
2032년	28.66

자료 프레지던스 리서치

3분

상용화된 로봇을 실제 현장에 투입해 사용하려면 에너지(전력) 공급이 중요하다. 현대차는 자율 배터리 교체 기능으로 이 문제를 해결했다. 배터리 수명은 최대 4시간으로 3분 만에 교체 가능하다.

현대차그룹은 보스턴다이내믹스가 보유한 세계 최고 수준의 로봇 하드웨어 및 제어 기술에 구글 딥마인드의 멀티모달 AI 모델 제미나이(Gemini)를 탑재한다. 단순히 입력된 코드로만 움직이는 것이 아니라 시각과 청각 정보를 통해 주변 환경을 인지하고 스스로 추론(reasoning)해 작업을 수행할 수 있는 진정한 의미의 피지컬 AI를 구현해는 것이다.

알베르토 로드리게스 보스턴다이내믹스 아틀라스 담당 디렉터는 "우리는 세계에서 가장 뛰어난 능력을 가진 휴머노이드를 개발 중이다. 새로운 시각-언어-행동(VLA) 모델을 구축하는 데 도움을 줄 파트너가 필요하다는 점을 잘 알고 있었다"며 "신뢰할 수 있고 확장 가능한 모델을 구축하는 데 있어 딥마인드보다 적합한 파트너는 세계 어디에도 없다"고 했다.

양사는 향후 몇 달 내 공동 연구를 진행, 제미나이의 로봇 특화 파운데이션 모델 '제미나이 로보틱스(Gemini Robotics)' 모델을 아틀라스에 통합할 계획이다.

SDF와 RMAC, 로봇이 만드는 미래 공장 2028년 상용화 목표

현대차그룹은 또 이번 CES를 통해 '소프트웨어 정의 공장(SDF, Software Defined Factory)'으로의 전환도 강조했다. SDF는 하드웨어 중심의 기존 공장을 데이터와 소프트웨어 중심으로 재편해 생산 효율성을 극대화하고, 시장 변화에 유연하게 대응하는 미래형 제조 시스템이다.

이를 실현하기 위한 구체적인 로드맵으로 현대차그룹은 미국 내에 '로봇 메타플랜트 응용 센터(RMAC)'를 설립하고 2026년부터 본격 가동한다고 발표했다. RMAC는 실제 공장과 동일한 환경에서 로봇을 훈련하고 검증하는 시설로 이곳에서 학습된 데이터는 로봇의 지능을 고도화하는 데 사용된다. RMAC에서 훈련한 아틀라스는 2028년부터 미국 조지아주의 '현대차그룹 메타플랜트 아메리카(HMGMA)'에 실제 투입될 예정이다. 2030년에는 연간 980만 대의 차량 판매를 목표로 하는 현대차그룹의 대규모 제조 시스템에도 도입된다.

1. CES 2026 현대차그룹 부스 자동 주유 시스템.
2. 모베드 상용화 모델 및 탑 모듈 결합 콘셉트 모델.

980만 대

아틀라스는 2030년에는 연간 980만 대의 차량 판매를 목표로 하는 현대차그룹의 대규모 제조 시스템에도 도입된다.

현대차 관계자는 "RMAC에서 훈련받은 아틀라스 로봇들은 2028년 HMGMA에서 부품 분류를 위한 서열 작업을 시작하고, 2030년에는 조립과 같은 더 복잡한 공정에 투입할 계획"이라며 "제조현장에 로봇들이 함께하게 되면 제품의 품질이 한 단계 더 높아지는 것은 물론, SDF와 RMAC, 아틀라스 같은 로봇의 팀워크가 더욱 돋보일 것"고 설명했다.

"실험실을 넘어 삶으로" 다채로운 로봇 체험 장소 된 현대차 부스

CES 2026 현대차그룹 부스는 테크 랩, 테크 스테이지, 인핸스드 리빙(Enhanced Living), 에포트리스 드라이빙(Effortless Driving) 등 총 6개의 존으로 구성되어 관람객들에게 다채로운 경험을 선사했다.

부스 중앙에 마련한 테크 랩(Tech Lab)은 연구실 컨셉트로 꾸며 휴머노이드 아틀라스 연구형 모델, 개발형 모델과 사족보행 로

봇 '스팟(Spot)'을 만나볼 수 있었다.
스팟은 공장 설비를 점검하는 AI 키퍼 솔루션을 시연하며 산업 현장에서의 활용성을 강조했고, 물류 로봇 '스트레치(Stretch)'는 무거운 박스를 쉼 없이 나르며 물류 자동화의 미래를 보여줬다.
특히 CES 2026 최고혁신상을 수상한 모빌리티 플랫폼 '모베드(MobED)'는 인핸스드 리빙 존에서 관람객들의 호응을 얻었다. 4개의 독립 구동 바퀴와 편심 자세 제어 메커니즘을 갖춘 모베드는 경사로와 요철이 있는 지형에서도 수평을 유지하며 안정적으로 주행했다. 모베드는 배송, 안내, 촬영 등 다양한 모듈과 결합, 도시 생활의 편의를 높이는 다목적 모빌리티로 활용될 전망이다.
에포트리스 드라이빙 존에서는 현대차그룹의 AI 로보틱스 기술과 모빌리티가 결합된 경험을 선보였다. 사람의 손을 통해서만 가능했던 차량 운용이 자율화되고, 자동 충전과 주차 등 연결성이 강화되는 모빌리티 경험 진화를 확인할 수 있었다.

I·N·S·I·G·H·T 더밀크의 시각

피지컬 AI 시대 개화, 현대차그룹에 구조적 기회될 것

업계 전문가들은 이번 CES 2026을 기점으로 피지컬 AI 시대가 본격화할 것으로 예측한다. 제조 역량과 로봇 기술을 동시에 갖춘 현대차그룹이 시장을 주도할 기회를 잡은 셈이다.
하이투자증권 리서치본부는 CES 2026 보고서를 통해 "현대차그룹은 개발형 아틀라스를 실제 산업 현장에 투입해 피지컬AI 파운데이션 모델 구축을 위한 데이터 수집에 나설 것으로 전망된다"며 "RMAC에서 기존에 구축된 알고리즘은 실제 HMGMA 내에 투입, 파운데이션 모델의 완성도를 높여가는 선순환 구조를 만들 것"이라고 분석했다.

정의선
현대차그룹 회장

현대차그룹이 로봇 도입을 서두르는 이유에 대한 경제적 타당성과 전략적 필요성도 강조되고 있다. 현대차그룹 또한 대부분의 노동자들이 조립(General Assembly) 공정에 투입되므로 휴머노이드 도입에 따른 자동화 효과가 높다는 설명이다.
미중 패권 경쟁 속에서 한국 기업인 현대차그룹이 반사이익을 얻을 가능성도 제기된다. 중국의 로봇 기술이 빠르게 성장하고 있지만, 데이터 보안과 공급망 신뢰성 문제로 인해 서구권 시장에서는 한국 기업이 유리한 고지를 점할 수 있다는 분석이다.
현대차그룹의 CES 2026 발표는 단순한 신기술 과시를 넘어 그룹의 정체성을 자동차 제조사에서 'AI 로보틱스 기반의 모빌리티 솔루션 프로바이더'로 재정립했다는 데 큰 의미가 있다. 현대차그룹은 보스턴다이내믹스의 로봇 기술, 구글 딥마인드의 AI 지능, 그리고 그룹의 대규모 제조 및 양산 역량을 결합해 쉽게 모방할 수 없는 독자적인 로보틱스 생태계를 구축 중이다.
2028년 HMGMA 투입을 시작으로 펼쳐질 현대차그룹의 '로봇 대계(大計)'가 글로벌 제조 산업의 패러다임을 어떻게 바꿔 놓을지, 그리고 우리의 일상을 어떻게 혁신할지 전 세계의 이목이 집중되고 있다.

01 집안일 하는 휴머노이드 로봇

02 '제로 레이버 홈(무노동 가정)' 현실화

03 로봇으로 프리미엄 가전의 역사 잇는다

LG전자는 두께 9mm대 초슬림 무선 월페이퍼 TV 'LG 올레드 에보 W6' 38대를 천장에 매달아 거대한 미디어 아트를 연출했다.

클로이드가 필수 가전이 되는 시대!

이번 CES 2026의 핵심 화두는 단연 피지컬 AI였다. 많은 기업이 AI가 디지털 영역을 넘어 물리적 실체를 가지고 인간의 삶에 직접 개입하는 제품과 서비스를 선보였다.

LG전자 역시 이 흐름에 동참한 글로벌 기업 중 하나였다. LG전자는 '당신에게 맞춘 혁신(Innovation in tune with you)'을 전시 주제로 가사 노동으로부터의 해방을 목표로 한 홈 로봇 '클로이드(CLOiD)'와 AI 기반 모빌리티 솔루션을 선보였다. 단순 가전 기업을 넘어 '스마트 라이프 솔루션 기업'으로의 전환을 강력히 천명한 셈이다.

수건 개는 로봇 '클로이드', 관람객 시선 훔쳤다

실제로 LG전자 전시관에서 가장 큰 인파가 몰린 곳은 단연 홈 로봇 '클로이드'의 시연 공간이었다. 2044m² 규모의 전시관 한편에 마련된 '리빙 인 튠(Living in tune)' 존에서는 클로이드가 냉장고에서 음식 재료를 꺼내고 식기를 식기세척기에 넣으며 세탁이 끝난 빨랫감을 꺼내 건조기로 옮기는 모습을 시연했다. 특히 클로이드가 양팔과 다섯 손가락을 정교하게 움직여 수건을 개는 장면에서는 관람객들의 탄성이 터져 나왔다.

LG전자는 오랜 기간 쌓아온 가전 노하우를 바탕으로 가사노동 해방을 위한 로봇의 최적 형태를 연구해 왔다. 로봇이 가사를 제대로 수행하기 위해서는 8~9세 어린이 이상의 키가 필요하다는 연구 결과를 바탕으로 클로이드의 키를 약 110cm, 팔 길이를 60cm로 설정해 집안일 수행에 최적화했다는 게 LG전자 측 설명이다. 또한 집 안에서의 안전을 최우선으로 고려해 넘어질 위험이 있는 이족 보행 대신 바퀴(Wheel) 형태의 주행 방식을 채택했다. 이로써 실내 주행 안정성을 높였다.

클로이드가 주목받은 이유는 단순히 움직이는 로봇이어서가 아니라 상황을 인지하고 스스로 판단하는 '능동형 AI'를 탑재했기 때문이다. 비가 오면 스스로 창문을 닫거나 냉장고와 통신해 로봇이 다가가면 냉장고 문이 자동으로 열리는 식이다. 로봇의 얼굴에 디스플레이를 탑재해 다양한 표정을 지으며 사용자와 교감하는 '정서적 지능(Emotional Intelligence)'을 구현한 점도 호평받았다. 현장을 찾은 관람객들은 클로이드를 가사 관리사에 비유하기도 했다. 우리

1.
'친절한' 클로이드는 LG전자 전시장에서 가장 관심받는 존재로 떠올랐다.

2.
LG전자의 AI 홈에는 클로이드가 산다.

3.
감정 표현도 아낌없이 해주는 가능한 클로이드.

4.
클로이드가 수건을 개는 모습을 보려고 엄청난 인파의 사람들이 전시장에 몰려들었다

2

1

가정 로봇 클로이드의 프로필

키 110cm, 팔 길이 60cm
▶가사 일 수행 최적화

바퀴 형태 주행 방식
▶넘어짐 방지, 실내 활동 안전성 최적화

일상에 친근하게 녹아든 AI, 로봇이라는 점에서 LG전자가 강조해 온 공감 지능이 실제 제품의 가치로 연결되고 있다는 평가였다.

LG전자가 그린 '제로 레이버 홈'의 미래

이번 CES 2026을 관통하는 키워드는 '로봇'과 '피지컬 AI'다. 이와 관련해 LG는 '행동하는 AI(AI in Action)'를 LG전자의 강점으로 제시하며 AI를 단순한 정보 제공자가 아닌 실질적인 물리력을 통해 인간의 노동(Labor, 레이버)과 고민을 덜어주는 주체로 격상시켰다.

류재철 LG전자 CEO는 만달레이베이 컨벤션 센터에서 개최한 'LG 월드 프리미어' 행사에서 '공감 지능(Affectionate Intelligence)이 고객을 위해 직접 행동하기 시작한다면?'이라는 가정을 던지며 "LG전자는 탁월한 제

품, 공감 지능, 연결된 생태계를 기반으로 '행동하는 AI' 시대를 이끌 준비가 돼 있다"고 했다.

집은 개인의 생활방식과 정서가 담겨 있어 AI가 이해하기 어려운 환경이지만 생활가전 글로벌 리더로서 고객 라이프스타일을 깊이 이해하고 있다는 점이 LG전자의 차별화된 강점이라고 주장한다.

류재철 CEO는 이어 "'훌륭한 기기'가 사용자에 맞춰 적응하며 사용자의 선호도를 학습하는 '에이전트 가전'으로 진화하고 나아가 이들이 하나의 잘 조율된 시스템으로 작동하는 AI 홈으로 동작하면 '제로 레이버 홈(무노동 가정)'을 현실화할 수 있다"고 강조했다.

LG전자의 이러한 비전은 AI 홈 허브 '씽큐 온(ThinQ ON)'을 통해 구체화한다. 전시관에서는 클로이드와 AI 가전들이 씽큐 온을 통해 유기적으로 연결되어 작동하는 모습이 시연됐다.

예를 들어 고객이 퇴근길에 "곧 집에 도착한다"고 말하면 클로이드는 날씨와 일정을 고려해 운동을 제안하고 에어컨 온도를 조절하며 운동복을 준비해 놓는 등 능동적으로 환경을 조성(Ambient Care)할 수 있다.

이승훈 IBK투자증권 리서치본부장은 보고서를 통해 "CES 2025가 인공지능을 모든 기기와 서비스에 이식하는 'AI Everywhere'의 출발점이었다면 CES 2026은 'AI at Work, AI in Reality'의 단계로 전환되는 중요한 분기점"이라며 "AI가 생성형 AI의 데모를 벗어나 실제적인 에이전틱, 피지컬 AI로 진화하고 있다"고 진단했다. LG전자의 '행동하는 AI' 전략은 이러한 산업의 흐름을 정확히 조준하고 있었다.

가전 모터 연간 생산량

4100만 개

LG전자의 가전 모터 생산량은 연간 4100만 개에 이른다. 세계 최초로 세탁기에 적용해 프리미엄 세탁 가전의 상징이 된 '인버터 DD 모터'는 2023년에 이미 누적 생산량 1억 개를 돌파했다.

전장·부품 사업으로의 확장, 공간의 경계를 허물다

LG전자는 CES 2026에서 가전을 넘어 모빌

리티 영역으로 확장된 공간 지능도 선보였다. '라이드 인 튠(Ride in tune)' 존에서는 투명 OLED가 적용된 전면 유리와 운전자의 시선을 추적해 안전을 돕는 비전 솔루션 등을 통합한 'LG AI 기반 차량용 솔루션'을 전시했다. 이 솔루션은 CES 2026 최고 혁신상을 받으며 기술력을 인정받았다.

LG전자가 선보인 차량용 솔루션은 단순한 이동 수단을 넘어 차량을 '바퀴 달린 생활 공간'으로 재정의한다. AI가 운전자의 시선, 표정, 자세를 분석해 졸음운전을 감지하면 휴식을 제안하고 뒷좌석 탑승자에게는 창밖 풍경에 대한 정보를 제공하거나 콘텐츠를 추천하는 식이다. 집에서의 편리한 경험을 차량에서도 끊어지지 않게 연결하려는 시도다.

주목할 점은 LG전자가 로봇의 관절 역할을 하는 핵심 부품인 '액추에이터(Actuator)'를 자체 개발해 공개했다는 점이다. 가전 모터를 연간 5천만 개 이상 생산하는 노하우를 바탕으로 내년까지 휴머노이드에 적용할 수 있는 수준의 액추에이터를 확보한다는 목표다. 휴머노이드 로봇 완성품 판매를 넘어 로봇 산업의 핵심 부품 분야 시장까지 노리는 전략으로 풀이된다.

iM증권 리서치본부는 이에 대해 "로봇 센서 시장도 빠르게 확장될 것으로 예상한다. LG이노텍은 본격적인 로봇용 센서 시장에 진출할 계획을 가지고 있다"며 "보스턴다이내믹스와 협력해 로봇용 '비전 센싱 시스템'을 개발 중이다. 휴머노이드 로봇 스타트업 '피규어 AI'가 개발한 피규어03에 탑재되는 카메라 모듈도 공급할 것으로 알려져 있다"고 분석했다.

1. 관람객들이 LG전자의 AI 기반 차량용 솔루션을 체험하고 있다.

2. CES 2026에서 공개된 무선 월페이퍼 TV 'LG 올레드 에보 W6'.

초슬림 TV부터 게이밍 모니터까지

LG전자 전시관 입구에서는 올해도 LG전자의 디스플레이 기술력이 관람객들을 맞이했다. LG전자는 두께 9mm대 초슬림 무선 월페이퍼 TV 'LG 올레드 에보 W6' 38대를 천장에 매달아 거대한 미디어 아트를 연출했

다. 특정 위치에서 바라볼 때 서로 다른 38개의 화면이 하나의 미디어 아트처럼 보이는 방식이다.

전원부와 스피커를 모두 내장하고도 벽에 완벽하게 밀착되는 디자인과 4K 165Hz 영상을 무선으로 전송하는 기술은 LG전자의 하드웨어 혁신 역량을 증명했다.

'엔터테인먼트 인 튠(Entertainment in tune)' 존에서는 AI 솔루션이 탑재된 게이밍 모니터 'LG 울트라기어 에보'를 공개했다. 이 제품은 AI가 게임의 장르를 인식해 화면과 사운드를 최적화, 해상도를 업스케일링해 몰입감을 극대화한다.

또한 프리미엄 가전 브랜드 'LG 시그니처' 존에서는 출시 10주년을 맞아 AI 기능이 강화된 냉장고, 오븐레인지 등이 전시됐다. 냉장고는 거대언어모델(LLM) 기반의 AI 음성 인식을 통해 사용자의 대화를 이해하고 음식 재료 보관 모드를 제안하며 오븐레인지는 내부 카메라로 재료를 식별해 레시피를 추천한다.

I N S I G H T 더밀크의 시각

AI 시대, 가정 로봇이 새로운 가전의 주인공

업계 전문가들은 LG전자의 이번 행보가 중국 가전 업체들의 추격에 대응하고 새로운 수익원을 창출하기 위한 전략적 전환이라고 분석했다.

iM증권 리서치본부는 "이제 가전은 더 이상 도와주는 도구가 아닌 사람의 시간을 직접적으로 아껴주는 주체가 되기 시작했다"며 "세탁실에서 빨래를 정리하거나 식기세척기에 그릇을 넣는 다양한 시연을 CES에서 확인할 수 있었다"고 분석했다.

고태봉 iM증권 리서치본부장은 "결국 휴머노이드 및 가사용 로봇은 새롭게 형성될 가전 시장이 될 가능성이 높다"며 "가정 내 반복적이고 규칙적인 가사 노동은 단계적으로 로봇이 대체해 인간은 가사 노동에서 점차 벗어날 수 있을 것"이라고 전망했다. 미래 휴머노이드 및 가정 로봇 경쟁의 핵심은 두뇌(AI)에서 판가름 날 것으로 보인다.

CES 2026을 통해 확인된 LG전자의 미래 전략은 명확하다. 가전제품을 만드는 회사를 넘어 AI와 로봇 기술을 통해 집, 차량, 상업 공간을 연결하고 고객의 시간을 가치 있게 만드는 '스마트 라이프 솔루션 기업'으로의 도약이다. '상상 속의 가사 해방'을 현실로 당겨온 클로이드는 그 거대한 비전의 시작점이다. 이제 시장은 LG전자가 이 기술적 성과를 어떻게 실질적인 수익 모델과 고객 경험 혁신으로 연결할지 주목하고 있다.

류재철 LG전자 CEO.

DOOSAN
Building your tomorrow today
TCL
INSPIRE GREATNESS

01 운전석 없는 커스터마이징 머신 '로그X3(RogueX3)'
02 스스로 판단하고 작업하는 로봇 '스캔앤고'
03 미래 인프라 현장의 청사진

박정원 두산그룹 회장(오른쪽)과 박지원 두산그룹 부회장이 CES 2026에서 두산그룹 부스에 전시된 가스터빈 모형을 살펴보고 있다.

미리 가 본 미래 건설 현장

2026년 1월 라스베이거스 컨벤션 센터 웨스트 홀에 들어선 두산그룹 전시관의 중앙에는 거대한 가스터빈 모형이 자리했다. 380MW급 발전용 대형 가스터빈, 그리고 그 옆으로 소형모듈원전(SMR)과 두산퓨얼셀, 하이액시엄(HyAxiom)의 수소연료전지 모형까지. 언뜻 보면 에너지 기업의 제품 라인업 소개처럼 보였다. 'Powered by Doosan'이라는 테마 아래 펼쳐 보인 두산그룹 전시관의 풍경은 제품 전시 이상의 의미를 담고 있었다.

세 가지 에너지 솔루션이 공통으로 겨냥하는 건 바로 AI 데이터센터다. 지난해 미국 빅테크 기업과 5기 공급 계약을 맺은 가스터빈은 365일 멈춤 없이 가동되어야 하는 데이터센터에 안정적인 전력을 공급하는 현실적 대안이다. SMR은 모듈형 설계로 수요에 따라 맞춤형 전력 공급이 가능하고, 수소연료전지는 짧은 건설 기간과 유연한 설치로 주전력과 보조전력 양쪽에서 활용할 수 있다. 급변하는 흐름 속에서 AI의 폭발적 성장을 뒷받침할 '필수 인프라'에 대한 현장의 관심은 그 어느 때보

다 뜨거웠다.

AI 시대 도래와 함께 에너지 수요의 패러다임이 근본적으로 변화하고 있다. 과거의 에너지 인프라가 예측할 수 있는 수요에 맞춘 것이라면 지금은 폭발적으로 증가하는 데이터센터의 전력 수요에 유연하게 대응해야 하는 시대다. 두산그룹은 대용량 안정 공급, 모듈형 맞춤 설계, 친환경 에너지원이라는 세 가지 축을 동시에 제시함으로써 AI 시대 에너지 솔루션의 새로운 방향을 제시했다.

AI, 건설 현장으로 가다

두산밥캣 부스에서는 피지컬 AI, 즉 물리적 세계에서 작동하는 AI 세계를 구현했다. CES 2026 미디어 데이에서 스캇 박 두산밥캣 부회장과 조엘 허니맨 두산밥캣 글로벌 이노베이션 담당 상무가 발표한 기술은 건설 현장의 풍경을 완전히 바꿀 가능성을 제시했다. 가장 주목받은 것은 소형 건설장비 업계 최초로 선보인 AI 기반 음성 제어 기술 '밥캣 잡사이트 컴패니언(Bobcat Jobsite Companion)'이다.

작업자가 음성 명령만으로 장비 설정, 엔진 속도, 조명, 라디오 등 50여 가지 기능을 조작할 수 있게 한 혁신이 인상적이다. 이 기술의 진짜 가치는 작업 내용과 사용 중인 부착 장비에 따라 가장 적합한 세팅을 추천한다는 점이다. 두산밥캣이 독자 개발한 거대언어모델(LLM)을 바탕으로 실시간 응답을 하고 온보드 AI 모델로 네트워크 연결이 불안정한 건설 현장에서도 안정적으로 작동한

1, 2.
두산그룹 부스를 찾은 관람객들이 제품을 살펴보고 있다.

3.
두산밥캣이 선보인 건설장비. 음성 지시 AI 기술이 탑재됐다.

4.
두산로보틱스가 선보인 '스캔앤고'. AI 부문 최고 혁신상과 로봇공학 부문 혁신상을 동시에 받았다.

다는 것이 두산밥캣 측의 설명이다.

허니맨 상무는 "잡사이트 컴패니언은 신규 작업자의 진입 장벽을 낮추는 동시에 숙련된 전문가가 더욱 빠르고 정확하게 작업할 수 있도록 지원한다"며 "단순히 스마트한 기술이 아니라 운전석에서 전문가의 안내를 받는 스마트한 경험 제공이 포인트"라고 강조했다. 운전석을 없애고 장비의 구조와 동력원까지 커스터마이징할 수 있는 완전 전동 무인 콘셉트 머신 '로그X3(RogueX3)'은 미래 건설 현장의 모습을 제시했다. 모듈형 설계로 조종석 유무, 바퀴와 트랙 옵션, 완전 전동·디젤·하이브리드·수소 등 다양한 동력원을 적용할 수 있다는 점도 특징이다. 이는 미래의 건설장비가 단일 규격의 완제품이 아니라 현장의 필요에 따라 다양한 모듈의 조합을 통해 구현해 낼 수 있는 제품으로 진화함을 시사한다. 에너지원도, 작동 방식도, 심지어 조종 방식까지도 선택할 수 있는 시대가 오고 있다는 신호다.

3

4

상상을 현실로 만드는 피지컬 AI

두산로보틱스가 선보인 '스캔앤고(Scan & Go)'도 참관객의 눈길을 끌었다. 협동 로봇과 자율이동로봇(AMR)이 결합한 솔루션으로 물리 기반 AI와 3D 비전 기술을 활용해 복잡한 형상을 스스로 스캔하고 실시간 해석을 통해 최적의 작업 경로를 생성하고 작업을 수행하는 것이 특징이다. CES 2026에서 AI 부문 최고 혁신상과 로봇공학 부문 혁신상을 동시에 받았다.

I·N·S·I·G·H·T 더밀크의 시각

AI는 전기를 먹는다?

AI 시대가 열리면서 글로벌 전력망이 한계에 부딪히고 있다. 특히 미국은 노후한 송전 인프라와 복잡한 인허가 절차, 정치적 불확실성이 얽히며 에너지 공급 체계가 기술의 속도를 따라가지 못하고 있다. 송전망을 확충하려면 수년이 걸리고 중앙집중형 발전 모델은 거대해진 AI 데이터센터와 AI 팩토리의 전력 수요를 감당하기 어렵다. 전력망은 이제 AI 경제의 구조적 병목으로 부상했다.

이런 상황에서 시장은 점차 '분산형 전원'으로 이동하는 중이다. 빠르게 설치할 수 있고 그리드에 직접 연결하지 않아도 되며 탄소 규제를 피할 수 있는 에너지 솔루션이 주목받는 이유다. 데이터센터 뒤편에 세우는 모듈형 발전기와 현장에 직접 구축하는 연료전지 · 수소 발전 설비는 AI 산업의 새로운 전략 인프라로 자리 잡고 있다.

두산그룹이 CES 2026에서 제시한 메시지는 이 패러다임의 전환을 정면으로 다뤘다. 가스터빈, 수소, 연료전지, SMR(소형모듈원전)로 이어지는 포트폴리오는 모두 'AI 시대의 에너지 병목'을 해결하기 위한 해답이다. 두산의 기술은 중앙 전력망 의존도를 낮추고 대규모 AI 팩토리와 데이터센터에 직접 전력을 공급하며 강화되는 친환경 규제까지 충족한다. 특히 연료전지나 모듈형 발전처럼 몇 달 내 구축할 수 있는 분산형 솔루션은 수년이 걸리는 송전망 증설을 기다릴 필요가 없다는 점에서 의미가 크다.

CES 2026에서 두산이 보여준 것은 개별 기술을 넘어선 하나의 산업 구조였다. 대형 전력을 담당하는 가스터빈, 분산형 저탄소 전원을 담당하는 연료전지와 수소, 장기적 지속성을 담보하는 SMR 그리고 그 기반 위에서 작동하는 로봇과 자동화 시스템이 유기적으로 연결하며 하나의 'AI 인프라 생태계'를 완성했다. AI 시대의 경쟁력은 이제 계산 능력이 아니라 그 계산을 가능하게 하는 물리적 기반, 즉 인프라에 있다는 것이 두산의 전략적 방향이다. "이 모든 인공지능은 어디에서 전력을 공급받으며, 어떤 물리적 세계 위에서 작동하는가?"

두산그룹이 CES 2026에서 던진 질문이자 동시에 그들이 제시한 답이었다. 두산그룹은 스스로 그 '물리적 기반'을 설계하는 플레이어임을 선언하며 기술 경쟁의 무게중심이 다시 인프라로 이동하고 있음을 보여줬다.

산업의 정의를 다시 쓰다 혁신을 거듭하는 CES 우등생 3인방

꾸준히 CES 현장을 찾는 웅진과 세라젬, 바디프랜드 전시 부스는 연일 사람들로 붐볐다. 더 이상 나아질 방법이 뭐가 있을까 싶지만 핵심 기술 이전, AI 융합 등의 방법으로 소비자가 미처 생각하지 못했던 시장을 만들고 산업의 정의를 다시 쓴 결과다.

CES 2026에는 전 세계 150개국에서 4000여 개 기업이 참가했다. 그중 한국 기업은 853개로 미국과 중국에 이어 세 번째로 많았다. 더 주목할 대목은 혁신상 수상작 370여 개 중 한국 제품이 218개를 차지하며 약 59%의 점유율을 기록했다는 사실이다. 단순히 참가 기업 수가 많은 것이 아니라, 기술적 완성도와 혁신성에서 글로벌 무대의 중심에 섰다는 의미다.

이제 한국 기업은 '빠르게 따라오는 존재(Fast Follower)'가 아니라 기술 흐름을 먼저 제시하는 '선도자(First Mover)'로 인식되기 시작했다. 박성중 한국생산성본부 회장을 비롯한 업계 전문가들은 이번 CES를 통해 'AI가 화면을 벗어나 물리적 세계로 나왔다'고 평했다.

삼성전자, 현대차, LG, 두산 등 대기업 외에도 교육 및 렌털 분야의 웅진, 홈 헬스케어 분야의 세라젬, 로보틱스 헬스케어 분야의 바디프랜드 등 중견기업들도 CES 2026에 참여, 서로 다른 산업에서 AI 전환(AX, AI Transformation)을 통해 기존 산업의 정의 자체를 바꾸고 있었다. 이들의 공통점은 분명하다. AI를 '기능 추가'가 아니라 비즈니스 구조 재설계의 도구로 사용하고 있다는 점이다.

웅진씽크빅

몰입형 에듀테크, 교육의 방식이 바뀌다

웅진씽크빅은 5년 연속 CES 혁신상을 받으며 국내 교육 업계 최초의 기록을 세웠다. 그 핵심에는 증강현실(AR), 생성형 AI, 메타버스를 결합한 '몰입형 학습'이 있다. 단순히 콘텐츠를 전달하는 것이 아니라, 학습자가 능동적으로 참여하게 만드는 교육 공학적 설계가 돋보인다.

'북스토리(booxtory)'는 CES 2025에서 AI 부문 최고 혁신상을 받은 데 이어, CES 2026에서는 '접근성 및 노

1

화 대응' 부문에서 혁신상을 받으며 기술의 사회적 가치를 입증했다. 이 플랫폼은 고도화된 OCR 기술과 생성형 AI 음성 합성 기술을 결합했다. 단순히 책의 텍스트를 읽어주는 것을 넘어, 실시간으로 페이지의 맥락을 이해하고 적절한 배경음악과 효과음을 생성하는 스토리텔링 엔진으로 진화했다. 22개 다국어 지원과 부모 목소리를 딥러닝으로 복제하는 기능은 정서적 교감을 기술적으로 구현한 사례다. 특히 시각장애인, 노인, 난독증 사용자까지 고려한 접근성 기술은 에듀테크가 학습 효율을 높이는 도구를 넘어 사회적 불평등을 해소하는 인프라가 될 수 있음을 보여준다.

'링고시티(Lingocity)'는 AI 부문 혁신상을 받으며 영어 학습을 '공부'가 아닌 '체험'으로 바꿨다. 사용자는 메타버스 속 세계 주요 도시를 여행하며 미션을 수행한다. 기존의 정해진 스크립트 기반 대화가 아닌, LLM 기반의 NPC가 학습자의 발화 의도를 파악하고 자연스러운 대화를 이어간다. 이는 실제 원어민과 대화하는 듯한 실재감을 제공하며, 언어 학습의 핵심인 '맥락적 사용 능력'을 극대화한다. 게임화(Gamification) 이론을 적용해 학습 동기를 유발하는 '내적 보상' 시스템을 기술적으로 구현한 점도 주목할 만하다.

Key ①

웅진그룹은 CES 2026에서 두 가지 메시지를 동시에 던졌다. 하나는 초개인화 교육의 완성이고, 다른 하나는 한국형 비즈니스 모델의 글로벌 수출이다. 이는 내수 중심의 기업 체질을 글로벌 테크 기업으로 전환하려는 그룹 차원의 강력한 의지를 반영한다.

1, 2. 웅진씽크빅은 CES에서 국내 교육업계 최다인 5년 연속 수상 기록을 세우며, 누적 7관왕을 달성했다.

3. CES 2026에서 인공지능(AI) 영어 스피킹 서비스 '링고시티(Lingocity)'와 AI 독서 플랫폼 '북스토리(Booxtory)'로 각각 혁신상을 받았다.

'AR피디아(ARpedia)'는 종이책과 디지털 태블릿을 결합한 인터랙티브 북으로 CES 혁신상을 3회 연속 수상한 웅진의 스테디셀러 기술이다. 이미 미국, 영국 등 24개국에 수출되고 있는 이 제품은 '피지털(Physital, Physical+Digital)' 교육 경험의 표준을 제시하고 있다.

교육을 넘어 B2B 플랫폼으로

웅진IT는 웅진그룹이 코웨이 시절부터 축적해 온 30년 이상의 렌털 비즈니스 운영 노하우를 시스템화해 글로벌 B2B 시장에 진출했다. 이는 '서비스로서의 소프트웨어(SaaS)' 모델을 통해 한국의 독특한 비즈니스 모델을 수출하는 사례로 주목받았다.

렌털 ERP인 'WRMS(Woongjin Rental Management System)'는 주문 접수, 신용 조회, 계약 체결, 정기 배송, AS, 채권 관리, 수납 등 렌털 사업의 전 생애주기를 관리

1

Key ②
세라젬은 CES 2026에서 헬스케어의 개념을 '기기(Device)'에서 '공간(Space)'으로 확장했다. 단순히 안마 침대를 판매하는 회사가 아니라, 집 전체를 사용자의 건강을 관리하는 지능형 플랫폼으로 재정의한 것이다. 'AI 웰니스 홈(Alive Intelligence Wellness Home)'이라는 비전을 제시하고, 총 12개의 CES 혁신상을 받으며 기술적 완성도를 증명했다.

하는 통합 솔루션이다. 말레이시아 등 동남아 시장에 진출한 한국 기업들의 현지화 검증을 마쳤으며 렌털 비즈니스가 태동하고 있는 신흥 시장이나 구독 경제로 전환하려는 글로벌 기업들에게 최적화된 솔루션이다.

모빌리티 관리 솔루션 'WDMS(Woongjin Digital Mobility Solution)'는 자동차 딜러 및 모빌리티 사업자를 위한 통합 관리 시스템으로 북미 딜러십 시장을 겨냥한다. 딜러의 주문부터 출고, 정비까지의 과정을 디지털화하여 업무 효율을 극대화한다. 이는 웅진이 더 이상 '교육 콘텐츠 기업'이 아니라 운영 기술을 수출하는 플랫폼 기업으로 이동하고 있음을 의미한다.

세라젬

집 전체가 건강을 관리하는 시대

세라젬의 전시관은 인간의 생애주기에 맞춰 세 가지 핵심 존으로 구성됐다. 이는 헬스케어가 특정 질환자나 노인만의 전유물이 아니라, 전 세대에 걸친 필수적인 라이프스타일임을 강조하는 공간 철학이다.

1, 2, 3
세라젬은 CES 2026에서 다양한 AI 헬스케어 제품으로 총 12개의 혁신상을 받았다.

첫 번째는 청소년 및 청년기를 위한 'Clarity & Recharge' 존이다. 학업 스트레스 지수가 높고 성장이 중요한 10~20대를 타겟으로 한다. '브레인 부스(Brain Booth)'는 뇌파 측정 기술과 생체 신호 분석을 결합한 학습 공간이다. 사용자의 집중도와 피로도를 실시간으로 분석해 조명, 산소 농도, 백색 소음을 자동으로 조절한다. 이는 뉴로 피드백 이론을 주거 공간에 적용해 학습 효율을 극대화하는 시도다. '유스 베드(Youth Bed)'는 수면 중 생체 데이터를 분석해 성장 호르몬 분비에 최적화된 수면 환경을 조성한다.

두 번째는 중장년기를 위한 'Everyday Vitality' 존이다. 업무와 가사로 인한 스트레스가 극에 달하는 40~50대를 위한 공간이다. '홈 테라피 부스 2.0(Home Therapy Booth 2.0)'은 집 안에 설치하는 모듈형 1인 사우나다. 레이더 센서와 열화상 카메라를 통해 비접촉으로 심박, 호흡, 체온을 측정하고, AI 멘탈 코치가 조명, 향기(아로마), 온도, 음악을 통합 제어해 스트레스를 완화한다. CES 디지털 헬스 부문 혁신상을 받은 이 제품은 '프라이빗 웰니스'의 정점을 보여줬다. '마스터 AI 멀티 테라피 팟'은 척추 온열 마사지 기능에 LED 스킨케어, 산소 테라피 등 10가지 헬스케어 기능을 하나의 캡슐 형태 기기에 통합했다.

세 번째는 노년기를 위한 'Serenity & Care' 존이다. 만성 질환 관리와 정서적 안정이 필요한 70~80대 시니어를 위한 공간이다. '홈 메디케어 베드'는 모션 베드에 의료용 센서를 내장해 수면 중 심정지나 호흡 곤란 등 응급 상황을 감지하고 의료 기관과 연동할 수 있는 시스템을 갖췄다. '뉴로 웰니스 인핸서(Neuro Wellness Enhancer)'는 우울증 증상 개선을 위한 가정용 의료기기로, 미세 전기 자극(tDCS) 기술을 활용한다. 고령화 사회의 심각한 문제인 노인 우울증을 병원 방문 없이 일상에서 관리할 수 있게 하는 혁신적인 솔루션이다.

핵심은 '의식하지 않아도 작동하는' 기술

세라젬 기술의 핵심은 사용자가 착용하지 않아도, 의식하지 않아도 AI가 작동한다는 점이다. 웨어러블 기기 없이도 레이더와 열화상 센서가 공간 내 사용자의 생체 신호를 감지한다. 이는 사용자의 편의성을 극대화하는 앰비언트 인텔리전스(Ambient Intelligence)의 구현이다. 또한 IoT 기술을 통해 조명, 블라인드, 공조 시스템 등 집안의 인프라를 통합적으로 제어해 최적의 치유 환경을 조성한다.

CES 현장에서 세라젬은 '집을 웰니스 공간으로 변모시키려는 가장 구체적인 비전을 제시한 기업'이라는 평가 받았다. 특히 '홈 테라피 부스'는 프라이버시를 중시하는 서구권 관람객들에게 큰 호응을 얻었으며 기술이 차가운 기계가 아닌 따뜻한 '반려자(Companion)'로서 다가왔다는 점에서 높은 점수를 받았다.

바디프랜드

안마의자를 넘어 헬스케어 로봇으로

바디프랜드 기술의 근간은 '로보틱스 테크놀로지'라 불리는 독립 구동 시스템이다. 기존 안마의자가 고정된 프레임 안에서 두드리는 방식이었다면, 헬스케어 로봇은 사용자의 팔과 다리를 독립적으로 움직여 코어 근육을 자극하고 스트레칭 효과를 극대화한다.

CES 2025 혁신상 수상작이자 이번 전시의 메인 모델인 '733'은 전신을 감싸는 외골격 로봇과 유사한 형태를 띤다. 이번 CES 2026에서 최초로 공개된 발목 회전(Ankle Rotation) 기술은 기존의 다리 독립 구동을 넘어 발목 부위를 회전시키고 비틀 수 있는 모터를 추가했다. 이는 하체 스트레칭의 범위

2
3

1

2

3

를 획기적으로 넓혀주며, 족저근막염 예방이나 하체 부종 완화에 탁월한 효과를 제공한다.

또한 거동이 불편한 사용자가 앉고 일어설 때를 보조하는 기립 지원 기능과 편마비 환자를 위한 재활 모드를 탑재해 단순 헬스케어를 넘어선 의료 보조 기기로서의 가능성을 보여줬다.

바디프랜드는 수십 대의 733 로봇이 음악에 맞춰 팔다리를 움직이는 군무 퍼포먼스를 시연했다. 이는 로봇의 관절 자유도와 제어 정밀성이 얼마나 고도화되었는지를 시각적으로 증명하는 마케팅 전략이었다. '에덴 로보(Eden Robo)'는 바디프랜드의 '플렉서블(Flexible)' 기술이 적용된 모델로, 침대 모드와 의자 모드를 자유롭게 오가는 구조적 혁신을 보여줬다. 유연한 프레임을 활용해 사용자의 상체와 하체를 반대 방향으로 비트는 전신 트위스팅 동작은 일반적인 마사지로는 닿기 힘든 심층 코어 근육을 이완시키는 데 특화돼 있다.

1, 2, 3.
바디프랜드 부스. 'CES 2025 혁신상' 디지털헬스 부문을 수상한 바디프랜드의 '733' 제품을 참관객이 체험해보고 있다.

> **Key ③**
> 바디프랜드는 CES 2026에서 '안마의자'라는 표현을 과감히 지웠다. 대신 '헬스케어 로봇(Healthcare Robot)'이라는 새로운 산업 표준을 제시했다. 결합으로 통해 재활과 운동 영역으로 확장된 헬스케어의 미래를 보여줬다.

데이터 기반의 초개인화

하드웨어가 로봇이라면 이를 움직이는 두뇌는 AI다. '다빈치 AI(Da Vinci AI)'는 손잡이 부분에 내장된 PPG(광혈류) 센서를 통해 심박수, 산소 포화도, 스트레스 지수를 실시간으로 측정한다. 이 데이터에 기반해 그날의 컨디션에 맞는 마사지 압력과 패턴을 자동으로 추천한다. 흥미로운 점은 단순히 생체 데이터뿐만

아니라 사용자의 MBTI나 사주팔자 데이터까지 결합한 융합형 추천 알고리즘을 선보였다는 것이다. 과학적 데이터에 문화적, 심리적 요소를 결합해 사용자에게 '나를 깊이 이해하고 있다'는 감성적 만족감을 제공하려는 시도다.

글로벌 B2B 라이선싱 전략

바디프랜드는 이번 CES에서 완제품 판매뿐만 아니라, 자사가 보유한 로보틱스 기술 IP(지적재산권)를 글로벌 제조사들에 수출하는 라이선싱 전략을 본격화했다. CES 기간 중 10여 개 글로벌 안마의자 제조사 및 딜러들과 기술 제휴를 논의했다. 이는 전 세계 안마의자 시장의 기술 표준을 바디프랜드의 로보틱스 기술로 재편하겠다는 야심 찬 계획이다. 데니스 홍 UCLA 교수는 "바디프랜드의 로봇 기술이 예상보다 훨씬 진보했다"고 평가했으며, 미국의 유명 래퍼 마스터 P는 제품을 직접 체험하고 구매 의사를 밝히며 화제가 되기도 했다.

INSIGHT 더밀크의 시각

CES 2026이 던진 하나의 결론

교육 기업이 IT 솔루션을 팔고, 의료기기 기업이 인테리어를 말하며 안마의자 기업이 로봇 공학을 이야기한다. CES 2026은 분명히 말한다. 산업의 경계는 AI 앞에서 무너지고 있다.

웅진, 세라젬, 바디프랜드가 보여준 공통된 방향은 하나다. AI와 하드웨어의 결합을 통해 '기능 개선'이 아닌 산업의 정의 자체를 다시 쓰는 것이다. 웅진은 교육 격차를 해소하고 기업 운영을 효율화하며 세라젬은 집을 치유의 공간으로 만들고, 바디프랜드는 로봇 기술로 인간의 신체적 한계를 보완하려 한다.

이들 기업은 내수 시장의 한계를 넘어 글로벌 빅테크 기업들과 경쟁할 수 있는 기술적 기초 체력을 확보했다. 특히 피지컬 AI라는 거대한 파도 속에서 한국 특유의 정교한 하드웨어 제조 기술과 기민한 AI 도입 속도가 결합해 강력한 시너지를 내고 있다.

다만 이런 서비스가 고도화될수록 개인의 민감한 생체 데이터(심전도, 뇌파, 성장 데이터 등)와 라이프스타일 데이터가 대량으로 수집된다는 점은 주의해야 한다. 향후 비즈니스의 성패는 이러한 데이터를 얼마나 안전하게 보호하고 윤리적으로 활용하느냐에 달려 있다. 온디바이스 AI 기술의 적용 확대는 데이터 보안을 강화하는 중요한 기술적 트렌드로 자리 잡을 가능성이 크다.

향후 과제는 CES에서 입증된 기술력을 바탕으로 실질적인 글로벌 매출을 창출하고 각 지역 문화에 맞는 현지화 전략을 성공적으로 수행하는 것이다. 피지컬 AI 시대, 한국 기업은 더 이상 변화를 따라가는 존재가 아니다. CES 2026은 한국 중견 기업들이 '글로벌 딥테크 기업'으로 도약할 수 있음을 보여준 첫 장면이었다.

미래는 만들어지고 있다! 세계 주요 테크 기업 20

글로벌 기업이 야심 차게 준비한 제품과 기술이 돋보였던 CES 2026 전시장은 그야말로 다가올 미래의 서막이었다.

01 엔비디아 NVIDIA

단일 기술 아닌 운영체제로, 피지컬 AI 시대의 표준 선점 코앞.

엔비디아는 CES 2026 퐁텐블로 전시장에서 피지컬 AI를 구현하는 현실 로봇 생태계를 직접 체감할 수 있는 전시를 선보였다. 퐁텐블로 내 코발트 포이어(Cobalt Foyer)에서는 '피지컬 AI와 일반 로보틱스의 빅뱅(The Big Bang of Physical AI & General Robotics)'을 주제로 혁신적인 하드웨어와 휴머노이드·산업용 로봇 라인업을 대거 공개했다. 전시장 현장에서는 기조연설에서 제시된 비전이 실제 제품과 시스템으로 구현된 모습을 직접 확인할 수 있었다.

전시의 출발점은 차세대 AI 인프라였다. 엔비디아는 그레이스 블랙웰(Grace Blackwell), 베라 루빈(Vera Rubin) 등 신규 칩셋의 압도적인 추론 성능을 전면에 내세우며 고성능 컴퓨팅(HPC)과 AI 인프라 시장에서의 기술적 우위를 강조했다. 단순 연산 성능을 넘어 대규모 모델을 실시간으로 처리할 수 있는 산업용 AI의 표준을 제시했다.

이와 함께 엔비디아 아이작(Isaac)과 코스모스(Cosmos)를 활용한 로봇 최적화 및 데이터센터 디지털 트윈 시연은 피지컬 AI 전략을 구체적으로 보여주는 핵심 데모였다. AI를 가상 공간에서 학습시키고 현실 환경에 안전하게 배포하는 E2E 워크플로를 통해 로보틱스와 인프라 자동화의 속도를 근본적으로 끌어올리고 있음을 입증했다.

전시장 로보틱스 존에서는 엔비디아와 협력하는 제조사의 실제 휴머노이드 로봇 데모가 눈에 띄었다. 그중 하나가 중국 로봇 스타트업 애지봇(Agibot)이 선보인 A2 시리즈 휴머노이드다. 애지봇 A2는 엔비디아의 피지컬 AI 플랫폼과 결합해 움직임·균형·지능형 상호작용 성능을 향상하는 모델로 사람과 유사한 보행성능과 제스처 기반 상호작용을 전시장 데모로 시연했다. 특히 CES 2026에서는 걷기, 방향 전환, 간단한 물체 조작 등 일상적 행동 패턴을 안정적으로 수행하며 관람객의 관심을 끌었다.

애지봇 A2는 엔비디아 아이작 GR00T 및 코스모스 기반 로봇 훈련 워크플로를 활용해 시뮬레이션 공간에서 다양한 환경 조건을 미리 학습한 후 현실 환경에서 이를 실행하는 구조를 보여줬다. 이는 로봇을 단순히 '움직이게 하는 기술'을 넘어 주변을 인식하고 상황에 맞는 행동을 스스로 선택하는 지능형 시스템으로 진화시키는 접근이라는 점에서 CES 2026에서 주목받았다.

모빌리티 영역에서도 메르세데스-벤츠 드라이브 어시스트 프로(MB.DRIVE ASSIST PRO)와 차세대 트리니티 플랫폼에 엔비디아의 핵심 AI가 제공되며 협력적이고 안전한 자율주행 아키텍처의 방향성을 제시했다. DRIVE 하이페리온 기반의 통합 플랫폼은 레벨4 자율주행 상용화를 가속하는 실질적 인프라로 평가받았다.
또한 영상 검색·요약(VSS) 에이전트 등 실용적인 비전 AI 솔루션도 강조됐다. 이는 물류 창고 안전 관리, 산업 설비 모니터링 등 실제 현장에서의 효율성과 안전 문제를 AI로 해결하는 구체적 사례로 '보여주는 AI'가 아니라 '작동하는 AI'의 방향성을 분명히 했다.
엔비디아는 CES 2026을 통해 AI를 단일 기술이 아니라 물리 세계의 운영체제로 확장하는 기업임을 명확히 각인시켰다. 로봇, 모빌리티, 인프라를 하나의 플랫폼 위에 통합하는 엔비디아의 전략은 피지컬 AI 시대의 표준을 선점하려는 장기전 성격을 띤다.

02 | 레고 LEGO
놀이에도 AI 기술 도입
차원이 다른 물리적 경험

CES 2026 전시장 한복판에서 가장 이질적인 이름 중 하나는 레고였다. 반도체와 AI, 로봇이 주인공인 기술 전시회에 '브릭 회사'가 등장했다는 사실만으로도 관람객의 시선이 쏠렸다. 그러나 레고의 목적은 향수를 자극하는 완구 전시가 아니었다. 이들은 오히려 "AI 시대의 놀이란 무엇인가"라는 질문을 던지며 화면 없는 기술과 피지컬 AI라는 새로운 방향을 제시했다.
레고는 미디어 키노트에서 '스마트 브릭'을 처음 공개했다. "AI는 보일수록 나쁜 기술이 된다." 레고는 '레고 스마트 플레이(LEGO Smart Play)'라는 개념 아래, 화면과 버튼, 복잡한 인터페이스를 제거한 '보이지 않는 AI(Invisible AI)'를 선언했다. 스마트 브릭은 겉보기에는 기존 2×4 브릭과 다르지 않다. 하지만 내부에는 초소형 칩과 가속도, 광, 음향 센서가 집약돼 있다. 사용자가 조립하고 움직이는 방식에 따라 브릭은 즉시 빛과 소리로 반응한다. 중앙 서버나 클라우드에 의존하지 않는다. 브릭끼리 서로의 위치와 상태를 인식하고 정보를 주고받으며 하나의 '분산형 물리 네트워크'를 형성한다. 레고는 이를 통해 장난감을 넘어 현실 세계를 이해하는 최소 단위의 '피지컬 AI 노드'로 진화하고 있음을 보여줬다.
전시장 부스에서 레고는 이 비전을 설명하는 대신 경험으로 증명했다. 별도의 앱이나 설명서 없이 브릭을 조립하는 순간 즉시 반응하는 '살아 있는 놀이'가 구현됐다. 기술은 전면에 드러나지 않았지만 상호작용의 밀도는 기존 디지털 완구와 차원이 달랐다. 외신들이 "CES 최고의 제품"으로 평가한 이유도 화려한 스펙이 아니라 경험의 완성도에 있었다.
키노트에서 선보인 스타워즈 IP 시연 역시 같은 맥락이다. 캐릭터는 인터페이스가 되고 세계관은 상호작용의 규칙이 된다. 아이들은 센서나 알고리즘을 배우지 않아도 놀이를 통해 자연스럽게 기술을 체득한다. 레고가 보여준 것은 '콘텐츠에 기술을 얹는 방식'이 아니라 '놀이 그 자체가 기술이 되는 구조'였다.
CES 2026의 레고는 분명한 대비를 만들었다. 더 큰 화면과 더 몰입적인 디지털 경험을 향하는 산업 흐름 속에서 레고는 의도적으로 화면을 지우고 손으로 만지는 물리적 경험을 AI의 중심에 놓았다. 이는 AI 시대에도 기술의 최종 목적지는 '몰입'이 아니라 '경험의 질'임을 보여주는 가장 조용하지만 가장 설득력 있는 선언이었다.

03 유니트리 로보틱스 Unitree Robotics

휴머노이드 로봇 시대 준비하는
'로봇 풀스택' 제시

CES 2026에서 가장 많은 인파가 몰린 곳은 TV도, 자동차도 아니었다. 관람객의 발걸음을 멈춘 것은 두 대의 휴머노이드 로봇이 링 위에서 주먹을 주고받는 장면이었다. 유니트리 로보틱스는 휴머노이드 'G1'의 실물 복싱 시연을 통해 로봇이 더 이상 연구용 장난감이 아니라 '대량 보급할 수 있는 기계'의 단계에 들어섰음을 선언했다. 정교한 회피와 균형 복원, 연속 동작이 이어지는 이 장면은 CES 2026이 '피지컬 AI의 원년'임을 가장 직관적으로 보여준 순간이었다.

유니트리의 차별점은 기술 시연보다 가격 전략에 있다. G1은 약 1만6000달러 수준의 파격적인 가격으로 공개됐다. 부스 곳곳에 가격 정보 QR코드를 배치한 것도 "미래의 로봇"이 아니라 "지금 구매할 수 있는 제품"이라는 메시지를 명확히 하기 위함이다. 이는 휴머노이드를 연구기관의 전유물에서 개발자와 교육 시장의 표준 하드웨어로 끌어내리려는 공격적 포지셔닝이다.

전시 라인업 역시 양산 체계를 전제로 구성됐다. 보급형 R1, 산업용 대형 모델 H1·H2, 4족 보행 로봇 Go2, 휠-레그 하이브리드까지, 유니트리는 휴머노이드와 모바일 로봇 전반을 아우르는 '로봇 풀스택'을 제시했다. 특히 LiDAR와 로봇 암을 결합한 Go2는 실외 점검·정찰 등 현장 적용 가능성을 강조했다.

더 주목할 대목은 소프트웨어 전략이다. 유니트리는 로봇 동작과 학습 알고리즘을 공유하는 '휴머노이드 앱스토어' 개념을 제시하며 하드웨어 판매를 넘어 개발자 생태계 선점을 노리고 있다. 이는 중국 제조 역량과 글로벌 AI 개발자 풀을 연결하는 플랫폼 전략이다.

CES 2026의 유니트리는 '보여주는 로봇'에서 '소유하고 학습시키는 로봇'으로 시장을 이동시켰다. 가격 경쟁력, 양산 능력, 생태계 전략이 결합한 이 모델은 피지컬 AI 시대의 주도권이 어디로 이동하고 있는지를 분명하게 보여준다. 이제 경쟁의 초점은 퍼포먼스가 아니라 이 로봇들이 실제 산업과 일상에서 얼마나 빠르게 ROI를 만들어낼 수 있느냐에 맞춰지고 있다.

04 존디어 John Deere

초대형 자율주행 콤바인 'X9-1100' 등장
'농업용 OS' 플랫폼 기업으로 진화

존디어는 '자율주행 농기계' 그 자체보다 정밀 자동화와 산업 확장성을 전면에 내세웠다. 전시는 단순한 무인 주행 시연이 아니라 농업을 데이터와 알고리즘으로 재정의하는 피지컬 AI의 실전 무대에 가까웠다.

전시의 중심에는 초대형 자율주행 콤바인 'X9-1100'이 자리했다. 위성 이미지와 듀얼 스테레오 카메라를 결합해 전방 8초 뒤 지형을 예측하고 속도와 작업 방식을 스스로 조절한다. AI는 곡물의 상태와 습도를 실시간 분석해 탈곡 설정을 최적화하며 수확 효율을 20~30%까지 끌어올린다. '머신 싱크(Machine Sync)'와 '오토 언로드' 기능은 트랙터와 콤바인이 통신하며 카트의 위치·속도를 정밀 제어

해 초보자도 숙련자 수준의 작업 품질을 구현한다.

존디어는 360도 비전 기반 자율주행도 강조했다. 360도 카메라와 AI 장애물 인식, 라이다를 결합한 5ML 트랙터는 GPS가 닿지 않는 울창한 과수원에서도 정밀 분무와 자율주행을 수행한다. 작업자는 스마트폰과 태블릿으로 현장을 원격 모니터링하고 실시간 진단까지 가능하다.

흥미로운 대목은 산업 간 기술 확장이다. 농기계에 적용된 GPS·AI 센서 기술을 자회사 비르트겐(Wirtgen)의 도로 포장기에 그대로 이식해 농업 기술이 건설 산업의 품질과 생산성을 동시에 끌어올릴 수 있음을 보여줬다.

이번 전시의 시사점은 명확하다. 첫째, 피지컬 AI는 개념이 아니라 인력난과 고령화라는 산업 난제를 해결하는 도구가 됐다. 둘째, 존디어는 '기계 제조사'를 넘어 농장의 모든 데이터를 통합하는 '농업용 OS' 플랫폼 기업으로 진화하고 있다. 전시장 1층을 가득 채운 '존디어 오퍼레이션 센터(John Deere Operations Center)'는 그 상징이다. 셋째, 배터리 전기 트랙터와 레트로핏 키트 전략은 지속 가능성과 확산성을 동시에 겨냥한다.

CES 2026의 존디어는 "농사도 기술"이라는 구호를 넘어 AI가 산업 생산성을 어떻게 구조적으로 바꾸는지를 가장 설득력 있게 보여준 사례였다.

05 | 캐터필러 Caterpillar

산업 현장 비서 '캣 AI 어시스턴트' 운영 솔루션 기업으로의 재정의

CES 2026에서 캐터필러는 더 이상 중장비 제조사가 아니었다. 전시장은 굴삭기와 불도저가 아니라 건설 현장을 운영하는 AI 시스템의 데모 공간에 가까웠다. 캐터필러는 'From Dirt to Data'라는 비전 아래, 하드웨어·소프트웨어·데이터가 결합한 산업용 피지컬 AI의 완성도를 보여줬다.

전시장 중앙에는 생성형 AI 기반 현장 비서 '캣 AI 어시스턴트(Cat AI Assistant)'가 있었다. 전 세계 150만 대 이상의 연결 장비에서 축적된 데이터를 학습한 이 시스템은 엔비디아 리바(Riva)·네모트론(Nemotron) 모델을 활용해 자연어로 작업 지시, 안전 경고, 장비 운용 코칭을 제공한다. 통신이 불안정한 오지에서도 실시간 추론이 가능하도록 엔비디아 젯슨 토르(Jetson Thor) 기반 엣지 AI를 탑재한 점은 산업 현장의 현실성을 반영한 설계다.

자율주행 전시는 더욱더 공격적이었다. 광산에서 12년간 검증된 기술을 일반 건설 현장으로 확장해 불도저(D5), 휠 로더, 하울 트럭(745), 굴착기, 다짐기(CS12) 등 5대 핵심 장비를 무인화했다. 이들은 도랑 파기, 정밀 그레이딩, 짐 싣기 작업까지 운전자 없이 수행하며, 라이다·레이더·GPS·카메라를 결합한 360도 디지털 뷰로 복잡한 현장을 안전하게 인식한다.

전시장 중앙의 캣 AI 넥서스(Cat AI Nexus) 체험장에서는 306 CR 소형 굴착기를 통해 안전 구역 자동 설정(E-Ceiling)과 실시간 가이드를 시연, 초보자도 전문가 수준의 작업 품질을 구현하는 모습을 보여줬다. 캣 비전링크(Cat VisionLink)와 마인스타(MineStar)는 장비 상태와 생산성을 실시간 분석하고 운영 결과를 예측·최적화한다.

이번 전시가 던진 메시지는 분명하다. 캐터필러는 '장비 제조사'가 아니라 건설 산업 전체를 연결하는 운영 솔루션 기업으로 재정의되고 있다. 레벨4 자율주행의 성숙도는 기술의 신뢰성을 증명했고 AI는 비용 절감과 안전을 동시에 달성하는 핵심 인프라로 자리 잡았다. 인력난과 숙련도 격차를 AI로 흡수하는 캐터필러의 전략은 중장비 산업의 디지털 전환이 이미 실행 단계에 들어섰음을 보여준다.

06 **오시코시 코퍼레이션** Oshkosh Co.
고위험 작업용 'JLG 로봇 붐 리프트' 최고혁신상 수상

오시코시 코퍼레이션은 특수 차량 제조사를 넘어 자율주행·AI·전동화를 통합한 '지능형 산업 모빌리티 플랫폼 기업'으로의 진화를 선명히 보여줬다. 전시장은 건설 현장, 공항, 주거 지역을 아우르는 '미래 지역 사회' 시나리오로 구성됐으며 핵심 메시지는 단순했다. 위험한 현장은 이제 사람이 아니라 기계가 담당한다는 것이다.

중앙 무대에는 CES 2026 최고혁신상을 받은 'JLG 로봇 붐 리프트'가 자리했다. 고공 작업차 끝단에 로봇 팔을 결합해 용접·도장 등 고위험 작업을 사람이 직접 올라가지 않고도 수행한다. AI 기반 비전과 센서 융합으로 위치를 정밀 인식하고 자율적으로 작업을 완수하는 구조다. 이는 '고소 작업'의 자동화라는 산업 안전의 기준선을 한 단계 끌어올린 사례로 평가된다.

또 하나의 핵심은 전동화다. 스트라이커 볼테라(Striker Volterra) 전기 소방차는 '친환경이면서도 더 빠른 소방차'를 구현했다. 디젤 대비 가속 성능이 뛰어나고 배출가스는 없으며 긴급 출동에 필요한 출력과 지속성을 모두 갖췄다. 성능 저하 없이 탄소를 줄일 수 있음을 입증하며 공항 소방 장비의 전기 전환 가능성을 보여주는 대표 사례다.

장비들은 실시간으로 데이터를 공유하며 충돌 회피 시스템(CAMS), 전기 환경미화 차량 등은 공공 안전과 도시 운영 효율을 동시에 높이는 피지컬 AI 응용 사례로 제시됐다.

산업용 모빌리티의 경쟁 기준은 이제 '마력'이 아니라 AI가 얼마나 안전하게 효율적으로 그리고 지속할 수 있게 현장을 운영하느냐로 이동하고 있다. CES 2026에서 오시코시는 중장비를 단순한 장비가 아닌 스스로 판단하고 협업하는 지능형 산업 인프라로 재정의한 기업이었다.

07 **죽스** Zoox
자율주행 넘어 신뢰 확장
운전대와 페달 없는 PBV로 혁신

아마존의 자율주행 자회사 죽스는 '미래 비전'을 설명하는 수준을 넘어 라스베이거스 도심 한복판에서 실제 서비스를 시연하며 자율주행 상용화의 문턱을 넘었음을 선언했다. 전시장 안에 세워둔 콘셉트카가 아니라 도시의 복잡한 교차로·호텔·쇼핑몰 동선을 실제로 달리는 제품으로 경쟁자들과 차별화했다. 이번 전시는 하드웨어와 소프트웨어가 결합한 피지컬 AI가 모빌리티를 소유의 산업에서 경험의 산업으로 전환하는 장면을 보여줬다.

첫째, 하드웨어 혁신은 '개조차'가 아니라 PBV(Purpose-Built Vehicle)라는 점에서 출발한다. 죽스 차량은 기존 내연기관차의 골격을 빌려 자율주행 장비를 얹은 형태가 아니다. 처음부터 무인 주행을 전제로 설계된 목적 기반 모빌리티로, 운전대와 페달이 아예 없다. 전시장에 공개된 실물 차량의 실내는 4명의 승객이 서로 마주 보는 리무진형 좌석 구조로 설계됐고 개별 온도 조절 시스템과 무선 충전 패드 등을 통해 '이동 수단'이 아니라 '움직이는 개인실'의 개념을 구현했다. 특히 차량 네 모서리에 카메라·레이더·라이다를 집약한 센서 포드를 배치해 사각지대를 줄이고 복잡한 도심 상황에서 돌발 변수를 즉각 감지하는 인지 능력을 강조했다.

둘째, 기술적 진화의 핵심은 예측과 협상이다. 죽스는 주변 차량과 보행자의 움직임을 최대 8초 앞서 예측하는 AI 스택을 내세웠다. 이는 장애물을 인식하고 멈추는 '반응형 자율주행'이 아니라 상대의 의도를 시뮬레이션하고 주행 전략을 조정하는 '협력적 주행(negotiation)'의 단계로 가겠다는 선언에 가깝다. 여기에 죽스 특유의 양방향(Bidirectional) 주행 구조는 앞뒤 구분 없이 주행할 수 있는 설계로, 좁은 도심·막다른 길에서도 유턴 없이 즉각 방향 전환이 가능해 운영 효율을 높인다. 기술이 '멋진 데모'에 머무르지 않는다는 점을 보여준 장면은 캘리포니아 카토(Kato) 공장을 통한 양산 체제 구축 소식이다. 이는 죽스가 파일럿을 넘어 확산할 수 있는 생산 체계를 준비하고 있음을 시사한다.

무엇보다 죽스가 던진 가장 중요한 메시지는, 자율주행 경쟁의 중심이 '데이터 축적'에서 '신뢰 확장'으로 이동하고 있다는 점이다. 죽스는 CES 기간 라스베이거스 리조트 월드와 패션쇼 몰을 잇는 실증 운행을 통해 자율주행이 더 이상 연구실의 실험이 아니라 도시 인프라의 일부로 작동할 수 있음을 직접 증명했다. 이제 승부는 "누가 먼저 달리느냐"가 아니라 "누가 더 안전하고 안락한 일상을 제공하느냐"의 문제다. 나아가 아마존의 물류 네트워크와 결합할 경우, 죽스는 단순한 로보택시를 넘어 라스트 마일 배송과 도시 물류 체계를 재편하는 플랫폼으로 확장될 가능성이 크다. CES 2026의 죽스는 '완전 자율주행'이 기술 목표가 아니라 신뢰할 수 있는 서비스 경험을 설계하는 산업 단계로 진입했음을 보여준 사례였다.

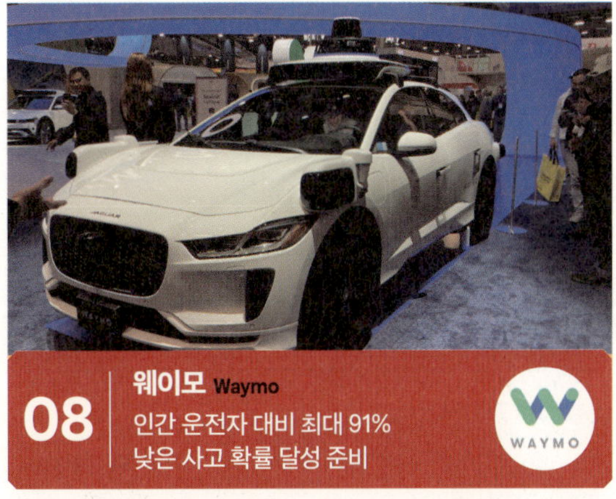

08 웨이모 Waymo

인간 운전자 대비 최대 91%
낮은 사고 확률 달성 준비

WAYMO

구글의 모빌리티 자회사 웨이모는 더 이상 '개발 중인 기술'을 전시하지 않았다. 대신, 이미 도시에서 운행되고 있는 상용 시스템을 그대로 옮겨놓았다. 전면에 내세운 것은 6세대 자율주행 스택과 이를 탑재한 전용 로보택시 '오자이(Ojai)'다. 전시장은 기술 데모가 아니라 라스베이거스 스트립 주행 데이터를 시각화한 운영 플랫폼 전시에 가까웠다.

핵심은 전용 플랫폼으로의 진화다. 웨이모는 지커(Zeekr)와 공동 설계한 '오자이'를 통해 기존 양산차 개조 방식에서 벗어난 PBV 전략을 명확히 했다. B-필러를 제거한 개방형 구조와 낮은 바닥고는 승객의 승하차 경험을 근본적으로 개선하며 차량이 아닌 서비스 인프라로서의 로보택시를 지향한다.

기술의 중심에는 6세대 웨이모 드라이버(Waymo Driver)가 있다. 13개 카메라, 6개 레이더, 4개 라이다로 구성된 센서 스위트는 부품 수를 줄이면서도 인식 정밀도를 높였고 800V 전기 시스템 적용으로 급속 충전과 가동률을 동시에 개선했다. 전천후 주행을 위한 자동 세척 노즐과 히터 시스템은 24시간 무인 운행을 전제로 한 상용 설계의 완성도를 보여준다.

자율주행 경쟁의 축이 '기술 구현'에서 '비용 구조와 운영 확장성'으로 이동하고 있다. 웨이모는 인간 운전자 대비 최대 91% 낮은 사고 확률이라는 누적 운행 데이터를 근거로 자율주행을 실험이 아닌 대중교통 서비스의 영역으로 끌어올렸다.

하드웨어부터 AI 모델까지 수직 통합한 웨이모의 전략은 엔비디아 등 빅테크가 소프트웨어 생태계를 확장하는 구도 속에서도 가장 강력한 수익 모델로 작동한다. 2026년 주간 100만 명 운행을 목표로 하는 웨이모의 행보는 모빌리티 산업이 소유에서 공유로, 그리고 완전 자동화로 넘어가는 분기점에 들어섰음을 보여준다.

09 소니혼다모빌리티 Sony Honda Mobility

'달리는 성능'이 아닌 '머무는 경험'에 초점 이동 수단에서 서비스 플랫폼으로

자동차는 더 이상 '운전하는 기계'가 아니다. 소니혼다모빌리티(이하 SHM)는 이번 CES 2026에서 이동 수단을 움직이는 엔터테인먼트 플랫폼으로 재정의하며 모빌리티 산업의 무게중심을 근본적으로 이동시켰다. SHM의 전시는 완성차 기술 경쟁이 아니라 '이동하는 시간'을 어떻게 설계할 것인가에 대한 해답이었다.

SHM의 전시는 규모보다 의도가 먼저 보였다. 기존 소니 공동 부스를 벗어나 역대 최대 규모의 단독 전시관을 구성하며 모빌리티 전문 기업으로의 전환을 명확히 했다. 양산 직전 단계의 아필라(AFEELA) 1 프리 프로덕션 모델과 2028년 출시를 목표로 한 SUV형 아필라 프로토타입(AFEELA Prototype) 2026의 월드 프리미어는 라인업 확장 의지를 분명히 드러냈다.

기술의 초점은 '달리는 성능'이 아니라 '머무는 경험'이었다. 파노라마 디스플레이 기반 PS 리모트 플레이(Remote Play), 홈 시어터급 이머시브 오디오(Immersive Audio), 가속음을 음악처럼 설계한 사운드스케이프는 자동차를 이동 수단

이 아닌 움직이는 미디어 공간으로 전환했다. 여기에 애저(Azure) 오픈AI(OpenAI) 기반 퍼스널 AI, 40여 개 센서와 고성능 컴퓨팅, 라이다 중심 인지 구조는 레벨4 자율주행을 염두에 둔 플랫폼 설계라는 점에서 의미가 크다.

또 하나의 차별점은 개방성이다. SHM은 코크리에이션(Co-Creation) 프로그램을 통해 외부 개발자가 차량 내 서비스와 콘텐츠를 직접 설계하도록 문을 열었다. 자동차를 완성품이 아닌 지속해서 진화하는 소프트웨어 플랫폼으로 정의한 전략이다.

SHM이 보여준 것은 빠른 차가 아니라 머무르고 싶은 차였다. CES 2026의 SHM 전시는 자동차가 이동 수단을 넘어 개인의 콘텐츠 공간이자 서비스 플랫폼으로 진화하고 있음을 자연스럽게 보여준 사례였다.

10 퀄컴 Qualcomm
PC용 칩셋 '스냅드래곤 X2 플러스'
개인 정보 보호와 즉시성 동시 만족

한때 '모바일 칩의 제왕'으로 불리던 퀄컴은 CES 2026에서 더 이상 스마트폰 기업이 아니었다. 퀄컴은 이제 '피지컬 AI 인프라 기업'이다.

이번 CES 2026에서 퀄컴이 전면에 내세운 키워드는 '에이전틱 AI(Agentic AI)'였다. 클라우드에 의존하지 않고 기기 자체에서 복잡한 다단계 작업을 수행하는 온디바이스 AI다. 신형 PC용 칩셋 '스냅드래곤 X2 플러스'는 80 TOPS급 NPU를 통해 사용자가 인식하지 못하는 사이 백그라운드에서 AI 에이전트를 상시 구동하며 개인 정보 보호와 즉각성을 동시에 만족시키는 '프라이빗 컨텍추얼 AI'의 기준을 제시했다. 스마트폰, 웨어러블, 스마트홈 전반에 동일한 구조가 확장된다.

모빌리티 영역에서는 '스냅드래곤 디지털 섀시'가 SDV의 핵심 인프라로 자리 잡았다. 리프모터와 협업한 세계 최초 통합 중앙 컴퓨터는 콕핏과 ADAS를 단일 플랫폼으로 묶어 차량 아키텍처 자체를 재정의했고 LG전자와의 '프로액티브 캐빈'은 탑승자의 맥락을 이해하는 인캐빈 AI의 실질적 가능성을 보여줬다.

특히 주목받은 장면은 중국 로봇 기업 빈모션(Vinmotion)과 협업한 휴머노이드 '모션 2(Motion 2)' 시연이었다. 퀄컴의 로봇용 플랫폼 '드래곤윙 IQ10'을 탑재한 이 로봇은 복잡한 물체 인식, 경로 계획, 조작 동작을 모두 기기 내부에서 실시간 처리하며 클라우드 없이도 안정적인 전신 제어를 구현했다. 이는 퀄컴이 단순히 '연결된 AI'가 아니라 현장에서 즉시 판단하고 행동하는 로봇 지능의 핵심 인프라를 지향하고 있음을 보여주는 사례다.

CES 2026의 퀄컴은 '칩을 파는 회사'가 아니라 엣지에서 작동하는 AI 운영체제를 공급하는 기업에 가까웠다. 클라우드에서 기기로, 화면 속 AI에서 물리 세계의 AI로, 퀄컴의 진화는 AI 경쟁의 무대가 이제 서버가 아닌 현실 공간으로 이동하고 있음을 상징적으로 보여준다.

11 TCL
저가 이미지 탈피한 '지능형 TV' 전략
미니(Mini) LED 북미 출하량 380% 이상 성장

CES 2026에서 TCL의 부스는 더 이상 '가성비 TV 브랜드'의 전시가 아니었다. 기술, 규모, 메시지 모두에서 삼성전자와 LG전자를 정면으로 겨냥한 프리미엄 디스플레이 기업의 얼굴이었다.

전시의 핵심은 세계 최초로 공개한 'SQD(Super Quantum Dots)-미니 LED' 기술이었다. 플래그십 모델 X11L은 최대 1만 니트 밝기와 2만 개 이상 로컬 디밍 존을 구현하며 기존 미니 LED의 한계를 넘어서는 화질을 제시했다. BT.2020 100% 색 영역, 2cm 초슬림 두께, Bang & Olufsen 사운드까지 더해지며 "중국산=저가"라는 인식을 완전히 벗겨냈다.

TCL은 하드웨어에 AI를 결합한 '지능형 TV' 전략도 분명히 했다. 구글 제미나이 통합, TSR AI 프로세서 기반 실시간 화질 보정, 스마트 글라스·태블릿·스마트폰까지 이어지는 AI 생태계는 TV를 홈 허브로 재정의했다. 디스플레이 기술과 OS, AI 경험을 동시에 장악하려는 구조다.

전시 규모 또한 역대 최대였다. 2025년까지 삼성전자가 사용하던 LVCC 핵심 전시 자리를 TCL이 그대로 이어받으며 초대형 부스를 구축했다. 29개 카테고리, 140여 종에 달하는 제품 라인업은 TCL이 이미 글로벌 디스플레이 공급망의 중심축으로 올라섰음을 보여준다. 여기에 패널 자회사 CSOT의 WHVA 2.0 기술과 차세대 OLED까지 함께 제시하며 연구·제조·양산을 아우르는 수직 통합 역량을 명확히 각인시켰다.

시장 데이터는 이 전략이 '전시용'이 아님을 증명한다. 2025년 기준 TCL은 미국 TV 시장 판매량 2위를 유지하며 미니(Mini) LED 출하량은 북미에서 전년 대비 380% 이상 성장했다. 글로벌 프리미엄 TV 점유율 역시 19%까지 상승했다.

한국이 지배해온 프리미엄 디스플레이의 성채는 더 이상 안전하지 않다. 이제 경쟁은 기술 격차가 아니라 속도·규모·AI 통합력의 싸움으로 옮겨가고 있다. 삼성전자와 LG전자에 TCL은 더 이상 '저가 경쟁자'가 아니라, 가장 위협적인 기술 리더다.

12 하이센스 & 창홍 Hisense & Changhong
세계 최초 116형 RGB MiniLED evo TV &
판다 캐릭터 '샤오바이'와 감성적 상호작용

CES 2026에서 '생활에 가장 가까운 AI'를 보여준 주역은 의외로 중국 가전사들이었다. 하이센스와 창홍은 화질 경쟁보다 AI가 가전의 성격을 어떻게 바꾸는가에 집중하며 기술을 '스펙'이 아니라 '사용 경험'의 언어로 풀어낸 전시를 선보였다. 두 기업은 나란히 RGB 미니 LED와 인간 중심 AI를 전면에 내세우며 디스플레이 기술과 생활가전 지능화에서 더 이상 추격자가 아님을 분명히 했다.

하이센스의 전시는 기술 밀도로 압도했다. 세계 최초 116형 RGB MiniLED evo TV는 기존 RGB에 시안(Cyan)을 더한 4원색 백라이트로 BT.2020 색 영역의 110%를 구현했다. 이는 단순한 대형화가 아니라, '색 정확도'의 기준 자체를 끌어올린 사례다. 163인치 4색 MicroLED와 레이저 프로젝터 XR10까지 더해, 하이센스는 초프리미엄 디스플레이 전반을 포괄하는 라인업을 완성했다.

동시에 로보틱스로 외연을 넓혔다. 31자유도의 휴머노이드 '할리(Harley)'와 반려 로봇 '베타(Beta)'는 가전 기업이 서비스 로봇 기업으로 진화하고 있음을 상징한다. 2026 FIFA 월드컵 공식 파트너십을 전면에 내세운 점 역시 기술력과 브랜드 신뢰를 동시에 끌어올리려는 전략이다.

창홍은 다른 접근을 택했다. 기술의 방향을 '사양'보다 '사람'에 맞췄다. 딥시크(DeepSeek) 기반 대형 AI 모델을 TV에 적용해 대화형 인터페이스를 구현했고 판다 캐릭터 '샤오바이(Xiaobai)'를 통해 감성적 상호작용을 강조했다. 360도 공기 관리기, 의류 인식 세탁기 등은 AI가 생활 습관을 학습하는 적응형 가전의 전형이다.

두 기업의 공통점은 '가성비 브랜드'에서 '생활 AI 설계자'로의 전환이다. 100인치 이상 RGB 미니 LED 전략은 삼성·LG가 주도해 온 초프리미엄 영역이 더 이상 기술 장벽이 아님을 의미한다. 동시에 중국 기업은 디스플레이, AI, 제조를 하나의 체계로 묶어 '생활 플랫폼형 가전'을 구축하고 있었다.

하이센스와 창홍의 전시는 하나의 방향을 분명히 보여준다. 경쟁의 초점은 더 이상 가격이 아니다. 누가 먼저 생활 속 경험을 설계하느냐의 싸움으로 옮겨가고 있다. 이는 한국 기업에 단순한 점유율 문제가 아니라 제품 기획과 서비스 구조 전반을 다시 고민해야 할 국면에 들어섰음을 의미한다.

13 보쉬 Bosch

미세 낙하물까지 감지하는 '레이더 젠 7 프리미엄'

보쉬의 CES 2026 전시는 화려하지 않았다. 그러나 가장 '현실적'이었다. 이번 전시의 메시지는 분명했다. AI는 더 이상 실험실의 기술이 아니라 당장 현장에 투입되는 산업 인프라가 되어야 한다는 것이다. 보쉬는 1~2년 내 양산하고 상용할 솔루션을 전면에 배치하며 '가능한 미래'가 아니라 '도입되는 미래'를 보여줬다.

모빌리티 영역에서 보쉬는 SDV의 실질적 구현을 강조했다. 엔비디아·마이크로소프트와 협력한 AI 콕핏 플랫폼은 LLM과 VLM을 결합해 운전자와 대화하고 주차 검색, 일정 정리, 회의 기록까지 수행하는 차량 내 에이전트로 진화했다. 폭스바겐 카리아드(CARIAD)와 공동 개발한 레벨2~3 자율주행 소프트웨어 스택은 2026년 양산 적용을 전제로 한다는 점에서 기술 성숙도를 입증한다. 여기에 200m 거리의 미세 낙하물까지 감지하는 레이더 젠 7 프리미엄(Radar Gen 7 Premium)은 자율주행의 신뢰성을 하드웨어 차원에서 끌어 올렸다.

가전과 일상 영역에서도 보쉬의 접근은 동일하다. '보쉬 쿡 AI(Bosch Cook AI)'는 레시피를 따르는 기계가 아니라 센서와 생성형 AI로 조리 상태를 해석하고 화력을 스스로 조절하는 조리 파트너다. 청소기, 커피머신, 주방가전 전반에 적용된 AI 센싱은 편의 기능이 아니라 품질 관리와 에너지 효율을 동시에 높이는 운영 기술로 작동한다.

센서 분야에서는 BMI5 AI MEMS 플랫폼을 통해 XR 기기와 휴머노이드 로봇의 핵심 인지 인프라를 제시했다. 보쉬는 'AI를 만드는 기업'이 아니라 'AI가 작동하는 물리적 세계를 설계하는 기업'임을 분명히 했다.

CES 2026에서 보쉬가 보여준 것은 '기술 시연'이 아니라 '산업 운영의 새로운 표준'이었다. AI의 성능 경쟁이 아니라 실제 환경에서 얼마나 안정적으로 작동하는가가 이제 기업의 실력을 가른다. 소프트웨어 중심 자동차와 피지컬 AI는 더 이상 개념이 아니다. 이미 생산라인과 도로, 주방과 거실로 내려와 있다. 보쉬는 이 변화를 가장 조용하지만 가장 단단하게 현실로 만들고 있는 기업이었다.

14 파나소닉 Panasonic

AI 인프라 솔루션부터 리테일 최적화, 웰니스와 환경 기술까지

CES 2026에서 파나소닉은 '가전 기업'이라는 틀에서 벗어나려는 의지를 분명히 했다. 전시의 중심은 TV나 생활가전이 아니라 AI 시대를 지탱하는 보이지 않는 인프라였다. 전시장 전면에는 데이터센터, 제조 현장, 유통, 헬스케어, 에너지 시스템이 하나의 거대한 기술 스택으로 연결되는 구조가 제시됐다. 파나소닉이 지향하는 미래는 '제품을 만드는 회사'가 아니라 AI 사회를 작동시키는 시스템 기업이었다.

가장 강하게 부각된 영역은 AI 인프라 솔루션이다. GPU 확산으로 폭증하는 전력 소모와 발열 문제를 해결하기 위해 고유량 액체 냉각 펌프, 차세대 냉매 기반 고효율 컴프레서, 서버 랙 직결형 에너지 저장 장치가 공개됐다. 여기에 고온·고전류 환경에서도 안정성을 확보하는 SP-Cap 콘덴서, 고속 통신용 메그트론(MEGTRON) 회로 소재까지 더해지며 파나소닉은 'AI 데이터센터의 신뢰성'을 핵심 경쟁력으로 제시했다.

B2B 영역에서는 AI와 IoT를 결합한 현장 최적화 기술이 주목받았다. 블루욘더의 '에지 인터랙티브 테이블'은 자율형 창고 운영 시나리오를 실시간으로 시각화했고, 허스만(Hussmann)의 스마트 냉동·냉장 시스템과 스토어커넥트(StoreConnect)는 리테일 에너지 관리와 원격 유지보수의 새로운 표준을 제시했다. 제조·외식·양식 산업을 아우르는 CPS 2.0 플랫폼은 "현장의 데이터가 곧 경쟁력"임을 명확히 보여준다.

웰니스와 환경 기술도 파나소닉의 또 다른 축이었다. 표정 분석 기반 뇌 연령(BHQ) 추정, 여성 바이오리듬 모

니터링 '리즈모(RizMo)', 고령자 케어 솔루션은 AI가 개인의 삶 깊숙이 들어오는 방향을 제시했다. 동시에 유리 일체형 페로브스카이트 태양전지와 가전 자동 분해 로봇은 GX(그린 트랜스포메이션)를 기술적으로 구현하는 구체적 수단으로 제시됐다.

파나소닉이 보여준 메시지는 분명하다. AI는 더 이상 '제품에 붙는 기능'이 아니라 산업과 사회를 움직이는 기본 인프라다. 전력·냉각·제조·유통·헬스케어를 하나의 기술 체계로 묶을 수 있는 기업만이 다음 경쟁의 주도권을 쥔다. 파나소닉은 이 거대한 전환을 가장 조용하게, 그러나 가장 구조적으로 실행하는 플레이어로 부상했다.

15 **드리미** Dreame
주방가전, 공조 설비, 개인 헬스케어 디바이스까지 홈 통합 스마트 에코시스템

드리미는 전시 방식부터 달랐다. 라스베이거스 컨벤션 센터(LVCC)와 베네치안 엑스포, 두 개의 핵심 전시장에 동시 부스를 운영하며 '로봇청소기 브랜드'를 넘어 '지능형 생활 인프라 기업'으로의 진화를 선언했다. 전시 규모와 동선 자체가 메시지였다. 드리미는 하나의 제품이 아니라 하나의 생활 시스템을 팔고 있었다.

LVCC 센트럴 홀 부스는 드리미의 확장 전략을 집약한 공간이었다. 약 1200m²에 달하는 대형 전시장에는 주방가전, 공조 설비, 개인 헬스케어 디바이스까지 포함한 홈 통합 스마트 에코시스템(Whole-Home Smart Eco-system)을 구현했다. 청소기 중심의 기업에서 주거 공간 전체를 연결하는 AI·로보틱스 플랫폼 기업으로의 전환을 시각적으로 보여주는 구성이었다.

전시장 한편에 공개된 전기차 콘셉트 모델 '네뷸라 넥스트 01(Nebula Next 01)'은 전시의 중심이기보다 드리미의 다음 방향을 암시하는 신호였다. 로봇청소기에서 축적한 고속 모터, 센서 융합, 제어 알고리즘 역량이 가전의 경계를 넘어 모빌리티로 확장될 수 있음을 시각적으로 보여주는 상징적 장치였다.

반면 베네치안 엑스포 부스는 드리미의 본령에 집중했다. 로봇청소기와 습식·건식 청소기를 중심으로 위생 자동화와 지형 대응력이라는 기술적 난제를 어떻게 해결하는지 체험형으로 보여줬다. 계단을 오르는 '사이버 X(Cyber X)', 섭씨 85도 온수 세척의 'H15 프로 히트', 섭씨 200도 스팀을 활용한 'H16 프로 스팀'은 '흡입력 경쟁'을 넘어 청소를 하나의 자율 시스템으로 재정의한 사례다. CES 혁신상 3관왕은 이러한 기술 방향이 이미 상용 단계에 진입했음을 방증한다.

드리미의 전시는 분명한 신호를 던진다. 가전의 미래는 더 이상 개별 제품의 성능이 아니라 로봇 기술을 기반으로 한 연결성과 확장성에 달려 있다는 점이다. 청소기에서 시작된 피지컬 AI는 이제 주거 공간 전체, 나아가 모빌리티까지 넘보고 있었다.

16 **레노버** Lenovo
AI 에이전트 '키라(Qira)' 컴퓨팅 환경 유연성, 하나의 기준점 제시

'네모'라는 PC의 전통적 형태가 흔들리고 있다. CES 2026에서 레노버는 단순한 성능 경쟁을 넘어 하드웨어 자체가 환경에 맞춰 변형되는 '피지컬 AI 하드웨어'의 시대를 선언했다. 레노버 전시장은 AI PC의 진화가 칩 성능이 아니라, 형태(Form)와 사용 경험(UX)의 재설계로 이동하고 있음을 보여줬다.

전시의 중심에는 롤러블(Rollable) 폼팩터가 있었다. 씽크패드 롤러블 XD는 13인치 화면이 위로 확장되며 16인치로 변신하고 닫은 상태에서도 후면 랩어라운드 디스플레이를 통해 정보 확인이 가능하다. 리전 프로 롤러블은 좌우 확장형 스크린으로 32:9 울트라와이드 화면을 구현하며 노트북이 모니터의 역할까지 흡수할 수 있음을 증명했다. '화면 크기는 사용자가 정한다'는 메시지가 물리적으로 구현된 셈이다.

또 하나의 축은 로보틱스와의 결합이다. 씽크북 플러스 7세대에 적용된 '오토 트위스트'는 전동 힌지와 AI 트래킹으로 사용자를 따라 화면이 움직이고 음성 명령에 따라 태블릿 모드로 전환된다. 노트북이 더 이상 고정된 기기가 아니라 사용자를 보조하는 지능형 오브젝트로 진화했음을 상징한다.

이 모든 폼팩터를 연결하는 핵심은 AI 에이전트 '키라(Qira)'다. PC·스마트폰·태블릿을 하나의 환경으로 묶고 온디바이스 AI '레노버 AI 나우'를 통해 네트워크 없이도 문서 요약, 기기 제어가 가능하다. 레노버는 하드웨어 혁신을 '연결된 경험'으로 수렴시키는 전략을 명확히 했다.

CES 2026의 레노버는 PC 경쟁의 무대가 '성능 지표'에서 '형태와 연결성의 설계'로 이동했음을 보여준다. 고정된 사각형을 해체한 이들의 실험은 향후 컴퓨팅 환경이 얼마나 유연해질 수 있는지에 대한 하나의 기준점이 되고 있었다.

17 로보락 Roborock

'큐레보 커브 2 플로우' 가정 내 반복 노동 대체

2025년 1분기 기준, 청소기 판매에서 글로벌 출하량과 매출 모두 1위에 오른 로보락은 CES 2026에서 화려한 콘셉트보다 '기술이 실제로 어디까지 왔는가'를 증명하는 무대를 선택했다.

베네치안 전시장 한가운데에는 계단과 복합 장애물로 구성된 실증 코스가 설치됐다. 이곳에서 '사로스 로버(Saros Rover)'는 네 개의 독립 구동 다리를 이용해 실

제 계단을 오르내리며 기존 바퀴형 로봇이 넘지 못했던 공간의 한계를 넘어섰다. 관람객의 반응이 집중된 이유는 단순한 퍼포먼스가 아니라 즉시 상용화가 가능해 보일 만큼 안정적인 동작을 보여줬기 때문이다. '가장 현실적인 미래'라는 평가가 나온 배경이다.

로보락은 이를 '장애물 극복(Overcoming Obstacles)'이라는 테마로 확장했다. 신제품 S10 MaxV 시리즈에 적용된 '어댑티리프트(AdaptiLift)' 섀시는 최대 4cm 높이의 문턱과 두꺼운 카펫을 차체 상승으로 넘는 구조를 구현했다. 이제 집 안에서 로봇청소기가 접근하지 못할 공간은 거의 남지 않았다는 선언이다.

로보락은 이제 '로봇청소기 1위 기업'이라는 타이틀에 머무르지 않는다. CES 2026 전시에서는 가정 내 반복 노동을 로봇으로 대체하는 종합 가전 기술 기업으로의 확장을 분명히 했다. '제오 X(Zeo X)' 세탁건조기와 '큐레보 커브 2 플로우(Qrevo Curv 2 Flow)'는 청소를 넘어 세탁 영역까지 자동화의 범위를 넓히며 로보락이 그리는 생활 로보틱스의 방향을 구체적으로 보여줬다.

브랜드 전략도 분명했다. 레알 마드리드와의 공식 파트너십을 전면에 내세워 기술력과 프리미엄 이미지를 동시에 강화했다. '챔피언 팀'과 '세계 1위 로봇청소기 기업'의 결합이라는 상징성을 적극 활용한 것이다.

CES 2026의 로보락은 화려한 미래상을 그리기보다 이미 도달한 기술 수준을 가장 직관적으로 보여준 전시였다. 계단을 오르는 로봇 하나만으로, 로보락은 로봇청소기 시장의 경쟁이 이제 흡입력의 문제가 아니라 기계 구조와 이동 지능의 경쟁 단계로 들어섰음을 분명히 각인시켰다.

18 샤르파 로보틱스 & 젤라 로보틱스

Sharpa Robotics & XELA Robotics

'샤파웨이브(SharpaWave)' 인간과 동일한 22자유도 구현

로봇 기술이 비약적으로 발전하면서 인간 고유의 영역으로 여겨졌던 정교한 수작업마저 로봇의 영역으로 빠르게 편입되고 있다.

CES 2026에서는 단순한 이동이나 근력을 넘어 인간 손의 섬세함을 완벽에 가깝게 구현한 로봇들이 대거 등장하며 큰 주목을 받았다. 그중에서도 싱가포르의 샤르파 로보틱스와 덱스로봇(DexRobot)은 각각 '궁극의 민첩성'과 '정밀한 촉각'을 무기로 로봇 손 기술의 새로운 표준을 제시했다.

샤르파 로보틱스는 'The Ultimate Dexterity'를 슬로건으로, 인간 손의 관절 구조를 모방한 기술력을 선보였다. 핵심 전시품 '샤르파웨이브(SharpaWave)'는 인간과 동일한 22자유도를 구현한 모델이다. 모터와 와이어가 실시간으로 상호작용하는 기계적 메커니즘을 투명하게 공개해 놀라움을 자아낸다. 전시장에서는 바람개비를 접고 스마트폰을 들어 셀피를 촬영하며 사람과 탁구를 주고받는 시연이 이어졌다. 이는 단순한 집기 조작이 아니라 미세한 힘 조절과 빠른 반응, 손가락 간 협응 능력이 동시에 요구되는 작업이다. 드라이버와 렌치 등 인간용 공구를 그대로 활용하는 모습은 산업 현장 투입 가능성을 보여줬다.

전신 휴머노이드 '노스(North)'는 폭발물 처리 시뮬레이션에서 복잡한 전선을 식별·해체하며 로봇 손의 섬세함이 실제 생명과 직결될 수 있음을 증명했다.

젤라 로보틱스는 여기에 '감각'을 입혔다. 핵심 기술인 '유스킨(uSkin)'은 말 그대로 로봇의 피부다. 손끝에 부착된 센서가 단순히 세게 쥐었는지만 보는 것이 아니라 물체가 미끄러지는지, 안에서 살짝 돌아가는지까지 실시간으로 느낀다. 실제로 만져보면 딱딱한 기계가 아니라 말랑한 고무처럼 휘어지는데, 덕분에 둥근 물건이나 얇은 도구에도 자연스럽게 밀착된다.

이 촉각 덕분에 로봇은 달걀처럼 깨지기 쉬운 물건도 부수지 않고 집고, 복잡한 공구도 사람 손처럼 다룬다. 전시장에서는 "이제 로봇이 보는 시대를 넘어 느끼는 단계로 들어갔다"는 말이 나왔다. 제조, 물류, 농업 현장에 맞게 형태와 기능을 바꿀 수 있다는 점 역시 연구용 기술이 아니라 실제 산업용 기술임을 보여줬다.

CES 2026에서 확인된 두 기업의 기술적 성취는 로봇 기술이 '무엇을 할 수 있는가'를 넘어 '얼마나 인간답게 수행하는가'의 단계로 진입했음을 보여줬다. 로봇 손은 이제 단순히 물건을 집는 도구가 아니다. 주변 상황을 느끼고 판단하고 스스로 움직이는 '몸을 가진 AI'의 핵심 장치로 진화하고 있었다.

19 뉴라 로보틱스 Neura Robotics

통합 지능 플랫폼 '뉴라버스' 이해하고 소통하는 로봇 시대 개막

NEURA

뉴라 로보틱스의 전시장은 로봇 기술의 초점이 어디로 이동하고 있는지를 비교적 차분하게 보여준 사례였다. 이곳에는 고속 주행이나 묘기형 데모보다는 다림질과 정리, 물건 분류와 같은 일상 업무를 수행하는 장면이 중심에 놓였다. '잘 움직이는 로봇'이 아니라 '함께 일하는 로봇'의 모습이었다.

전시 콘셉트는 '쇼룸'이 아니라 '생활 공간(Living Lab)'에 가까웠다. 휴머노이드 '4NE-1'은 위압적인 기계음 없이 부드럽게 움직였고 가정과 작업 환경 속에서 자연스럽게 사람 곁에 서 있었다. 로봇이 인간의 공간에 들어왔을 때 어떤 모습이어야 하는지를 직관적으로 보여주는 장면들이 이어졌다.

기술의 중심에는 '뉴라버스(Neuraverse)'라는 통합 지능 플랫폼이 있었다. 4NE-1, 4족 보행 로봇, 협동 로봇 팔(MiPA)이 하나의 운영체제로 연결돼 서로 협업하는 구조다. 엔비디아의 '아이작(Isaac)' 플랫폼과 결합해 로봇이 실시간으로 학습하고 판단하는 과정이 시연됐다. 하드웨어보다 소프트웨어, 기계보다 지능이 중요해졌다는 메시지가 명확했다.

가장 인상적인 지점은 상호작용 방식이었다. "이것 좀 치워줘"라는 말이나 손짓에 로봇이 상황을 이해하고 스스로 행동을 선택한다. 미리 짜인 코드가 아니라 맥락을 해석하는 '인지(Cognitive) 능력'이 전면에 드러났다. 뉴라 로보틱스가 지향하는 로봇은 도구가 아니라 함께 일하는 파트너에 가까웠다.

뉴라 로보틱스의 전시는 로봇 경쟁의 축이 '몸(Physical)'에서 '두뇌(Cognitive)'로 이동하고 있음을 보여줬다. 빠르고 강한 로봇의 시대를 넘어 잘 이해하고 소통하는 로봇의 시대가 열리고 있었다. CES 2026의 뉴라 로보틱스 전시장은 로봇이 실제 생활과 산업 현장에 어떻게 자리 잡을 수 있는지를 차분히 보여준 공간에 가까웠다.

20 에실로룩소티카 EssilorLuxottica
'치료' 이전에 '유지 보존'에 초점 둔 헬스케어 기술

에실로룩소티카의 CES 2026 전시는 아이웨어 기업의 부스를 넘어 '생활 속 헬스케어 기술'을 보여주는 공간에 가까웠다. 이들이 전면에 내세운 메시지는 바로 의료기기는 병원에 머무는 것이 아니라 일상에 스며들어야 한다는 것이다. 기술은 보이지 않을수록 사용자는 더 자연스럽게 받아들인다.

전시의 중심에 놓인 제품은 '뉘앙스 오디오(Nuance Audio)'였다. 겉모습은 일반적인 명품 안경과 다르지 않지만 프레임 내부에는 초소형 스피커와 마이크가 숨겨져 있다. 별도의 보청기를 착용하지 않아도 사용자가 바라보는 방향의 소리를 자동으로 증폭하는 빔포밍 기술을 통해 대화 음성을 또렷하게 전달한다. 경증 난청인을 위한 청력 보조를 의료기기가 아닌 패션 아이템으로 구현했다는 점이 인상적이었다. 고령화 시대에 '치료'보다 먼저 '유지와 보존'에 초점을 맞춘 접근이다.

레이밴 메타(Ray-Ban Meta)는 시각 영역의 확장을 보여줬다. 카메라와 AI가 결합한 스마트 안경은 사용자가 보는 사물을 인식하고 번역이나 정보 제공을 즉시 수행할 수 있다. 스마트폰을 꺼내지 않아도 되는 핸즈프리 환경은 정보 접근의 부담을 줄이고 일상 동작을 방해하지 않는 방식으로 디지털 기능을 통합하고 있었다.

에실로룩소티카의 전시는 헬스케어 기술의 방향을 비교적 조용하게 제시하고 있었다. 더 많은 기능을 드러내기보다 안경이라는 익숙한 형태 안에 감각 보조와 인지 지원을 담아냈다. CES 2026에서 에실로룩소티카가 보여준 기술 향연은 헬스케어가 병원 중심의 장비 산업에서 일상 속 감각 관리로 이동하고 있음을 보여주는 사례로 읽힌다.

현실 세계로 걸어들어온 AI, CES 2026 혁신상으로 본 기술 트렌드

AI를 빼놓고 더 이상 기술 혁신은 말할 수 없다. 모빌리티와 헬스 분야 성과는 특히 눈부셨다.

"2026년 기술 및 산업 트렌드는 어떻게 전개될까?"
미국소비자기술협회(CTA)가 1월 5일(현지시간) 발표한 'CES 2026 혁신상(Innovation Awards)' 수상작에서 힌트를 찾을 수 있다. CTA에 따르면 올해 CES 혁신상에는 3600개 이상의 출품작이 접수돼 사상 최대 기록을 달성했다. 기술 혁신의 속도가 그 어느 때보다 빨라지고 있음을 보여주는 수치다. 총 36개 카테고리로 나눠 선정된 이번 혁신상 발표에서 드러난 핵심 트렌드는 '피지컬 AI(Physical AI, 물리적 AI)'로의 진화 움직임, CES의 B2B화 및 관련 기술의 부상, 한국 기업들의 역대급 선전으로 요약할 수 있다. 게리 샤피로 CTA CEO는 "이번 CES 혁신상 프로그램의 기록적인 성과는 놀라운 혁신 속도를 반영한다"며 "매년 우리는 기술을 통해 현실 세계의 과제를 해결하는 기업들의 창의성과 과감한 사고에 영감을 받는다"고 했다.

데이터로 본 5대 혁신 분야

가장 많은 출품작이 몰린 분야는 AI, 디지털 헬스, 지속가능성 및 에너지 부문이었다. 이는 실리콘밸리가 주도하는 거대한 AI의 물결이 전 산업에 영향을 미치는 가운데, 기술이 인류의 건강과 지속가능성이라는 중요 문제를 해결하는 데 집중적으로 적용되고 있음을 보여준다.
혁신상 수상작 숫자에서도 이런 트렌드가 확인된다. 더밀크가 CES 2026 홈페이지에 공개된 혁신상 수상작 총 452개를 카테고리별로 집계한 결과(복수 영역 수상작 포함) AI 부분이 46개로 가장 많은 수상작을 배출했다.
디지털 헬스 부문은 41개로 근소한 차이로 2위를 기록했으며 지속가능성 및 에너지(25개) 부문 역시 6위를 차지하며 이 분야에서 다양한 혁신이 시도됐다는 걸 확인할 수 있었다. 가장 많은 출품작이 몰린 3대 카테고리에는 속하지 않지만 '차량 기술 및 첨단 모빌리티' 부문은 총 27개의 수상작을 배출, 디지털 헬스에 이어 4번째로 많은 수상작을 냈다. 출품작 수는 지속가능성 분야보다 적었지만, 수상작은 더 많은 '핵심 카테고리'였다. 이는 스마트폰

1\. 최고혁신상을 수상한 JLG의 로봇 기반 '붐 리프트'.
2\. 두산로보틱스의 스캔앤고(Scan&Go).

1

이후 하드웨어 혁신의 중심이 모빌리티로 이동, 상업화 시도가 집중적으로 일어나고 있다는 방증이다. 전기차와 배터리, 자율주행 기술, 소프트웨어 정의 차량(SDV), 차량 내 인포테인먼트에 이르기까지 차량 기술 및 첨단 모빌리티 분야는 R&D 투자 규모, 혁신의 질과 밀도 면에서 CES를 지탱하는 가장 큰 기둥 중 하나임을 재확인했다.

11.4%

혁신상 휩쓴 AI

AI 분야 혁신상 수상 제품은 전체 11%를 넘으며 1위를 차지했다. 다음은 디지털 헬스케어 10.2%, 모빌리티 관련 상품 7.3% 순이다.

TREND 1 '피지컬 AI'로의 진화

올해 혁신상의 가장 강력한 신호는 '성장률' 데이터에서 나왔다. CTA에 따르면 로보틱스(32%)와 드론(32%) 카테고리 출품작이 전년(CES 2025) 대비 가장 폭발적인 증가세를 보였고, AI(29%)가 그 뒤를 이었다. AI, 로보틱스, 드론. 이 세 분야가 동시에 30% 내외의 폭발적 성장을 보인 것은 결코 우연이 아니다.

AI가 '뇌(Brain)' 역할을 한다면 로보틱스와 드론은 '신체(Body)'에 해당하기 때문이다. 이는 2022년 11월 챗GPT의 등장 후 관련 기술, 산업 트렌드를 휩쓸었던 소프트웨어 기반 '생성형 AI'가 그 지능을 실제 물리적 세계에서 구현하는 '임보디드 AI(Embodied AI, 육화된 AI)' 또는 '피지컬 AI'의 시대로 진화하고 있음을 보여주는 결정적 신호다.

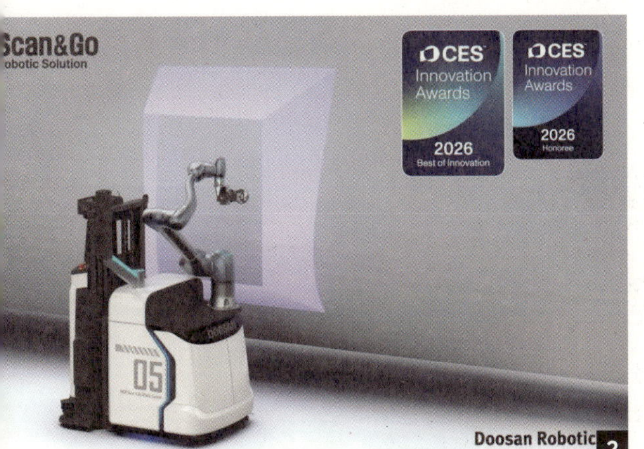

2

결과적으로 CES 2026은 단순히 더 똑똑한 챗봇을 선보이는 자리가 아니라, AI 기능을 장착하고 실제 사용자 주변에서 물리적 작업을 수행하는 로봇과 드론의 경연장이었다. 이는 CES 2025 기조연설 무대에서 젠슨 황 엔비디아 CEO가 예측했던 기술 발전 방향성과도 정확히 일치한다.

'최고혁신상(Best of Innovation)' 수상작에서도 이런 트렌드를 명확히 확인할 수 있다. AI 기반 자율 이동 로봇 솔루션인 '스캔앤고(Scan&Go)'로 AI 부문 최고혁신상을 받은 두산로보틱스가 대표적 사례다. 스캔앤고는 로봇팔과 자율이동로봇(AMR)을 결합한 플랫폼에 물리 정보 기반 AI와 첨단 3D 비전을 적용해 대형 복합 구조물의 표면을 스캔하고 최적의 작업 경로를 생성한 뒤 검사·샌딩·그라인딩 작업을 수행할 수 있는 로봇 시스템이다. 물리 공간에서 자율적으로 이동하며 작업을 수행한다는 점에서 피지컬 AI 추세를 반영한 제품으로 평가되는 것.

한국 스타트업 둠둠(DummDumm Inc.)의 드론 수질 샘플링 드론 시스템 '하이드로호크(Hydro Hawk)' 역시 이 트렌드를 반영한 사례다. 스마트 커뮤니티 부문 최고혁신상을 받은 둠둠의 드론 시스템은 AI 기반으로 작동하는 드론이 인간을 대신해 수질 샘플을 채취, 분석하는 물리적 작업을 수행하도록 설계됐다.

미국의 특수차량 제작회사 오시코시 코퍼레이션(Oshkosh Corporation)의 자회사 JLG의 '붐 리프트(Boom Lift with Robotic End Effector)'도 마찬가지다. 로보틱스 부문 최고혁신상을 받은 이 제품은 전통적인 건설 장비(붐 리프트)에 AI 기반 제어, 다중 센서 인식, 로봇 팔(end effector)을 결합해 용접, 검사, 설치 등 복잡한 고공 작업을 자율 수행하는 시스템이다. 건설 현장이라는 가장 거친 물리적 환경에서도 인간 대신 AI 기반 로봇을 투입하는 변화가 이미 진행되고 있는 것이다.

TREND 2 '모든 산업을 위한 기술'…CES의 B2B화

CES 2026 혁신상 수상작 선정은 총 36개 카테고리로 진행됐다. 이 중 올해 5개 카테고리가 새로 신설됐다는 점도 주목할 만한 대목이다. 신설 카테고리는 에듀테크(EdTech), 엔터프라이즈 테크(Enterprise Tech), 영화 제작 및 유통(Filmmaking & Distribution), 공급 및 물류(Supply & Logistics), 여행 및 관광(Travel & Tourism)이다.

신설된 5개 분야 중 '영화 제작'을 제외한 4개 분야(교육, 기업, 물류, 관광)는 B2B 또는 B2B2C 서비스 산업으로 분류된다. 과거 CES가 전통적 개념의 일반 '소비자(Consumer)' 가전 중심의 B2C 전시회였다는 점을 고려하면 이는 매우 뚜렷한 방향 전환이라고 할 수 있다.

AI를 비롯한 첨단 기술의 적용이 다양한 분야에서 시도되면서 각 산업 영역(Vertical)을 어떻게 혁신하는지가 더 중요해졌고, B2B 및 산업 기술(Industrial Tech) 전시회로 무게 중심이 빠르게 이동하고 있다.

킨제이 파브리치오(Kinsey Fabrizio) CTA 회장은 이와 관련, "새로 추가된 카테고리는 신중하게 선별됐다. 교육부터 공급망, 콘텐츠 제작, 여행에 이르기까지 모든 기업이 기술 기업임을 입증한다"고 강조했다.

1.
둠둠의 드론 수질 샘플링 드론 시스템 '하이드로호크'.
2.
XR 콘텐츠 제작 툴 '젠시 스튜디오'.
3, 4.
CES 2026 엔터프라이즈 테크 부문 혁신상을 받은 식스팹(Sixfab)의 'ALPON X5 AI 엣지 컴퓨터'(왼쪽)와 HP의 '차세대 AI PC'.

기업용 AI 솔루션, 클라우드, 차세대 PC 등이 엔터프라이즈 테크 영역에 해당하며 식스팹(Sixfab)의 'ALPON X5 AI 엣지 컴퓨터', HP의 '차세대 AI PC'가 이 부문 최고혁신상을 받았다. AI 혁신이 기업의 생산성 도구로 직결되는 트렌드를 고려한 변화다. 공급 및 물류 부문 신설 역시 로보틱스 분야의 성장 및 물리적 AI 트렌드와 일치한다. 물류 자동화는 AI 로봇의 가장 큰 시장 중 하나로 평가된다.

TREND 3 K-혁신, 최고 무대를 점령하다: 역대급 성과와 의미

이번 CES 2026 혁신상 발표에서 돋보인 마지막 트렌드는 한국 기업들의 놀라운 성과였다. 1월 5일 CTA가 발표한 '최고혁신상(Best of Innovation)' 30개

CES2026 최고혁신상 제품 분석으로 본 산업별 트렌드 지도

분야	키워드	특징
AI & 로보틱스	피지컬 AI, 자율화, 온디바이스 연산	AI가 더 이상 '소프트웨어'가 아니라 '물리적 작업자(Agent)'로 확장됨. 산업 · 보안 · 콘텐츠 등 현실 환경 속으로 진입
모빌리티 & 스마트시티	자율 · 접근성 · 친환경 인프라	이동성(Mobility)을 AI로 재설계. 휠체어 · 드론 · 공항소방차까지 AI+전동화 결합. '지능형 도시 운영체계'로 진화
컴퓨팅 & 인프라	AI 인프라, 온디바이스, 보안 · 에너지 효율	AI 연산의 핵심은 '로컬화'와 '전력 효율화'. CES 2026의 보이지 않는 경쟁은 GPU · 보안칩 · 배터리 중심의 AI 하드웨어 내전
헬스 & 피트니스	센서 융합 · 신체 인식 · 뉴럴 인터페이스	신체 데이터를 'AI 피드백 루프'로 전환. 감각(ear, foot) 중심의 AI 피지컬 UX 확산
콘텐츠 & 인터페이스	공간 · 감성 · 스크린프리 경험	스크린은 '사라지고', 인터랙션은 감정 · 공간 으로 확장. AI 스토리텔링과 인간 감성의 결합이 새 미디어 트렌드로 부상
제조 & 산업기술	로보틱스 융합 · 친환경 하드웨어	제조업이 AI로 연결되는 산업 전환의 전초전. ESG와 생산성의 균형 추구
에듀테크 & 접근성	스크린프리 학습, 인클루시브 디자인	아동 · 장애인 중심의 '보편적 기술 혁신' 부상. UI보다 'UX의 배려' 중시하는 트렌드

자료 더밀크

제품 중 무려 절반(50%)에 해당하는 15개가 한국 기업 제품으로 분석됐다. 미국(6개), 중국(2개), 대만(2개), 캐나다(1개), 일본(1개), 홍콩(1개), 싱가포르(1개), 독일(1개)을 압도하는 수치다.

최고혁신상은 다양한 분야에서 활동하는 CES 혁신상 심사위원단(업계 전문가, 디자이너, 엔지니어, 미디어)이 각 부문에서 최고 점수를 부여해 선정하는 특별한 영예다. 특히 특정 분야에 집중된 것이 아닌, AI, XR, 핀테크, 사이버보안, 콘텐츠, 스마트시티 등 미래 핵심 기술 전반에 걸쳐 최고혁신상을 받았다는 건 한국의 기술력과 혁신 동력이 그만큼 강력하다는 방증이다.

70%

B2B 비중

전체 혁신상 수상작 중 소비자 가전이 아닌 기업용 (B2B) 솔루션 및 부품 비중이 약 70%를 차지했다.

K-혁신의 질적 도약은 딥테크 스타트업의 약진으로 확인됐다. 최고혁신상을 받은 15개 기업 중 삼성전자, 삼성SDI, LG전자, 두산로보틱스를 제외한 나머지 11개 기업(73%)이 스타트업 및 중견기업이었다. AI 분야의 딥퓨전에이아이, 핀테크 분야의 크로스허브, XR 분야의 스튜디오랩, 콘텐츠 AI 분야의 네이션에이 등은 글로벌 빅테크들도 치열하게 경쟁하는 분야다.

한국 기업의 혁신이 대기업이 주도하는 관행에서 벗어나 기술력을 갖춘 스타트업들이 글로벌 무대에서 성과를 내는 단계로 진화하고 있음을 보여준다. 4D 레이더 인식 아키텍처인 딥퓨전에이아이의 RAPA는 코어 기술에 해당하며 스튜디오랩의 젠시 스튜디오는 XR 콘텐츠 제작 툴, 네이션에이의 뉴로이드 플레이메이커는 AI 모션 생성 도구다.

미래 보안 시장 선점 가능성을 보여준 삼성전자의 'S3SSE2A'의 의미도 크다. 패러다임을 바꿀 미래 기술 중 하나로 평가되는 양자컴퓨팅 시대를 대비해 '양자내성암호(PQC)'를 하드웨어 칩에 구현한 제품이기 때문이다.

삼성전자는 미래의 양자 컴퓨터가 기존 암호 체계를 무력화할 것이라는 위협에 대한 가장 강력한 하드웨어적 대응책을 제시, 향후 모든 IoT, 모바일, 차량용 디바이스의 표준이 될 수 있는 '미래 보안 기술' 시장을 선점하겠다는 의지를 드러냈다.

주목할 만한 CES 2026 최고혁신상 수상 기업

전 세계 3600개 이상의 출품작 중 단 43개에 주어지는 최고혁신상은 어떤 기술이 받았을까? 참고로 AI가 모든 이슈를 점유한 CES 2026에서 AI 부문 최고혁신상 3개 모두 한국 기업이 차지했다.

CES 2026의 공식 슬로건인 'Innovators Show Up'은 기술이 단순한 개념 증명을 넘어 실제 산업과 일상에서 어떻게 구동되는지를 보여주겠다는 선언이었다. 2026년 1월 16일 기준, 전 세계 3600여 개 출품작 가운데 혁신상(Honoree)을 받은 수상작은 452개다. 이 중 단 43개 제품에만 수여된 최고혁신상(Best of Innovation)은, 기술이 어디로 진화하고 있는지를 가장 직접적으로 보여주는 지표다.

혁신상 상위 Top 15 카테고리(최고혁신상 포함)

구분	카테고리	수상 건수
1	인공지능(Artificial Intelligence)	46
2	디지털 헬스(Digital Health)	41
3	스마트 홈(Smart Home)	31
4	차량 테크 & 진화한 모빌리티(Vehicle Tech & Advanced Mobility)	27
5	가전(Home Appliances)	26
6	지속 가능성 & 에너지 전환(Sustainability & Energy Transition)	25
7	컴퓨터 하드웨어 & 컴포넌트(Computer Hardware & Components)	21
8	개인정보 보호(Products in Support of Human Security for All)	19
9	컴퓨터 주변 장치 & 악세사리(Computer Peripherals & Accessories)	17
9	로보틱스(Robotics)	17
9	엔터프라이즈 테크(Enterprise Tech)	17
12	임베디드 테크놀로지(Embedded Technologies)	15
13	건설 & 산업 기술(Construction & Industrial Tech)	13
14	스마트 커뮤니티(Smart Communities)	12
14	XR & 공간 컴퓨팅(XR & Spatial Computing)	12

2026년 1월 16일 기준

전체 36개 카테고리 중 상위 10개 부문이 전체 수상작의 약 62%를 점유하며 기술 편중 현상을 보였다. 이는 기술 혁신이 특정 핵심 산업을 중심으로 수렴되고 있음을 시사한다.

분석 결과 인공지능 부문이 44건으로 가장 높은 비중을 차지했지만 실제로는 상위권에 오른 디지털 헬스·스마트 홈·로보틱스 제품 대부분이 AI를 핵심 엔진으로 활용하고 있다. 이는 AI가 더 이상 하나의 독립 카테고리에 머무르지 않고 모든 기술을 구동하는 운영체제(OS)로 자리 잡았음을 보여준다.

최고혁신상 최대 특징: 피지컬 AI의 부상

올해 최고혁신상을 받은 43개 제품을 관통하는 핵심 키워드는 피지컬 AI였다. 화면 속 생성형 AI를 넘어 물리 세계에서 직접 인지하고 판단하며 움직이는 기술이 혁신의 정점에 올랐다.

로보틱스·산업 자동화 분야에서는 두산로보틱스의 'Scan&Go'와 오시코시(Oshkosh)의 자율주행 건설 장비가 대표적이다. 이들 제품은 AI가 인간의 위험하고 반복적인 노동을 대체하며 산업 현장의 안전성과 생산성을 동시에 끌어올릴 수 있음을 보여줬다.

초연결 디스플레이 영역에서는 삼성전자의 Micro RGB TV와 LG전자의 투명 OLED T가 공간의 제약을 허무는 폼팩터 혁신으로 주목받았다. 디스플레이를 '보는 화면'

CES 2026 최고혁신상 수상작 중 한국 기업 제품				
구분	회사	제품/프로젝트	카테고리	주요 특징
1	두산로보틱스	Scan&Go	Artificial Intelligence	AI 기반 스캔 및 결제 기술
2	딥퓨전에이아이	RAPA	Artificial Intelligence	실시간 AI 분석 플랫폼
3	시티파이브(CT5)	ZONE HSS1	Artificial Intelligence	고속 보안 시스템
4	콜마코리아	SCAR	Beauty Tech	AI 피부 분석 및 맞춤형 화장품 추천
5	스튜디오랩	GENCY Studio	XR & Spatial Computing	공간 컴퓨팅 기반 콘텐츠 제작 스튜디오
6	네이션에이	NeuroID Playmaker	XR & Spatial Computing	신경 인터페이스 스포츠 훈련 시스템
7	뉴작(Newjak)	SPORTRACK	XR & Spatial Computing	스포츠 동작 추적 및 분석 솔루션
8	엘비에스테크	MaaS-Bridge	Travel & Tourism	장애인 이동 지원 통합 플랫폼
9	둠둠(DummDumm)	Hydro Hawk	Smart Communities	지능형 수자원 관리 시스템
10	표준에너지/리벨리온	Dopamine	Sustainability & Energy	고효율 에너지 관리 AI 칩
11	삼성 SDI	SDI 25U-Power	Sustainability & Energy	차세대 고용량 ESS 배터리
12	긱스로프트	Perisphere	Headphones & Personal Audio	초경량 노이즈 캔슬링 헤드폰
13	크로스허브	Financial Passport	FinTech	글로벌 신원 인증 기반 금융 서비스
14	망고슬래브	nemonic Dot	Accessibility	점자 출력 휴대용 프린터
15	삼성전자	갤럭시 Z 트라이폴드	Mobile Devices	세 번 접는 폴더블 스마트폰
16	삼성전자	Micro RGB TV - 기술 부문 1	Video Displays	초소형 픽셀 기반 고화질 디스플레이
17	삼성전자	Micro RGB TV - 기술 부문 2	Video Displays	초소형 픽셀 기반 고화질 디스플레이
18	삼성전자	S3SSE2A 보안 칩	Cybersecurity	IoT 기기용 고성능 보안 솔루션
19	LG전자	시그니처 올레드 T	Video Displays	투명 OLED 스크린 TV
20	LG디스플레이	16" Dual View OLED	In-Vehicle Entertainment	운전자/승객 개별 시청 가능 디스플레이
21	LG디스플레이	12" UDC-IR OLED	In-Vehicle Entertainment	카메라 통합형 디스플레이
22	한국전력공사	ADS	Construction & Tech	지능형 전력 설비 진단 시스템

에서 '공간의 일부'로 확장하며 '스크린 에브리웨어' 시대를 앞당겼다.

모빌리티 접근성 측면에서도 변화가 두드러졌다. 엘비에스테크의 'MaaS-Bridge'는 장애인의 보행권을 데이터와 AI로 보장하는 솔루션으로 최고혁신상을 받으며 기술이 효율을 넘어 인도적 가치와 사회적 포용성을 실현할 수 있음을 분명히 했다.

K-혁신의 글로벌 리더십: 역대 최대 성과

CES 2026은 한국 기술 생태계가 양적 성장 단계를 넘어 글로벌 표준을 만들어가는 방향으로 전환되고 있다는 신호를 드러냈다. 한국은 전체 혁신상의 60%(206건)를 휩쓸며 전년(45.8%) 대비 압도적인 점유율을 기록했다. 특히 최고혁신상 부문에서도 전체 43개 중 약 50%(22건)를 차지하며 기술 리더십을 공고히 했다.

주목할 점은 AI 부문 최고혁신상 3개를 모두 한국 기업이 차지했다는 사실이다. 이는 한국이 더 이상 기술 추격자가 아니라 공급 주체로 성장했음을 보여준다.

스타트업 중심의 생태계 혁신 역시 두드러졌다. 한국 수상작의 72.8%(150건)가 중소·벤처기업에서 배출돼 대기업 중심 구조를 넘어 중소·벤처 주도의 기술 생태계로 발전할 잠재력을 확인하게 한다.

2026년 이후의 기술 지형

데이터를 통해 본 2026년의 기술은 세 가지 방향으로 요약된다. 첫째, AI의 수익화다. 이제 시장은 성능 지표보다 ROI(투자 대비 수익)와 운영 효율을 입증한 제품에 상을 준다. 둘째, B2B 기술의 강화다. 건설, 물류, 에너지 관리 등 산업 현장용 솔루션이 가전 비중을 압도하기 시작했다. 셋째, 인간 안보(Human Security)다. 기후 위기와 고령화라는 인류 공동의 문제를 해결하는 기술이 혁신의 최우선 순위로 등극했다.

CES 2026 최고혁신상 수상 기업 43선

스냅드래곤 W5+ Gen 2

퀄컴

Fashion Tech

스마트워치 등 웨어러블 기기에 특화된 차세대 시스템 온 칩(SoC) 플랫폼이다. 세계 최초로 웨어러블용 NB-NTN 위성 메시징을 지원해 셀룰러나 와이파이가 닿지 않는 오지나 재난 상황에서도 안정적인 긴급 통신이 가능하다. 4nm 공정과 저전력 설계를 통해 전력 소모를 줄이면서도 위치 추적 정확도를 획기적으로 높여 웨어러블을 '안전 인프라'로 격상시켰다.

ALPON X5 AI Edge Computer

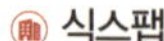
식스팹

Enterprise Tech

비디오 분석과 다양한 센서 통합을 위해 설계된 초소형 온디바이스 AI 컴퓨터다. 엣지에서 데이터를 직접 처리해 민감한 정보 유출을 차단하며, eSIM 기반의 자동 LTE 페일오버 기능을 갖춰 네트워크가 불안정한 환경에서도 끊기지 않는 AI 구동을 보장한다. 고성능 NPU를 탑재해 스마트 시티, 무인 물류, 정밀 농업 등 다양한 산업 현장에 즉시 도입할 수 있는 확장성을 제공한다.

Antigravity A1

앤티그래비티

Drones

세계 최초의 8K 360도 촬영이 가능한 드론으로, 본체가 영상에 보이지 않는 완벽한 구형 이미지를 구현한다. 독자적인 실시간 은폐 알고리즘을 통해 드론의 형상을 지워주며 촬영 후 사용자가 원하는 각도로 영상을 자유롭게 재구성할 수 있는 유연성을 제공한다. 249g의 초경량 설계로 규제 친화성을 확보해 전문가급 항공 촬영의 대중화를 이끈 혁신적인 시각 매체 도구다.

Birdfy Bath Pro

넷뷰 테크놀로지

Pet & Animal Tech

AI 카메라와 지능형 수조 시스템을 결합해 정원에서 새들의 생태를 관찰할 수 있는 스마트 디바이스다. 태양광 패널로 자가 충전하며 6000종 이상의 조류를 실시간으로 식별하고 사용자의 스마트폰으로 알림과 함께 고화질 영상을 전송한다. 겨울철에는 물이 어는 것을 방지하는 제빙 기능을 갖췄으며 자연 보호와 디지털 콘텐츠 생산을 만족시키는 에코테크의 대표적 사례다.

Earflo

이어플로

Digital Health

어린이 중이염을 수술 없이 가정에서 치료할 수 있는 세계 최초의 비침습적 의료 기기다. 빨대 컵 형태의 친숙한 디자인으로 아이들의 심리적 거부감을 줄였으며 음료를 마시는 동안 발생하는 물리적 압력을 조절해 유스타키오관을 안전하게 개방한다. 임상 실험을 통해 4주 내 86%의 청력 개선 효과를 입증했으며 고비용의 수술을 대체할 수 있는 경제적이고 효과적인 대안을 제시한다.

Financial Passport

크로스허브

FinTech

영지식 증명(ZKP) 기술을 활용해 개인정보 노출 없이 신원을 인증하는 블록체인 기반의 디지털 신분증 솔루션이다. 해외여행 시 현지 계좌나 복잡한 환전 절차 없이도 기존 금융 앱을 통해 즉시 국경 간 결제를 지원하며 결제 마찰을 최소화한다. Web3 기술을 실생활 금융 서비스에 완벽히 통합했으며 여행객에게 보안과 편의성을 동시에 제공하는 미래형 통합 금융 인프라를 구축했다.

기업명 카테고리

GeForce RTX 5080 16G EXPERT

MSI

Computer Hardware & Components

엔비디아의 최신 블랙웰 아키텍처를 기반으로 설계된 압도적 성능의 하이엔드 그래픽 카드다. 고성능 팬 2개가 작동하는 '푸시-풀(Push-Pull)' 에어플로우 구조와 베이퍼 챔버 냉각 기술을 통해 극한의 작업 환경에서도 안정적인 온도를 유지한다. 정밀 다이캐스팅 알루미늄 외장과 세련된 디자인을 갖추어 게이머와 크리에이이터에게 최상의 퍼포먼스와 심미적 만족감을 동시에 제공한다.

Gency Studio

스튜디오랩

XR & Spatial Computing

AI와 로보틱스를 결합해 오프라인 매장을 실시간 콘텐츠 생산 기지로 바꾸는 리테일 테크 솔루션이다. 반복적인 제품 촬영과 디자인 작업을 자동화하고 XR 기술을 활용해 매장 환경을 가상 스튜디오로 설계함으로써 전문가 없이도 고품질 콘텐츠를 즉시 생성한다. 오프라인 매장의 경험을 디지털로 빠르게 연결해 방문객 체류 시간과 브랜드 가치를 높이는 차세대 공간 마케팅 도구다.

Hydro Hawk 5G Smart Water Sampling Drone

둠둠

Smart Communities

5G 통신과 자율 비행 기술을 결합해 사람이 접근하기 어려운 지역의 수질을 측정하는 드론 시스템이다. 특정 지점에서 자동으로 물을 채취하고 현장에서 pH, 탁도 등 수질 데이터를 실시간 분석해 클라우드로 전송해 오염 사고에 즉각 대응하게 한다. 수동 방식 대비 80% 이상의 시간과 비용을 절감하며 데이터 기반 효율적 수자원 관리와 환경 보전 표준을 제시한다.

HP EliteDesk 8 Mini Next Gen AI PC

HP

Enterprise Tech

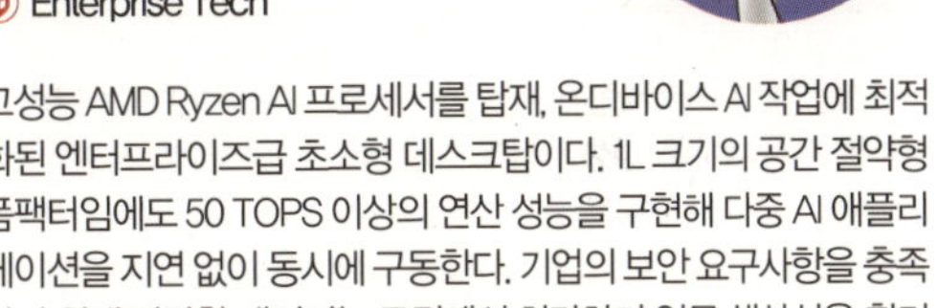

고성능 AMD Ryzen AI 프로세서를 탑재, 온디바이스 AI 작업에 최적화된 엔터프라이즈급 초소형 데스크탑이다. 1L 크기의 공간 절약형 폼팩터임에도 50 TOPS 이상의 연산 성능을 구현해 다중 AI 애플리케이션을 지연 없이 동시에 구동한다. 기업의 보안 요구사항을 충족하기 위해 민감한 데이터는 로컬에서 처리하며 업무 생산성을 획기적으로 높이는 지능형 사무 환경을 제공한다.

LG SIGNATURE OLED T

LG전자

Imaging

세계 최초의 무선 투명 77인치 OLED TV로 디스플레이와 공간의 경계를 허문 혁신적 가전이다. 자체 발광 픽셀 기술로 투명 모드에서도 선명한 화질을 유지하며 무선 전송 기술을 통해 복잡한 선을 제거해 거실 한복판이나 창가 등 자유로운 배치가 가능하다. 꺼져 있을 때는 투명한 유리가 되어 주변 인테리어와 조화를 이루는 '인비저블 테크'를 완성했다.

MaaS-Bridge

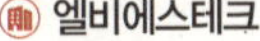

엘비에스테크

Travel & Tourism

AI를 기반으로 시각장애인과 노약자 등 이동 약자를 위해 설계된 개인화 교통 연결 플랫폼이다. 보행 환경 데이터와 사용자 신체 조건을 분석해 계단이나 경사로가 없는 최적의 경로를 제안하며 대중교통 이용과 보행을 매끄럽게 연결한다. 이동의 권리를 넘어 장애인의 활동 반경을 여가와 여행까지 확장함으로써 사회적 포용성을 강화하는 모빌리티 혁신을 달성했다.

NeuroID Playmaker

네이션에이

Content & Entertainment

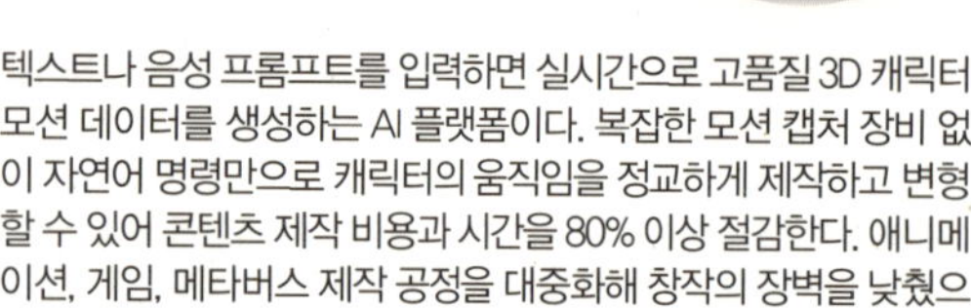

텍스트나 음성 프롬프트를 입력하면 실시간으로 고품질 3D 캐릭터 모션 데이터를 생성하는 AI 플랫폼이다. 복잡한 모션 캡처 장비 없이 자연어 명령만으로 캐릭터의 움직임을 정교하게 제작하고 변형할 수 있어 콘텐츠 제작 비용과 시간을 80% 이상 절감한다. 애니메이션, 게임, 메타버스 제작 공정을 대중화해 창작의 장벽을 낮췄으며 제작자들에게 압도적인 생산성 도구를 제공한다.

Naqi Neural Earbuds

나키로직스

Accessibility & Longevity

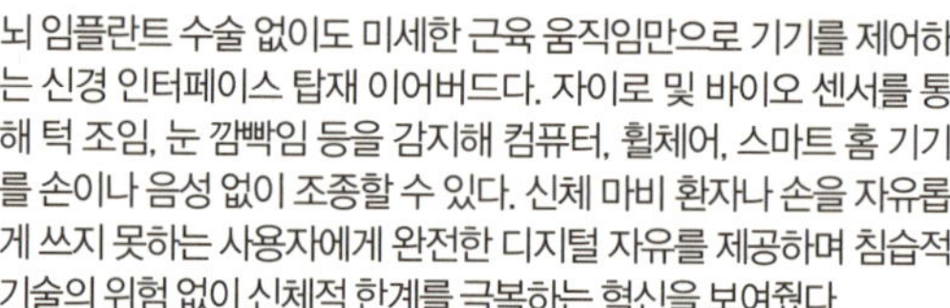

뇌 임플란트 수술 없이도 미세한 근육 움직임만으로 기기를 제어하는 신경 인터페이스 탑재 이어버드다. 자이로 및 바이오 센서를 통해 턱 조임, 눈 깜빡임 등을 감지해 컴퓨터, 휠체어, 스마트 홈 기기를 손이나 음성 없이 조종할 수 있다. 신체 마비 환자나 손을 자유롭게 쓰지 못하는 사용자에게 완전한 디지털 자유를 제공하며 침습적 기술의 위험 없이 신체적 한계를 극복하는 혁신을 보여줬다.

Nemonic Dot

망고슬래브

Mobile Devices, Accessories & Apps

AI 번역 기술과 정밀 압인 메커니즘을 결합해 실시간으로 100개국 이상의 언어를 점자로 출력하는 점자 라벨 프린터다. 음성 인식을 통해 상대방의 말을 즉석에서 점자로 변환해 시각장애인에게 전달하며 약국이나 도서관 등 공공장소에서 정보 접근성을 획기적으로 개선한다. 휴대할 수 있는 크기와 쉬운 인터페이스를 통해 시각장애인과 비장애인의 원활한 소통을 돕는다.

Orphe Insole

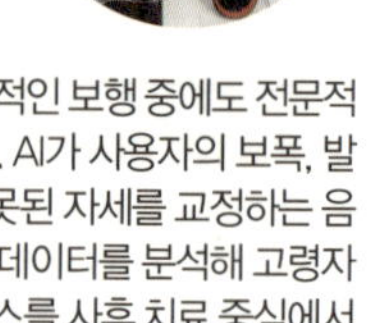

오르페

Sports & Fitness

신발 깔창 내부에 정밀 센서를 탑재해 일상적인 보행 중에도 전문적인 자세 분석을 제공하는 스마트 깔창이다. AI가 사용자의 보폭, 발의 각도, 충격 분산 등을 실시간 추적해 잘못된 자세를 교정하는 음성 가이드를 스마트폰으로 전달한다. 보행 데이터를 분석해 고령자의 낙상 위험을 예측하는 등 헬스케어 서비스를 사후 치료 중심에서 사전 예방 중심으로 전환하게 했다.

JLG Boom Lift with Robotic End Effector

오시코시

Robotics

건설 현장의 고위 작업 리프트에 로봇 팔을 결합해 위험한 공정을 자동화한 건설 테크 솔루션이다. 비전 AI와 다중 센서 기술을 활용해 로봇이 스스로 위치를 정밀하게 인식하고 용접이나 부품 설치와 같은 고난도 작업을 인간을 대신해 수행한다. 숙련 인력 부족이라는 구조적 문제를 완화하고 건설 현장의 안전 기준과 생산성을 획기적으로 끌어올렸다.

Striker Volterra Electric ARFF

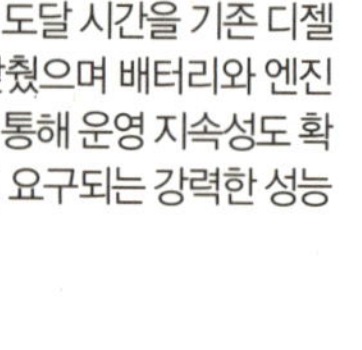

오시코시

Robotics

친환경 전동화 기술과 소방 시스템을 결합한 차세대 공항 소방 구조 차량(ARFF)이다. 비상 상황에서 0~80km/h 도달 시간을 기존 디젤 차량보다 단축하는 압도적인 가속 성능을 갖췄으며 배터리와 엔진을 병행 사용하는 하이브리드 구동 시스템을 통해 운영 지속성도 확보했다. 탄소 배출을 줄이면서도 긴급 출동에 요구되는 강력한 성능을 유지하는 현실적 대안을 제시한다.

Perisphere: Audio Meets Vision

긱스로프트

Headphones & Personal Audio

사용자의 시점 그대로 3D 영상을 녹화하고 실시간으로 공유할 수 있는 몰입형 오디오·비주얼 헤드폰이다. 헤드밴드 전면에 회전식 Full HD 디스플레이를 탑재하고 듀얼 카메라로 일인칭 시점의 현장감을 입체적으로 캡처해 전달한다. 보고 기록하는 미디어 도구로 오디오의 정의를 확장했으며 크리에이터와 전문가에게 새로운 수준의 실시간 미디어 제작 경험을 제공한다.

RAPA: Pillar Architecture

딥퓨전에이아이

Artificial Intelligence

고가의 라이다 장비 수준의 성능을 합리적인 레이더 비용으로 구현한 4D 이미징 레이더 기반 인지 시스템이다. 주의 기반(Attention-based) 딥러닝 모델을 적용해 야간이나 악천후 환경에서도 사물 감지 정확도를 기존 대비 40% 이상 향상했으며 360도 전방위 상황을 입체적으로 인지한다. 단일 센서로 자율주행에 필요한 핵심 데이터를 정밀하게 수집·분석한다.

SDI 25U-Power

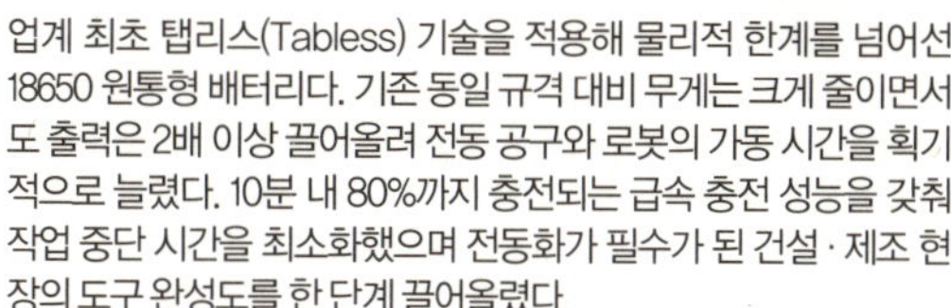

삼성 SDI

Construction & Industrial Tech

업계 최초 탭리스(Tabless) 기술을 적용해 물리적 한계를 넘어선 18650 원통형 배터리다. 기존 동일 규격 대비 무게는 크게 줄이면서도 출력은 2배 이상 끌어올려 전동 공구와 로봇의 가동 시간을 획기적으로 늘렸다. 10분 내 80%까지 충전되는 급속 충전 성능을 갖춰 작업 중단 시간을 최소화했으며 전동화가 필수가 된 건설·제조 현장의 도구 완성도를 한 단계 끌어올렸다.

Toniebox 2

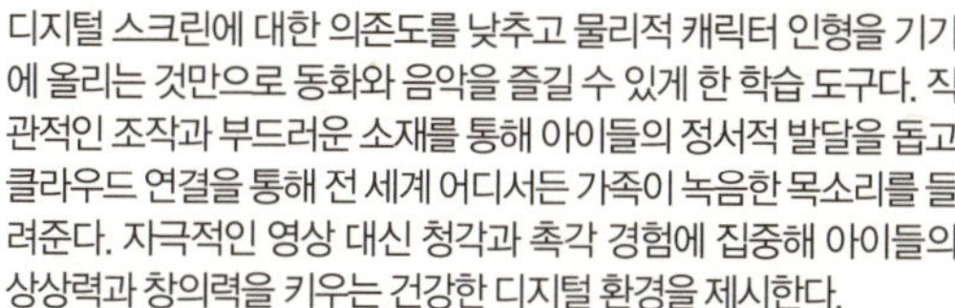

토니즈

Edtech

디지털 스크린에 대한 의존도를 낮추고 물리적 캐릭터 인형을 기기에 올리는 것만으로 동화와 음악을 즐길 수 있게 한 학습 도구다. 직관적인 조작과 부드러운 소재를 통해 아이들의 정서적 발달을 돕고 클라우드 연결을 통해 전 세계 어디서든 가족이 녹음한 목소리를 들려준다. 자극적인 영상 대신 청각과 촉각 경험에 집중해 아이들의 상상력과 창의력을 키우는 건강한 디지털 환경을 제시한다.

Zettlab AI NAS

젯랩

Computer Peripherals & Accessories

단순한 데이터 저장소를 넘어 로컬 환경에서 대용량 데이터를 스스로 분석하고 찾아주는 개인용 AI 서버다. 자연어로 질문하면 수천 개의 파일 중 필요한 정보를 출처와 함께 즉시 찾아주며 인터넷 연결 없이도 오프라인 연산이 가능하다. 모든 데이터가 외부 서버를 거치지 않아 프라이버시 침해 위험을 원천 차단하고 개인의 지식 자산을 AI 비서처럼 활용할 수 있게 한다.

LyteVision

라이트 AI

Robotics

하드웨어 가속기와 AI 알고리즘을 결합해 주변 환경을 실시간으로 3D 매핑하고 객체를 인식하는 로봇 비전 플랫폼이다. 복잡한 센서 데이터를 로컬에서 즉시 처리해 로봇 반응 속도를 크게 높였고 다양한 형태의 이동 로봇에 쉽게 적용할 수 있다. 인간과 안전하게 상호작용하는 데 필요한 핵심 인지 능력을 저비용·저전력으로 구현해 서비스 로봇 대중화를 앞당길 기술로 평가된다.

Smart Firefighting Robot

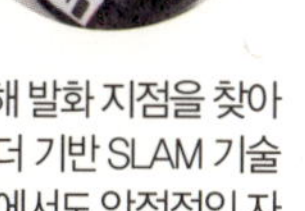

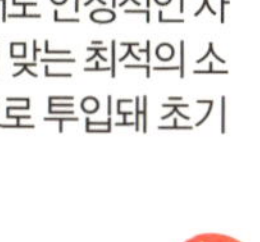

와이드마운트

Products in Support of Human Security for All

화재 현장의 짙은 연기 속에서도 장애물을 투시해 발화 지점을 찾아 스스로 진화하는 자율주행 소방 로봇이다. 레이더 기반 SLAM 기술을 통해 GPS와 시각 정보가 무력화된 극한 환경에서도 안정적인 자율 주행을 수행하며 AI로 화재 유형을 분석해 상황에 맞는 최적의 소화액을 자동 분사한다. 고온·독성 환경에 선제적으로 투입돼 초기 진압 효율을 높인다.

Strutt ev[1]

스트럿

Vehicle Tech & Advanced Mobility

첨단 LiDAR 센서와 자율주행 소프트웨어를 탑재해 주변 위험을 360도로 인식하는 1인용 지능형 스마트 모빌리티다. AI 코파일럿이 주행 중 장애물을 감지해 충돌을 막고 자연어 음성 명령으로 목적지를 설정하면 이동 경로와 주행 정보를 실시간 안내한다. 쿼드 모터 시스템과 전지형 휠 설계를 적용해 안정적인 승차감을 제공하며 개인 이동 수단을 '탑승형 로봇'으로 진화시킨 사례다.

XPG INFINITY RGB DDR5

에이데이터

Computer Hardware & Components

재활용 알루미늄과 플라스틱 소재를 적극적으로 활용해 8000MHz 이상의 초고속 성능을 구현한 차세대 게이밍 메모리다. 친환경 설계와 게이머들이 선호하는 화려한 RGB 조명 효과를 동시에 갖췄으며 정밀한 냉각 구조를 통해 극한의 오버클로킹 환경에서도 안정적인 성능을 유지한다. 고성능 하드웨어에서도 탄소 배출을 줄일 수 있음을 보여주며 친환경 기술과 성능 사이의 균형점을 제시한 사례다.

MobED

현대자동차

Robotics

복잡하고 경사진 지형에서도 상부를 수평으로 유지하며 전 방향 주행이 가능한 지능형 모듈형 모빌리티 플랫폼이다. 각 바퀴에 독립적인 조향·구동 모터를 적용한 엑센트릭 휠 구조로 좁은 공간에서도 자유롭게 회전하고 계단이나 턱을 부드럽게 넘을 수 있다. 배송·안내·촬영 등 목적에 따라 상부 모듈을 바꿔 장착할 수 있어 '사물 모빌리티(MoT)' 시대 핵심 인프라로 주목받는다.

Robotic Canopy BIENESIS

비에네시스

Food Tech

미세 기후 센서와 AI 예측 알고리즘을 활용해 농작물을 기상 재해로부터 실시간 보호하는 자율 차양 로봇 시스템이다. 서리·폭염·우박 등 위험 상황을 감지하면 로봇 팔이 자동으로 가림막을 펼치거나 접어 피해를 최소화한다. 노동력이 부족한 농촌에서도 기후 변화에 능동적으로 대응할 수 있게 하며 수확 손실을 줄인다.

S3SSE2A 보안 칩

삼성전자

Cyber Security & Embedded Technologies

독립된 하드웨어 보안 영역을 통해 모바일 기기 안의 생체 정보, 디지털 키, 암호화 자산을 안전하게 보호하는 전용 보안 프로세서다. 반도체 제조 과정에서 생기는 고유 특성을 암호키로 활용하는 PUF 기술을 적용해 복제나 외부 해킹을 원천적으로 차단했으며 업계 최고 수준의 CC EAL 6+ 보안 인증을 획득했다. 기기 내부 데이터를 지키는 신뢰할 수 있는 보안 기반을 제시한다.

Micro RGB TV

삼성전자

Embedded Technologies

100㎛ 이하의 초미세 RGB LED로 픽셀 하나하나가 직접 빛을 내는 자발광 디스플레이다. 컬러 필터나 백라이트 없이 빛과 색을 바로 표현해 깊은 명암비와 정교한 색감을 구현하며 AI 업스케일링 기술로 어떤 영상도 현실감 있게 보여준다. 초슬림 베젤의 절제된 디자인을 적용해 디스플레이를 단순한 기기가 아닌 공간을 완성하는 인테리어 오브제로 확장했다.

Odyssey G60H

삼성전자

Gaming & eSports

OLED 패널에 독자적인 다이내믹 쿨링 시스템을 적용해 고주사율 게임 환경에서 발생하는 번인 현상을 효과적으로 억제한 게이밍 모니터다. 360Hz 주사율과 0.03ms 응답 속도로, 순간 판단이 성패를 가르는 e스포츠 환경에 최적화된 성능을 제공한다. 빛 반사를 줄이는 글레어 프리 기술과 AI 기반 영상 보정 기능을 통해 장시간 플레이에서도 눈의 피로를 낮췄다.

SCAR Precision System

한국콜마

Beauty Tech

AI 기반 흉터 분석 기술과 고해상도 분사 시스템을 결합한 개인 맞춤형 흉터 커버 뷰티 디바이스다. 45만 건의 피부 데이터를 학습한 AI가 흉터 유형과 주변 피부색을 분석해 최적의 파운데이션 조합을 계산하고 흉터 부위에만 정밀 분사해 자연스럽게 가려준다. 치료와 미용의 경계를 허문 기술로 사고나 질병으로 생긴 흉터를 가진 사용자에게 외모 개선을 넘어 자신감을 되찾게 한다.

STORYSYNC

아트노바 등

Filmmaking & Distribution

작가가 작성한 텍스트 시나리오를 생성형 AI가 분석해 배경·캐릭터·연출을 포함한 스토리보드를 실시간으로 자동 생성하는 창작 지원 플랫폼이다. 장면 간 일관성을 유지하는 독자 기술을 통해 캐릭터의 감정과 구도를 시각화해 제작 공정의 생산성을 70% 이상 높였다. 창작자의 아이디어를 빠르게 이미지로 구현함으로써 K-웹툰과 영화 산업의 제작 속도를 높인다.

Sycamore-N MEMS 스피커

xMEMS

Embedded Technologies

세계 최초로 실리콘 반도체 공정(MEMS)을 적용해 두께를 크게 줄이면서도 고해상도 사운드를 구현한 초소형 스피커다. 기존 마그네틱 스피커의 크기 한계를 넘어 안경다리 내부나 스마트 기기의 매우 좁은 공간에도 고성능 오디오 유닛을 탑재할 수 있다. IP58 등급의 방진·방수 성능으로 거친 환경에서도 안정적으로 작동하며 패션 아이템과 전자기기를 자연스럽게 결합한다.

X-Zone Master

하이센스

Home Appliances

사용자의 주거 환경과 세탁물 종류에 맞춰 유닛을 자유롭게 조합하거나 분리할 수 있는 모듈형 스마트 세탁·건조 시스템이다. 상·하부 드럼이 각각 독립적으로 작동해 색상 의류와 속옷 등을 동시에 나눠 세탁할 수 있으며 AI가 옷감의 무게와 오염도를 분석해 세제 사용량과 세탁 시간을 자동으로 조절한다. 인테리어와 기능을 함께 고려하는 미래형 생활 가전이다.

Hisense 163MX

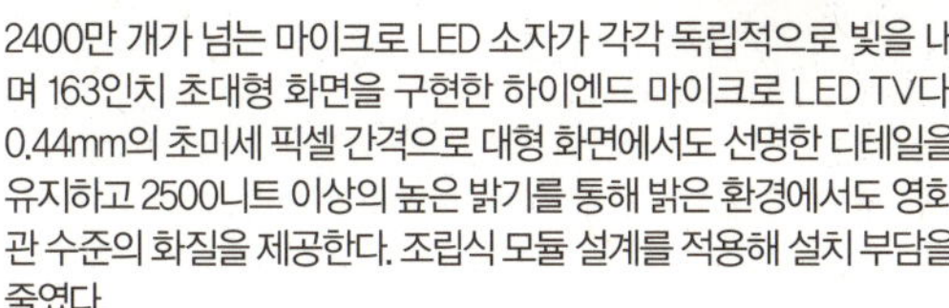

하이센스

Video Displays

2400만 개가 넘는 마이크로 LED 소자가 각각 독립적으로 빛을 내며 163인치 초대형 화면을 구현한 하이엔드 마이크로 LED TV다. 0.44mm의 초미세 픽셀 간격으로 대형 화면에서도 선명한 디테일을 유지하고 2500니트 이상의 높은 밝기를 통해 밝은 환경에서도 영화관 수준의 화질을 제공한다. 조립식 모듈 설계를 적용해 설치 부담을 줄였다.

Amprius 520 Wh/kg Cell

앰프리우스

Sustainability & Energy Transition

리튬 이온 배터리의 흑연 음극을 100% 실리콘 나노와이어로 대체해 520Wh/kg의 세계 최고 수준 에너지 밀도를 구현한 차세대 배터리다. 동일 무게의 기존 배터리보다 비행시간을 2배 이상 늘릴 수 있어 전기수직이착륙기(e-VTOL)와 고고도 무인기 상용화의 핵심 기술로 주목받는다. 6분 만에 80%까지 충전되는 초고속 충전 성능을 갖춰 전동화가 가장 어려운 항공·우주 산업에 현실적인 배터리 해법을 제시했다.

LG In-Vehicle Solutions

LG전자

In-Vehicle Entertainment

차량 전면 유리에 투명 OLED를 적용해 주행 정보와 증강현실(AR) 콘텐츠를 운전자의 시야에 자연스럽게 결합한 AI 콕핏 플랫폼이다. 차량 내부의 비전 AI 카메라가 운전자 상태를 분석해 졸음운전을 감지·경고하고 목적지와 주변 정보를 창문 위에 실시간으로 표시해 직관적인 길 안내를 제공한다. 이동 수단에 머물던 자동차를 개인화된 디지털 생활 공간으로 확장한다.

Lockin AI Smart Lock

로킨

Smart Home

무선 광충전 기술인 'AuraCharge'를 탑재해 배터리 교체 없이 상시 전력을 공급받는 지능형 보안 게이트웨이다. 손바닥 정맥과 3D 안면 인식 등 복제가 사실상 불가능한 생체 정보를 0.2초 이내에 정확히 인식해 안전하면서도 간편한 출입 환경을 제공한다. AI 에이전트가 가족의 귀가 패턴을 학습해 상황별 홈 모드를 자동으로 설정하고 침입 시도를 즉시 감지해 경고한다.

Scan&Go AI 로봇

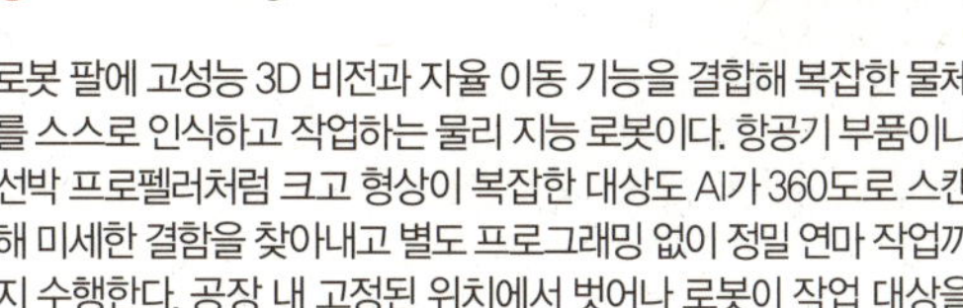

두산로보틱스

Artificial Intelligence

로봇 팔에 고성능 3D 비전과 자율 이동 기능을 결합해 복잡한 물체를 스스로 인식하고 작업하는 물리 지능 로봇이다. 항공기 부품이나 선박 프로펠러처럼 크고 형상이 복잡한 대상도 AI가 360도로 스캔해 미세한 결함을 찾아내고 별도 프로그래밍 없이 정밀 연마 작업까지 수행한다. 공장 내 고정된 위치에서 벗어나 로봇이 작업 대상을 직접 찾아가 일을 마치는 방식이다.

C3DT EVO Single Cell Factory

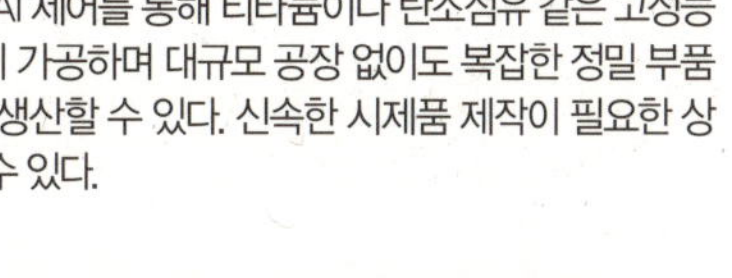

C3DT

Supply & Logistics

금속 프린팅, 정밀 밀링, 레이저 조각 등 10가지 이상의 제조 공정을 하나의 챔버에서 수행하는 올인원 마이크로 팩토리 시스템이다. 가열된 작업 공간과 AI 제어를 통해 티타늄이나 탄소섬유 같은 고성능 신소재를 자유롭게 가공하며 대규모 공장 없이도 복잡한 정밀 부품을 현장에서 바로 생산할 수 있다. 신속한 시제품 제작이 필요한 상황에 즉시 투입할 수 있다.

42. Zone HSS1 웨어러블 허브

CT5

Artificial Intelligence

디스플레이 없이도 비전 AI가 주변 상황을 인식하고 자연어로 사용자와 소통하는 넥밴드형 웨어러블 AI 기기다. 스마트 글라스의 한계로 지적돼 온 배터리 소모와 시야 가림 문제를 해결하기 위해 목에 거는 형태를 채택했으며 산업 현장에서는 설비를 비추기만 해도 AI가 문제를 분석해 음성으로 실시간 작업 가이드를 제공한다. 시각과 음성을 결합한 멀티모달 AI를 통해 인간의 감각을 확장한다.

젠슨 황 엔비디아 CEO

향후 10년 내 전 세계 자동차의 대다수가 고도의 자율주행 능력을 갖추게 될 것이라 예측했다. 미래의 모든 자동차는 결국 AI에 의해 작동하는 로봇으로 진화할 것이며, 자율주행차 시장이 로보틱스 산업 중 가장 거대한 규모로 성장할 것이라고 설명했다.

10년

CES의 최고 스타인 젠슨 황 엔비디아 CEO부터 AMD 수장인 리사 수까지 모두가 AI를 외치고 있다.

글로벌 테크 리더의 전망

37%

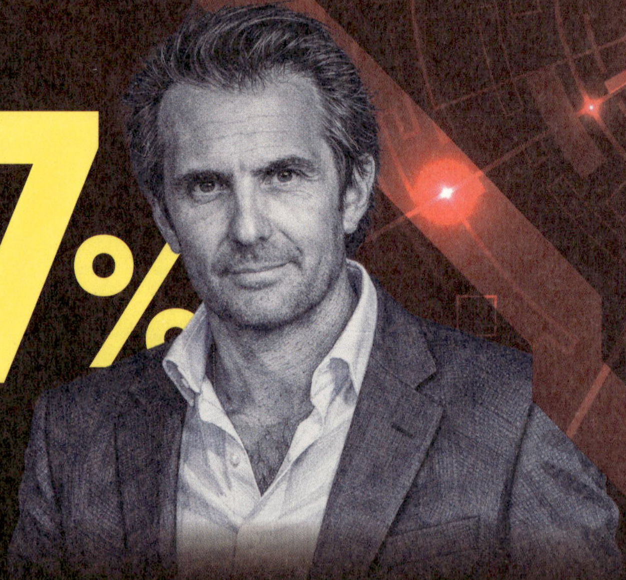

야닉 볼로레 하바스 CEO

데이터, 기술, AI 분야에 6억 유로를 투자하고 추가로 4억 유로를 투입할 계획이다. 목적은 전 직원의 'AI 전문가화'. 하바스가 투자하는 10억 유로는 2024년 기준 하바스 전체 매출의 약 37%다.

100배

리사 수 AMD CEO

향후 5년간 컴퓨팅 성능을 100배 확장하는 '요타플롭스' 시대를 선언했다. 이는 AI 경쟁 초점이 모델 혁신에서 인프라 확보로 이동했음을 의미한다. 에이전트 AI 확산으로 추론·전력 수요가 폭증하는 가운데, AI 권력 축은 소프트웨어에서 하드웨어·국가 인프라로 이동 시사했다.

25^2

밥 스턴펠스 맥킨지 CEO

미래 조직의 변화를 '대면 업무 인력 25% 증원, 비대면 지원 인력 25% 감축, 이를 통한 전체 산출물 10% 증대'라는 '25²' 법칙으로 설명했다. 직원 1명이 수십 개의 AI 에이전트를 지휘하며 업무를 수행하는 인간의 지휘자 역할이 보편화될 것으로 예상했다.

7년

롤랜드 부시 지멘스 CEO

산업용 AI가 7년 내 물리적 시스템에 내장될 것이라며 신뢰 가능한 데이터와 도메인 지식의 중요성을 강조했다. 지멘스는 AI와 디지털 트윈을 결합한 '산업용 AI 혁명'을 선언하며, 제조·물류·에너지 산업의 운영 방식을 근본적으로 바꾸겠다는 비전을 제시했다.

"인간 수준 로봇 올해 등장… 알파마요, 테슬라와 다르다"

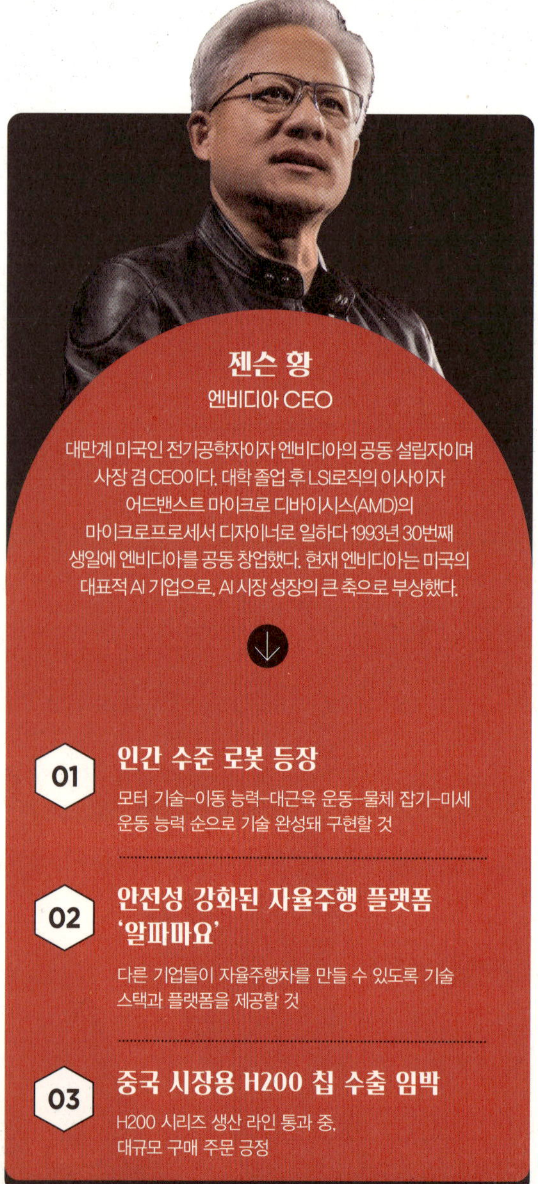

"올해 '인간 수준(human level)'의 로봇이 등장할 것으로 생각한다."

젠슨 황 엔비디아 CEO가 AI와 로봇 산업의 미래에 대한 대담한 비전을 제시했다. 1월 6일 미국 라스베이거스 퐁텐블루 호텔에서 열린 미디어·애널리스트 대상 질의응답 세션에서 젠슨 황은 "(로봇 분야) 기술 발전 속도 얼마나 빠른지 잘 알고 있다"며 "정교한 모터 기술(fine motor skills)은 개발하기 어려운 분야이지만, 관련 기술이 발전 중이고 이동 능력(locomotion)도 놀라운 진전을 보인다. 이동 능력이 가장 먼저 해결되고 대근육 운동과 물체 잡기, 미세 운동 능력 순으로 기술이 완성될 것"이라고 했다. 젠슨 황은 특히 로봇 내부에 정말 뛰어난 추론 능력을 갖춘 AI 모델이 탑재될 것이란 점을 강조했다. 로봇이 매우 빠른 추론을 할 수 있게 되며 추가 지식이 필요할 때는 클라우드에 있는 AI를 활용할 수도 있으므로 과거와는 다른 성능을 낼 수 있다고 봤다. 그는 "AI 모델이 완벽한 매니퓰레이터(Manipulator, 로봇 팔), 자율주행 차량이 되는 것을 볼 것"이라고 낙관했다.

"로봇이 일자리 창출", 'AI 이민자' 필요

로봇 도입에 따른 일자리 감소 우려에 대해서는 정반대의 시각을 내놓았다. 젠슨 황은 "로봇이 오히려 일자리를 창출할 것"이라며 현재 전 세계적인 노동력 부족 현상을 근거로 들었다. 그는 인구 감소로 인력 부족이 심화할 것이라며 "제조업 분야 등 사람들이 하기 싫어하는 힘든 일을 해줄 'AI 이민자(AI immigrants)' 같은 존재가 더 필요해질 것으로 본다"고 대답했다. 젠슨 황은 "경

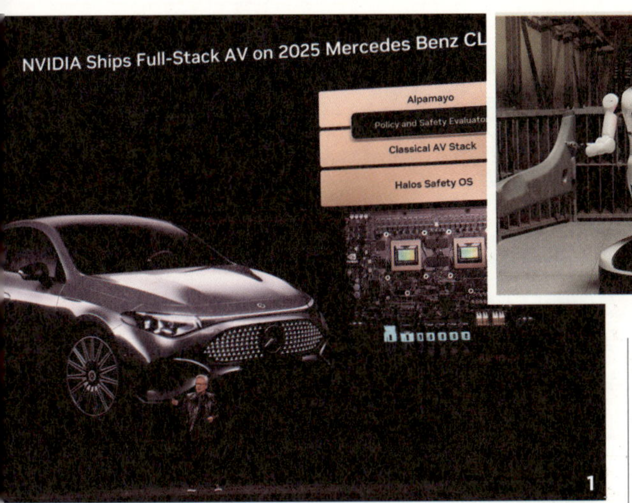

1. 벤츠 CLA에 적용된 자율주행 모델 '알파마요'를 설명 중인 젠슨 황.

2. 엔비디아 칩 기반으로 구동하는 다양한 로봇.

제가 활성화되고 성장하면 더 많은 인력을 고용할 수 있다"며 "당분간 AI가 대체하지 못할 일자리가 많다. 단 경제가 건실하게 유지돼야 한다. 인플레이션을 낮게 유지해야 더 많은 일자리가 창출되고 생활비가 낮아질 수 있다"고 했다.

테슬라와 달라, 엔비디아는 '플랫폼'

젠슨 황은 또 엔비디아의 자율주행 모델 '알파마요(Alpamayo)'와 테슬라의 FSD(Full Self-Driving)를 직접 비교하며 엔비디아의 플랫폼 전략을 명확히 했다. 그는 테슬라의 FSD 스택에 대해 "완전히 세계 최고 수준"이라고 평한 후 엔비디아의 접근 방식은 테슬라와 근본적으로 다르다고 선을 그었다. 테슬라가 자율주행차라는 완제품을 직접 제조한다면 엔비디아는 메르세데스-벤츠, 루시드, 우버 등 다른 기업들이 자율주행차를 만들 수 있도록 기술 스택과 플랫폼을 제공하는 역할을 한다는 것. 특히 안전성 측면에서 메르세데스 벤츠 CLA에 적용된 엔비디아 시스템이 세계에서 유일하게 '이중화(dual) 시스템'을 갖췄다고 강조했다. 인간의 선험적 지식을 반영한 고전적 방식의 안전 가이드레일 위에 인간의 운전 능력을 모방해 '엔드 투 엔드(End-to-end, 전 과정)' 추론 기능을 수행하는 AI 모델 알파마요를 탑재해 안전을 최우선으로 확보했다는 설명이다. 예컨대 공이 차도에 굴러들어 왔을 경우 단순히 공만 인식하는 것이 아니라 몇 초 뒤 어린아이가 공을 따라 차도에 뛰어들 수 있다는 것까지 예상해 대응할 수 있는 능력을 의미한다.

젠슨 황은 "L4(자율주행 레벨4, 고도 자율주행) 수준에 매우 빠르게 도달할 것이라고 믿는다"며 "다만 이런 시스템에서는 안전이 가장 중요하기 때문에 더 신중해야 한다"고 했다.

H200 중국 수출 재개 임박

미·중 기술 패권 경쟁의 핵심인 AI 반도체 수출 문제에 대해서도 긍정적인 전망을 내놓았다. 중국 시장을 겨냥한 H200 칩 수출이 곧 재개될 것이라고 설명한다. 젠슨 황은 중국 시장용 H200 칩 수출과 관련해 "중국 내 (엔비디아 반도체) 수요는 매우 높다"며 "공급망을 가동했으며 H200 시리즈가 생산 라인을 통과하고 있다"고 했다. 이어 "미국 정부와의 최종 허가 세부 사항을 마무리 중"이라며 별도의 대규모 발표 없이 조만간 중국 고객사들로부터 구매 주문서(PO)가 들어올 것이라고 예상했다.

6세대 HBM(고대역폭 메모리)인 HBM4 수급에 대한 자신감도 드러냈다. HBM4는 엔비디아의 차세대 GPU인 루빈에 탑재된다. 젠슨 황은 "우리는 최초의 HBM4 소비자이고, 당분간 다른 업체가 HBM4를 쓸 것으로 예상하지 않는다"며 "유일한 소비자로서 이점을 누리고 있다"고 했다. 그는 이어 "우리의 수요가 매우 높기 때문에 모든 공장, 모든 HBM 공급업체가 생산을 확대하고 있다"며 "모두 훌륭하게, 정말 놀라울 정도로 잘 해내고 있다"고 덧붙였다.

CEO와의 일문일답

젠슨 황
엔비디아 CEO

젠슨 황 엔비디아 CEO가 엔비디아 CES 2026 라이브에서 로봇과 함께 기조연설을 하고 있다.

Q 기존 블랙홀 시스템을 가진 고객들이 루빈으로 업그레이드할 때 얻는 이점은 무엇인가?

A 모델 크기는 매년 10배씩, 추론 모델의 토큰 생성은 5배씩 증가하고 있다. 에이전틱 시스템 등장으로 이 속도는 가속화될 것이다. 컴퓨팅 수요는 상상을 초월한다. 우리는 매년 완전히 새로운 세대의 AI 팩토리 전체를 제공하는 방향을 제시했다. 호퍼와 블랙웰 사이에는 10배의 처리량(throughput) 향상이 있었고, 블랙웰과 베라 루빈 사이에도 10배의 향상과 비용 절감이 있다. 새로운 아키텍처로 업데이트할 때마다 전체 데이터 센터에 걸쳐 호환성을 유지, 매년 성능을 높이고 비용을 낮추는 것이 우리의 기본 전략이다.

Q 전력 문제에 관해 묻고 싶다. 기존 인프라를 활용하려는 고객과 그린필드 데이터 센터(Greenfield Data Center, 미개발 부지에 처음부터 새로 구축하는 데이터센터)는 전력 효율 문제를 어떻게 보고 있나?

A 우리는 새로운 산업 혁명의 시작점에 있으며, 여기엔 에너지가 필요하다. 가장 중요한 건 에너지 효율성이다. 처리량이 10배 증가할 때 전력 소비는 2배 증가하므로 에너지 효율은 5배 향상된 셈이다. 제한된 전력과 공간 안에서 더 많은 토큰을 생성해야 수익이 증가한다. 따라서 와트당 토큰 효율을 추구하는 역량이 매우 중요하다.

Q 베라 루빈이 본격 생산 중이라고 했는데, 이전에는 2026년 하반기 출하라고 했다. 장애 발생 우려는 없나?

A 베라 루빈에는 6종의 신규 칩이 탑재된다. 따라서 베라 루빈 생산은 매우 어려운 과제다. 칩들은 이미 확보돼 엄격하게 검증했다. 신기술의 위험 요소를 최대한 제거했다. 칩은 제조에 들어갈 준비가 돼 있다. 이

정도의 규모와 속도로 이런 작업을 수행하는 회사는 전 세계에 엔비디아뿐이다.

Q 루빈 CPX(엔비디아 추론 특화 GPU)는 일반적인 AI 공장 구성에서 어디에 위치하나? 엔비디아의 파운데이션 모델(네모트론, 코스모스 등)의 향후 적용 방안은 무엇인가?

A 물리적 한계에 도달한 상황에서 연산 수요를 맞추기 위한 해답은 '극한 공동 설계(extreme co-design)'다. 데이터 센터 전체를 공동 설계하고 최적화한다. 모델 계층까지 공동 설계해 에너지 효율을 높였다.

코스모스는 세계 최고의 물리적 AI 모델이다. 우리가 해결하려는 과제는 최첨단이면서도 추론 시스템에 극도로 효율적인 아키텍처 모델을 만드는 것이다. 베라 루빈은 전 세대인 그레이스 블랙웰보다 트랜지스터 수가 1.7배 늘었다. 1년 만에 이룬 놀라운 성과다. 4만 명에 달하는 엔비디아 엔지니어들의 노력이 투입된 거대한 도전이다.

호퍼와 블랙웰 사이에는 10배의 처리량 향상이 있었고, 블랙웰과 베라 루빈 사이에도 10배의 향상과 비용 절감이 있다.

Q 데이터 센터 매출 5000억 달러 전망은 여전히 유효한가? 더 높은 수치를 기대해도 되나?

A 구체적인 수치를 업데이트하긴 그렇지만, 기대치를 높일 많은 발전이 있었다. 오픈 모델들의 성공으로 생성되는 토큰 4개 중 1개가 오픈 모델에서 나온다. 이는 클라우드 수요를 엄청나게 끌어올렸다. 중국 시장 복귀(H200)도 기여할 것이다. 올해는 매우 좋은 한 해가 될 것이다.

Q AI용 메모리 부족으로 게임기 가격 상승 우려가 있다.

A 엔비디아는 세계 최대의 메모리 직접 구매처 중 하나다. 우리가 유일한 HBM 소비자이며 모든 공급업체가 생산을 확대하고 있다. 그래픽 카드용 GDR과 LPD5 메모리도 대량 구매하며 공급망과 훌륭한 계획을 수립해 왔다. 결국 세계는 AI 공장이라는 새로운 산업 때문에 더 많은 팹(공장)이 필요할 것이다.

Q 그록(Groq)에 대한 투자에서 무엇을 기대하나?

A 베라 루빈을 대체할 만한 것은 기대하지 않는다. 다만 그들의 기술로 점진적 발전을 이룰 수 있을지도 모른다.

Q 알파마요의 안전성이 궁금하다. 실제로 사람들이 L4, L5 주행을 하고 있는가?

A 메르세데스-벤츠에 탑재된 우리 시스템은 이중화돼 있다. 하나는 고전적인 안전 가이드레일이고, 그 위에 엔드 투 엔드 추론 AI인 알파마요가 탑재된다. 절대 위험에 처하지 않도록 설계됐기 때문에 AI 운전자의 능력을 최대한 발전시킬 수 있다. L4 수준에 매우 빠르게 도달할 것이라고 믿는다.

Q 미국에서 L2++로 출시하겠다는 의미인가? 인간-기계 제어권 전환 문제는 어떻게 해결하나?

A L2++부터 시작해 고객이 시험해 보게 하는 것이 좋다. 제어권 전환 문제의 답은 '절대 제어권을 넘겨주지 말라'는 것이다. 차량이 스스로 어떻게 하는지 모르는 작업을 수행하려 할 때는 시스템이 작동하지 않는다.

그래서 운전자가 반드시 차에 있어야 한다. 운전자가 차에 있어야 할 이유는 많지만, 알파마요의 목표 자체는 운전자가 개입할 필요가 없도록 하는 것이다.

Q RTX 5090과 미래의 AI 게이밍 GPU는 어떤 모습일까?

A 미래는 뉴럴 렌더링(Deep Learning Super Sampling, DLSS)이다. 우리는 거의 모든 스타일의 이미지를 생성하고, AI 캐릭터들과 상호작용하는 게임을 보게 될 것이다. 향후 몇 년간 게임의 리얼리즘은 크게 향상될 것이다.

Q 엔비디아의 가장 큰 도전 과제는 무엇인가?

A 모든 것이 도전이다. 베라 루빈은 핫 플러그가 가능해 가동 중단 없이 부품 교체가 가능하다. 전력 평활화 기능으로 에너지 효율 100% 유지한다. 조립 시간을 2시간에서 5분으로 단축했고, 케이블 없이 100% 액체 냉각을 사용한다. 이 모든 혁신이 자랑스럽다.

Q 신규 로봇 기업에 조언을 해준다면?

A 로봇 시스템 구축에는 훈련용, 시뮬레이션용(Omniverse), 로봇 탑재용(Thor) 세 가지 컴퓨터가 필요하다. 수평적 기업은 경쟁이 치열하므로 특정 분야(수직적 도메인)에 집중해 전문성을 키우는 것이 유리할 수 있다.

Q 미래의 메모리 아키텍처는 어떻게 변할까?

A 폰 노이만 아키텍처의 장점은 프로그래밍 가능성이다. 상위 소프트웨어 계층 비용이 가장 비싸기 때문에 이 생태계를 유지하는 것이 중요하다. 우리는 고전적 프레임워크 내에서 아키텍처를 상당히 진화시켰다.

Q 막대한 현금 자산을 어떻게 배분할 계획인가?

A 첫째, 세상이 만들 수 없는 것을 만드는 데 투자한다(자체 CPU, NVLink). 둘째, 상류(upstream, 메모리 등), 하류(downstream, 클라우드 제공업체 등) 공급망 생태계에 투자한다. 셋째, AI 스택의 5가지 계층(인력, 칩, 시스템, 모델, 애플리케이션) 전반에 걸쳐 투자해 생태계를 육성한다.

Q 엔비디아가 스토리지 설계 방식을 완전히 바꿀 수 있다고 보는가?

A 그렇다. AI는 컴퓨팅의 전체 스택을 재창조하는 플랫폼 전환이다. AI 워크로드는 기존과 다르기에 스토리지도 재창조돼야 한다. 우리는 스토리지 벤더들과 협력해 데이터 프로세서 블루필드4(BlueField-4) 등을 통해 스토리지 혁신을 끌어낼 것이다.

Q TSMC와의 협력 상황은? 알파마요와 테슬라 FSD의 차이점은 무엇인가?

A TSMC와는 30년 가까이 협력해 왔으며 기획 팀이 매일 소통한다. 베라 루빈 생산 등 거대한 과제를 함께 수행하고 있다.

테슬라 FSD는 세계 최고 수준이며 뉴욕주 기준을 충족한다. 차이점은 엔비디아는 자율주행

1

차를 직접 만들지 않고, 다른 회사들이 만들 수 있도록 기술 플랫폼을 제공한다는 점이다. 우리는 모든 것을 오픈소스로 공개하여 산업 전체를 활성화하고자 한다.

Q 인간 수준의 로봇이 언제 등장할까?

A 올해다. 기술 발전 속도가 매우 빠르다. 이동 능력이 먼저 해결되고 조작 능력 등이 뒤따를 것이다. 로봇 내부의 AI 모델은 뛰어난 추론 능력을 갖추게 될 것이다.

Q 로봇이 일자리를 줄일 것이라는 우려에 대해서는 어떻게 생각하나?

A 정반대다. 로봇이 일자리를 창출할 것이다. 전 세계적인 노동력 부족을 해결하기 위해 'AI 이민자'가 필요하다. 로봇이 생산성을 높여 경제가 성장하면 고용도 늘어날 것이다.

Q 오픈AI와 AI 공장을 건설할 계획인가?

A 오픈AI와 직접 공장을 짓지는 않는다. 오픈AI는 마이크로소프트, 오라클 등을 통해 우리와 협력한다.

Q 게이밍용 지포스의 성능 향상은 기대할 수 없나?

1. 엔비디아 차세대 그래픽처리장치(GPU) 루빈과 데이터처리장치(DPU) '블루필드4'.

2. 코스모스 모델 기반으로 훈련 중인 로봇.

3. 미국 라스베이거스 퐁텐블루 호텔에서 열린 엔비디아 미디어·애널리스트 대상 질의응답 세션 현장.

A 물리적 한계 때문에 AI를 활용한 DLSS를 개발했다. 미래에는 더 적은 픽셀로 더 많은 계산을 수행하고, AI가 나머지를 추론해 채우는 방식이 될 것이다. 게임 내 모든 캐릭터와 물리 현상이 AI 기반이 돼 놀라운 몰입감을 줄 것이다.

Q H200 시리즈의 중국 출하 시점과 현지 반응은 어떠한가?

A 중국 내 수요는 매우 높다. 공급망을 가동했고 H200 시리즈가 생산 라인을 통과하고 있다. 미국 정부와의 최종 허가 세부 사항을 마무리 중이다. 대규모 발표보다는 구매 주문서(PO)를 통해 모든 것을 확인할 수 있을 것으로 예상한다.

Q H200이 중국 시장에서 경쟁력 있을까? 중국 기업들의 부상에 대해 어떻게 보나?

A 중국 스타트업과 기술 생태계는 매우 활기차고 뛰어나다. 경쟁하기 위해 우리도 계속 혁신해야 한다. 지금 H200은 경쟁력이 있지만 규제 상황에 맞춰 계속 새로운 제품을 내놓아야 한다. AI 산업은 10조 달러 규모의 재현대화(Re-modernized)와 100조 달러 규모의 노동 시장 혁신을 이끄는 거대한 시장이므로 경쟁이 치열한 것은 당연하다.

칩 전쟁 시대는 잊어라 "이제 AI 인프라 전쟁 시대"

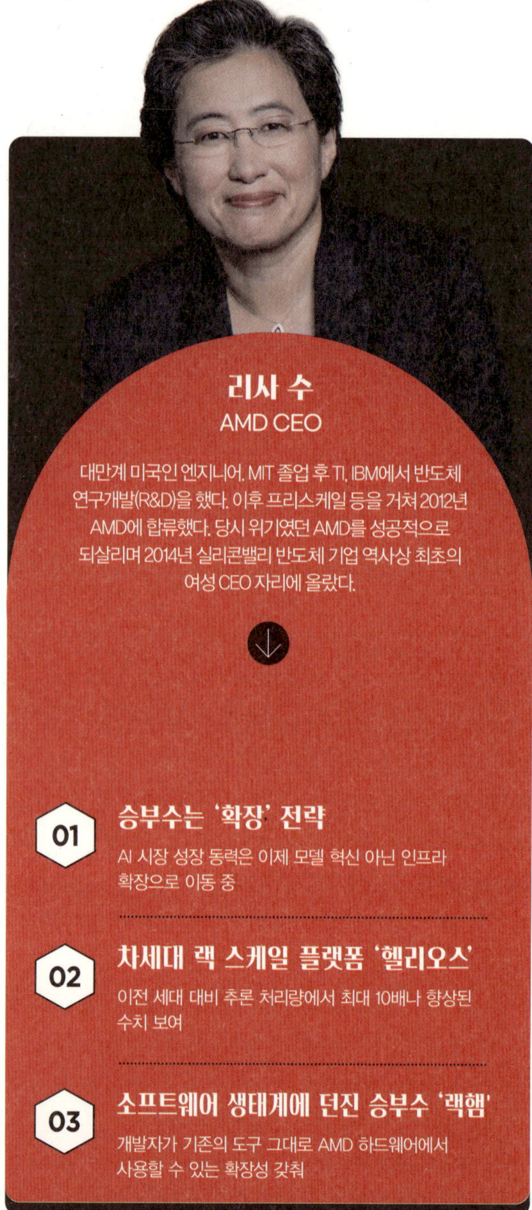

리사 수
AMD CEO

대만계 미국인 엔지니어. MIT 졸업 후 TI, IBM에서 반도체 연구개발(R&D)을 했다. 이후 프리스케일 등을 거쳐 2012년 AMD에 합류했다. 당시 위기였던 AMD를 성공적으로 되살리며 2014년 실리콘밸리 반도체 기업 역사상 최초의 여성 CEO 자리에 올랐다.

01 승부수는 '확장' 전략
AI 시장 성장 동력은 이제 모델 혁신 아닌 인프라 확장으로 이동 중

02 차세대 랙 스케일 플랫폼 '헬리오스'
이전 세대 대비 추론 처리량에서 최대 10배나 향상된 수치 보여

03 소프트웨어 생태계에 던진 승부수 '랙햄'
개발자가 기존의 도구 그대로 AMD 하드웨어에서 사용할 수 있는 확장성 갖춰

AMD가 AI 시대 컴퓨팅 인프라의 새로운 척도를 제시했다. 리사 수 AMD CEO는 라스베이거스에서 개최된 기조 연설에서 향후 5년간 전 세계 컴퓨팅 용량을 10 요타플롭스(Yottaflops) 이상으로 확장해야 한다고 주장했다.

요타플롭스는 컴퓨팅 성능을 측정하는 단위로, 1초당 수행할 수 있는 연산 횟수를 의미한다. 이는 현재 전 세계 컴퓨팅 성능인 100 제타플롭스 대비 100배 수준으로 2022년과 비교하면 무려 1만 배나 증가한 수치다.

리사 수는 "AI의 기반은 컴퓨팅"이라며 "AI를 모든 곳에 구현하려면 요타스케일 컴퓨팅이 필수"라고 강조했다. AMD는 이를 실현하기 위해 GPU, CPU, NPU, 그리고 적응형 컴퓨팅을 모두 보유한 유일한 기업으로서 클라우드에서 PC, 엣지까지 아우르는 풀 스택 솔루션을 제공할 계획임을 강조했다.

AMD가 요타스케일의 컴퓨팅 파워를 제시한 배경에는 AI 수요의 급격한 증가가 있다. 오픈AI의 챗GPT 출시 이후, AI 활성 사용자는 10억 명을 돌파했고 5년 내에는 50억 명으로 확대될 것이란 전망이다. 실제로 글로벌 컴퓨팅 능력은 2022년 약 1 제타플롭에서 2025년 100 제타플롭 이상으로 3년 만에 100배 증가했다. 향후 5년 동안 컴퓨팅 능력을 100배 더 늘려야 한다는 리사 수의 주장이 허황된 것이 아니라는 의미다.

AMD, '3.2톤 헬리오스'로 AI 인프라 전쟁 선포

AMD가 제시한 문제는 명확하다. 현재의 컴퓨팅 인프라로는 이 수요를 감당할 수 없다는 것이다. 이제 AI는 단순 질의응답을 넘어 '에이전트 워크플로'로 진화하고 있

다. 컴퓨팅 파워가 이전 과는 비교할 수 없을 정도로 커져야 한다는 의미다. 이는 AI 시장의 성장 동력이 '모델 혁신'에서 '인프라 확장'으로 이동하고 있음을 시사한다.

AMD의 대응 전략도 '확장'이다. 지금까지 개별 칩 성능 경쟁에 매달렸다면 이제는 규모 자체를 크게 확장한 랙 스케일의 통합 시스템으로 승부수를 던진 것이다. AMD는 요타스케일의 컴퓨팅을 구현하기 위해 CES 2026에서 차세대 랙 스케일의 플랫폼인 '헬리오스(Helios)'를 공개했다. 헬리오스는 페이스북의 메타플랫폼과 공동 개발한 OCP 오픈 랙 와이드 표준 기반으로 설계됐고 무게는 약 3.2톤에 달한다.

차세대 '헬리오스' 플랫폼은 3200억 개 트랜지스터를 집적한 MI455X GPU와 최대 256코어의 베네치아 CPU(Venice CPU), 그리고 800기가비트의 이더넷 네트워킹을 하나의 유기체처럼 통합했다. 규모가 커진 만큼 성능도 향상됐다. 단일 랙은 2.9 엑사플롭스 성능을 제공하며, 이는 이전 세대 대비 추론 처리량에서 최대 10배나 향상된 수치다.

여기서 주목할 점은 메타와 공동 개발한 OCP(Open Compute Project) 표준 기반 설계다. 이는 단순한 기술 협력이 아니다. 하이퍼 스케일러들이 엔비디아와 같은 단일 벤더에 대한 종속성을 피하려는 시장의 요구에 대한 전략적 대응이다. 클라우드 인프라 시장에서 '개방성'은 이제 필수 조건이 된 것이다.

1.
CES 2026에서 기조연설 중인 리사 수.

2.
기조연설에서 리사 수가 소개한 '헬리오스'.

'개방 생태계'로 판 흔든다

하지만 AMD의 진짜 승부처는 하드웨어가 아니라 소프트웨어 생태계다. AMD가 새로 발표한 '랙햄(Rackham)' 오픈 소프트웨어 스택은 기존의 생태계에서 이미 월 1억 회 이상 다운로드되는 주요 오픈소스 프레임워크인 파이토치(PyTorch)와 허깅 페이스(Hugging Face) 등을 기본적으로 지원한다. 이는 개발자들이 기존의 도구를 그대로 AMD 하드웨어에서 사용할 수 있음을 의미한다. 이는 엔비디아의 쿠다(CUDA) 생태계가 기술적으로 우위를 지니고 있음에도 그 폐쇄성으로 인해 피로감이 시장 참여자들 사이에서 누적되고 있음을 시사한다. AMD는 이런 시장의 암묵적 요구를 겨냥했다.

AMD의 공격적인 전략은 계속된다. 리사 수는 2027년 출시 예정인 MI500 시리즈를 통해 4년간 AI 성능을 1000배 향상하는 로드맵도 제시했다.

AMD가 예고한 온디바이스 AI 혁명

AMD의 독특한 강점은 GPU, CPU, NPU, 적응형 컴퓨팅(FPGA)을 모두 보유한 유일한 기업이라는 점이다. GPU는 대규모 AI 모델 훈련과 병렬 연산에, CPU는 범용 연산과 데이터 전처리에, NPU는 PC와 모바일 기기에서의 저전력 AI 추론에, 적응형 컴퓨팅은 실시간 엣지 처리와 특수 워크로드 최적화에 각각 특화돼 있다. 이는 AMD가 클라우드부터 PC, 엣지 디바이스까지 각기 다른 요구사항을 맞춤형으로 충족시킬 수 있는 유일한 '풀스택 컴퓨팅 엔진' 제공자로서의 입지를 다지고 있음을 의미한다.

PC 시장에서 AMD는 최대 2000억 개의 매개변수 모델을 로컬에서 구동할 수 있는 '라이젠 AI 할로' 플랫폼을 공개했다. 이는 개인 컴퓨터를 활용해 고가의 AI 클라우드 인스턴스에 의존하지 않고 대규모 모델을 수행할 수 있게 해 온디바이스 AI 생태계 구축의 핵심 인프라가 될 전망이다.

포크레인 회사가 왜 CES에?
'보이지 않는 레이어'를 주목하라

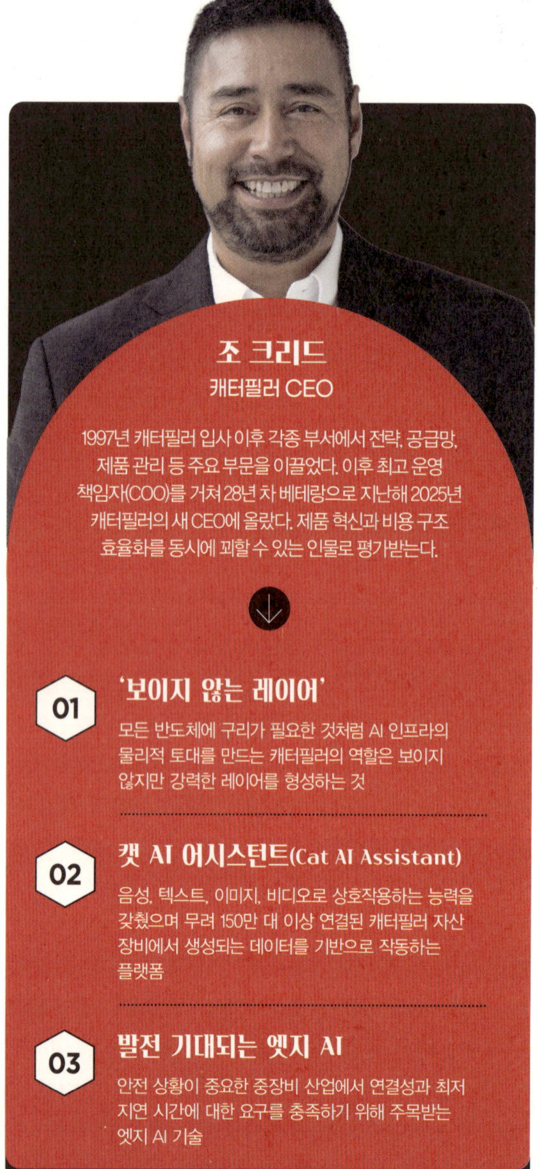

지난 1월 8일(현지시간) 세계 최대의 테크 박람회인 CES 무대에 조 크리드 캐터필러 CEO가 올랐다. 그는 100년 역사의 중장비 제조사의 수장이다.

왜 포크레인을 파는 중장비 회사의 CEO가 AI와 같은 최첨단 기술을 소개하는 테크 박람회에 기조연설자로 섰을까?

"디지털 세계는 물리적 기반 없이 작동하지 않기 때문입니다."

실제 AI 칩이 늘어날수록 구리와 리튬과 같은 원자재 채굴이 증가한다. 데이터센터가 확장될수록 건설과 전력 공급에 병목이 일어난다. 샌프란시스코에서 발생한 지난해 연쇄 정전은 물리적 기반의 병목이 초래하는 충격을 그대로 드러냈다.

그동안 시장은 엔비디아와 오픈AI에 집중했다. 하지만 크리드는 "오늘날 기술의 가장 큰 병목은 소프트웨어가 아니라 물리적 세계에 있다"며 2026년 AI 시장이 처한 현실을 짚어낸다. 캐터필러는 이 물리적 기반을 '보이지 않는 레이어(Invisible Layer)'라고 정의했다.

채굴, 건설, 전력

'채굴, 건설, 전력.' 이 세 가지 영역 없이는 AI 혁명은 멈춘다. 그리고 이 영역은 이제 AI와 자율성이라는 기술의 도움으로 점점 지능화하고 있다. 자본은 이제 소프트웨어에서 하드웨어로, 클라우드에서 땅으로 이동하기 시작했다. 크리드는 캐터필러의 사업 구조가 현재 AI 인프라 구축을 원하는 디지털 경제의 필수 조건인 물리적 토대와 정확히 겹친다고 강조했다.

채굴은 AI 칩의 출발점이다. 모든 반도체는 구리가 필요하다. 모든 배터리는 리튬이 필요하다. 모든 전기차는 희토류가 필요하다. 캐터필러의 자율 광산 트럭은 이미 110억 톤의 광물을 운반했고 3억8500만 km를 무사고로 주행했다. 이는 자동차 산업 자율주행 거리의 2배다.

채굴 능력은 반도체 공급망의 최상위 체인이다. 광물 채굴이 막히면 칩 생산도 멈추기 때문이다. 이는 소프트웨어로 해결할 수 없다. 말 그대로 물리적 제약, 즉 채굴이 없다면 AI도 없다는 의미다.

건설은 데이터센터를 짓는 힘이다. AI 데이터센터는 건설되어야 존재한다. 5G 기지국, 송전망, 항구도 마찬가지다.

크리드는 미국 노동력의 5%만이 건설업에 종사하지만, 전체 산업재해 사망의 20% 이상이 이 분야에서 발생한다고 지적했다. 이 분야에서 자율화는 효율성이 아니라 생존 문제라는 의미다. 숙련 인력은 줄고 안전 규제는 강화되며 프로젝트 규모는 커진다. 자율 장비 없이는 건설 속도를 유지할 수 없는 시대가 오고 있다.

전력은 그리드의 한계를 넘는 양이 필요하다.

크리드는 "데이터센터는 현재 그리드가 제공할 수 있는 것보다 더 많은 전력을 요구한다"고 강조했다. 실제 AI가 소비하는 전력은 기하급수적으로 증가하고 있다. 여기에서 캐터필러의 역할이 커진다. 캐터필러의 터빈과 엔진은 이미 전 세계 병원, 데이터센터, 필수 서비스에 전력을 공급한다.

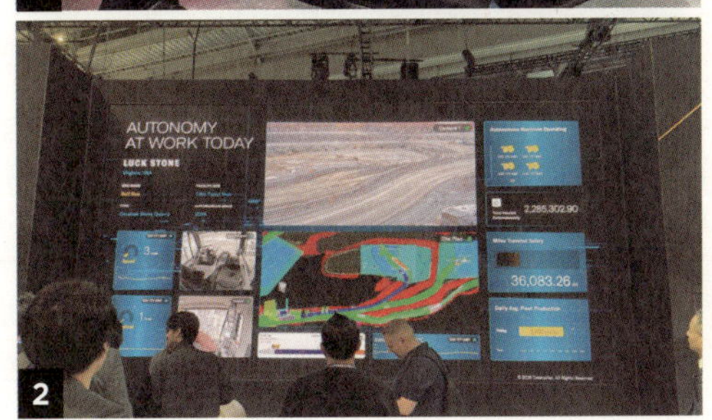

1.
캐터필러 전시장에 들어선 거대한 포크레인이 AI 기술로 뒤덮인 CES 2026 현장에서 큰 주목을 받았다.

2.
건설업 현장에서 AI 기술은 생산성뿐만 아니라 안전성, 지속가능성과 직결된다.

캐터필러, 산업용 에이전틱 AI 공개

오지 레드직 캐터필러 CDO는 CES 무대에서 캐터필러의 에이전틱 AI 플랫폼인 캣 AI 어시스턴트(Cat AI Assistant)를 공개했다. 이 플랫폼은 150만 대 이상의 연결된 자산에서 생성되는 16페타바이트 이상의 데이터를 기반으로 작동한다. 음성, 텍스트, 이미지, 비디오로 상호작용하는 능력을 갖췄다.

실제로 에이전틱 AI를 시연하는 상황은 상당히 구체적이었다. 지난 7일간 연료 효율성을 묻자 AI는 총 가동시간 7.8시간, 유휴 시간 1.8시간(23%), 연료 소비 13갤런을 즉시 제시했다. 유지보수에 필요한 부품을 묻자, 표준 효율 엔진 오일 필터가 필요하다고 답했다.

클라우드 다음은 엣지

엣지 AI는 클라우드 서버가 아닌 기기 자체에서 AI 연산을 수행하는 온디바이스 AI를 의미한다. 클라우드 AI와 엣지 AI와의 결정적 차이는 지연 시간이다. 클라우드는 데이터를 서버로 보내고 답을 받는 왕복 시간이 필요하다. 도심에서는 이 차이가 0.1~0.2초 차이지만 원격 광산이나 건설 현장에서는 수 초가 걸리거나 아예 인터넷 연결이 없기도 하다.

캐터필러는 엔비디아 토르(Thor) 플랫폼을 통해 음성 인식과 AI 모델, 그리고 제어 논리를 기계에서 직접 실행한다. 클라우드 연결이 불안정한 원격지나 악천후에서도 AI 비서가 작동하는 것이다. 캐터필러의 엣지 AI 기술이 산업 현장의 생산성과 안전성을 모두 끌어올릴 것으로 보인다.

"7년 내 산업 AI 판도 뒤집을 것" AI 산업화에 올인하라

롤랜드 부시
지멘스 CEO

물리학자이기도 한 그는 2021년 지멘스 그룹의 CEO에 취임하기 전까지 약 30년간 지멘스에서 전략 책임자, 최고 기술 책임자 및 최고 운영 책임자를 역임했다. 롤랜드는 지멘스가 디지털 비즈니스를 형성, 발전하는 데 결정적인 역할을 했다.

01 협력 강화
엔비디아, 마이크로소프트 등과의 협력 통해 '엔드투엔드 AI 산업 스택' 구축할 것

02 디지털 트윈의 한계 넘어서는 건 결국 '인간'
산업 현장에선 AI의 '조타수' 역할 해줄 사람의 노하우와 경험이 필수

03 산업 전반으로 영역 넓힐 것
전력·해양·생명과학까지 디지털 트윈으로 연결, 도전할 것

독일의 빅테크, 지멘스가 "AI를 산업 시스템에 내재화하는 데 7년이 걸릴 것"이라 전망했다. 지멘스는 50년 이상 산업 AI를 연구해온 1500명의 전문가와 25만 명의 도메인 인력을 보유한 기업이다. 전 세계 제조 기계 3대 중 1대에 지멘스 컨트롤러가 실행되고 있다. 이 방대한 산업 데이터와 운영 노하우가 AI 혁명의 기반이 된다는 점을 감안하면 사실상 이번 발표는 단순한 '예측'이 아닌 '실행 계획'에 가깝다.

롤랜드 부시 지멘스 CEO는 기조연설에서 "AI가 물리적 시스템에 도입되면 단순한 기능이 아니라 실세계에 직접 영향을 미치는 힘이 된다"며 "올바른 기술, 산업 도메인 노하우, 올바른 파트너가 결합할 때 기업은 속도·품질·효율성으로 아이디어를 실질적 영향으로 바꿀 수 있다"고 말했다. 이날 발표의 핵심은 엔비디아, 마이크로소프트와의 협력 심화다. 지멘스는 50년간 축적한 산업 데이터를 보유하고 있다. 이 데이터가 엔비디아의 GPU 컴퓨팅, MS의 클라우드 인프라와 결합하면서 '엔드투엔드 AI 산업 스택'이 구축된다.

AI 도입이 곧 '마진 게임'

지멘스와 엔비디아는 산업 AI 가속화를 위한 5대 협력 영역을 발표했다. AI 네이티브 칩 설계, AI 네이티브 시뮬레이션, AI 기반 적응형 제조, AI 공장 설계·운영, 상호 기술 활용이다.

주목할 지점은 AI 공장의 엄청난 자본 집약도다. 젠슨 황 엔비디아 CEO에 따르면 1기가와트급 AI 공장은 500억 달러 투자가 필요하다. 500억 달러 규모 AI 공장

을 짓는 기업(엔비디아, 마이크로소프트, AWS)과 반세기 된 기존 설비를 디지털 트윈으로 최적화하는 기업(펩시코, 롤스로이스 등)이 공존한다. 전자는 플랫폼 기업의 과점을 강화하고, 후자는 기존 산업 자본이 레거시를 극복할 마지막 기회다.

펩시코는 지멘스의 '디지털 트윈 콤포저'를 활용해 반세기 된 창고를 최적화했다. 물리적 건물을 짓기 전에 수백·수천 가지 레이아웃을 AI로 시뮬레이션한 결과, 미국 게토레이드 공장에서 3개월 만에 효율성이 20% 증가했다. 롤스로이스는 항공기 터빈 내 유압 펌프를 설계하면서 마이크로소프트 AI와 지멘스 소프트웨어를 결합해 프로그래밍 시간을 80%, 공장 생산성을 30% 향상했다. 이는 제조업의 마진 게임이 재정의되고 있음을 의미한다.

"AI에겐 조타수가 필요하다"

지멘스는 '엔드투엔드 AI 스택'의 세 가지 조건으로 올바른 기술, 산업 도메인 노하우, 올바른 파트너를 가장 중요한 요인으로 강조했다. 부시 CEO는 "디지털 트윈의 시뮬레이션은 가능하지만, 현실 세계에서 다음에 무엇을 해야 할지 추천할 수 없고, 컴퓨팅은 여전히 CPU 기반이며, 데이터는 사일로에 갇혀 있다"고 지적했다.

이를 타개하는 핵심은 산업 도메인 노하우다. 지멘스는 30개 산업 수직 분야에서 축적한 경험을 바탕으로 어떤 데이터가 중요하고 어떻게 클러스터링해야 하는지, 어떤 AI 애플리케이션이 의미가 있는지, 그리고 어떤 결정은 인간에게 맡겨야 하는지를 식별할 수 있다.

이는 결국 사람의 노하우와 경험이 AI의 조타수 역할을 하면서 디시전 메이커가 되어야 한다는 것을 시사한다. 이것이 챗GPT나 클로드와 같은 범용 AI 모델과 산업에 특화된 AI의 결정적 차이이다.

전력·해양·생명과학까지 디지털 트윈으로 연결

AI를 산업 전반에 활용하는 범위는 전력 인프라의 최적화에도 적용된다. 최근 AI 공장과 데이터센터가 기가와트급 전력을 요구하면서 전력 병목 현상이 새로운 제약이 되고 있다. 지멘스는 커먼웰스 퓨전 시스템즈와 협력해 핵융합 발전의 상업화를 지원한다.

지멘스는 AI를 사용해 동네에 전기차 1만 대가 늘어났을 때의 영향을 시뮬레이션하고 도시 건물들이 에어컨 온도를 30초만 조정해 그리드를 안정화하도록 조율한다. 지멘스는 이미 AI로 기존 그리드 용량을 신규 인프라 없이 20% 극대화하고 있다.

자율주행 시스템을 위한 'PAVE 360 오토모티브'도 출시했다. 생명과학 분야에도 AI를 적용한다. 연구 단계에서는 루마(Luma) 플랫폼을 통해 흩어져 있는 수십억 개의 데이터 포인트를 AI로 통합하고 구조화해 자연어로 질문할 수 있게 한다. 지멘스에 따르면 AI를 활용해 생명을 구할 수 있는 핵심 치료법이 시장에 최대 50% 더 빨리 출시될 수 있도록 돕는다고 밝혔다.

1.
CES 2026에서 기조연설 중인 롤랜드 부시.

2.
젠슨 황 엔비디아 CEO(오른쪽)가 함께 연설 무대에 올라 지멘스와 엔비디아의 파트너십을 발표하기도 했다.

클라우드 시대 끝, 추론·엣지 AI 시대 열린다

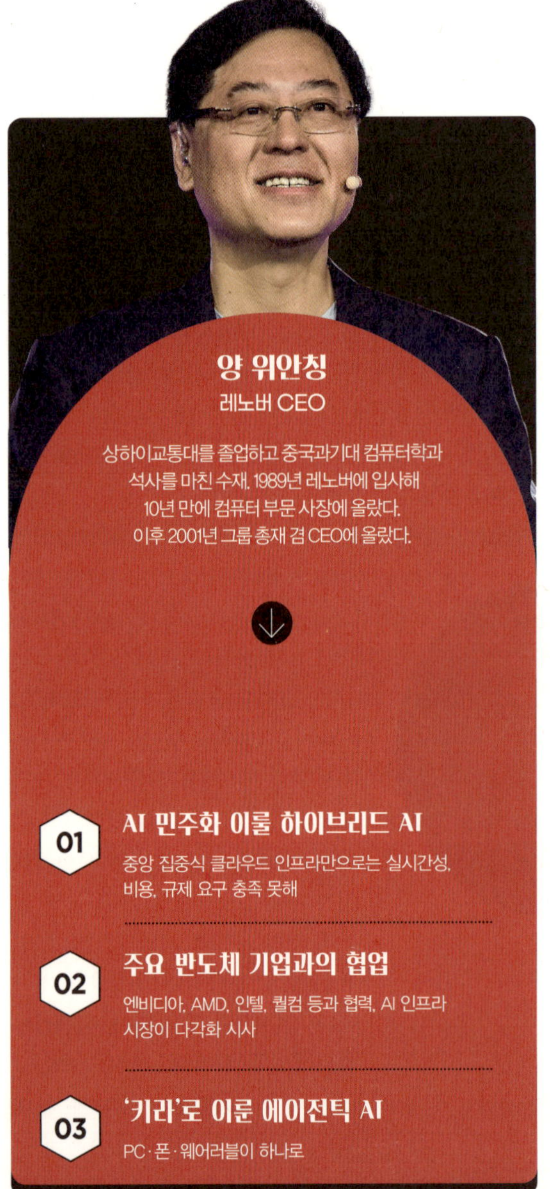

레노버가 AI 시대의 새로운 패러다임으로 '하이브리드 AI' 전략을 제시하며, 개인용 AI 슈퍼 에이전트 '레노버 키라(Lenovo Kira)'를 전격 공개했다. 레노버는 AI의 힘을 소수의 기술 기업이 아닌 모든 개인과 기업에 돌려주겠다는 'AI 민주화'를 선언했다는 평이다.

1월 6일(현지시간) 라스베이거스 스피어에서 열린 'CES 2026 레노버 테크 월드'에서 양 위안칭 레노버 CEO는 "AI 워크로드의 무게중심이 '학습'에서 '추론'으로 이동하고 있다"며 중앙 집중식 클라우드 인프라만으로는 실시간성, 비용, 그리고 규제 요구를 충족할 수 없다고 강조했다. 또 이를 해결하기 위해 '하이브리드 AI' 전략을 제시하며 "주머니 속 스마트폰의 소형 모델부터 데이터센터의 대규모 언어모델(LLM)까지, 작업에 가장 적합한 모델을 지능적으로 선택·연결하는 것이 핵심"이라고 강조했다.

이러한 하이브리드 접근은 실시간 응답 속도 확보, 민감 데이터의 보안 강화, 불필요한 클라우드 전송 비용 절감이라는 세 가지 실질적 가치를 동시에 제공한다.

레노버는 이를 해결하기 위해 세 개의 기술 레이어를 제시했다. 지능형 모델 오케스트레이션(Intelligent Model Orchestration)은 간단한 작업이 가능한 디바이스 내 소형 모델과 복잡한 작업에 맞는 클라우드 대형 모델 라우팅 방법으로 지연시간과 비용을 최적화한다. 에이전트 코어(Agent Core)는 사용자 의도를 파악하고 과거 상호작용을 기억하는 인지 엔진, 다중 에이전트 협업(Multi-agent Collaboration)은 복잡한 목표를 여러 전문 에이전트가 협업해 해결하는 구조다.

1만5000㎡ 크기의 18K 초고해상도 스크린을 갖춘 스피어와 협력한 레노버의 기조연설 현장.

AI 패권을 위해 칩 빅4 동시 공략

또 한 가지 주목할만한 점은 레노버가 엔비디아, AMD, 인텔, 그리고 퀄컴 등 주요 반도체 기업 전체와 동시다발적 협력을 발표했다는 사실이다. 이는 AI 인프라 시장이 다각화되고 있다는 신호로도 읽힌다.

엔비디아와는 'AI 기가 팩토리'를 공동 출시하고, AMD와는 EPYC 프로세서 탑재 AI 추론 서버 '씽크 시스템 SR675i'를 출시, AMD의 '헬리오스 랙스케일 AI 아키텍처'를 조기 도입했다. 인텔과는 'AI PC 아우라 에디션' 포트폴리오를 공동 개발했다. 레노버의 개인 AI 에이전트 '키라'는 향후 모든 아우라 에디션 PC에 기본 탑재될 예정이다. 퀄컴과는 스마트 글라스·AI 펜던트 등 지능형 웨어러블에서 협력한다.

'키라'가 보여준 에이전틱 AI의 미래

레노버가 중국에서 먼저 출시한 개인 AI 에이전트 '키라'는 스마트폰·PC·태블릿·웨어러블 등 다양한 기기와 윈도, 안드로이드 등 여러 운영체제에서 작동한다.

무대 시연에서 키라는 수 시간 동안 확인하지 못한 메시지 중 중요 내용만 추출 브리핑하고, 사용자 일정을 파악해 조카 선물 구매 시간을 캘린더에 자동 등록했다. PC에서 작성 중이던 FIFA 파트너십 문서를 찾아 최신 통계로 업데이트한 뒤 이메일 발송까지 수행했다. 특히 목걸이형 AI 웨어러블이 기록한 중요 순간, 스마트 글라스로 본 장면은 다중 기기의 협업 가능성을 구체적으로 보여준 사례로 꼽힌다.

맞춤형 AI 인프라로 시장 공략 선언

레노버는 '하이브리드 AI'를 구축하기 위해 AI 추론에 최적화된 서버 3종도 발표했다. 씽크 시스템 SR675i(별칭 더 비스트)는 넵튠 액체 냉각 기술과 높은 GPU 밀도로 대규모 LLM을 실행하며, 높은 토큰 처리량과 낮은 지연시간을 제공한다. SR650i(스위트 스폿)는 대부분 추론 워크로드에 적합한 범용 서버로, 이미 5개 AI 추론 세계 기록을 보유한다. 금융 서비스에서 모든 거래를 실시간 분석해 사기를 탐지한다. SE455i(애니웨어 서버)는 공장이나 매장 같은 엣지 환경에 최적화됐다. 소매업에서 라이브 비디오를 분석해 재고 예측 및 보충을 자동화한다.

레노버가 운영 환경과 요구 사항, 그리고 워크 로드에 최적화된 맞춤형 서버를 각각 소개한 것은 AI 시장이 '범용'에서 클라이언트가 요구하는 '맞춤형'으로 진화하고 있음을 의미한다.

CES 발표 장소였던 라스베이거스 스피어와의 협력도 주목할 만하다. 스피어의 18K '빅 스카이' 카메라 시스템은 초당 30GB 원본 데이터를 생성하는데, 레노버 워크스테이션과 인프라가 이를 실시간 처리한다. 이는 데이터 처리가 생성 지점 근처에서 일어난다는 점, 즉 엣지 환경에서 구동된다는 의미다. 클라우드로 데이터를 보내면 네트워크 지연과 대역폭 비용이 발생하고, 실시간 경험이 불가능해진다. 이는 레노버의 하이브리드 전략이 이론이 아니라 실제 시장 요구에 기반하고 있음을 보여준 사례다.

AI 시대, 새로운 플레이북을 논할 때

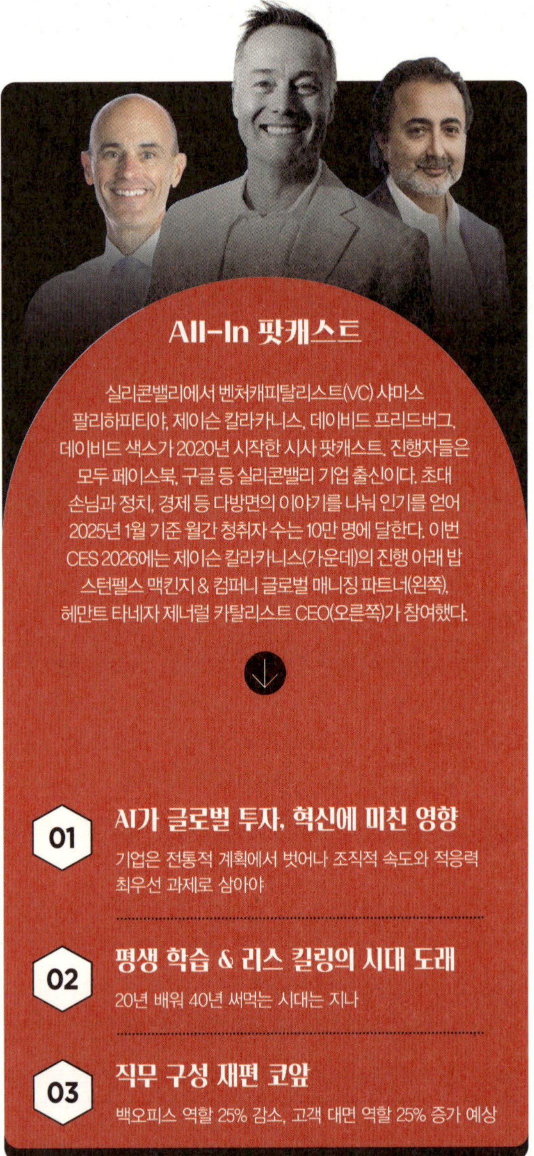

2026년 1월, 라스베이거스 CES에서 All-In 팟캐스트의 라이브 키노트가 열렸다. 제이슨 칼라카니스의 사회로 밥 스턴펠스 맥킨지 파트너와 헤만트 타네자 제너럴 카탈리스트 CEO가 참여해 AI가 비즈니스, 투자, 노동의 미래를 어떻게 재편하는지에 대한 통찰을 공유했다.

워프 스피드: AI가 촉발한 변화의 가속

연사들은 챗GPT 출시 이후 기술 혁신이 '워프 스피드'로 빨라졌다는 데 동의했다. 이 변화는 기업에 전통적 계획에서 벗어나 조직적 속도와 적응력을 최우선으로 삼아야 한다는 과제를 던졌다.

타네자는 현재를 지정학적 변화와 기술 발전이 동시에 일어나는 '최고의 모호성(peak ambiguity)'의 시대라 정의하며, 불확실성 속에서 새로운 가치를 창출하는 능력이 중요하다고 역설했다.

1조 달러 기업의 탄생과 투자의 역학

타네자는 AI가 새로운 '1조 달러 기업'의 등장을 가능하게 할 것이라고 단언했다. 그는 "앤스로픽은 불과 1년 만에 수천억 달러로 가치가 급등했다"며 AI 기업의 폭발적인 성장세를 강조했다. "이는 더 이상 허황한 꿈이 아니다."라고 덧붙였다.

하지만 스턴펠스는 많은 CEO가 "지금 CFO의 말을 들어야 할지, CIO의 말을 들어야 할지"를 두고 딜레마에 빠져 있다고 전했다. CFO는 불확실한 ROI 때문에 투자를 주저하는 반면, CIO는 시장 도태를 우려해 즉각적인 행동을 촉구한다. 맥킨지에 따르면 80%의 기업이 AI를

CES 2026 All-In 팟캐스트 라이브 키노트 현장. 왼쪽부터 제이슨 칼라카니스 All-In 팟캐스트 진행자, 밥 스턴펠스 맥킨지 & 컴퍼니 글로벌 매니징 파트너, 헤만트 타네자 제너럴 카탈리스트 CEO.

사용하지만, 실제 수익 증대로 이어진 경우는 소수다.

노동의 미래: 평생 학습과 새로운 인재상

'한 번 배워서 평생 일한다'는 패러다임은 무너졌다. 타네자는 "22년간 배우고 40년간 일하는 시대는 끝났다"고 단언하며, 평생에 걸친 학습과 리스킬링이 새로운 표준이 될 것이라고 말했다. 스턴펠스 역시 "기술의 반감기가 급격히 짧아졌다"며 지속적인 학습과 회복탄력성을 강조했다.

맥킨지는 AI 도입으로 백오피스 역할은 25% 감소하는 반면, 고객 대면 역할은 25% 증가하는 직무 구성의 재편을 예상했다. AI가 단순 업무를 자동화하면서, 인간은 열망 설정, 판단력, 창의성과 같은 고유 역량에 더 집중할 수 있을 것이란 전망이다.

칼라카니스는 젊은 세대에게 "단순한 이력서만으로는 부족하다"며, "AI 에이전트를 직접 만들어보는 것과 같은 실질적인 문제 해결 능력과 '추츠파(chutzpah)'로 불리는 대담함과 열정이 중요하다"고 조언했다.

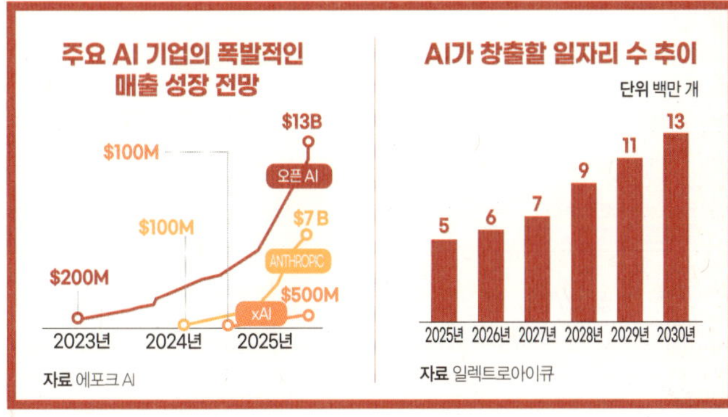

새로운 플레이북을 향해

CES 2026 All-In 키노트는 AI가 사회 경제의 근간을 바꾸는 패러다임 전환임을 명확히 했다. 기업은 민첩성을 높이고 AI를 체계적으로 통합해야 하며, 개인은 끊임없는 리스킬링을 통해 AI가 대체할 수 없는 인간 고유의 창의성과 판단력을 길러야 할 때다. 불확실성과 기회가 공존하는 AI 시대, 새로운 플레이북이 필요한 시점이다.

AI 전환기, 광고 회사 하바스의 극단적 실험

야닉 볼로레
하바스 CEO

2011년 하바스에 합류해 2013년에 CEO로 임명됐다. 이른바 '투게더(Together)' 전략을 지휘해 그룹을 쇄신하고 지사의 지배 구조를 통합해 협력을 촉진하는 '하바스 빌리지(Havas Villages)' 개념을 창안했다.

01 컨버지드 AI 기반 플랫폼 '아바(Ava)'
직원들이 하나의 프롬프트만으로 하바스 모든 지식 자산에 접근하고 최신 거대언어모델(LLM)을 안전하게 활용할 수 있도록 지원

02 AI 도입 여부로 광고업계 양극화
AI가 실물 경제에 파괴적인 영향력을 행사하기 시작하면서, AI 기술 도입은 최근 광고대행업계에서 기업 가치를 평가하는 기준이 됨

03 전 직원 대상 AI 인증 프로그램 운영
하바스는 전체 직원 2만3000여 명을 대상으로 AI 인증 프로그램 운영, 리더십 회의 참석 조건을 'AI 숙련도 인증 보유'로 설정

CES 2026 기조연설에서 야닉 볼로레 하바스 CEO는 AI 플랫폼 '아바(Ava)'를 공개하며 "지난 18개월간 업계 내 최고 성장 기업과 최저 성장 기업 간 격차가 10%에 달했다"고 밝혔다.

하바스는 1835년 설립된 세계 6위 광고 그룹으로 크리에이티브와 미디어, 그리고 헬스 부분 등에 2만 명이 넘는 직원을 보유하고 있는 유럽 대기업이다.

하바스가 제시한 수치는 이례적이다. 광고업은 전통적으로 GDP 성장률과 연동하며 업체 간 성과 차이가 2~3%를 넘지 않는 안정적 산업으로 인식해 왔기 때문이다. 격차가 확대되고 있는 원인은 AI의 도입 여부다.

하바스는 최근 업계에서 두 번째로 높은 성장률을 기록 중이다. 190년 된 이 기업이 미디어 혁명을 거치며 살아남아 지금 AI를 중심으로 조직 전체를 재설계하고 있다. 볼로레는 "AI 전환 능력이 시장 점유율을 결정하기 시작했다"고 말하며 하마스가 데이터, 기술, AI 분야에 6억 유로를 투자하고 추가로 4억 유로를 투입할 계획임을 밝혔다. 목적은 전 직원의 'AI 전문가화'다.

전 직원 AI 인증 강제, 이제 선택 아닌 운명

하바스가 AI 및 기술, 데이터에 투자하는 10억 유로는 2024년 기준 하바스 전체 매출의 약 37%에 해당한다. 흥미로운 점은 투자의 방향이다. 하바스는 단순히 AI 도구 구매가 아닌 조직 전체의 재설계에 자본을 쏟아붓고 있다.

볼로레는 전체 직원 2만3000여 명을 대상으로 AI 인증 프로그램을 운영하고 리더십 회의 참석 조건을 'AI 숙련도 인증 보유'로 설정했다고 밝혔다. 사실상 선택이 아니

라 강제다. 'AI를 사용하는 에이전시가 AI를 사용하지 않는 에이전시를 대체할 것'이라는 단언이나 마찬가지다. 이는 단순한 기술적으로 우위에 선다는 것이 아니다. 업계 전체가 거대한 전환기에 서 있고 AI 도입 여부가 생사를 가른다는 의미다.

볼로레는 3D 제작 방식에서 AI 기반 제작으로 전환하면서 제작 비용을 15~50% 절감했다고 밝혔다. 라쿠텐과 로레알, 르노 등 주요 클라이언트에 이미 적용했다.

현장에서는 자원자의 사진 한 장으로 15분 만에 할리우드 스타일 영화 예고편을 제작하는 시연이 진행됐다.

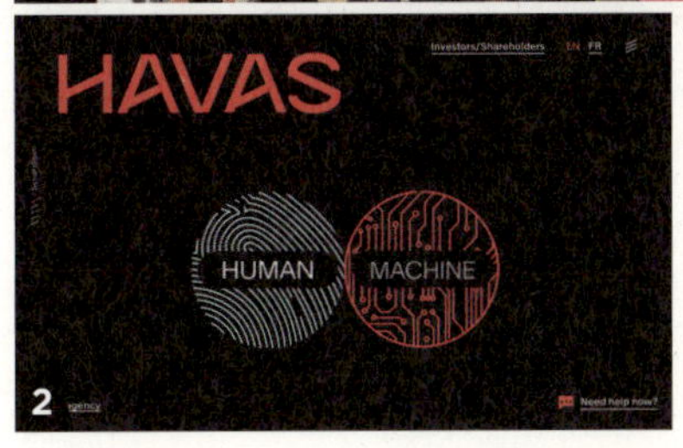

1.
각종 AI 기술이 망라된 CES 2026이 시작하자마자 관람객이 몰려들고 있다. 사람들은 이제 AI를 운명처럼 받아들인다.

2.
하바스 홈페이지 화면. 인간의 지문과 기계의 회로가 나란히 있다.

그가 강조한 것은 'AI 전환기'의 한 가운데에 있는 지금 '디지털 전환기' 당시의 실수를 반복하지 않겠다는 것이었다. 볼로레는 AI 전환 전략의 배경으로 15~20년 전 디지털 전환기의 실패를 언급했다. 그는 "당시 디지털 담당자는 전통 미디어가 죽었다고 했고 전통 담당자는 디지털이 유행일 뿐이라고 했다"며 "결국 내부 분열로 통합에 실패한 기업들이 퇴출당했다"고 말했다.

이에 하바스가 선택한 방향은 '전사적인 AI 전문가화'였다. 볼로레는 "AI는 미래가 아니라 현재"라며 "100%의 직원이 AI 전문가가 되는 것이 목표"라고 강조했다. 그는 "AI 도입 이후 리더십 방식이 바뀌었다"며 "기술 전문가가 아니어도 자연어로 코딩할 수 있게 됐고 제품 세부 사항에 더 깊이 관여하게 됐다"고 설명했다.

"77% 브랜드는 사라져도 무관" 더 강해지는 브랜드 신뢰의 조건

이날 공개된 아바는 GPT-5, 클로드, 제미나이 등 주요 거대언어모델(LLM)을 통합한 엔터프라이즈 플랫폼이다. 단일 프롬프트로 하바스의 전체 지식 베이스에 접근해 잠재 고객 분석 및 기회를 식별할 수 있다.

이 외에도 보안, 규정 준수, 개인정보 보호 기능이 내장됐고 코드 없이 에이전트 구축도 가능하다.

하바스는 AI 기술을 보유한 다양한 기업과의 협력도 중요하다고 밝혔다. 실제로 하마스는 에이전트 전문 기업인 에코 및 생성형 AI 페르소나 기술 보유 기업인 버브와 파트너십을 체결했다. 이 덕분에 과거 수 주가 걸리던 소비자 리서치를 실시간으로 수행하고 캠페인을 즉시 테스트할 수 있다.

볼로레는 이에 대해 "과거 페르소나 연구는 비싸고 시간이 오래 걸렸다"며 "이제 생성형 AI로 다양한 소비자 반응을 즉각 확인할 수 있다"고 설명했다. 볼로레는 AI 시대에는 브랜드의 신뢰가 핵심 요인이 될 것이라 전망했다. 그는 하바스의 자체 연구를 인용해 "브랜드의 77%는 사라져도 아무도 신경 쓰지 않을 것"이라면서도 "AI 시대일수록 브랜드의 신뢰는 더욱 강력해진다"고 강조했다. 볼로레는 "무엇이 진실인지 알기 어려운 세상에서 브랜드는 신뢰를 가져다준다"며 "라디오, TV, 인터넷, 모바일, 소셜네트워크를 거치며 마케팅 인력은 증가했고 브랜드 건강도는 강화됐다"고 설명했다.

CES™
Innovation
Awards
2026
Honoree

SUPPLEMENT

CES 2026 Innovation Awards

혁신상을 받은 전 세계 기업들 리스트를 모두 모았다. 수상 분야와 국가 데이터만 확인해도 현재 기술 혁신이 활발한 분야와 미래 기술 패권 흐름을 알 수 있다.

CES 2026 Innovation Awards

Honorees

CES 2026 혁신상 452개 중 한국 기업은 232개를 받아 혁신상의 약 55%를 차지했다.
2025년 한국은 219개를 수상해 전년보다 소폭 늘었다.

기업명		국가	수상 기술 및 서비스	수상 부문
.lumen	닷루멘	루마니아	Glasses for the blind	접근성 및 에이지테크
10kM.ai	텐케이엠	한국	GEMGEM.SG	영상 제작 및 유통(Cannes Next 협력)
AC Future	에이씨퓨처	미국	AI Transformer Home Trailer (AI-THt)	차량 테크 & 진화한 모빌리티
Aetech	에이트테크	한국	Multi-Tron (Dump & Go, AI-powered Waste Sorting Solution for Multi-use Facilities)	스마트 커뮤니티
AGC Inc.	에이지씨	일본	FeelInGlass® Reflective Blade for HUD	차량용 엔터테인먼트
AIBIZ Co., Ltd.	아이비즈	한국	DutchBoy S : Semi-conductor Etch Equipment On-Device AI Platform	인공지능
AidALL Inc.	에이드올	한국	Bedivere: The "TRUE" Autonomous Driving Companion for the Visually Impaired	인공지능
AIPARK Hanseo University	에이아이파크 한서대학교	한국	AiVATAR	콘텐츠 및 엔터테인먼트
Aiper Intelligent, LLC	에이퍼인텔리전스	미국	EcoSurfer Senti	생활가전
			Scuba V3 Ultra	생활가전
AiRET	에어렛	한국	AiRET S9 : The Intelligent Footwear Curator	스마트 홈
Airloom Energy	에어룸 에너지	미국	Airloom Energy Generation System	지속가능성 및 에너지/전력
Algocare	알고케어	한국	MyAlgo	인공지능
All The Time Inc.	올더타임	한국	The Guide: AI Predictive Safety Ecosystem for Women	개인정보 보호
Allcom Co., Ltd.	올컴	한국	Allcom Smart Tumbler – Precise Baby Formula Control	생활가전
AMATELUS INC.	아마테루스	일본	SwipeVideo SaaS: Interactive Free-Viewpoint and Multi-Angle Live Streaming Software	콘텐츠 및 엔터테인먼트
AMD	에이엠디	미국	AMD Ryzen Threadripper PRO 9995WX	컴퓨터 하드웨어 & 컴포넌트
Amorepacific	아모레퍼시픽	한국	Skinsight	뷰티 테크
ANDOPEN	앤오픈	한국	SNAPPASS	엔터프라이즈 테크
Anker Innovations	앤커	중국	Anker Prime Charger (160W, 3 Ports, Smart Display)	컴퓨터 하드웨어 & 컴포넌트
			ANKER SOLIX C1000 Gen 2	생활가전
			eufy Robot Vacuum Omni S2	생활가전
			soundcore AeroFit 2 Pro	헤드폰 및 퍼스널 오디오
ANSSil Co.,Ltd	앤씰	한국	SomaNest Mattress	스마트 홈
Arqaios, Inc	아카이오스	미국	ALLIE, by Arqaios	스마트 홈
ASUS Computer International	에이수스	대만	ProArt CaliContrO MCA02	컴퓨터 주변 장치 & 악세사리
			ProArt Display PA27USD	이미징
			ROG CROSSHAIR X870E GLACIAL	컴퓨터 하드웨어 & 컴포넌트
			ROG Swift OLED PG27AQWP-W	게임 및 e스포츠
			ASUS Zenbook A16 (2026)	컴퓨터 하드웨어 & 컴포넌트
			ASUS Zenbook S14 (UX5406AA)	지속가능성 및 에너지/전력
			ProArt GoPro Edition	컴퓨터 하드웨어 & 컴포넌트
			Zenbook Duo	인공지능
Attoplex Inc.	아토플렉스	한국	GenHome Array	디지털 헬스

기업명		국가	수상 기술 및 서비스	수상 부문
AUKEY INTERNATIONAL LIMITED	아우키	독일	MagFusion Ark Modular True Wireless Charger	모바일 디바이스, 액세서리 및 앱
Avatar Medical	아바타 메디컬	프랑스	Eonis Vision	디지털 헬스
B & B Best Ind. Co., LTD	비앤비베스트	대만	Cova AI Smart Cooling Mat	디지털 헬스
BANF Intelligent Tire System	반프	한국	BANF TireSafe: Predictive Blowout and Leak Monitoring	차량 테크 & 진화한 모빌리티
Barunbio Inc.	바른바이오	한국	WE-STIM™ CalfSleeve: Advanced muscle anti-aging device	패션테크
Beatbot Technology(USA) Co.,Ltd. / Xingmai Innovation Technology (Suzhou) Co., Ltd.	비트봇	중국	AquaSense X	생활가전
BIOCONNECT Inc..	바이오커넥트	한국	VitalTracker & VitalPlatform – AI-Powered Contactless Vital Signs Monitoring Solution	개인정보 보호
BLUE DEVICE Co.,Ltd.	블루디바이스	한국	BLUE DEVICE Solar Smart Window	지속가능성 및 에너지/전력
Blumind	블루민드	캐나다	Blumind BM110 always-on tiny analog AI audio inferencing chip	
BOTSLAB CO. LIMITED	봇츠랩	중국	Botslab G980H 4 Channel Dash Cam	차량 테크 & 진화한 모빌리티
Bragi	브라기	독일	Bragi AI	엔터프라이즈 테크
BrainBit	브레인빗	미국	Neurofeedback 2.0: AI-Powered Cross-Species Brain Optimization	인공지능
CardNation Co., Ltd	카드네이션	한국	IoT Smart Card	핀테크
CERAGEM	세라젬	한국	BALANCE AI Rejuvenation Shower System	뷰티 테크
			BALANCE Medi Water AI	생활가전
			Brain Booth with AI Coach	스마트 홈
			Clinical One Entry System	디지털 헬스
			Home Therapy Booth 2.0 with AI Mental Coach	인공지능
			MASTER AI Multi-Therapy Pod	뷰티 테크
			MediSpa All in One AI Beauty System	디지털 헬스
			MediSpa Pro AI	인공지능
			Youth Bed with AI Health Concierge	스마트 홈
CHAEVI	채비	한국	CHAEVI_MCS - Megawatt Charging System(MCS) : Unified Charging for All Vehicles	인공지능
Chamelo, Inc.	카멜로	미국	by O Aura	디지털 헬스
CHOISTECHNOLOGY CO LTD	초이스테크놀로지	한국	Non-invasive wireless Core Body Monitoring thermometer, ThermoSafer XST600	개인정보 보호
CIT Co., Ltd.	씨아이티	한국	CuFlat-PKGCore™: Ultra-flat copper-deposited glass for semiconductor packaging.	컴퓨터 하드웨어 & 컴포넌트
CLEANR	클리너	미국	CLEANR for Washing Machines	생활가전
COMMONLINK Inc.	커먼링크	한국	SWAVI Invisible Touch Controller	스마트 커뮤니티
Corning Incorporated	코닝	미국	Advanced Anti-Reflective Surface Treatments for Automotive Displays	차량 테크 & 진화한 모빌리티
			Corning· Gorilla™ Matte Pro	컴퓨터 주변 장치 & 악세사리
CORSAIR	커세어	미국	GALLEON 100 SD	컴퓨터 주변 장치 & 악세사리
COSMAX	코스맥스	한국	maXpace	뷰티 테크
Cosmo Robotics	코스모로보틱스	미국	Bambini Kids	디지털 헬스
			Bambini Teens	디지털 헬스
Coway	코웨이	한국	Humid curator	생활가전
Creative 3D Technologies	크리에이티브 3D	미국	C3DT EVO	공급 및 물류
CRESEN	크레센	한국	DUOBLADE	개인정보 보호
D2EMOTION CO., LTD	디투이모션	한국	Feelbot : Real-time Emotional Insight & Recovery Interface	디지털 헬스
DAESANG WELLIFE	대상웰라이프	한국	DiabetesPro: The Accessory That Turns Your Phone Into a Bodyguard	모바일 디바이스, 액세서리 및 앱
DARKFLASH US LLC	다크플래시	미국	darkFlash Floatron F1 M-ATX PC Case	컴퓨터 하드웨어 & 컴포넌트
Data-alliance	데이터얼라이언스	한국	gcube	인공지능
DataFlare Co., Ltd.	데이터플레어	한국	Port Guardian AI : Real-Time, Shore-Based Carbon Intelligence for Ports	엔터프라이즈 테크

DeCloak Intelligences Co.	디클로크	대만	DeCloakBrain PriviSphere 로보틱스	사이버 보안
Deep Care GmbH	딥케어	독일	Isa – AI Resilience Coach	디지털 헬스
DeepScent Inc.	딥센트	한국	Deepscent AI-Future of Digital Scent: Enter, Exhale, Experience	스마트 홈
DEEPX	딥엑스	한국	DX-H1 V-NPU	임베디드 테크놀로지
			DX-V3	컴퓨터 하드웨어 & 컴포넌트
Dell Technologies	델테크놀로지스	미국	Alienware 16 Area-51 Gaming Laptop	컴퓨터 하드웨어 & 컴포넌트
			Dell UltraSharp 32 4K QD-OLED Monitor - U3226Q	컴퓨터 주변 장치 & 악세사리
DK Lab Co., Ltd	디케이랩	한국	Base on Board 2.0	콘텐츠 및 엔터테인먼트
Dnsys Innovation Co., Ltd	디앤시스	한국	Dnsys Z1 Dual Joint	디지털 헬스
dob Studio, Inc.	디오비스튜디오	한국	LiveStyler: AI-driven real-time multi-style video transformation	콘텐츠 및 엔터테인먼트
DolbomDream Co., Ltd.	돌봄드림	한국	Carearly	디지털 헬스
Doosan Robotics / Maple Advanced Robotics Inc.	두산로보틱스/메이플 어드밴스드 로보틱스	한국	AI-powered Autonomous Mobile Robot Solution (Scan&Go)	인공지능
Dreame Innovation Technology (Suzhou) Co., Ltd	드림이노베이션테크놀로지	중국	H15 Pro Heat	생활가전
Dreame Technology	드리미테크놀로지	중국	Dreame Aqua10 Ultra Roller Robot Vacuum	생활가전
			Dreame Furcatch Air Purifier FP10	생활가전
EAN HIGHTECH	이안하이텍	한국	MedNeuro3D	디지털 헬스
EcoFlow Technology Inc.	에코플로우	중국	DELTA Pro Ultra X Whole Home Power Solution	지속가능성 및 에너지/전력
ECOVACS Robotics	에코백스	중국	X11 OMNICYCLONE	스마트 홈
EG KOREA Co., Ltd.	이지코리아	한국	EG TS(TotalScan) Current Sensor	지속가능성 및 에너지/전력
Eieling Technology Limited	이엘링	홍콩	FattaLab® Fatty Liver Diagnostic Device	디지털 헬스
ELAVESE T M VE TEKNOLOJ ANONIM RKET	엘라베스	튀르키예	Sunny: Your Child's Screen-free and Smart First Companion	콘텐츠 및 엔터테인먼트
EONEOMS	이원오엠에스	한국	HEYMIRROR Smart Dressing Mirror	스마트 홈
Epic Tech Taiwan	에픽테크	대만	The 6-Gram Revolution: Decarbonizing Buildings, Connecting People.	지속가능성 및 에너지/전력
Euhomy Technology Inc.	유호미	중국	Euhomy Ice Leopard X1 Portable Rapid Ice Maker	생활가전
			Euhomy Luna Pro Portable Crescent Ice Maker	스마트 홈
EverEx	에버엑스	한국	MORA Care, AI-Powered Personalized Musculoskeletal Recovery	디지털 헬스
Everysim Inc.	에브리심	한국	EveryDrone	엔터프라이즈 테크
EXoPERT	엑소퍼트	한국	Exosome-SERS-AI Multi-Cancer Early Detection (MCED) Platform	디지털 헬스
EXOSYSTEMS Inc.	엑소시스템즈	한국	exoRehab | Reimbursable AI-Powered Remote Therapeutic Monitoring + Wearables	디지털 헬스
Fairland Group Limited	페어랜드	중국	iGarden Pool Cleaner M1 Pro Max	스마트 홈
			iGarden Swim Jet X Series	스마트 홈
Farmity CO., Ltd.	파미티	한국	FIRA Pose	인공지능
Fawoo Nanotech Co., Ltd.	파우나노텍	한국	A Modular Nanobubble Generator for Sustainable Communities	개인정보 보호
FD Tech Co., Ltd.	에프디테크	한국	FD-RIDER-IR (AI Infrastructure Inspection and Repair Robot)	건설 & 산업 기술
FIRSTHABIT	퍼스트해빗	한국	CHALK: Mastering Concept Faster through Visual LLM	인공지능
Flowtica AI PTE. LTD.	플로우티카	싱가포르	Flowtica Scribe	인공지능
FORNATURES	포네이처스	한국	HEALIM	스마트 커뮤니티
Frore Systems	프로어 시스템즈	미국	AirJet Mini G2	컴퓨터 하드웨어 & 컴포넌트
FUST Lab. Co., Ltd.	퓨스트랩	한국	CAVITOX: Chemical-Free, Filter-Free, Incineration-Free Wastewater Detoxification	개인정보 보호
Gardyn	가딘	미국	Gardyn Studio 2	푸드 테크
Garmin	가민	미국	Blaze™ Equine Wellness System	펫테크
			Descent™ S1 Buoy	피트니스
			f nix® 8 Pro - MicroLED	패션테크
			Forerunner® 970	피트니스
			Venu® 4	디지털 헬스

Gaudio Lab, Inc.	가우디오랩	한국	Gaudio Studio Pro: "Content Localization SaaS"	영상 제작 및 유통(Cannes Next 협력)
Gbrain	지브레인	한국	Phin Stim™ for Parkinson's Disease	디지털 헬스
GEMSS Healthcare	젬스헬스케어	한국	XBILE	개인정보 보호
GENKS CO., LTD.	젠크스	한국	GENKS Water Purification System	지속가능성 및 에너지/전력
GEODNET	지오디넷	싱가포르	GEO-MEASURE	모바일 디바이스, 액세서리 및 앱
			GEO-PULSE	차량 테크 & 진화한 모빌리티
GeoWind	지오윈드	미국	Grassroots Climate Grid: AI-Powered Wind & Climate Infrastructure by GeoWind	지속가능성 및 에너지/전력
GhostPass	고스트패스	한국	GhostPass CityFlow - Seamless ID & Payment Experience	핀테크
GL Technologies (Hong Kong) Limited	지엘 테크놀로지스	홍콩	Slate 7 Pro (GL-BE5100) Dual-band Wi-Fi 7 Travel Router	모바일 디바이스, 액세서리 및 앱
GLEC Inc.	지엘이씨	한국	GLEC AI Tachograph	공급 및 물류
Glomensio	글로멘시오	미국	Glomensio Firefly Gen 3	스마트 홈
GoLe-Robotics	고레로보틱스	한국	AA-2 / Autonomous Delivery AI Robot for Premium Residences	로보틱스
			ND-3 : AI-Powered Construction Progress Monitoring	인공지능
			EVW-1: Universal Elevator Interface for Autonomous Robot	스마트 커뮤니티
Greneta	그레네타	한국	Greneta Optimizer 2.0: Revolutionizing 3D Data for a Sustainable Future	콘텐츠 및 엔터테인먼트
Haining Toall Technology Co., Ltd	하이닝 토알	중국	Paper	모바일 디바이스, 액세서리 및 앱
Hang Zhou YunShenChu (Deep Robotics)	딥로보틱스	중국	Lynx M20 Pro	로보틱스
HANSUNST	한선에스티	한국	AI SMART FIRE DETECTOR	스마트 홈
Hanyang University / IMCL	한양대학교	한국	TERA FIXELL	건설 & 산업 기술
Haply Robotics	하플리로보틱스	캐나다	Haply's MinVerse integration into Geomagic Freeform	XR 및 공간 컴퓨팅
			The Human Advanced 로보틱스 Platform (HARP)	인공지능
Harman International Industries Inc.	하만	미국	JBL Tour One M3 Smart Tx	헤드폰 및 퍼스널 오디오
			JBL Tour One M3 Smart Tx (1)	헤드폰 및 퍼스널 오디오
Hatch	해치	미국	Doma Intelligent Door	스마트 홈
Hero motocorp	히어로 모토코프	인도	VIDA CONCEPT ACRO	차량 테크 & 진화한 모빌리티
Hexagon	헥사곤	스웨덴	AEON	로보틱스
Hi Lab	하이랩	한국	HYDEE	지속가능성 및 에너지/전력
Hirose Electric Co., Ltd.	히로세 전기	일본	ZE150HV- Compact High Voltage Connector, 1000V-10A	차량 테크 & 진화한 모빌리티
Hisense	하이센스	중국	XR10	콘텐츠 및 엔터테인먼트
			116UXS	비디오 디스플레이
HL D&I Halla	HL디앤아이한라	한국	DivotFiX	로보틱스
			touchHL AI house platform	모바일 디바이스, 액세서리 및 앱
HL Klemove	HL클레무브	한국	SEERU	모바일 디바이스, 액세서리 및 앱
HL Mando	HL만도	한국	MiCOSA HyperPrediction	개인정보 보호
HL Robotics	HL로보틱스	한국	CARRIE	건설 & 산업 기술
Hong Kong Even Realities Limited	이븐 리얼리티스	홍콩	Even Realities G2 Display Smart Glasses and R1 Companion Ring	트래블테크
Hong Kong XSmart Century Technology Co., Ltd.	엑스스마트 센추리	홍콩	Sleepal® AI Lamp	접근성 및 에이지테크
HP Inc.	에이치피	미국	HP Digital Passport	모바일 디바이스, 액세서리 및 앱
			HP EliteBoard G1a Next Gen AI PC	컴퓨터 하드웨어 & 컴포넌트
			HP EliteBook X G2 Next Gen AI PC	엔터프라이즈 테크
			HP ZBook Fury G1i 18-inch Mobile Workstation PC	컴퓨터 주변 장치 & 악세사리
			HyperX Cloud Alpha 2 Wireless Gaming Headset	게임 및 e스포츠
			HyperX SoloCast 2 USB Condenser Microphone	컴퓨터 주변 장치 & 악세사리
			OMEN MAX 45L Gaming Desktop PC	컴퓨터 하드웨어 & 컴포넌트

기업명		국가	수상 기술 및 서비스	수상 부문
HUA TEC INTERNATIONAL CO., LTD.	화텍	중국	NanoCAST™ Cancer Solution	디지털 헬스
Hubplatform	허브플랫폼	한국	peanutcat - egg-1	펫테크
HUMANICS Co., Ltd.	휴마닉스	한국	SEGYMRT – Connected Robotic Training Platform	로보틱스
HUROTICS Inc.	휴로틱스	한국	H-Medi Pro: Comfortable Personalized Robotic Suit for Targeted Recovery	로보틱스
HYBO INC	하이보	한국	iTFS-MINI, Ultra-Compact AI-Integrated 3D LiDAR	임베디드 테크놀로지
Hyper	하이퍼	미국	HyperDrive Next USB4 M.2 PCIe Enclosure	컴퓨터 주변 장치 & 악세사리
			HyperSpace® Trackpad Pro	컴퓨터 주변 장치 & 악세사리
Hyundai Mobis	현대모비스	한국	Holographic Windshield Display	차량 테크 & 진화한 모빌리티
ICU Corporation Inc.	아이씨유	한국	Preznel Reflection	XR 및 공간 컴퓨팅
IDeas Co., Ltd.	아이디어스	한국	AetherCore, Ultra-Clean Gas Filtration for Next-Gen Semiconductor Manufacturing	건설 & 산업 기술
IIST Co., Ltd	아이아이에스티	한국	Argus-D: AI-powered multi-hazard detection CCTV	인공지능
IMOON HEALTHCARE Co., Ltd.	아이문헬스케어	한국	DeepSarco: 3D AI Sarcopenia Diagnosis	디지털 헬스
inDJ	인디제이	한국	Noonchee-VX Platform	인공지능
INFOFLA	인포플라	한국	Selto : Beyond RPA, Vision-based Autonomous AI Agent	인공지능
innoDtech Inc.	이노디텍	한국	Dr. AlignNavi : From Scan to Plan in Minutes	디지털 헬스
Instafarm	인스타팜	한국	Instafarm	푸드 테크
IntelliVIX Co.,Ltd	인텔리빅스	한국	VIXallcam	스마트 커뮤니티
InTheTech Co., Ltd.	인더테크	한국	EYAS Focus, a Predictive Digital Therapeutics for ADHD	디지털 헬스
INTROPACK/Hanseo University	인트로팩	한국	aio Food Waste Composter	푸드 테크
Jackery Inc.	잭커리	미국	Jackery SolarSaga Barrel Tile	지속가능성 및 에너지/전력
JBD	제이비디	중국	Hummingbird Polychrome Projector	XR 및 공간 컴퓨팅
Jeonbuk National University	전북대학교	한국	Snap Space	건설 & 산업 기술
			SenseFEEL	디지털 헬스
KEISER Inc.	카이저	미국	GCC: AI-Driven Music Genre Component Combination Search Engine	콘텐츠 및 엔터테인먼트
Kiehls	키엘	미국	Derma Reader 2.0	인공지능
Kizling Inc.	키즐링	한국	KIZLING: AI-Powered Safe Shortform & Educational Challenge Platform for Children	모바일 디바이스, 액세서리 및 앱
Kolmar Korea	한국콜마	한국	SCAR: AI-Driven Precision Scar Diagnosis, Treatment, and Recovery System	디지털 헬스
Korea Electric Power Corporation (KEPCO)	한국전력공사	한국	ADS(AI-based optical Diagnostic System for power facilities)	건설 & 산업 기술
			Secured-enhanced DER Management Device (SDMD)	사이버 보안
			HESS(Hybrid Energy Storage System) combining Aero & Hydro technologies	지속가능성 및 에너지/전력
			SEDA(Substation Equipment Diagnostic & Analysis System)	엔터프라이즈 테크
			TransGuard-MX (Ultra High Voltage Transformer Bushing Monitoring System)	지속가능성 및 에너지/전력
Korea Greendata	코리아그린데이터	한국	GreenOS: Sensorless AI platform for Energy and Carbon Management	엔터프라이즈 테크
Korea Optron Corp	코리아옵트론	한국	KOC CTC SAW MicroLab	디지털 헬스
L'Oréal Groupe	로레알	프랑스	Enspectra	이미징
			LED Eye Masks	접근성 및 에이지테크
			Renergie Nano-Resurfacer | 400 Booster	뷰티 테크
			SkinBoosters Jet	뷰티 테크
LEEBIO INC.	이바이오	한국	AQUAL PRO S	디지털 헬스
Lenovo	레노버	중국	Lenovo ThinkBook Plus Gen 6 Rollable	컴퓨터 하드웨어 & 컴포넌트
LG Display	엘지디스플레이	한국	12" UDC-IR OLED	차량용 엔터테인먼트
			16" Dual View OLED	차량용 엔터테인먼트

기업명		국가	수상 기술 및 서비스	수상 부문
LG Electronics	엘지전자	한국	LG 100-inch Micro RGB 4K TV (Model: 100MRGB95)	이미징
			LG AI Sense Clean Dishwasher	생활가전
			LG CLOiD	스마트 홈
			LG Shield-Applied TV OS Platform, "webOS"	사이버 보안
			LG SIGNATURE 29" WashCombo™ with AIDD2.0	생활가전
			LG SIGNATURE, 36" 4-Door Refrigerator, w/6.8" LCD Display Fresh Converter+	생활가전
			LG UltraFine 6K	컴퓨터 주변 장치 & 악세사리
			LG UltraGear™ evo GM9 Gaming Monitor	게임 및 e스포츠
			LG UltraGear™ evo OLED GX9 Gaming Monitor	컴퓨터 하드웨어 & 컴포넌트
			LG UltraGear™ OLED GX8 Gaming Monitor	게임 및 e스포츠
			Multi-AI architecture (LG webOS26)	인공지능
			LG Robot Vacuum Cleaner with Built-in Station	생활가전
			LG StanbyME 2 (32 inches UHD) (Model: 32LX6B)	콘텐츠 및 엔터테인먼트
LG Energy Solution	엘지에너지솔루션	한국	Better.Re Solution (Better Recovery Solution)	차량 테크 & 진화한 모빌리티
LG H&H Co., Ltd.	엘지생활건강	한국	Hyper Rejuvenating Eye Patch	뷰티 테크
LG Innotek	엘지이노텍	한국	Ultra Thin Pixel Lighting Module	차량 테크 & 진화한 모빌리티
LiBEST Inc.	리베스트	한국	Artenix™ AI	임베디드 테크놀로지
LINSOL	린솔	한국	Acoustic Eye	스마트 홈
LITEON	라이트온	대만	Hazard Awareness	차량 테크 & 진화한 모빌리티
Littlebird	리틀버드	미국	Littlebird Safety Tracker	패션테크
L'Oréal Groupe	로레알	프랑스	K-Scan	인공지능
			Light Straight	뷰티 테크
			Water Saver Dose	뷰티 테크
Luchrome	루크롬	한국	Lusight	지속가능성 및 에너지/전력
Lyte AI, Inc.	라이트 AI	미국	LyteVision	로보틱스
Ma-in Space Inc.	메인스페이스	한국	MAiN : A personalized 3D generation-based shopping platform	모바일 디바이스, 액세서리 및 앱
Mammotion Technology co., Ltd	맘모션	중국	SPINO S1 Pro Cordless Robotic Pool Cleaner	스마트 홈
Mand.ro Co. Ltd.	만드로	한국	Mand.ro Mark 7X: Wrist-enabled Prosthetic Hand	접근성 및 에이지테크
Mapsea Corporation	맵시	한국	mapsea NAVIGATION 3.0	엔터프라이즈 테크
Memorence AI	메모런스	대만	Memorence Operagents	엔터프라이즈 테크
Meta Mobility	메타모빌리티	한국	ELI care	개인정보 보호
MightyIrony/Hanseo University	마이티아이러니	한국	NaviCane	접근성 및 에이지테크
Mind with Heart Robotics Co. Ltd.	마인드위드하트	한국	Biomimetic Affective AI Pandas	인공지능
Mippia Inc.	미피아	한국	MIPPIA - AI Music IP Protection System	엔터프라이즈 테크
Mira	미라	미국	Ultra4™	디지털 헬스
MobiFren Co.,Ltd	모비프렌	한국	HealingFit TWS	헤드폰 및 퍼스널 오디오
Mobilint, Inc.	모빌린트	한국	NOVA - Offline Personal AI Agent Solution Powered by MLX-A1	인공지능
mobilio Co.,Ltd.	모빌리오	한국	navigate X	인공지능
Mode Wearables, Inc.	모드 웨어러블	미국	ModeX Bomber Jacket	패션테크
MOSS	모스	한국	Pocket Studio	모바일 디바이스, 액세서리 및 앱
MountAIn	마운틴	영국	IBEX -- Autonomous AI vision sensor for edge intelligence	엔터프라이즈 테크
MSI Computer Corp.	마이크로스타 인터내셔널	대만	EdgeXpert	인공지능
			GeForce RTX™ 5090 32G LIGHTNING Series	게임 및 e스포츠
			Vision RS AI	컴퓨터 하드웨어 & 컴포넌트
			Stealth 16 AI+	컴퓨터 하드웨어 & 컴포넌트
Nation A	네이션에이	한국	Neuroid Motion	모바일 디바이스, 액세서리 및 앱
			Neuroid MotionSpace	XR 및 공간 컴퓨팅

기업명		국가	수상 기술 및 서비스	수상 부문
Navifra	나비프라	한국	NaviDock: The world's first marker-less vision docking system	로보틱스
Netvue Technologies Co.,Ltd.	넷뷰	중국	Birdfy Feeder Vista	펫테크
			Birdfy Hum Bloom	스마트 홈
NeuroAnimation	뉴로애니메이션	한국	NeuroAnimation Therapy	디지털 헬스
NeuroTx	뉴로티엑스	한국	WillSleep	디지털 헬스
Newjak Co., Ltd.	뉴작	한국	[SPORTRACK: XR Board Game Powered by AI and Physical Learning]	XR 및 공간 컴퓨팅
Ninewatt	나인와트	한국	Opti: AI Energy Advisor for Buildings	스마트 커뮤니티
NTL Healthcare Co., Ltd.	엔티엘헬스케어	한국	Dr.CerviCARE® AI: On-Device AI Cervical Cancer Screening System	인공지능
Nutrix AG	뉴트릭스	스위스	tSense	디지털 헬스
NVIDIA	엔비디아	미국	NVIDIA DGX Spark	인공지능
			NVIDIA Jetson Thor	인공지능
OhSnap	오스냅	미국	MCON: Mobile Gaming Controller	게임 및 e스포츠
Ohsung System Co., Ltd.	오성시스템	한국	Gauss MT90 : Next-Generation Compact Metal Paste 3D Printing Solution	로보틱스
Olight Group Co.,Ltd	올라이트	중국	Ecolast AA 1.5V Rechargeable Li-ion Battery with Battery Management System	지속가능성 및 에너지/전력
OMNICOAT	옴니코트	한국	SteelChroma Toner	건설 & 산업 기술
Oneisall Inc	원이즈올	미국	OneIsAll Ease S1 Open-top Self-cleaning Cat Litter Box	펫테크
OptAI Inc.	옵트에이아이	한국	Opt-Hancer	인공지능
Oshkosh Corporation	오시코시	미국	Oshkosh JLG Boom Lift for Construction & Industrial Applications	건설 & 산업 기술
			Oshkosh McNeilus Volterra Electric Refuse and Recycling Vehicle	건설 & 산업 기술
Otiton Medical Co., Ltd.	오티톤	한국	Pet Smart Thermometer – Real-Time Vitals for Happy Pets	모바일 디바이스, 액세서리 및 앱
oToBrite Electronics, Inc.	오토브라이트	대만	SafeZone - Anti-Pinch Vision-AI Sensing System for Bus Doors	차량 테크 & 진화한 모빌리티
Otter Products LLC	오터박스	미국	OtterBox Symmetry Series Cactus Leather Embroidery	모바일 디바이스, 액세서리 및 앱
PABLO AIR	파블로항공	한국	InspecX	드론
Persona AI	페르소나에이아이	한국	MentorLens – AI Tutor Glass Supporting Personalized Studies for Everyone	인공지능
Petground Co., Ltd.	펫그라운드	한국	Fompet - 15 Seconds to Insightful Pet Health	펫테크
Pila Energy	필라에너지	미국	Pila Mesh Home Battery	스마트 홈
PlanckGear LLC	플랑크기어	한국	CreatorSSD	모바일 디바이스, 액세서리 및 앱
PM Energy Solution CO., LTD.	피엠에너지	한국	TeraVitz - Smart Deep Cycle Lithium Battery for industrial equipment	지속가능성 및 에너지/전력
Point Fit Technology Limited	포인트핏	홍콩	PF-Sweat Patch: Non-invasive & Continuous Lactate Sensor	디지털 헬스
POWERCOOL Co., Ltd.	파워쿨	한국	POWERCOOL HANDY 2026 - Hybrid Portable Air Conditioner	건설 & 산업 기술
Predictive AI, INC.	프레딕티브 AI	미국	Dr. Twin AI - A Gene-Based Personalized Healthcare AI Solution	디지털 헬스
QSIMPLUS	큐심플러스	한국	QSIMpost-Opt	인공지능
Qualcomm Technologies, Inc.	퀄컴	미국	Qualcomm AI Engine in Snapdragon 8 Elite Gen 5	인공지능
			Qualcomm Dragonwing Q-6690 Processor	임베디드 테크놀로지
QUANDO, Inc.	콴도	일본	SynQRemote Agent	인공지능
Quantum HiTech Co.,Ltd	퀀텀하이텍	한국	TRIZ-AI™ : EV Battery Lifecycle Intelligence Platform	차량 테크 & 진화한 모빌리티
Rapture Innovation Labs Pvt Ltd	랩처 이노베이션	인도	Sonic Lamb Gen 2	헤드폰 및 퍼스널 오디오
Rayzen Technology(Shenzhen) R&D Center	레이젠	중국	MOVZEN AI ROOF RACK	차량 테크 & 진화한 모빌리티

기업명		국가	수상 기술 및 서비스	수상 부문
RebuilderAI	리빌더AI	한국	VRING:ON, From Sketch to Factory, in One Flow	인공지능
Reolink Innovation Inc	리오링크	중국	Reolink OMVI X Cam	스마트 홈
REPLA Inc.	리플라	한국	Puri-Checker : Material Content Scanner for Recycled Plastic Flakes	개인정보 보호
RFNISSI	알에프니시	한국	EnerH POI	스마트 커뮤니티
Robolink	로보링크	한국	CoDrone EDU Plus	에듀테크
ROBOROCK	로보락	중국	RockMow X1 LiDAR	생활가전
ROLI	롤리	영국	ROLI Piano System	컴퓨터 주변 장치 & 악세사리
SaeFarm	새팜	한국	SaeFarm AI Satellite Farm Monitor	지속가능성 및 에너지/전력
Safeway Inc.	세이프웨이	한국	Ascender: AI-ready, actuator-enhanced stair-climbing mobility platform for urban and off-road.	차량 테크 & 진화한 모빌리티
Samsung Electronics	삼성전자	한국	Samsung 140" Micro LED	비디오 디스플레이
			Samsung 4-Directional Immersive Speaker	
			Samsung AI Sound Controller Pro	임베디드 테크놀로지
			Samsung EdgeAware AI Home	스마트 홈
			Samsung Music Agent	인공지능
			Samsung OLED S95H 48"	게임 및 e스포츠
			Samsung Portable SSD P9	컴퓨터 주변 장치 & 악세사리
			Samsung SSD T7	지속가능성 및 에너지/전력
			Samsung Transparent Micro LED	
Samsung Electronics America	삼성전자	한국	Family Hub™ with AI Vision Inside Powered by AI Agent	스마트 홈
			Galaxy Watch8	패션테크
			Galaxy XR	XR 및 공간 컴퓨팅
			Galaxy Z Fold7	모바일 디바이스, 액세서리 및 앱
			Samsung Bespoke 4-Door Refrigerator with Auto Open & Close Doors	생활가전
			Samsung Bespoke AI Companion Care	인공지능
			Samsung Bespoke AI Laundry Hub™	생활가전
			Samsung Odyssey G60H	게임 및 e스포츠
			Samsung Spatial Signage	엔터프라이즈 테크
			Detachable Auto SSD	차량 테크 & 진화한 모빌리티
			ISOCELL HP5	이미징
			LPDDR6	모바일 디바이스, 액세서리 및 앱
			PM9E1 M.2 22x42	컴퓨터 하드웨어 & 컴포넌트
			S3SSE2A	사이버 보안
SAMSUNG SDI	삼성에스디아이	한국	No Thermal Propagation Technology	차량 테크 & 진화한 모빌리티
Satoshi Holdings Co., Ltd.	사토시 홀딩스	한국	ARGUS-Q™	사이버 보안
Schaffengott Co.,Ltd	샤픈고트	한국	TRITONA ALPHA	개인정보 보호
SGLAB Inc.	에스지랩	한국	G-grip Pro, AI Golf Club That Talks	피트니스
Sharpa	샤파	한국	SharpaWave	로보틱스
Shenzhen AIRSMART Technology Co., Ltd.	심천에어스마트	중국	AI Turing Keys	
Shenzhen Lufei Intelligent Innovation Technology Co., Ltd.	심천루페이	중국	Kamingo	차량 테크 & 진화한 모빌리티
Shenzhen Maono Technology Co., Ltd.	심천마오노테크놀로지	중국	Ai voice changer gaming microphone	컴퓨터 주변 장치 & 악세사리
			Wireless Lavalier microphone for Video shoot	
SHENZHEN MEIGAO ELECTRONIC EQUIPMENT CO., LTD	심천메이가오 일렉트로닉	중국	MINISFORUM MS-02 Ultra Mini AI Workstation	컴퓨터 하드웨어 & 컴포넌트

기업명		국가	수상 기술 및 서비스	수상 부문
Shenzhen Yisu Innovation Technology Co., Ltd.	심천이수	중국	ACCELaser HD1 World's First Dual Laser with Flying 3D Galvo	로보틱스
ShenZhen Zero Zero Infinity Technology Co.,Ltd	심천제로제로	중국	AQUA	드론
Shokz Technology Inc	샥즈	미국	OpenDots ONE	헤드폰 및 퍼스널 오디오
			OpenFit Pro	헤드폰 및 퍼스널 오디오
SHOSABI inc	쇼사비	캐나다	SHOSABI Assessment	피트니스
SK Intellix	에스케이인텔릭스	한국	NAMUHX A1	생활가전
Skylo Technologies Inc.	스카일로	미국	Skylo Direct-to-Device Satellite Connectivity for Smartwatches	개인정보 보호
SkyMirr	스카이미러	미국	Sky5G CPE	모바일 디바이스, 액세서리 및 앱
Smart E&C	스마트이앤씨	한국	Smart Terra Sense : AI-based Debris Flow Monitoring System	지속가능성 및 에너지/전력
Smart Eye AB	스마트아이	스웨덴	Real-Time Alcohol Impairment Detection for Driver Monitoring Systems	차량 테크 & 진화한 모빌리티
Smart Home Protection, LLC	스마트 홈 프로텍션	미국	Timeli	모바일 디바이스, 액세서리 및 앱
SN Display Co., Ltd.	에스엔디스플레이	한국	Perovskite Color Conversion Film for Enhanced color & Energy-efficient Displays	이미징
Solarstic	솔라스틱	한국	Solarstic Injection-Molded Vehicle Solar Module	차량 테크 & 진화한 모빌리티
Solum Advanced Materials	솔루엠	한국	Breaking the Limits of Metal - The 10μm Stainless Foil Revolution	엔터프라이즈 테크
SOLVIT System Co., Ltd.	솔빛	한국	SOLVIT-BRIDGE:Life Saving Rapid Search Technology in Rescue Dead Zones	스마트 커뮤니티
Sonic Fire Tech	소닉파이어테크	미국	Sonic Fire Tech - Home Wildfire Defense System	스마트 홈
Sorcerics	소서릭스	미국	SOL: Contextual Automation for the 스마트 홈	생활가전
SPACEONE Fukushima	스페이스원	일본	ARIVIA Water-Surface Light and Fountain Drone	드론
SPACEWALKER TECHNOLOGY HONG KONG CO., LIMITED	스페이스워커	홍콩	MOVA MOBIUS 60	스마트 홈
SPARK Microsystems International Inc.	스파크 마이크로시스템즈	캐나다	SPARK SR1120 LE-UWB™ Wireless Transceiver	임베디드 테크놀로지
sPresto Co., Ltd.	에스프레스토	한국	LIGHTSAVER	사이버 보안
Standard Energy and Rebellions	스탠다드에너지	한국	[Hybrid AI Power System] Dopamine - Energy Efficiency through AI & ESS	지속가능성 및 에너지/전력
Stellarvision Inc.	스텔라비전	한국	StellarRescue – Portable SAR for Firefighter Indoor Search & Rescue	드론
STMicroelectronics	에스티마이크로일렉트로닉스	스위스	ST VL53L9 Time-of-flight sensor	임베디드 테크놀로지
			STMicroelectronics LSM6DSV320X Inertial Measurement Unit	임베디드 테크놀로지
Strutt Pte. Ltd.	스트럿	싱가포르	Strutt ev[1]	차량 테크 & 진화한 모빌리티
SUCCESS WAY ASIA PACIFIC LIMITED	석세스웨이	홍콩	OSO AI Earbuds - True Wireless Earbuds with AI Productivity Tools	인공지능
			OSO PanoCore 360 AI Series Meeting Camera	컴퓨터 주변 장치 & 악세사리
Sungmin Networks Co., Ltd.	성민네트웍스	한국	TalkCRM AI - Intelligent Care Communication Platform	인공지능
Sunseeker 로보틱스	선시커 로보틱스	중국	Sunseeker S4	생활가전
Suzhou ZWO Co., Ltd.	ZWO	중국	Seestar S30 Pro	에듀테크
Swave Photonics	스웨이브 포토닉스	벨기에	Holographic eXtended Reality Onyx Spatial Light Modulator	XR 및 공간 컴퓨팅
Swippitt	스위핏	미국	Swippitt	모바일 디바이스, 액세서리 및 앱
SYMBALS/Hanseo University	심벌즈/한서대학교	한국	AIRDIVIBER	개인정보 보호
TekStart	텍스타트	미국	Cognitum by ChipStart, a TekStart Business Unit	임베디드 테크놀로지
The Hong Kong Polytechnic University	홍콩이공대	홍콩	Arm Rehabilitation Robot	접근성 및 에이지테크
THEKEEPER CO.Ltd	더키퍼	한국	TK-UNDERSHIELD	차량 테크 & 진화한 모빌리티

기업명		국가	수상 기술 및 서비스	수상 부문
Timekettle	타임케틀	중국	Timekettle W4 AI Interpreter Earbuds	인공지능
Tiposi	티포시	한국	Tiposi MWI Brain Scanner	인공지능
Torah Co., ltd	토라	한국	TORAH VISION AI	인공지능
Turbine Crew Inc.	터빈크루	한국	TlatFarm : Technologies Live At The Farm	건설 & 산업 기술
Twohands Interactive Inc.	투핸즈인터랙티브	한국	DIDIM Mini	에듀테크
ULS Robotics Co., Ltd.	유엘에스로보틱스	중국	VIATRIX™ Range Extended Powered Exoskeleton	로보틱스
UMED Inc.	유메드	한국	UroRinse™ Light	디지털 헬스
UNIPLATEK CO.,LTD	유니플라텍	한국	Filterless sterilization-deodorization platform for future respiratory health	디지털 헬스
Uniqconn Inc.	유니콘	한국	UC60 - Full-Duplex 60GHz Wireless bridge (IC and antenna)	컴퓨터 하드웨어 & 컴포넌트
uniuni corp	유니유니	한국	Restroomguard Savvy: Privacy-First Community Security AI	개인정보 보호
UnoVins	우노빈스	한국	UNO BrainBody	임베디드 테크놀로지
			UNO Care	모바일 디바이스, 액세서리 및 앱
UNTRACKED Inc	언트랙트	일본	StA^{2}BLE2.0	접근성 및 에이지테크
Valens Semiconductor	발렌스	이스라엘	VA7031/VA7042A Chipset for Medical Endoscopes	임베디드 테크놀로지
Valeo	발레오	프랑스	Compact 5-way refrigerant valve for EV thermal management	차량 테크 & 진화한 모빌리티
Vaonis	바오니스	프랑스	Hyperia	이미징
Veintree SAS	베인트리	프랑스	AuthEnTHICator by Veintree	영상 제작 및 유통(Cannes Next 협력)
VHEX Lab	브이헥스랩	한국	SITh.XRaedo (The beautiful farewell in virtual space)	디지털 헬스
VISION TECH Corporation	비젼테크	한국	Dynamic CB	개인정보 보호
Vivoo	비부	미국	Vivoo Smart Hygienic Pad	디지털 헬스
VIZIO	비지오	미국	VIZIO MicMe	
VOVO CORPORATION	보보	한국	VOVO Smart Toilet Neo TCB 090SA	스마트 홈
Vtouch	브이터치	한국	WIZPR RING	컴퓨터 주변 장치 & 악세사리
Vueron Technology	뷰런	한국	VueX	차량 테크 & 진화한 모빌리티
Vuzix corporation	뷰직스	미국	Vuzix Ultralite Pro Enterprise Platform	XR 및 공간 컴퓨팅
WELT	웰트	한국	SleepQ 2.0 : Where Pills meet AI	인공지능
Westec-Global	웨스텍글로벌	한국	Eco-C CUBE	지속가능성 및 에너지/전력
whereable.ai	웨어러블에이아이	미국	linq	접근성 및 에이지테크
WIRobotics	위로보틱스	한국	WIM KIDS	디지털 헬스
Wis Medical	위스의료기	한국	Tedream™	접근성 및 에이지테크
Withings	위딩스	프랑스	Body Scan 2	임베디드 테크놀로지
Won Kwang S&T Co., Ltd.	원광에스앤티	한국	SolreBorn: Mobile On-Site Solar Panel Recycling System	지속가능성 및 에너지/전력
Woongjin Thinkbig	웅진씽크빅	한국	Booxtory 2.0	접근성 및 에이지테크
			Lingocity	인공지능
Worldex Lab, Inc.	월드엑스랩	한국	Dex, the Language Learning Camera	에듀테크
Xbrew (shenzhen) Technology Co., Ltd.	엑스브루	중국	EverNitro	생활가전
XEO	제오	한국	XEO 202	
xMEMS Labs, Inc.	엑스멤스	미국	Sycamore-N 1mm Thin Full-Range MEMS Micro Speaker for Smart Glasses	임베디드 테크놀로지
XREAL	엑스리얼	중국	XREAL Project Aura	XR 및 공간 컴퓨팅
xTool	엑스툴	중국	80w CO2 Laser Cutter P3	엔터프라이즈 테크
YsHUB Inc.	와이에스허브	한국	GlimNavi	인공지능
Zefit Inc.	제핏	한국	Personalized Anticancer Drug Sensitivity Service	개인정보 보호
Zhejiang LERA New Energy Power Technology CO., Ltd	저장레라뉴에너지파워	중국	The CyberMower M21	생활가전
Zhuhai Mojie Technology Co., Ltd.	주해모지에테크놀로지	중국	World's Lightest Full-Feature Colorful AR+AI Glasses	XR 및 공간 컴퓨팅
			World's Lightest Stylish AR Glasses	XR 및 공간 컴퓨팅

〈CES 2026〉을 만든 스페셜리스트

손재권 CEO

손재권 더밀크 창업자 · CEO는 매일경제신문 실리콘밸리 특파원을 역임하고 스탠퍼드대학 방문 연구원으로 재직하는 등 오랜 기간 실리콘밸리에 머물며 혁신 기업과 최신 테크 트렌드를 취재했다. CES, 구글I/O, 페이스북F8 등 주요 테크 콘퍼런스를 현장에서 한국에 전달해왔다. 실리콘밸리 혁신 기업들을 취재한 책 〈파괴자들(Disruptors)〉을 출간하기도 했다.

박원익 콘텐츠그룹장 겸 뉴욕플래닛장

엔비디아 GTC, 구글 I/O, AWS 리인벤트 등 글로벌 AI & 테크 콘퍼런스를 오랜 기간 현장에서 취재해 온 AI·테크·산업 분야 전문 저널리스트다. 조선비즈 실리콘밸리 특파원을 지낸 후 더밀크코리아 부대표로 창업 초기 더밀크에 합류했다. 현재는 더밀크 콘텐츠그룹장 겸 뉴욕플래닛장으로 일하면서 플랫폼 내 새로운 AI 기능 및 서비스 개발에도 관여하고 있다. 2018년부터 매년 CES를 취재해 왔으며 CTA가 선정한 CES 2026 혁신상 심사위원으로 활동했다. 〈중국주식 1억이 10년 만에 175억 제2의 텐센트를 찾아라〉, 〈웹3 웨이브〉를 집필했다.

권순우 서던플래닛장

권순우는 더밀크 기자이자, 한국과 미국의 기업들을 크로스보더로 연결하는 컨설팅 플랫폼 K2A 솔루션(Korea to America Solution)의 Head를 맡고 있다. 인공지능(AI), 로보틱스, 에너지 전환, 디지털 헬스케어 등 기술과 산업 구조의 변화를 현장에서 취재하고 분석하는 테크·산업 전문 저널리스트다.

경희대학교 국제경영학과와 신문방송학과를 졸업하고, 미국 조지아주립대(GSU)에서 MBA를 마쳤다. 현재 조지아공대(Georgia Tech) 방문연구원으로 활동하며, 기술 산업 분석을 넘어 바이오메디컬 엔지니어링 분야로까지 연구와 활동 영역을 확장하고 있다. 주요 글로벌 테크 현장을 꾸준히 취재하며, 기술 트렌드를 산업과 국가 경쟁력의 관점에서 해석한 심층 분석 기사와 리포트를 통해 한국 독자들에게 글로벌 기술 패권 경쟁의 흐름을 전달하고 있다.

한연선 리서치센터장

한연선 더밀크 리서치센터장은 딜로이트와 IBM 코리아에서 마켓 리서치와 산업 분석, 조직문화 및 커뮤니케이션 컨설팅을 수행하며 기술 산업과 기업 전략 분야에서 폭넓은 경험을 쌓아왔다.

캘리포니아대학교 리버사이드(UCR)에서 교육정책 박사과정을 수료했으며, 현재 더밀크에서 리서치센터와 마켓 그로스를 이끌며 AI·테크 산업에 대한 전략적 인사이트를 제시하고 있다.

한국경제신문은 'CES 2026'의 깊이 있고 생생한 기술 동향을 전달하기 위해 미국 실리콘밸리에 본사를 둔 CES 2026 공식 미디어 파트너 '더밀크'와 함께 〈한경무크 CES 2026〉 책을 발간했습니다.

김현지 UX 콘텐츠 매니저

김현지는 노스캐롤라이나주립대학교 산업디자인학과에서 디자인 박사학위를 취득한 UX 리서처다. 사용자 관점의 문제 정의와 데이터 기반 UX 연구를 바탕으로 다양한 사용자 중심 디자인 프로젝트를 진행했다. 더밀크에서는 UX 콘텐츠 매니저로서 소셜미디어 운영, 콘텐츠 마케팅, 테크 리포트 집필과 더밀크 전반의 디자인 프로젝트에 참여했다. 기술 트렌드와 제품·서비스의 맥락을 사용자 관점에서 해석하고, 이를 콘텐츠로 구조화하는 작업에 관심을 두고 있다.

황재진 노던일리노이대학교 산업공학과 교수

황재진 연구원은 오하이오주립대학교에서 산업공학 박사학위를 취득했다. 기술의 발전으로 인한 일과 삶의 변화에 대해 관심이 많다. 현재 시카고 지역에 거주 중이며 더밀크에서 리서치를 담당하고 있다. 주요 저서로는 〈내 삶 속의 인간공학〉, 〈웹3.0과 메타버스가 만드는 디지털 혁명〉, 〈사례 분석으로 배우는 데이터 시각화〉 등이 있다.

크리스정 금융콘텐츠 팀장

크리스정은 글로벌 거시경제와 AI·에너지·금융 시장의 구조적 변화를 분석하는 전략 저널리스트로 더밀크의 금융콘텐츠 팀장을 맡고 있다. 미국 세법과 부동산법을 공부한 실물경제 스페셜리스트로 연준의 통화정책과 반도체·AI 인프라, 에너지 전환, 미·중 전략 경쟁을 하나의 시스템으로 통합해 해석하며 투자와 기업 전략으로 연결하는 인사이트를 제공하고 있다.

윤서연 플로어 리서처

윤서연 플로어 리서처는 통계학을 전공한 IT 분야의 채용 전문가로 현재는 더밀크의 HR과 코리아 법인, 해외 교육 프로그램 기획 및 운영을 담당하고 있다. CES 7년차 참관 경험을 바탕으로 각 전시장의 전시 기업들을 파악하고 유익한 플로어 투어를 리서치 및 기획하고 운영한다.

김도현 리서처

김도현 리서처는 미국공인회계사로, 파이낸스 역량을 바탕으로 22만 유튜브 '월스트리트 테크남' 채널을 운영하고 있다. 기업 분석 역량과 거시경제 식견을 바탕으로, 급변하는 AI 시대의 테크 트렌드를 대중에게 널리 알리고 있다. 단순한 기술 리뷰를 넘어 산업의 본질과 '돈이 되는 기회'를 포착해 투자자들에게 깊이 있고 명쾌한 인사이트를 전하고 있다.

CES 2026

펴낸 날　초판 1쇄 발행 2026년 1월 27일
2쇄 발행 2026년 1월 30일

발행인　김정호
편집인　하영춘
펴낸 곳　한국경제신문

편집 및 총괄　이선정
편집　신정은 · 박경희 · 김승호 · 유나리 · 한소영
글　더밀크
디자인　박명규 · 송영 · 표자영 · 김지은 · 남소현 · 정다운
홍보마케팅　김규형 · 서은실 · 이여진 · 박도현
인쇄 제작　이채미
인쇄　제이엠프린팅

등록　제 2006-000008호

주소　서울시 중구 청파로 463 한국경제신문
기획출판팀　02-360-4553, 4556
영업마케팅팀　02-360-4595, 4583 FAX 02-360-4599
H http://bp.hankyung.com
E bp@hankyung.com
F www.facebook.com/hankyungbp

값 25,000원
ISBN | 978-89-475-0240-5(93320)

한경무크 〈CES 2026〉은 **한국경제신문** 과 실리콘밸리 혁신 미디어 TheMiilk가 CES의 인사이트를 분석한 책입니다. 생생한 라스베이거스 현장 이야기와 전 세계 최신 IT 기술 및 혁신상 수상 기업을 소개하는 것은 물론, CES 2026의 주요 시사점을 담았습니다.